『国学精粹珍藏版』

三十六计

◎尽览中国古典文化的博大精深 ◎读传世典籍·赢智慧人生——受益终生的传世经典

李志敏⊙编著

卷一

民主与建设出版社
·北京·

图书在版编目（CIP）数据

三十六计：全4册/李志敏编著；郑琦绘图
—北京：民主与建设出版社，2015.8（2022.8重印）
ISBN 978-7 - 5139 -0766 -8

I.①三... II.①李... ②郑... III.①兵法–中国–古代–通
俗读物 IV.①E892.2–49

中国版本图书馆CIP数据核字(2015)第215197号

三十六计

SAN SHI LIU JI

编　　著	李志敏	
责任编辑	王 颂	
装帧设计	王洪文	
出版发行	民主与建设出版社有限责任公司	
电　　话	（010）59417747　59419778	
社　　址	北京市海淀区西三环中路 10 号望海楼 E 座 7 层	
邮　　编	100142	
印　　刷	永清县晔盛亚胶印有限公司	
版　　次	2016年1月第1版	
印　　次	2022年8月第4次印刷	
开　　本	710 毫米 ×1000 毫米 1/16	
印　　张	32	
字　　数	460千字	
书　　号	ISBN 978-7 - 5139 -0766 -8	
定　　价	278.00元(全四册)	

注：如有印、装质量问题，请与出版社联系。

前　言

　　《三十六计》一书，迄今为止尚无准确的考证，可以断定其产生的年代。至于说作者方面，更是杳无线索，难具结论，这些都无形之中给该书渲染上了一层神秘色彩，愈发显现出它在中国兵学著作史上的独特魅力。

　　"三十六计"一语，始见于《南齐书·王敬则传》，其谓"檀公三十六策，走是上计。"文中的檀公，据推测应为南朝时宋之名臣檀道济，此公乃身经百战之辈，功绩十分骄人，且善用计，多有妙算。所言"三十六策"，似是誉其计谋特多的意思，盖并非实有所指；不过，作为一种称数上的具体化，"三十六计"称名的雏形，恐怕不会太晚于这个时期。后来，有的刊本将此书标注为明代佚名之作，看来是有较为合理的脉络可供依循。因此，我们进一步推断，可能在唐宋时代，逐渐完成了"三十六计"的充实与定位过程，至迟在明代已经与我们今日所见的样子相差无几。总之，"三十六计"应该是在历史上长期流传，并屡经整理而保存至今的一份凝聚着中国古代兵家深奥智慧结晶的作品。

　　"三十六计"本身的定名也是颇具意味，深刻反映出几千年来中国传统的易经文化对兵学思想发展的巨大影响。《易经》是一部举世公认的，蕴含着丰富的哲理观念和朴素的辩证思想的卜筮之书，既具庄严态势，又不乏神秘色调，历来被奉为中国文化乃至东方文化的至尊元典。其中以阴阳对立作为宇宙万物的基本结构形式的观点，是贯穿了易学发生、发展历程的根本性认识。"三十六计"即借助太阴六六之数，并暗合六十四卦中阴卦三十有六的成数，将一部充满玄机秘理的兵学著作融进了历史的长河。

　　与许多古代兵学理论著作极为不同的是，《三十六计》并没有太多理论性文字的阐述，而仅在开篇的"总说"中以寥寥数语，聊作大旨概括，接着便叙述各个具体的计法，给人以直捷便当的感觉。每个计法则大都以众所周知的成语、熟语来给定名称，在简短的解语之后，每每再附以《易经》中的语辞作为经典诠释，这便构成了《易经》对此书具有重要影响的又一个特点。

《三十六计》几经附会而具体化之后，作为一套合计，并不是三十六个计谋成批的随意性拼凑。相对而言，它的编排具有一定的系统性与逻辑性。整套计法共分六类，即胜战计、敌战计、攻战计、混战计、并战计、败战计。以胜战计作为首选，展示了该书兵战指导思想以制胜为主体的积极性倾向；专门列出败战计一项，则强调了客观形势的复杂性、严峻性，重视在兵战过程中发现和设计，暂处劣势者及时调整应战策略，把握取胜机会的途径，反映了比较系统的强弱转换、优劣互渐的辩证思想。除首尾两类计法所面临的对决形势判然分明外，中间四类计法则针对复杂多变的客观条件进行了全方位、多角度的探讨研究，不论是在旗鼓相当的情势下，抑或是强弱有别暂处一端；不论是防敌抗御，还是对付友军，都分别设计了各种特殊态势下权宜顺势、相机巧施的制胜计谋，对于刚柔、攻防、奇正、虚实、主客方面关系对立转换规律的认识和利用，表现出丰富的经验性与周密的计划性，创造出大量合理而切合实际的对战命题，确立了一批保障制胜行动的指导原则，以其相应的一系列极富操作性的多样化手段，为我国古代兵谋文化宝库奉献了形态丰饶的内容。

目录

第一部分　三十六计原文

第二部分　三十六计方略

第一套　胜战计

第一计　瞒天过海

【事　典】

第五计　趁火打劫

【事　典】

第六计　声东击西

【事　典】

【卷　二】

第二套　敌战计

第七计　无中生有

【事　典】

第十计　笑里藏刀

　　【事　典】

第十一计　李代桃僵

　　【事　典】

第十二计　顺手牵羊

　　【事　典】

第三套　攻战计

第十三计　打草惊蛇

【事　典】

第十四计　借尸还魂

【事　典】

第十五计　调虎离山

【事　典】

第十六计　欲擒故纵

【事　典】

第四套　混战计

第十九计　釜底抽薪

【事　典】

第二十计　混水摸鱼

【事　典】

卷 四

第三十计 反客为主

【事 典】

第六套　败战计

第三十一计 美人计

【事 典】

第三十二计　空城计

第三十三计　反间计

第三十四计　苦肉计

【事　典】

第三十五计　连环计

【事　典】

第三十六计　走为上计

【事　典】

第一部分

三十六计原文

总 说

【原文】

六六三十六①，数②中有术③，术中有数。阴阳燮理④，机⑤在其中。机不可设⑥，设则不中⑦。

【注释】

①六六三十六：《嘉祐集·太玄论下》："太玄之策，三十有六。"计，计谋、策略。军事谋略六大类，每一大类包括六小类，六六三十六个计谋。三十六之数，从易经数理。②数：易数。天地变易生之理。③术：方法，手段，权谋。④阴阳燮理：事物对立统一，相反相成的规律。⑤机：机变，天机，机会。⑥设：主观生造。⑦中：成功、实现。

【译文】

六个六构成三十六这个变易之数，数的变易中包含术法，术法中包括数的变易。阴和阳交替运作，运作中生化出天然机变。机变是天然的，不可人为设计，人为设计的，是无法运作成功的。

第一计　瞒天过海

【原文】

备周则意怠①；常见则不疑。阴在阳之内，不在阳之对②。太阳、太阴③。

【注释】

①备周则意怠：备，防备。周，周密、周到。意，意志、思想。怠，懈怠、松懈。全句意为：防备十分周密，容易使自己有恃无恐，意志松懈。②阴在阳之内，不在阳之对：阴，这里指的是秘密谋略。阳，这里指公开的行动。对，对立、相反的方面。全句意为：秘密的谋略就隐藏在公开的行动之中，而不与公开行动相对立。③太阳、太阴：太，这里是指极端、特别、非常之意。

全句意为：在最公开的行动后面往往隐藏着最秘密的阴谋。

【译文】

防备周密，往往容易导致思想麻痹，意志松懈；常见的事情就不会产生疑惑（以致丧失警惕）。密谋就隐藏在公开的行动之中，并不是与公开行动相对立的。最公开的行动当中往往隐藏着最秘密的阴谋。

第二计　围魏救赵

【原文】

共敌不如分敌①，敌阳不如敌阴②。

【注释】

①共敌、分敌：这里是指集中的敌人与分散的敌人。②敌阳、敌阴：敌，攻打。阳，这里是指公开、正面、先发制人。阴，这里是指隐蔽、侧面、后发制人。全句意为：正面攻敌，不如从侧面攻敌。

【译文】

攻打集中之敌，不如攻打分散之敌。从正面攻敌，不如从侧面攻打防守相对薄弱之敌。

第三计　借刀杀人

【原文】

敌已明，友未定①，引友杀敌②，不自出力。以《损》推演③。

【注释】

①敌已明，友未定：指打击的敌对目标已经明确，而盟友的态度却一时尚未确定。②引友杀敌：引，引诱。引友杀敌，即引诱盟友的力量，去消灭敌人。③以《损》推演：根据《损卦》"损下益上"、"损阳益阴"的逻辑去推演。

【译文】

敌人已经明确，盟友的态度尚在犹豫之中，这时应（极力设法）诱使盟友去攻打敌人，而无需自己出力。这是从《损卦》卦义的逻辑推演出来的。

第四计　以逸待劳

【原文】

困敌之势①，不以战。损刚益柔②。

【注释】

①势：情势、趋势。这里主要是指军事态势。②损刚益柔：语出《易·损·象》："……损刚益柔有时……"。损卦为兑下艮上，是由泰卦乾下坤上变链的。泰卦的九三变为损卦的上九，而泰卦的上六则变为损卦的六三，说明由泰卦变为损卦是损乾益坤、损刚益柔的结果。但这种损刚益柔只要因时也会吉利。

【译文】

迫使敌人处于困难的局面，不一定用直接进攻的手段（而可采取疲惫、消耗敌人的手段）。这是从《周易》损卦象辞中"损刚益柔有时"一语中悟出的道理。

第五计　趁火打劫

【原文】

敌之害大①，就势取利，刚决柔也②。

【注释】

①敌之害大：害，这里是指遇到严重灾难，处于困难、危险的境地。②刚决柔也：决，冲开、去掉，这里引申为战胜。王夫之《周易内传》卷三说："夫之为言决也，绝而摈之于外，如决水者不停贮之。决而任其所往。"全句

意为：乘刚强的优势，坚决果断地战胜柔弱的敌人。

【译文】

敌人的处境艰难，我方正好乘此有利时机出兵，坚决果断地打击敌人，以取得胜利。这是从《周易》夬卦象辞"刚决柔也"一语中悟出的道理。

第六计　声东击西

【原文】

敌志乱萃①，不虞②，坤下兑上之象③，利其不自主而攻之④。

【注释】

①敌志乱萃：萃，野草丛生。全句意为：敌人神志慌乱，失去明确的主攻方向。②不虞：虞，预料。不虞，意料不到。③坤下兑上之象：《易经》萃卦下卦为坤，上卦为兑。此卦三阴聚于下，二阳聚于上，各依其类以相保，群阴虽处致用之地，高居最上之位，都为了保阳，所以萃卦六爻都说"无咎"。如果使这种群阴保阳的局面受到扰乱，就将祸乱丛集，有意料不到的困难与危险。④利其不自主而攻之：不自主，即不能自主地把握自己的前进方向和攻击目标。全句意为：做人不能把握自己的前进方向，对我方有利，应乘机进攻、打击敌人。

【译文】

敌人神志慌乱，不能正确预料和应付复杂局面，正如坤下兑上的萃卦受到扰乱一样，要利用敌人这种不能自主地把握前进方向的时机，对敌人发起攻击。

第七计　无中生有

【原文】

诳也，非诳也①，实其所诳也②。少阴，太阴，太阳③。

【注释】

①诳也，非诳也：诳，欺骗，迷惑。《武经三书·孙子·用间》即把诳事作为"虚假之事"。全句意为：虚假之事，又非虚假之事。②实其所诳也：实，实在，真实。实其所诳，是说把真实的东西充实到假象之中。③少阴，太阴，太阳：原指《易经》中的兑卦（少阴）、巽钋（太阴）、震卦（太阳）。这里少阴是指稍微隐蔽的军事行动，太阴是指大的秘密军事行动，太阳则是指大的、公开的军事行动。全句意为：在稍微隐蔽的行动中隐藏着大的秘密行动。大的秘密行动，也许正是在非常公开的、大的行动掩护下进行。参考第一计"太阴、太阳"解。

【译文】

用虚假情况迷惑敌人，但又不完全是虚假情况，因为在虚假情况中又有真实的行动。在稍微隐蔽的军事行动中，隐藏着大的军事行动；大的隐蔽的军事行动，又常常在非常公开的、大的军事行动中进行。

第八计　暗度陈仓

【原文】

示之以动①，利其静而有主②。益动而巽③。

【注释】

①示之以动：动，行动，动作，这里是指军事行动。全句意为：把佯攻的行动故意展示在敌人面前。②利其静而有主：静，平静。主，主动。全句意为：利用敌人已决定固守的时机。③益动而巽：益和巽，都是《易经》的卦

名。《易经·益·象》说："益：动而巽，日进无疆。"是说益卦下卦为震、为动，上卦为巽、为风、为顺。意思是说，行动合理、顺理，就会天天顺利，无有止境。又解：益，收益；巽，为动、为前进。联系本计，意为：表面上，努力使行动合乎常情；暗地里，主动迂回进攻敌人，必能有所收益。

【译文】

故意采取佯攻行动，利用敌人已决定固守的时机，暗地里迂回到敌后进行偷袭，乘虚而入，出奇制胜。

第九计 隔岸观火

【原文】

阳乖序乱，阴以待逆①。暴戾恣睢②，其势自毙。顺以动豫，豫顺以动③。

【注释】

①阳乖序乱，阴以待逆：阳、阴，指敌我双方两种势力。乖，分崩离析。逆，混乱、暴乱。全句意为：敌方众叛亲离，混乱一团，我方应静观以待其发生大的变乱。②暴戾恣睢：穷凶极恶。③顺以动豫，豫顺以动：语出《易·豫·象》："豫，刚应而志行，顺以动，豫。豫顺以动，故天地如之，而况建侯行师乎？"豫即喜悦。豫卦坤下震上：顺以动，坤在下，是顺。震在上，是动。意思是说：阴阳相应，天地之间也能任你纵横，何况建诸侯国，出兵打仗呢？这些目的一定能达到。用在本计上，即以欣喜的心情，静观敌方发生有利于我方的变动，以便顺势而制之。

【译文】

当敌人内部产生争斗、秩序混乱时，我方应静观待其发生变乱。敌人穷凶极恶，自相仇杀，必然自取灭亡。顺应时势而行动，就能像《豫》卦所说的那样，要达到令人喜悦的目的，不宜操之过急。

第十计　笑里藏刀

【原文】

信而安之，阴以图之①；备而后动，勿使有变②。刚中柔外也③。

【注释】

①信而安之，阴以图之：阴，暗地里。图，图谋。全句意为：表面上使对方深信不疑，从而安下心来，暗地里却另有图谋。②备而后动，勿使有变：备，这里是指充分准备。变，这里是指发生意外的变化。③刚中柔外也：表面上软弱，内里却很强硬，表里不相一致。

【译文】

表面上要做得使敌人深信不疑，从而使其安下心来，丧失警惕；暗地里我方却另有图谋。要做好充分准备，然后再采取行动，不要引起敌方的怀疑而令其有所改变。这就是外表上柔和，骨子里却刚强的谋略。

第十一计　李代桃僵

【原文】

势必有损①，损阴以益阳②。

【注释】

①势必有损：势，局势。损，损失。②损阴以益阳：阴，这里是指局部利益。阳，这里是指全局利益。全句意为：舍弃某一部分利益，使全局得到增益。

【译文】

当局势发展到损失已不可避免的时候，要舍弃局部的利益，以利于全局利益。

第十二计　顺手牵羊

【原文】

微隙在所必乘，微利在所必得①。少阴，少阳②。

【注释】

①微隙、微利：指微不足道的间隙，微小的利益。②少阴，少阳：阴，这里指疏忽、过失。阳，指胜利、成就。

【译文】

敌人出现微小的漏洞时，必须及时利用；发现微小的利益，也一定要争取到。即使是敌人的微小疏忽、过失，也要利用来为我方的微小胜利服务。

第十三计　打草惊蛇

【原文】

疑以叩实①，察而后动。复者②，阴之媒也③。

【注释】

①叩实：叩，询问，查究。叩实，问清楚、查明真相。②复：反复，一次又一次地。③媒：媒介、手段。

【译文】

真相不明就应查实，洞察了实情之后再采取行动。反复叩实查究，是发现隐藏之敌的重要手段。

第十四计　借尸还魂

【原文】

有用者，不可借①；不能用者，求借②。借不能用者而用之，匪我求童蒙，童蒙求我③。

【注释】

①有用者，不可借：意为凡自身可以有所作为的人，就不会甘愿受别人利用。②不能用者，求借：意为那些自身难以有所作为的人，却往往有可能被人借以达到某种目的。③匪我求童蒙，童蒙求我：语出《易·蒙》卦辞。蒙卦为周易六十四卦的第四卦，也是阴阳相交后的第二卦（因第一卦乾为纯阳，第二卦坤为纯阴，皆无阴阳相交之象）。在这里，蒙字本义是昧，指物在初生之时，蒙昧而不明白。蒙卦的卦象是下坎上艮。艮象山，坎象水；山下有水，是险的象征；人处险地而不知避，便是蒙昧了。童蒙，幼稚而蒙昧。此句意为，不需要我去求助蒙昧的人，而是蒙昧的人有求于我。

【译文】

凡是自身能有所作为的人，往往难以驾驭和控制，因而不能为我所用；凡是自身不能有作为的人，往往需要依赖别人求得生存和发展，因而就有可能为我所用。将自身不能有作为的人加以控制和利用，这其中的道理，正与幼稚蒙昧之人需要求助于足智多谋的人，而不是足智多谋的人需要求助于幼稚蒙昧的人一样。

第十五计　调虎离山

【原文】

待天以困之①，用人以诱之。往蹇来返②。

【注释】

①待天以困之：天，指天时、地利等客观条件。困，作使动词用，使困扰、困乏。全句意为：期待不利的客观条件去困扰它。②往蹇来返：语出《易·蹇》九三爻辞。原文为"往蹇，来返。"蹇卦的卦象为艮下坎上。艮象山，坎象水。王弼注曰："山上有水，蹇难之象。"故在此处，"蹇"，有难的意思。返，李镜池《周易通义》注：返，犹反，广大美好貌。往蹇来反，意为去时艰难，来时美好。

【译文】

利用不利的天时地利条件困扰敌人，用人为的方法诱惑敌人。主动进攻有危险，诱敌来攻则有利。

第十六计　欲擒故纵

【原文】

逼则反兵①，走则减势②。紧随勿迫，累其气力③，消其斗志④，散而后擒，兵不血刃⑤。需，有孚，光⑥。

【注释】

①反兵：回师反扑。②走则减势：走，逃走。势，气势。③累：消耗。④消：瓦解。⑤兵，兵器。血刃，血染刀刃，即作战。⑥需，有孚，光：语出《易·需》。需卦的卦象为乾下坎上。乾象刚、健，坎象水、险。需，有等待之意。以刚、健遇水、险，故须等待，不要急进，以免陷入险境。孚，信用、信服；有孚，有信用，有诚意，为人所信服。光，光明、通达。此句意为：身处险境要善于等待，如果有诚信，就会前途光明，大吉大利。

【译文】

逼得敌军太紧，对方就会回师反扑。如果让敌军逃跑，就可以削减其气势。追击敌人，只需紧随其后而不要过于逼迫它，以消耗其体力，瓦解其斗志；待其溃散时再捕捉它，就可以避免流血。这是《周易》需卦卦辞"需，有孚，光亨贞吉……"一语中悟出的道理。

第十七计　抛砖引玉

【原文】

类以诱之①，击蒙也②。

【注释】

①类以诱之：类，类似，同类。类以：用相类似的东西。②击蒙也：击，打击；蒙，蒙昧。语出《易·蒙卦》上九爻辞："击蒙，不利为寇，利御寇。"蒙卦的卦象为坎下艮上。其上九爻，为阳爻处于蒙卦之终，按王弼的解释，其

寓意为"处蒙之终，以刚居上，能击去童蒙，以发其昧也，故曰'击蒙'也。故'不利为寇，利御寇'也"。大意是：上九爻以阳刚之象居于前五爻之上，所以能给蒙昧者以开导、启迪。为盗寇之人，自然属于蒙昧者之列，所以，如果占卦时占到本爻，则对为盗寇者不利，而对防御盗寇者有利。此处借用此语，意思是，打击那因受我方诱惑而处于蒙昧状态的敌人。

【译文】

用相类似的东西诱惑敌人，乘其迷惑懵懂之时去打击他。

第十八计　擒贼擒王

【原文】

摧其坚，夺其魁①，以解其体②。龙战于野，其道穷也③。

【注释】

①夺其魁：夺，抢夺、抓获。魁，第一、大，此处指首领、主帅。②以解其体：解，瓦解。体，躯体、整体、全军。③龙战于野，其道穷也：语出《易·坤》上六象辞。坤，此卦是坤上坤下，为纯阴之象。上六爻是本卦的最终爻，为纯阴发展到极盛阶段之象。坤卦上六爻的爻辞是："龙战于野，其血玄黄。"龙，本为乾卦（纯阳之卦）的象征物，为什么作为纯阴之象的坤卦，其上六爻却以原本属纯阳之象的"龙"为象征物呢？按照朱熹《周易本义》的解释是："阴盛之极，至与阳争。"《易·文言》在阐释坤卦上六爻辞时则说："阴疑与阳必战。为其嫌于无阳也，故称龙焉。"按照《周易》物极必反的矛盾转化思想，上六爻表示纯阴已发展到极盛，故必然向阳转化。虽然此时尚处于转化前夕，但却已急于以阳自比，以龙自称了。故有"龙战于野，其道穷也"之说。野，郊野。道，道路；道穷，无路可走。群龙战于郊野，相互杀伤，血渍斑斑，以至陷入穷途末路。本计引用此语，其意当为：贼王被擒，群贼无首，其战必败。

【译文】

击溃敌人的主力，抓获其首领，便可瓦解其全军。好比群龙无首，战于郊野，必然陷于穷途末路。

第十九计　釜底抽薪

【原文】

不敌其力①，而消其势②，兑下乾上之象③。

【注释】

①不敌其力：敌，对抗，攻击。力，强力、锋芒。②而消其势：消，削弱、消减。势，气势。③兑下乾上之象：兑下乾上为《周易》六十四卦中的履卦。兑为泽，为阴柔之象；乾为天，为阳刚之象。整个卦象为阴胜阳、柔克刚。其卦辞为："履虎尾，不咥人，亨。"履，小心蹑足前进。咥，咬。亨，通达顺利。其寓意是：虎为凶猛阳刚之兽，但只要以阴柔克之，小心谨慎行事，即使踩着了虎的尾巴，它也不会咬人。若占得此卦，预示事情将经历险阻而后通达，终于顺利。此处借用此卦，意在说明，遇到强敌，不要去与之硬碰，而要用阴柔的方法去消灭刚猛之气，然后设法制服他。

【译文】

不要迎着敌人的猛劲去与之硬拼，而要设法削弱敌方的气势，采取以柔克刚的策略制服他。

第二十计　混水摸鱼

【原文】

乘其阴乱①，利其弱而无主。随，以向晦入宴息②。

【注释】

①乘其阴乱：阴，内部。全句意为：乘敌人内部发生混乱。②随，以向晦入宴息：语出《易·随》卦。随，卦名。本卦为震下兑上。上卦为兑为泽；下卦为震为雷。言雷入泽中，大地寒凝，万物蛰伏，故卦象名"随"。随，顺从之意。《随卦》的象辞说："泽中有雷，随。君子以向晦入宴息。"意思是

说，人要随应天时去作息，向晚就当入室休息。本计运用这一象理，是说打仗时要善于抓住敌方的可乘之隙，随机行事，乱中取利。

【译文】

乘着敌方内部发生混乱，利用他力量虚弱且没有主见，使他顺随于我，就像《周易》随卦象辞说的：人到夜晚，必须入室休息一样。

第二十一计　金蝉脱壳

【原文】

存其形，完其势①。友不疑，敌不动。巽而止，蛊②。

【注释】

①存其形，完其势：保存阵地已有的战斗阵容，完备继续战斗的各种态势。②巽而止，蛊：语出《易·蛊》；蛊卦为巽下艮上。艮为山、为刚，为阳卦；巽为风、为柔，为阴卦。故"蛊"的卦象是"刚上柔下"，意即高山沉静，风行于山下，事可顺当。又，艮在上，为静；巽为下，为谦逊，故又是"谦虚沉静"，"弘大通泰"，是天下大治之象。此计引本卦《象》辞："巽而止，蛊。"其意是暗中谨慎地实行主力转移，稳住敌人，乘敌不惊疑之际，脱离险境。"蛊"有顺的意思。

【译文】

保存阵地原形，造成强大的声势。使友军不怀疑，敌人也不敢贸然进犯。这是从蛊卦《象》辞："巽而止，蛊。"一语中悟出的道理。

第二十二计 关门捉贼

【原文】

小敌困之。剥，不利有攸往①。

【注释】

①剥，不利有攸往，语出《易·剥》。剥卦为坤下艮上。上卦为艮，为山；下卦为坤，为地。意即广阔无边的大地在吞没山岳，故卦名曰"剥"。"剥"，落也。剥卦的卦辞说："剥，不利有攸往"。意思是说：当万物呈现剥落之象时，如有所往，则不利。此计引此卦辞，是说对小股敌人要即时困围消灭，而不利于去急追或者远袭。

【译文】

对弱小的敌人，要加以包围、歼灭。（如果纵其逃去而又穷追远赶，那是很不利的。）这是从剥卦卦辞"剥，不利有攸往"一语中悟出的道理。

第二十三计 远交近攻

【原文】

形禁势格①，利从近取，害以远隔。上火下泽②。

【注释】

①形禁势格：禁，禁锢、限制。格，阻碍。全句意为：受到地势的限制和阻碍。②上火下泽：语出《易·睽》。睽卦为兑下离上。上卦为离为火，下卦为兑为泽。上火下泽，是水火相克；水火相克则又可相生，循环无穷。又"睽"：离违，即矛盾。本卦《象》辞说："上火下泽，睽。"意为上火下泽，两相违离、矛盾。此计运用"上火下泽"相互违离的道理，说明采取"远交近攻"的不同做法，使敌相互矛盾、背离，而我则可各个击破。

【译文】

凡是受到地理形势的限制时，攻取附近的敌方，就有利；攻击远隔的敌方，就有害。这是从睽卦卦辞"上火下泽，睽"一语中悟出的道理。

第二十四计　假道伐虢

【原文】

两大之间，敌胁以从，我假以势①。困，有言不信②。

【注释】

①我假以势：假，假借。②困，有言不信：语出《易·困》。困卦为坎下兑上。上卦为兑，为泽、为阴；下卦为坎，为水、为阳。卦象表明，本该容纳于泽中的水，现在离开泽而向下渗透，以致泽无水而受困。同时，水离开泽流散无归也是困，所以卦名为"困"。"困"为困乏的意思。困卦的卦辞说："困，有言不信。"大意是说：处在困乏境地，难道还能不相信强者的话吗？本计运用此卦理，是说处在两个大国中的小国，面临着受人胁迫的境地。这时，我若说要去援救他，他在困顿中能会不相信吗？

【译文】

处在敌我两个大国中间的小国，当敌方强迫它屈服的时候，我方要立刻出兵，显示威力，给予援救，这是不会不取得小国信任的。这是从困卦卦辞"困，有言不信"一语中悟出的道理。

第二十五计　偷梁换柱

【原文】

频更其阵①，抽其劲旅②，待其自败，而后乘之③。曳其轮也④。

【注释】

①频更其阵：频，频繁、不断地。其，指示代词，这里是指的友军。阵，

古代作战时用的阵式。②劲旅：精锐部队、主力部队。③乘之：乘，乘机。乘之，这里是指乘机加以控制。④曳其轮也：曳，拖住。这句话出自《易·既济·象》："曳其轮，义无咎也。"意思是说：只要拖住了车轮，便能控制车的运行，这是不会有差错的。

【译文】

（采取措施）频繁变更友军的阵式，借以暗中（从阵中的要害处）抽换其主力部队，等到它自趋失败，然后再乘机加以控制。这就像《周易·既济·象传》所说的：要控制住车的运行，必须拖住车的轮子。

第二十六计　指桑骂槐

【原文】

大凌小者①，警以诱之②。刚中而应，行险而顺③。

【注释】

①大凌小者：大，强大。小，弱小。凌，凌驾、控制。全句意为：势力强大的控制势力弱小的。②警以诱之：警，警戒。这里是指使用警戒的方法。诱，诱导。全句意为：用警戒的方法进行诱导。③刚中而应，行险而顺：语出《易·师·象》："师，众也；贞，正也。能从众正，可以王矣。刚中而应，行险而顺。以此毒天下而民从之，吉又何咎矣。"这段话的意思是说：师——军队是由为数众多的人组成的。人数众多，必是良莠不齐，必须以正道使之统一，方可称王于天下。师卦为坎下坤上，九二为阳、为刚，处于下坎之中位，又与上坤的六五相应，象征着主帅得人并受到信任，这叫"刚中而应"。但坎卦又为水、为险，坤卦则为地、为顺，象征着主帅需用险毒之举，方可使士兵顺从，这叫做"行险而顺"。以险毒之举使全军将士归之于正，乐于顺从，其结果必将是专利的而不会有过。

【译文】

凭借强大的实力去控制弱小者，需要用警戒的方法去进行诱导。这就像师卦所说的：适当地运用刚猛阴毒的办法，可以赢得人们的归顺，获得最后的成功。

第二十七计 假痴不癫

【原文】

宁伪作①不知不为，不伪作假知妄为。静不露机②，云雷屯也③。

【注释】

①伪作：假装、佯装。②静不露机：静，平静、沉静。机，这里是指的心机。③云雷屯也：语出《易·屯·象》："云雷，屯，君子以经纶。"茅草穿土初出叫作"屯"。屯卦为震下坎上。坎为雨，为云，震为雷，云在雷上，说明茅草初出土时，即遇雷雨交加，用屯卦又是九五陷于二阴之中，并为上六所覆蔽，有阴阳相争不宁之象，更意味着事物生长十分艰难，所以说"屯，难也"。面临这样的艰难局面，人们必须冷静处置，认真调理，周密策划，要"经纶运于一心"而不动声色，要"'盘桓'安处于下"而以屈求"伸"，要因势利导，待机而功，而决不可"快意决往，遽求自定以为功"（以上引文均系王船山语）。

【译文】

宁肯装作无知而不采取行动，不可装作假聪明而轻举妄动。要保持沉静而不泄露任何心机。这是从屯卦卦辞"云雷，屯，君子以经纶"一语中悟出的道理。

第二十八计　上屋抽梯

【原文】

假之以便①，唆②之使前，断其援应，陷之死地③。遇毒，位不当也④。

【注释】

①假之以便：假，假给。便，便利。②唆：唆使，这里引申为诱使。③死地：中国古代兵法用语，指一种进则无路，退亦不能，非经死战难以生存之地。④遇毒，位不当也：语出《易·噬嗑·象》。噬嗑卦为震下离上。震为雷，离为火、为电。雷电交加，有威猛险恶之象。又，噬嗑卦为以柔居刚，故不当位，更显形势严峻。噬嗑的本意为食乾肉，"乾肉虽小而坚，不易噬者也。强欲食之，则不听命而必相害"（王船山语）。把它运用于军事上就是，因贪图小利而盲目进军是有很大的危险的，如果硬要强行进军，必将陷于危险的死地。

【译文】

假给敌方以某种便利，诱使它（盲目）前进，然后再截断其应援之路，就能陷敌军于死地。这是从噬嗑卦卦辞"遇毒，位不当也"一语中悟出的道理。

第二十九计　树上开花

【原文】

借局布势①，力小势大②。鸿渐于陆，其羽可用为仪也③。

【注释】

①借局布势：局，局诈。势，阵势。全句意为：借助某种局诈的方法，布成一定的阵势。②力小势大：力，力量。这里是指军队的兵力。势，这里是指声势。全句意为：兵力小而声势却造得很大。③鸿渐于陆，其羽可用为仪也：

此语出自《易·渐》上九爻辞："鸿渐于陆，其羽可用为仪也，吉。"渐卦为艮下巽上。艮为山，巽为风、为木。该卦象辞说："山上有木，渐，君子以居贤德善俗。"意思是说：树木在山上渐渐地生长，象征着君子应该注重逐日修养自己良好的德行，并影响周围的人，形成一种善美的风俗。而此卦上九爻辞所说的"鸿渐于陆，其羽可用为仪"，这里的鸿指大雁，渐指渐进。陆与"逵"通，这里是指天际的云路。羽是指鸿雁美丽的羽毛。仪是指效法。全句意为：大雁在高空的云路上渐渐飞行，

它那美丽丰满的羽毛，使它更显得雄姿焕发，这是值得人们效法的。把它用于军事上，就是用"树上开花"计使本来实力弱小的军队显得声势浩大，这正是从渐卦上九爻辞所获得的启发。

【译文】

借用局诈的方法布成阵势，使本来力量小的部队变得声势浩大。这是从《易·渐》上九爻辞"鸿渐于陆，其羽可用为仪也"一语中所获得的启示。

第三十计　反客为主

【原文】

乘隙插足，扼其主机①，渐之进也②。

【注释】

①主机：主要的关键之处，即首脑机关。②渐之进也：语出《易·渐·象》："渐之进也，女归吉也，进得位，往有功也"。按《易经增注·下经·渐》的解释：天下事动而躁则邪，静而顺则正，渐则进而得乎贵位，故行有功。意思是说：天下的事情，凡是行动盲目而急躁，就会走入邪途；凡是冷静

而顺乎客观规律，就会登上正道。一步一步地循序渐进达到显要的地位，便会行而有功。

【译文】

乘着对方的空隙，插足其中，以致（最后）掌握其首脑机关，这是循序渐进的结果。

第三十一计 美人计

【原文】

兵强者，攻其将；将智者，伐其情①。将弱兵颓，其势自萎。利用御寇，顺相保也②。

【注释】

①将智者，伐其情：将智者，指足智多谋的将帅。伐其情，即从感情上加以进攻、软化，抓住敌方思想意志的弱点加以攻击。《六韬·文伐》中就主张以乱臣、美女、犬马等手段攻其心，摧毁其意志。②利用御寇，顺相保也：语见《易·渐象》："……利用御寇，顺相保也。"御，抵御。寇，敌人。顺，顺利，顺势。保，保存。全句意为：此计可用来瓦解敌人，顺利保存自己。

【译文】

对强大的敌军，要对付它的将领；对英明多智谋的将领，要设法动摇他们的斗志。将领斗志衰退，士气消沉，战斗力自然萎缩。就像渐卦卦辞所启示的，要利用敌人的弱点抵御敌人，顺利地保存自己。

第三十二计　空城计

【原文】

虚者虚之①，疑中生疑②。刚柔之际③，奇而复奇④。

【注释】

①虚者虚之：第一个虚字，空虚，与实相对，指军事力量不敌对方；第二个虚字，动词，显示虚弱的样子。全句意为：劣势的军队面临强敌，却还故意显示空虚。②疑中生疑：第一个疑字，可疑的形势；第二个疑字，怀疑。意为面对可疑的形势更产生了怀疑。③刚柔之际：这里是指敌我双方悬殊的时刻。④奇而复奇：奇妙之中更加奇妙。

【译文】

本来兵力空虚，又故意把空虚的样子显示在敌人面前。使敌人不知底细，怀疑我有实力。在敌我力量悬殊的情况下，采用这种计谋，显得更加奇妙。

第三十三计　反间计

【原文】

疑中之疑①。比之自内，不自失也②。

【注释】

①疑中之疑：疑，怀疑。全句意为：疑阵中再布置疑阵。②比之自内，不自失也：语出《易·比·象》："比之自内，不自失也。"比，辅助，援助，勾结，利用。此句可以理解为利用敌人派来的间谍为我服务，可以有效地保全自己，攻破敌人。

【译文】

在敌人疑惑、犹豫的情况下，再给敌人布疑阵。勾结、利用敌方派来的间谍为我服务，可以收到保全自己争取胜利的好效果。

第三十四计 苦肉计

【原文】

人不自害，受害必真；假真真假，间以得行。童蒙之吉，顺以巽也①。

【注释】

①童蒙之吉，顺以巽也：出自《易·蒙·象》："童蒙之吉，顺以巽也。"意思是说：不懂事的孩子单纯幼稚，顺着他的特点逗着他玩耍，就会把他骗得乖乖的。

【译文】

人一般都不会自我伤害，自我伤害必定会被认为是真实的；但如能以假作真，并使敌人深信不疑，就能施行离间计了。这是汲取了《周易》蒙卦的思想。从《易·蒙·象》："童蒙之吉，顺以巽也。"一语中获得的启示。

第三十五计 连环计

【原文】

将多兵众，不可以敌，使其自累①，以杀其势②。在师中吉，承天宠也③。

【注释】

①自累：指自相拖累，自相钳制。②以杀其势：杀，减弱，削弱，刹住。势，势力，势头。杀其势，这里是指减弱、刹住敌军来势汹汹的势头。③在师中吉，承天宠也：语见《易·师·象》"在师中吉，承天宠也。"师卦九二以一阳而统群阴，处于险中，然而刚而得中，得制胜之道，所以吉

利，犹如秉承上天赐命一样得宠。

【译文】

敌军兵强势大，不能与他硬拼，应当设法使他们自相钳制，以削弱它的势头。正如《易经》师卦所说：将帅处于险象时，刚而得中，指挥巧妙得当，就能如同天神相助一样吉利。

第三十六计　走为上计

【原文】

全师避敌①。左次无咎，未失常也②。

【注释】

①全师避敌：师，指军队。全，保全，保存军事力量。避敌，避开敌人。
②左次无咎，未失常也：《易·师·象》说："左次无咎，未失常也"。这里的师是指军队、用兵。左次，是指军队向后撤退。古时兵家尚右，右为前，指前进；左为后，指退却。全句意为：部队后撤，以退为进，不失为常道。

【译文】

为了保全部队的实力，实行撤退也没有什么罪责；（因为）它并没有违背（用兵的）常道。

第二部分

三十六计方略

第一套 胜战计

第一计　瞒天过海

提要： 人们都有熟视无睹、见常如习的心理，在斗智阶段，这是很值得加以利用的心理盲点，关键是掌握好运用的时机，尽可能在公开性场合使用带有欺骗性的手段，真正令对手麻痹，再出其不意，一举实现自己的预谋。

事典

借尸诱敌　德军受骗

背景：

1943年秋天，苏联最高统帅部发动"第聂伯河会战"。由于德军的疯狂反扑，没能实现扭转大战形势的预想，统帅部只好下令避实就虚，实行战略大转移。可是，这支庞大的机械化部队，怎样才能神不知鬼不觉地从德军鼻子底下转移呢？这令苏联红军沃罗涅什方面军司令瓦杜丁大将大伤脑筋。

决断：

瓦杜丁将军为了松弛一下紧张的思绪，缓解心中的烦躁，在警卫员的陪同下来到帐外散步。就在此时，警卫员指着河边高喊道："司令员，有人在钓鱼呢。"谁这么有闲情逸致？瓦杜丁将军的目光朝警卫员指的方向看去：钓鱼的人将被大炮炸死的小鸟的细脑袋作诱饵，饿极了的大鱼争相啄食这奇怪的诱饵。看到这里，瓦杜丁将军突受启发，他命令警卫员弄来具刚断气的无名尸体，给他换上一身大尉军服，让他手里死死抱住个黑色公文包，然后放置在前沿阵地。

战斗开始了，德军士兵的子弹雨点般地落在了假大尉身上，苏军前沿部队撤退到第二道战壕。有个德军军官率先进入苏军第一战壕，看到了中弹倒下的假大尉和黑色公文包。他急忙打开公文包，当翻到最后一层时，一份标有"绝密"字样的文件映入眼帘："沃罗涅什方面军，最高统帅部命令你们暂停进攻，就地在布克林转入防御！"德国军官欣喜若狂，马上报告上司。德军最高指挥官下令："密切注意苏联军队动向！"远处，苏军阵地上正在上演着一幕预防德军空袭的假剧。德军指挥官看到这一切，得意地笑道："苏联人做梦也没有想到，最高统帅部的绝密文件已落入我手，你们就死守布克林吧。我的炸弹要送你们统统上西天！"德军的轰炸机呼啸着向苏军阵地倾泻了无数炸弹，他们还把大量预备队也秘密地调往布克林。而此时，苏联红军主力已从容地转移到了德军防御力量薄弱的基辅北侧，实现了大转移的战略任务。

点评：

有句俗话形容别人笨，"被人卖了还帮人家数钱"，说得特别生动形象。战场上这种事就更多了，落入了别人的圈套还沾沾自喜，以为胜券在握，殊不知自己的命运已被别人操纵了。其实商业竞争中又何尝不是这样，兵不厌诈，商亦不厌诈啊！

楚庄王败中取胜

背景：

公元前606年，楚庄王率兵北伐，此时楚国将领斗越椒率兵企图乘机反叛。

斗越椒先派士兵占领了国都郢，他估算楚庄王要回国，于是派兵在途中设下埋伏。庄王行至漳澨，与斗越椒相遇，庄王很快就明白他的意图，但并不想兵戎相见，可斗越椒却斗志旺盛，挥刀舞剑。双方展开激战，由于庄王的部下准备不足，损失较重，庄王见状，决定以智取胜。庄王怎么以智胜敌呢？

决断：

楚庄王命部下退却，却使多数士兵埋伏起来，令一队兵马引诱敌人，让其拼命直追，以消耗敌军的体力。此后庄王亲率一队退走，令士兵佯装成当地百姓，大肆宣扬庄王已败阵而逃。

斗越椒听了这消息，信以为真，便率兵追击，并扬言要活捉楚庄王。行至清河桥，发现一群狼狈而逃的士兵正在桥北休息，并且炊烟点点。楚庄王军队似乎发现了他们，弃炊而逃，直奔河对岸。斗越椒哪里知道这里暗伏杀机，率军冲过清河桥，此时四周冒出伏军，杀声震天，斗越椒方知中了埋伏，急忙掉头后撤，可清河桥也不复存在。他此时不知所措，最后中箭而亡。

点评：

所谓十战九诈，真的是很有道理。在战争史上，没有几次战争是光凭拼死来取胜，大都是靠多谋者胜，中计者败。

转移敌军注意力

背景：

1943年1月，盟军在北非登陆取得成功，进攻胜利在望，美国总统罗斯福、英国首相丘吉尔在摩洛哥的卡萨布兰卡举行会谈，并对北非作战胜利后的下一步行动进行磋商，初步商定下一步的进攻目标应是意大利的西西里岛，并以此为基地，将战争推进到意大利本土，迫使意大利退出战争。

西西里岛，是地中海中最大的岛屿，面积2.5万多平方公里。该岛位于亚平宁半岛与北非之间，隔墨西拿海峡与意大利本土相望，最窄处仅3 219米，是意大利南部的重要屏障。

1943年7月，西西里岛驻有意大利第六集团军，约25.5万人。不过，尽管守军人数不少，但士兵情绪低落，恐战、厌战的心理普遍存在。岛上守军不仅士气低落，而且军事设施、重武器、运输供给也严重不足，这些因素对盟军登陆无疑是极为有利的。

当盟军占领了潘特莱里亚岛时，德军统帅部一度认为，盟军的下一个进攻目标将是西西里岛。但在德军统帅部中，有人不同意这一看法。他们认为，西西里岛靠近意大利本土，位置突出，目标明显，选择这样的地点登陆很难取得突袭的效果。于是，他们又将目光转向其他地点，但任何地点都无准确的把握。在这种情况下，德军急需关于盟军下一步行动的情报。

盟军进攻西西里岛的"爱斯基摩人"计划敲定后，怎样能出其不意地发起突然袭击成为这次行动的关键。为减少登陆部队的伤亡，想方设法掩护登陆目标，转移敌方视线又变得尤为重要。经研究，掩盖盟军西西里登陆行动的重任落到了英国海军情报处的伊温·蒙塔古少校的肩上。蒙塔古少校从事军事情报工作多年，精明强干，审慎机智，这个重任交给他之后，他又会怎么安排呢？

决断：

蒙塔古少校反复思考后，决定设"文局"，诱导敌人作出错误的判断，将敌人的注意力引向撒丁岛或希腊。具体的办法是将一具精心选择好的尸体伪装成参谋部军官，在他的身上放上盟军高层官员的信件，并在合适的地点投入海中，使之能漂到岸边，形同一个空难落海的牺牲者。

为使这一"文局"极为逼真，英国情报部门注意加工了种种细节。首先，挑选的死者很像是溺死的30岁左右的壮年男子，肺叶里充满液体。为把握起见，此项工作还经过了著名的病理学家的鉴定；其次，伪造了信件、文件。死者被证明为马丁少校，随身携带有"机密文件"，包括联合作战总部蒙巴顿写的两封信，一封是写给坎宁安的，另一封是写给艾森豪威尔的，信中谈到两国联合作战问题。内中还有帝国参谋总部副总参谋长写给当时去非洲指挥第十八集团军的亚历山大将军的一封信。蒙巴顿在给坎宁安的信中提到，马丁少校带给亚历山大将军的这封信，是一封"非常紧急"的信，这封信"太重要了，不能用电讯发出"。蒙巴顿还在信中强调，他将乐于"在这次进攻结束后"静候马丁少校返回，又在信中补充说"他也许会带一些沙丁鱼回来"。还有，为使马丁少校的身份更加令人信服，他又被伪装成订了婚的男子，随身携带有未婚妻的照片、两封姑娘的情书，以及一张购买钻石戒指的账单。甚至还有马丁少校父亲和家庭律师的来信，商讨婚约等事宜。后来，这场由英国海军情报部精心策划的"文局"得到了英美联军参谋总部和伦敦的英国三军参谋长批准，称之为"肉馅计划"。

1943年4月30日，身着英国皇家海军陆战队战地服装的"马丁少校"的尸体，在西班牙南部沿海城市韦尔发被人发现了，并且西班牙当局偷偷把他运走。死者身上的证件证明他是英国联合行动司令部参谋马丁少校，他在乘飞机前往盟军地中海联合舰队的途中，因飞机失事而落海身亡。当天晚上，英国驻马德里海军武官就将这一消息电告伦敦情报机构。伦敦方面敦促他，赶紧同西班牙人进行交涉，说明少校带有一个十分重要的黑色公文包，务必使西班牙当局完好无损地迅速归还。当时，西班牙当局与纳粹德国的关系十分密切，西班牙总参谋部立即将公文包里的文件拍照后，将复制品送到德国，而公文包退回英国。从西班牙退回的公文包看，显然已经被翻弄过了。英国情报机构明白，此时，公文包里的"机密文件"已到了柏林。

德国人将这些意外获得的"情报"反复研究考证后，认为马丁少校的身分是真实的，文件是"极有价值"的。特别是给亚历山大将军的信，尤使他们有兴趣。刻意研究后，他们认为盟军正在西部地中海策划新的进攻目标，但不是西西里岛，因为信里明白指出，要使德国人误认为盟军将在西西里岛登陆——盟军正在利用西西里岛作为其真正进攻目标的掩护。但是这个"真正进攻目标"信里并没说明，只透露两个：一个虽透露是希腊，却没指明具体地点；另一个也没说明具体地点，只是泛指地中海某地。只是蒙巴顿在信中提到，马丁少校在完成任务归来时，可能会带回一些"沙丁鱼"。由此判断，德国人最后得出结论，盟军下一步的主要攻击目标是撒丁岛，同时还将在希腊作配合性登陆。

希特勒得知这一消息后，赶紧调兵遣将，盟军得以顺利在西西里登陆，加深了墨索里尼的统治危机。

点评：

战争中，在一番精心策划的骗局里，少不了这么几个环节：骗的内容对敌人或对手来说是非常有吸引力的，甚至是当前迫切需要的，骗的方式是合乎逻辑的，不会不合事理。

郑成功力夺鹿耳门

背景:

清顺治十七年（1660 年）5 月，安南将军达素率大军围攻郑成功于厦门，突入岛上的清军全部被歼，达素败退泉州。

厦门一仗虽然获胜，但郑成功意识到已经难再与清兵对抗，于是决心收复 1624 年被荷兰殖民主义者侵占的台湾。为此，郑成功一面积极招募人员，修整船只，备造军器，并且招聘了 300 名熟悉台湾海港、地形情况的领航员，做好东征准备；一面派人送信给在台湾的荷兰总督揆一，重申对荷兰国之善意，麻痹对方。由于郑成功在大陆战事的失利，荷兰国正以为郑成功将进攻台湾，派巴达维亚（今印尼首都雅加达）樊特郎率领一支 12 艘船的舰队，运载 1453 人增防台湾。揆一看了郑成功的信后，以为郑成功不可能进攻台湾，于是只留下 3 艘战舰，600 名士兵和一些军需物资，其余又返航回巴达维亚去了。郑成功得到这一消息，觉得时机已经成熟。是年 3 月，率战船数百艘，共 2.5 万人的舰队，由料罗湾出发，开始渡海东征。

荷军在台兵力约 2 000 余人，主力防守在本岛西侧的鲲身岛，小部分兵力约 200 余人防守在本岛上的普罗文查城。由外海进入台湾的水道，主要是大港，不仅水深，大船可以通行无阻，而且距离近。但有荷军主力防守，航道全在荷军炮火控制之下。其次是鹿耳门港，但沙石淤浅，航程远，退潮时只能通行小船，但荷军在此只派一名伍长 6 名士兵驻守。

决断:

根据情况，郑成功决定由敌人意料不到的鹿耳门港进入台湾，在敌人没有防备的禾寮港登上本岛，直插赤嵌城（今台南市），然后再各个击破敌人。4 月 2 日晨，郑率舰队抵达鹿耳门外，轻而易举地抢占北线尾岛，于午后涨潮时驶抵禾寮港，主力开始登陆。早已联络好的接应人员和台湾人民纷纷前来接应，不到两小时，郑军全部上岸。部队登陆之后，首先抢占了赤嵌街的粮食仓库，同时包围了普罗文查城。

荷军对郑军突然在鹿耳门登陆一无所知，十分惊慌，急忙出动 4 艘战舰向郑军舰队攻击。荷军一向傲慢,甚至认为中国人受不了火药味和枪炮的声音。想不到郑军集中炮火,一举击沉荷主舰"赫克脱"号,"斯·格拉弗兰"号和"白鹭"号仓皇败逃日本,快艇"马利亚"号逃往巴达维亚。荷舰队彻底瓦解。在海战的同时,荷军又派出阿尔多普上尉率领200多名士兵增援赤嵌,在郑军的截击下,遭重创。不久,又由贝德尔上尉率领240名荷军,企图夺回北线尾岛恢复鹿耳门港的控制权。在郑军的夹击下,遭到歼灭性打击,与此同时,苦难深重的台湾人民也掀起了反对荷兰殖民统治的高潮。淡水、基隆、新岸等地郑军尚未到达地区的人民,都自发起来捣毁荷兰教堂和统治机构。

粉碎荷军反扑后,4月6日,郑军集中兵力围攻赤嵌城,荷军司令猫难实叮举起白旗投降。4月7日,郑军水陆两路强攻台湾城(今台南市安平镇),未克,伤亡较大。郑成功随即改为长期围困,将主力抽往各地建立政权和屯垦,迅速站稳了脚跟。这年底,困守孤城的荷军见大势已去,被迫投降。

点评:

郑成功在后有追兵,前有强敌的情况下,采取攻其无备,顺利收复了台湾,表现了他的大智大勇。

夜袭塔兰托

背景:

1940年6月10日,意大利对英法宣战,揭开了地中海海战的序幕。随着6月22日法国投降,英国地中海舰队开始单独面临意大利海军的威胁了。此时,意大利海军拥有6艘战列舰、7艘重巡洋舰、12艘轻巡洋舰、59艘驱逐舰、67艘鱼雷艇、116艘潜艇以及134艘其他船只。这是一支虽有很大不足但仍不容忽视的力量,它同英国海军的比例约为2:5,但是英国海军分散在世界各地,在地中海只有4艘战列舰、1艘航空母舰、8艘轻巡洋舰、20艘驱逐舰、12艘潜艇。优势显然在意大利一边。英国要想守住非洲,必须不断增援守军,也就必须夺取地中海的制海权以保证从直布罗陀到马耳他再到亚历山大全长3 200公里的航线的安全。在这种情况下,由于水面舰艇处于劣势,很难或者不可能通过海上决战夺取制海权。那怎么才能在地中海战胜意军,争得海上优势呢？

决断：

英军认为惟一可行的方案便是擒贼擒王——用夜袭方式摧毁港内的意大利舰队主力。于是英军开始策划袭击意大利海军的主要驻泊港塔兰托。

塔兰托是位于意大利南部塔兰托湾内的一座深水良港，是意大利舰队最重要的基地，拥有支援各种舰艇所必需的一切设施。所以说，塔兰托就是意大利舰队的心脏。

为了保证空袭成功，英军还对塔兰托进行了不间断的侦察以弄清意大利军舰的在港情况和港口的防御虚实。在 10 月的几次空中侦察中，英军发现塔兰托港的防空设施中配备有拦阻气球，又发现意大利人正在铺设防雷网。对此，英军对攻击计划进行了修改并为鱼雷装上了磁性引信，对鱼雷定深也进行了调整。这样，意大利人的防雷网便变得毫无作用了。

11 月 6 日下午，"卓越"号航空母舰在 4 艘战列舰、2 艘巡洋舰及大批驱逐舰伴随下，从亚历山大港启航西行。8 日中午，舰队被意大利发现，9 日，意大利侦察机发现了距塔兰托 556 公里的英国舰队，由于英国照常保持马耳他到亚历山大间的航行，所以意军误认为英军是在执行常规护航任务，并未在意。11 日一整天，意大利没有发现英舰正在向爱奥尼亚海中部前进。11 日 18 时，"卓越"号及护航舰只驶抵距塔兰托 315 公里的海域。19 时 45 分，"卓越"号转向迎风向行驶，担负首批攻击任务的 12 架"剑鱼"式飞机依次起飞，消失在夜色中。

19 时 55 分，塔兰托接到了警报，但未受重视，因为这里虽常被侦察却从未遭轰炸。20 时 05 分和 50 分，塔兰托两次发出了空袭警报，但很快解除了。22 时 25 分，第三次空袭警报响了，莫名其妙的士兵第三次进入了阵地。空袭真的开始了。

英机投下了照明弹，携带炸弹的飞机开始攻击机库、油罐、码头设施及驱逐舰和巡洋舰。其余飞机直扑战列舰。冒着雨点般的高射炮火，英军的"剑鱼"式飞机高度降到了 10 米以下，分别在 1 190～365 米的距离上投下了鱼雷，3 枚命中了目标。这时，塔兰托港如同一个捅翻了的马蜂窝，鱼雷、炸弹、高炮的轰鸣响成了一片。

23 时 10 分，第二批英机又飞抵塔兰托，其中 5 架带有鱼雷。英军故伎重演，超低空接近目标投雷，又有 2 枚命中。投完炸弹和鱼雷后，英机返航。身后，塔兰托的高射炮仍在起劲地射击着。12 日凌晨，完成任务的英机飞返母舰，在全部 21 架飞机之中只有两架被击落。

当 12 日的太阳升起来时，余烟未尽、人声嘈杂的塔兰托港失去了往日的风采。6 艘战列舰有 3 艘被击中，"利托里奥"号被 3 枚鱼雷击中，受重创；"卡伊奥·杜里奥"号被 1 枚鱼雷击中，被迫抢滩坐沉海底；"加富尔"号被 1 枚鱼雷击中，进水后沉没。另外，重巡洋舰"塔兰托"号被击伤，还有 2 艘驱逐舰也受到了损坏。意大利海军仅死亡 40 人，但失去了一半战列舰。空袭中，高炮部队一共发射了 12 163 枚炮弹，但仅击落了 1 架英机（另一架是机枪击落的），相反，他们却击落了 3 个拦阻气球并误伤了港内舰只。

点评：

在现代战争中，发挥空军优势，利用速度来打击敌人已经越来越成为主流，尤其是在局部的战场上，集中强大的空袭力量奋力一击，就能有效地战胜敌人，收奇袭之效。

藏锋芒　转移视线

背景：

建安十九年，曹操带司马懿征讨张鲁，很快击败了对方，占据汉中并收降了张鲁。这时，司马懿建议曹操，乘刘备势力刚打入益州，立足未稳而又与孙权远争荆州诸郡，后方空虚之机，一鼓作气攻占益州。司马懿对曹操分析说："刘备以诈力迫降刘璋，蜀人尚未归附就派兵远征江陵，公切勿失此良机啊。今若耀威汉中，益州一定震动，再进兵攻打，益州定会土崩瓦解，乘此之势，一举消灭刘备势力就很容易了。"然而，身经百战、老成持重的曹操没有接受此建议。赤壁之战的失败，对曹操来说是个惨痛的教训，打那时起，他行事总是万分谨慎。这次，曹操估计到汉中是刘备死守的门户；益州为刘备的根本，定会舍命据守，进军益州困难太大，不能贸然从事。不过曹操也深知，司马懿的大胆建议与设想仍是有道理的，凭着自己当时的实力和高超的军事指挥才能，执行这个方案不是没有取胜的可能。只是曹操不愿冒此风险而已。但从这个方案的提出，曹操更看清了司马懿的过人胆略，他更器重司马懿了。

两年之后，曹操做了魏王。第二年，立曹丕为太子，曹操立即迁升有胆有识、刚断英武的司马懿为太子中庶子。现在，司马懿更加成熟，每参与重大谋划，总有奇谋妙策，深得曹丕的信任和倚重，将他与陈群、吴质、朱铄共号为太子"四友"，成了曹操死后曹丕智囊团中的主要人物。其后，司马懿还向曹操提出实行"军屯"的重要建议。早在建安元年，富有政治远见的曹操就接受了枣祗、韩浩等人的建议开始大兴屯田，不过，当时只限于民屯。后来又实行军屯。但是作为一种制度而正式确定下来，则是经司马懿的提议，曹操采纳后的事。屯田积谷，在三国时期稳定社会、克敌制胜具有特别重要的意义。司马懿在这个问题上与曹操的共识，充分显示了他也和曹操一样是一位有远见卓识的政治家。

建安二十四年，关羽攻曹仁、于禁于樊城。当时，霖雨不止，洪水暴涨，汉水泛滥淹没了于禁所督军士；关羽趁势率领战船，顺水杀来。曹军进退无路，纷纷死于关羽船中射来的飞蝗般箭雨之下，步骑3万尽为关羽所虏。于禁不得已投降汉军，将军庞德被关羽所斩。一时关羽之军威震华夏，曹操也惊恐得打算迁都了。这时，司马懿却十分沉着，毫不惊慌，并谏阻曹操迁都。他冷静地分析这次失败的真正原因，说："于禁等是被水所淹，并非力战而败；国家的军事实力并未受到很大损失。若因此而匆忙迁都，既向敌人示弱，又助长了关羽的凶焰，还会引起淮沔一带百姓的骚动与不安。"并提出用计巧破关羽之军的建议。他说："刘备、孙权表面亲密，内心疏远，关羽得意，孙权肯定不高兴。我们何不致书孙权，要他从后面袭击关羽。这样，关羽回救尚且来不及，樊城之围自然得解了。"曹操听此建议，不禁转忧为喜。恰好孙权自己找上门来，要求从后路进攻关羽，想讨好曹操，正与司马懿的谋划相吻合。结果，借吴解樊围，借刀杀关羽之计获得圆满成功。

曹操对于司马懿充分表现出的政治家兼军事家的特有才识极为赞赏。善于用人的曹操要让司马懿为曹魏的大业尽其才智，对他的奇谋异策从善如流。但另一方面，曹操又对司马懿狡猾的为人极其不放心。他那犀利的目光已看透了司马懿是一个外表宽厚而内心猜忌、多权变的雄豪之士，具有政治野心，并不甘心于久居人下。这种人是很难驾驭的。曹操一方面利用司马懿的才智，一方面对他严加防范。

曹操曾听人说，司马懿有"狼顾相"。据说，狼性多疑，惧怕袭击，走路时常回头看，人若反顾如狼的动作，就称狼顾。命相学认为，凡有此相之人，其命贵不可言。曹操想验证核实一下。有一天，曹操不动声色地召司马懿正面向他走来，突然出其不意地命他向后看，只见司马懿迅速转脸向后看，其头转了几乎180度，而身子居然纹丝不动，恰似豺狼回顾之状。果然有"狼顾相"！曹操对此十分厌恶，觉得这种人有狼子野心，便加深了对他的猜疑和提防。

决断：

机警的司马懿敏感地觉察到曹操对他的猜疑，马上使出他的韬晦之计为对策。他表现出对权势地位极其淡漠的样子，整日埋头于吏职，以至到了废寝忘食的程度，甚至于刍牧之间也全部亲临过问。他把全部精力都花到琐碎杂事和眼前利益中去，完全像个胸无大志、目光短浅之人。如此许久，曹操才稍微有所安心，暂时放松对他的怀疑和警惕。司马懿以退为进，以守为攻的韬晦之策，再次缓解了他与其主的紧张关系。

在司马懿和曹操相处的日子里，无时不在智斗中度过，谁胜谁负，很难裁定。

尽管司马懿的警觉和疑忌发展到如狼之顾的奇特程度，而且任何时候都不敢有丝毫的懈怠，但到了晚年的曹操最不放心的仍然是这位有狼顾相的心怀豪志之人。他一直都在思考如何处置司马懿。可是，司马懿特善玩弄以假象蒙蔽、麻痹、欺骗对方的手腕，使得曹操一时找不到下手的借口。在雄主曹操临终前的日子里，心情一直不能平静，他曾慨叹："生子当如孙仲谋（孙权）"，可太子曹丕是无法与孙权相比的。将来，儿子能驾驭住所有的大臣吗？尤其是那些才智出类拔萃，而内心狡诈多变者。他十分担心曹魏半壁河山的命运。一天晚上，他刚朦胧睡去，就看见3匹高头大马共食一槽，一会儿，食空槽倾。醒来后，一种不祥之感袭上心来。他细思，槽与曹同音，这不正预示司马氏将侵蚀曹氏政权吗！此刻，曹操浑身冷汗，他顾不及窗外还是黑黝黝一片，立即召来尚在酣睡的太子曹丕。当睡眼惺忪的曹丕赶到病榻前时，曹操抓住儿子的手，忧心忡忡地告诫他说："司马懿终将会不甘心位居臣下的。你执政后，他肯定会干预朝政，你必须高度警惕啊！"但是，曹丕与司马懿的私交非常好，哪里听得进去父亲的警告！相反，还竭力为司马懿辩护。结果，曹操未能及时除掉司马懿，便病死洛阳了。

曹操死后，司马懿的地位显赫而巩固起来。他在韬晦之术的掩护下，逐渐侵蚀着曹氏政权。到了他的孙子司马炎时，"竟迁魏鼎"，建立了晋朝。

司马懿韬晦避害，终于实现了雄豪大志。但也证明了雄主曹操不愧谓"实能知人"。若天假以雄主寿命，使曹操与司马懿同时活着，鹿死谁手，其结果还很难料定呢！

点评：

在封建社会的权利场上，面对猜忌的上司，最好的点子就是韬晦之术，隐藏锋芒，不可授人以柄，否则后悔不及。

弃寨屡退　奇兵灭敌

背景：

在南宋时期，洞庭湖一带曾有一支杨幺领导的农民起义军，他们英勇善战，闹得封建王朝的统治者坐卧不安。他们便派王璸、崔增、吴金率领4万人马去围剿。

1133年11月初，王璸打前锋，气势汹汹地向义军扑来。他们先打高癞子寨，不费多大劲就取胜，继而又轻而易举地拿下扬钦大寨和金琮寨。他们以为义军是乌合之众，不堪一击，便志满意得，更加骄狂，驱船直捣杨幺大寨。可是来到寨前，寨中竟然空无一人。

决断：

"他们上哪儿去了？"王璸傻眼了。而这时杨幺早已带领义军战士摇船来到崔增、吴金管辖的部队附近。杨幺下令几条大船开出芦苇荡，船中暗藏士兵，顺流向官军漂去。狂妄自大的官兵们以为这是在上流被官军击败的义军空船，便争着撑篙摇橹去夺取这批胜利品。当他们快接近"空船"时，却突然从四周苇荡中冲出无数义军的战船，顿时流矢木石狂风般扫来，吓得官兵目瞪口呆，无处逃藏。而那些在水乡长大的义军士兵，个个生龙活虎，或是跃过船来无情砍杀，或是从水中冒出把官兵拽下水去。于是，崔增、吴金率领的数百只船，没有多大功夫便沉落湖底，滞留沙滩的官兵也全被消灭。

这一场战斗，是杨幺精心导演的。王璸的"取胜"，不过是杨幺的佯败，避敌锋芒，把队伍转移到官兵意想不到的地方；而"空船"的放流，则是杨幺的"引蛇出洞"，寻找战机，以便集中兵力，歼灭有生之敌。贯穿全过程的则是尽力骄纵敌人，使敌人丧失警惕，以便战胜敌人。

点评：

水中作战要学会很巧地利用水的性质，在水中往往要有很好的水性，否则就容易被人从水下偷袭，而且在船上也应时刻保持警惕。

兵败慌弃盾　回枪杀骄敌

背景：

元成宗大德五年（1301年），湖广行省平章刘国杰带兵到贵州，镇压彝族人民起义。由于起义军的战马雄健勇敢，冲杀力极强，刚一交手，元军就被打得落荒而逃。

刘国杰总结了这次战斗失利的教训，意识到要想取得胜利，就必须制服彝族起义军的精锐骑兵。

对付这种骑兵，很重要的一点就是对付战马，所以刘国杰想出了一条杀敌妙策。

决断：

事隔数日，刘国杰再次带军前去迎战。其部下每人手持一块盾牌，刚一交锋，元军就装出不堪一击的样子，扔掉手中盾牌，纷纷后退。起义军见状，斗志更加昂扬，你追我赶地纵马奔向败军。不料他们的坐骑一踏上被元军丢弃的盾牌，就被盾牌上的铁钉钉住了马蹄，战马疼痛难忍，被又大又重的盾牌扎住，又奔跑不得，使得连人带马一齐倒在地上。元军借机杀个回马枪，镇压了这次起义。

点评：

针对敌人的武器装备，采取有效的手段，克制其长处，发挥己方的长处，一消一长，就是这一点子的精要所在。

以假乱真 成功登陆

背景：

第二次世界大战进行到 1943 年时，盟军已经稳住阵脚，开始逐步反攻了，这一年制定的"霸王行动"是关于开辟第二战场，在欧洲大陆登陆的伟大计划。盟军决定在 1944 年春执行这一计划，从英国向法国登陆。摆在眼前的问题是，希特勒早就知道盟军想从法国登陆，并作好了准备，在法国海岸布下了重兵把守，盟军于是制订了一个"霸王行动"的辅助计划"水银计划"，亦称"卫士计划"。这个计划是关于什么呢，它是怎样来协助诺曼底登陆的呢？

决断：

"卫士计划"即"杰伊计划"将从 5 个方面为"霸王行动"提供掩护，即窃取情报、反间和保密、敌后特别行动、政治宣传战和心理欺骗。目的是通过这些欺骗手段，使狡诈多疑的希特勒相信盟军进攻的矛头不是法国的诺曼底，而是斯堪的纳维亚、巴尔干半岛、法国的加来海峡或者是其他任何一个地方，只要不是诺曼底就行。

在"杰伊计划"中，总共包括 6 个大的欺诈计划，36 个附属计划以及一些相关的计谋。其中，专门围绕诺曼底登陆的欺骗计划被命名为"坚韧"计划，它本身又分两个部分：一个是用来牵制德军在斯堪的纳维亚的 27 个师，称为"北方坚韧"；另一个则用来把德国最精锐的装甲部队第 15 军拴在加莱地区，称为"南方坚韧"。

丘吉尔是这项计划的热心倡导者和支持者，他曾说过："在战争时期，真理是如此宝贵，必须用谎言去保卫它。"根据首相的这句名言，该计划也将名称由"杰伊"改为"卫士"。

"卫士计划"规模十分庞大，为了使欺诈成功，该计划将欺骗行动覆盖了参战双方和每一个中立国。英美两国特种行动部门，甚至盟军的政府首脑和国家机构都为此项计划服务。

北方坚韧计划，为使希特勒相信盟军将进攻斯堪的纳维亚，虚构出一次代号为"斯凯岛"的登陆行动方案，虚构的英国第 4 集团军在苏格兰的爱丁堡出现，大量频繁的军中电文使德国人相信了它的存在，27 个德国师静静地守在北欧，等待一次永远不会出现的进攻。

南方坚韧计划，为诱使希特勒相信加莱是盟军的登陆地点，又虚构出一支拥有 50 个师、100 万人的美国第 1 集团军，性格暴躁爱出风头的巴顿将军被任命为该集团军司令官。无数足以以假乱真的兵营、医院、油库、飞机、大炮出现在英国东南部，假的输油管道正在日夜铺设。

英国双十委员会为使谎言更为真实，还动用大批双重间谍通过各种渠道向德国人泄露一些情报。被俘获的德军将领也被利用作为欺诈行动的工具。甚至由演员装扮的蒙哥马利将军也粉墨登场了，在直布罗陀和阿尔及利亚进行了一番巡视，使希特勒再次上当。

由于"卫士计划"的成功欺诈，使希特勒坚信盟军进攻的矛头是法国的加莱半岛，而不是诺曼底，因此他把西线德军最强大的 4 个装甲师抽出来作为自己亲自控制的战略预备队，以便随时增援加莱地区，仅此举，就使诺曼底地区德军的抗登陆能力大大减弱了。

就在盟军登陆诺曼底之后，希特勒仍相信那只不过是佯攻，真正的攻击点是加莱，迟迟不动用战略预备队驰援诺曼底，等他醒悟时已为时太晚，可见，"卫士计划"编造的谎言使希特勒的确信以为真了。

点评：

一个完美的迷惑敌人方案是要从每一个细节上考虑周全的，在整个过程中也必须有系统、有步骤地进行，要达到以假乱真的效果就不能不制造一个甚至自己有时候都会相信的谎言。

巧以颜色 高价卖猫

背景：

清朝的大商贾胡雪岩在没有发家之前，家境颇为困难，而且家中可典当之物已没有多少，于是他就想把自己家中一只猫卖掉。但是一只猫肯定卖不了多少。他老婆也说他尽出荒唐点子。突然胡雪岩灵机一动，同夫人耳语一阵，老婆听后顿时拍手称妙。

决断：

有一天，胡雪岩外出，他在门口大声地告诫他老婆："好好照看我的猫儿，这种猫全城找不出第二只。千万不能让外人知道。要是被人偷走了，那就要我的命了。这猫就如同我的儿子了。"

胡雪岩天天都要这么说上一通，邻居们耳朵里听多了，心里止不住地好奇，很想看看这猫究竟长得啥模样。可是，胡雪岩老婆管得紧，谁也见不到那只猫。

有一天，那只猫猛然挣断绳子跑到了门口，胡雪岩老婆赶紧把猫抱了进去。正巧在场而又眼快的人，看到那只猫是干红色的，且全身上下连尾巴和脚上的毛须都是一片干红色。见到的人没有一个不惊奇不眼红的。当时，消息就纷纷扬扬传开了。

胡雪岩回家后，一听有人见到了他的猫，就痛骂他老婆，把她打得呼天喊地。

不久，这消息传到了当地的一个富绅的耳朵里，于是这个富绅就派人用高价来买这只猫，胡雪岩坚决不肯卖。越是如此，富绅越不肯罢休，一定要买，价格越出越高，胡雪岩还是不肯卖。后来好说歹说，允许富绅看一次猫。看了之后，富绅更觉稀罕，无论如何要得到这只猫。最后，终于以三十万文钱把猫买走。

富绅把猫带走的那天，胡雪岩哭得一把眼泪一把鼻涕的，还狠揍了他老婆一顿，整整一天长吁短叹，惆怅不已。

富绅得到猫后高兴极了，想将它调教好了献给皇上。可是，不久便发现猫的颜色渐渐淡了下去，才半个月就成了一只普通的白猫了。富绅马上带着猫去找胡雪岩，哪知胡雪岩早就搬走了，不知去向。

原来，胡雪岩是用染马缨的办法把猫的颜色给染了，染的次数多了就成了干红色，而他以前所有告诫老婆的话和打骂老婆的行为，不过是借以引起人们注意的手段而已。

点评：

胡雪岩的卖猫生意虽然是名不符其实，但从中可以看出胡氏做生意的精明之处，做生意讲求夸卖夸买，一句精道的话引起别人的注意，生意便拍板，不能不叫绝。

丹尼尔装痴

背景：

"奥丽"位于纽约市郊风光秀丽的赫德森河畔，是座英国古典式大型乡村别墅，它的主人是具有英格兰王裔血统的丹尼尔。

一天，当地的报纸登出了一则出售"奥丽"的广告。有家公司的董事长大卫酷爱英国古代建筑，非常想成为"奥丽"的主人。可是，过高的价位（200 万美元）和房产交易中的欺诈行为，使不谙内幕的他欲买又止。于是，他请老同学、房地产间谍莫利斯前往调查。大卫和莫利斯是怎样谋划"奥丽"的呢？

决断：

莫利斯到达"奥丽"附近后，觉得无法从性格孤僻、生性多疑的丹尼尔身上下手。于是他就化装成当地居民，伺机接近丹尼尔热情大方的女仆格丽丝，从她嘴中"套"出了丹尼尔急需聘用地下管道工的情况。莫利斯在被丹尼尔旁敲侧击地盘问了好长一段时间后，最后如愿以偿地当上了"奥丽"的管道工。

莫利斯在疏通管道时，发现"奥丽"的管道属于不合格产品，无法与矗立的豪华楼房相称。他随即拍下了照片，接着又通过查找当年有关"奥丽"的新闻报道，得出了"老丹尼尔资金不足，管道只能降格以求，但出于固有的虚荣心，力图避人耳目，瞒天过海"的结论。莫利斯把照片和"调查报告"交给了大卫，又为大卫设计了一条利用丹尼尔"爱面子"的弱点，在价位上"狠狠宰他一刀"的计谋。

大卫来到"奥丽"，和丹尼尔讨价还价。大卫拿出照片和调查报告这一"杀手锏"。丹尼尔大骂莫利斯"无耻、骗子"，在咆哮了一阵以后，终于"低"下了头。大卫"迫使"丹尼尔做出了让步，以 50 万美元成交。

得意洋洋搬进新居后的大卫，不久就发现装潢似王宫般的"奥丽"所有的梁柱、墙面、窗框、地板都是腐朽不堪的烂木头，实实在在的"金玉其外，败絮其中"。直到此时，大卫和莫利斯才发觉上当受骗。

没过多久，当地的一家报纸就连篇累牍、详细周到地报道了原本双方恪守、不向外界泄露的房地产交易的秘闻内情。

其实，丹尼尔的孤僻冷淡、格丽丝的热情大方都是丹尼尔设下的圈套。丹尼尔不惜以家族"丢脸"的代价向新闻界"全盘托出"交易内幕，也是他故意制造的"先下手为强"的计谋：家族不光彩的秘密，与其在"奥丽"倒塌时让别人知晓，不如在真相大白前先设下陷阱，赚上一大笔钱更合算。丹尼尔正是利用让大卫和莫利斯先出尽风头，然后再一下子使他们"丢尽面子"的巨大反差，突出了自己，冲淡了家族的不明智之举。

强中自有强中手，这是一条永恒的法则。

点评：

商海中，没有哪个是真正的"软豆腐"，能在激烈的斗争中生存下来的人，都不是平庸之辈。所以在竞争中必不可小觑任何一个对手，否则，吃亏的只会是自己。

古尔德制造"黑色星期五"

背景：

19 世纪中期，古尔德在美国纽约华尔街有"黄金甲虫"之称。他用狡猾的计谋制造了轰动整个美国的"黑色星期五"事件，为华尔街的历史增添了极不光彩的一笔。

决断：

1861 年开始的美国内战，引起了一场黄金投机热潮。直到战后的 1869 年，政府才控制住局面，稳定了黄金价格。大多数黄金投机者也已转移了注意力。利用这一时机，古尔德乘人不备，开始了他的黄金冒险计划。

当时，联邦政府拥有大约价值 1 亿美元的黄金，支撑着市面上流通的纸币，而存于私人手里的所谓"浮动黄金"大约仅值 2 000 万美元。古尔德计划的目的，就是要暗中买进非政府拥有的全部黄金，从而"垄断"黄金市场，在操纵黄金价格中获取暴利。但他的"垄断"只有以政府不抛售黄金为前提。为此，古尔德一边以惊人的胆量秘密收购黄金，一边想方设法左右政府的行动。他与同谋者菲斯克一道，以用对方的名义购买黄金，使其在未来的金价暴涨中获利的办法，来贿赂当时总统的妹夫科尔宾和纽约金库的负责人巴特菲尔德，将他们与自己的计划"绑"在一起，诱使他们自愿地去迟滞总统和政府在金价上升时抛售黄金的行动。

一切条件具备后，古尔德同控制了纽约市政治的"大亨"特威德结成联盟，用从特威德的银行中以不付分文利息的优惠条件借用的大笔款项，更加肆无忌惮地收购黄金。他指使菲斯克用眨眼示意和窃窃私语的方法挑唆投机商们向华尔街的黄金买卖场所集中，使萧条的地方又开始热闹。这期间，古尔德在收购了全部2 000万美元的"浮动黄金"后，又操纵金价缓慢提高了10点，以吸引更多的投机者前来"卖空"。这些身上一盎司黄金也没有的人与古尔德签订了大量空头合同，期望在将来金价跌落时，再履行合同而盈利。但这些投机者做梦也没想到，古尔德不仅不会让他们赚钱，而且还要让他们从自己腰包中大量掏钱。

到了1869年9月24日星期五这一天，古尔德已收购了大约价值5 000万美元的黄金。时机成熟了，他向菲斯克下达了哄抢黄金的命令。在疯狂的骚乱中，菲斯克和同伙不停地越来越高地喊价，迫使黄金价格仅一上午就从145点直线上升到了惊人的162点（即每盎司黄金牌价为162美元）。当政府为稳定局势下令抛售黄金时，古尔德早已在成吨黄金的出售中大捞了一把，倒霉的是那些随风而动的哄抢者。在政府的抛售下，大批投机者破了产，他们悲愤地将这一天叫做"黑色星期五"。

人们都以为，在这一天古尔德并没捞着太多的便宜，因为抢购黄金最多的是他的同伙菲斯克。但善良的人们怎会想到，古尔德早有打算。他找了两位穷困潦倒的经纪人，答应给他们一笔固定收入，以此为后半生的保障，让他们代菲斯克购买黄金。政府抛售后，这两人很快宣布破产，债权人已永远无法从他们那里获得分文。而古尔德与菲斯克却连半点损失也没受到。"黑色星期五"的历史就是这样在人们的叹服和唾骂中写成了。

点评：

市场是一种无形的空间，泛舟商海的人们便在这些无形的空间里相互竞争，人们不仅怕来自正面的冲击，更怕幕后的黑手，因为说不定什么时候就被人猛拧一把，而自己犹如蒙在鼓里。

第二计　围魏救赵

提要： 此计典出战国时期齐魏两国的桂陵之战。有灵活调动对手，再根据情况后发制人的意思，用计者必须明白如何避实就虚，攻敌所必救，通过对客观条件的主动性的转换，置对手于不利的形势之中，然后集中自己的优势力量，对其要害予以致命的一击。

背景：

"空中客车"公司是法国、德国和英国等国家联合经营的飞机制造企业，总部设在法国的图卢兹。该公司生产的客机性能优良，但是，由于它是70年代刚办起来的新企业，外销业务一时难以打开。为了改变这种被动局面，公司决定招聘能人，把产品打入国际市场。

贝尔那·拉第埃正是在这种情况下于1975年被"空中客车"公司聘用的。当时，世界经济由于石油危机而出现大衰退，各大航空公司都很不景气。

决断：

拉第埃走马上任后，遇到的第一个棘手问题是和印度航空公司的一笔交易。当时这笔生意未被印度政府批准，大有落空之势。他得到消息后，便匆忙赶赴新德里。他的谈判对手是印度航空公司主管拉尔少将。与拉尔会面后，拉第埃对他说："谢谢您让我在生日这一天又回到了我的出生地。"随后，拉第埃介绍了自己的身世，说他于1929年3月4日出生于加尔各答，当时他父亲任法国米歇林公司驻印代表。拉尔听后很受感动，当即请他共进午餐。万事开头难，拉第埃见首招奏效，就趁热打铁，从公文包里取出一张相片递给拉尔看，并问："少将先生，您看这照片上的人是谁？"拉尔惊讶地说："这不是圣雄甘地吗？旁边的这个小孩是谁？"拉第埃说："那就是小时候的我。我3岁时随父母离开印度去欧洲，途中有幸和圣雄甘地同乘一条轮船。"拉尔听后，对拉第埃更产生了好感。不久后，这笔生意就谈成了。事后，拉尔说："带圣雄甘地的照片前来向我兜售飞机的，这还是破天荒的第一次，我不能再拒绝了。"

拉第埃认为：推销员要信任客户和了解客户，同他们建立亲密的关系，做生意要机动灵活。如1977年初，空中客车公司与美国西部航空公司的交易，由于银行的压力而搁浅。美国东部航空公司老板包曼正想买23架飞机，由于银行反对，使谈判陷入僵局。拉第埃提出，可以借给包曼一架飞机，作为期6个月的营业试飞，条件是包曼必须出600万美元，为该公司的飞机在美国推销做广告。协议终于达成了。后来，只经过2个月的试飞营业，公司赚了钱，原先反对这笔生意的银行家们也改变了立场。销售不成变为先借后销，西部不成转为进攻东部，正是依靠这种灵活的手法，终于使空中客车公司打入了美国市场。

1979年，拉第埃创纪录地为空中客车公司推销了230架飞机，价值420亿法郎，使该公司继美国波音公司之后，成为西方第二大民用飞机制造公司，他本人也被誉为空中客车公司的"推销突击队员"。

拉第埃在短短5个月之内，就为空中客车公司夺取了世界1/4的客机销售市场。他成功的奥秘就在于一个"奇"字。

按一般推销员的做法，飞机这种昂贵的商品似乎只能通过比较正式的谈判，在严肃的气氛中达成协议。而拉第埃却违反常规，利用自己与印度人十分敬重的圣雄甘地的一张合影，来表达自己对印度的深厚感情，以此感动谈判对手拉尔少将，使一桩几乎夭折的生意起死回生，并借机打进了印度的客机市场。

在与美国东部航空公司的谈判中，拉第埃也以先借后销的奇招获得了胜利。拉第埃善于根据形势的变化和工作的需要，灵活地采用各种有效的促销手段。有时，为了达到一般情况下不能取得的效果，他敢于突破常规，用前人所未使用过的手段来实现自己的目的。正因为拉第埃敢于出奇，善于出奇，所以他才创造了一年成交 230 架飞机的奇迹。

点评：

在变幻莫测的商场争战过程中，应学会随机应变，并应当机立断，贻误时机。困顿之际，要善用超常规思维方式，以奇制胜。换一个角度来解决问题，也许就会收到起死回生、柳暗花明的奇效。

自然主义者的汽车

背景：

汽车大王福特在本世纪初人们对他的争议颇大，支持拥护者说他是美国工业的"圣人"，用"汽车文明"取代了"马车文明"。而持反对态度的人——主要是一批自然主义者则说他是"罪人"。他们强烈挟击工业污染、汽车污染，指责汽车扼杀人对大自然的欣赏。

在自然主义者中有个德高望重的老作家，75 岁的鸟类爱好者巴勒斯，他也是反对汽车的，只是反对得不太强烈。

决断：

一天，巴勒斯出乎意料地收到福特的一封信，说自己酷爱读巴勒斯的书，并决定赠送一辆福特车表示敬意。

福特想通过这个有影响的老人来制造舆论。他说服老人，有了汽车使他更有机会接近乡村，接近自然。老人勉强上了车，福特让一个年轻亲戚带他兜风。这个年轻人还热情地教巴勒斯开汽车。一旦老人学会了驾驶，他就来了兴趣。不久，人们就看到头戴礼帽，白胡须随风飘荡巴勒斯自己握着方向盘，在纽约州的原里上来回穿梭，周游一处处的观鸟场……他本身就是汽车与大自然不矛盾的活标本。而这个德高望重的自然主义者同汽车"和解"了，公众中赞扬汽车的人也越来越多。

福特还通过巴勒斯来争取其他的自然主义者。他告诉那些人，自己也爱好野生运动和大自然，他决定支持一项保护鸟类的提案。他动员全国各地的福特汽车商游说国会议员，还敦促地方学校学生和野生运动协会出面支持，终于使提案在国会获得通过。为此，巴勒斯专程去福特家中致谢，去庆贺福特的 50

大寿。并邀请福特夫妇去美国自然主义的起源地——马萨诸塞州作客，拜谒美国自然主义思想家梭罗、爱默生的旧居和陵墓……有巴勒斯带路，福特也就轻而易举地把汽车开进了自然主义的"圣地"中去，当然，反对呼声就逐渐平息了。

点评：

在竞争愈益激烈的今天，人人都想成功。然而面对强烈的竞争，在新产品不被人所了解的情况下，别出心裁的公关也就十分必要了。

福特在面对这种来自各方面的指责，尤其是包括德高望重、颇具影响的老作家的指责时，他采取了围魏救赵的名人借势政策，让巴勒斯不知不觉中爱上了他的汽车，公关目的就在不知不觉中达到并取得了意料中的成功。

不剃胡子不嫁人

背景：

1913年某日，辫子军头目张勋在北京的江西会馆庆祝其60大寿生日（实为59岁）。他把京津地区的名伶召至会馆，唱了三天堂会戏。征歌逐舞，好不热闹。台上戏子一曲一曲地演唱，台下显贵指手划脚，品头论足。这时的刘喜奎刚到北京不久，一炮打响，顿时走红，这次的堂会戏自然少不了她的演唱。张勋见过无数个标致的女子，但还没有见过刘喜奎这样的艳姿丰采。刘刚一上台，就令张勋目瞪口呆。三天的堂会戏演唱结束，张辫帅便派了一名副官到刘家去传唤喜奎，准备随意花几两银子将她收下为妾，养在府中。谁知刘喜奎洁身自爱，既不畏惧权贵，又不贪图钱财，她在学戏之前便有言在先："只唱戏，不卖身。婚姻大事自己作主，父母不加干涉。"副官找到刘家，即被喜奎及其父母逐出，回府交差，张勋傻了眼，他万万没有想到一个戏子竟敢这样不识抬举。于是吩咐副官，不惜代价，一定要将刘喜奎弄到手。副官领命后一趟一趟地往刘家跑，银两一加再加，直加到10万大洋。刘的父母对这巨额款子有点怦然动心了，可是刘喜奎仍不屑一顾，坚决拒绝卖到张府。不久，"二次革命"爆发，张勋率军南下，后迁任江苏督军，在南京的秦淮河畔觅得了王克琴为三姨太太，终日沉醉于酒色之中，这样也就把北京城里的刘喜奎暂时淡忘了。

1917 年 6 月 30 日，张勋返回北京，张府又唱起了堂会戏。名伶齐集一堂，台上莲步轻移、一颦一笑的刘喜奎勾起了张勋的回忆，为此神魂颠倒起来。时为"忠勇亲王"的张勋又开始做美梦了，再次想纳刘喜奎为姨太太。刘喜奎仍然敬谢不敏，回答张府差人的话说："张大帅要娶我当姨太太是万万办不到的事。软的也好，硬的也好，我都不从。到我走投无路的时候，我就以死相拒，看他怎么办？"张勋听完禀报，倒也有些担心，怕真的逼得紧了，她会去寻死，香消玉殒岂不可惜！他张勋岂不是一场空。于是决定不来硬的，派人前去正式"求婚"。多次"求婚"，均遭拒绝。但是，张勋"不到黄河心不死"，仍不作罢。

决断：

刘喜奎正在苦于无计可施的时候，某晚报社长张汉举替刘喜奎出主意，要她提出几条使张勋无法接受的条件而使其主动放弃"求婚"。一天，刘喜奎向张府的人说："张大帅如果一心要娶我，必须答应我三个条件。"来人说："别说是三个；就是三十个条件张大帅也答应，你说吧。"刘喜奎不紧不慢，说出三个条件：

第一个条件，张大帅要把嘴上的胡须全部剃光；

第二个条件是，力行一夫一妻一妾制，请张勋立即遣走全部姨太太，保证今后不纳妾；

第三个条件是，提供爱情保证金 20 万大洋，以刘喜奎的名义存入国外银行。

张汉举帮助想出的这三个条件，无非是一个缓兵之计，明知张勋不能接受才这样提出来的。特别是第一个条件，简直像是要张勋的性命一样。原来，张勋其貌不扬，全仗那三绺胡须装点门面，使他的神情模样显得威武一些，要让张勋割去这命根子一样的胡须，真是比登天还难。其结果与张汉举的预料的完全一样。张勋表示：第二、三条保证立即照办，唯第一条要求豁免。刘喜奎见第一条正中要害，表示半点也不肯让步。张勋派人传话说："咱们王爷身为国家栋梁，不能为娶一房姨太太而把蓄留多年的胡子剃掉，这码子事张扬出去，会腾谤中外，贻笑大方。"但是，刘喜奎很快作出反应："内阁总理唐绍仪在结婚时能奉夫人之命，剃光胡子，王爷又为什么不可以这样做呢？"这时的张勋一心想得到刘喜奎，心痒难搔，一咬牙，便答应让步：先剃去颔下的部分，上唇的胡子留着充充门面，等到洞房花烛夜过后再剃光。可是，刘喜奎坚决不依，声称：只要张勋的嘴巴上还留着一根胡子，那就宁死也不嫁过去。

正当张勋在死皮赖脸地为讨刘喜奎作姨太太而讨价还价的时候，段祺瑞组织的讨逆军开始向张勋的定武军发起了反攻。1917 年的 7 月 8 日，讨逆军派飞机向紫禁城的一块空地上投下了中国军事史上的第一枚炸弹，几乎把张勋的魂都要炸飞了，他慌忙逃入荷兰驻华大使馆，通电下野，后逃往天津。刘喜奎也逃过了张勋这个色狼的追逐。

点评：

男人是礁石，女人是浪花。礁石磨平，浪花依然在。对财多势大的纠缠者，最好的拒绝办法就是提出让他接受不了的条件，来达到摆脱的目的。

朱健巧救辟阳侯

背景：

汉惠帝时，平阳侯朱健为人刚直敢言，智慧超群。深受吕太后宠爱的辟阳侯欲与朱健结交，朱健却一直拒不接受。后来朱健的母亲去世了，因为家境贫穷，朱健没法发丧。辟阳侯借机送了一百两黄金给朱健，其他官员则看在辟阳侯的面子上，纷纷仿效赠送财物给他，朱健这才将母亲安然入葬。

过了几年，有人揭发了辟阳侯的隐情，惠帝龙颜大怒，不仅罢了他的官，还要将他处死。吕太后虽然向着辟阳侯，可现在又找不出理由为他说情。

决断：

辟阳侯派人去找朱健，想面见他，让他为自己想法。可朱健回答说："他犯了死罪，我不敢见他。"实际上朱健在暗地里为辟阳侯想办法。他找到惠帝的宠臣闳孺，劝说道："你最得皇帝的宠幸，这件事天下人没有不知道的。如果辟阳侯被处死，

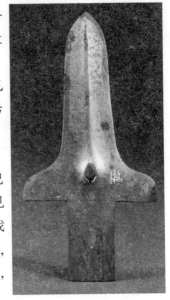

吕太后一定会迁怒于你，并且会设法杀害你。若你这样等死，不如脱去上衣，裸露身体去为辟阳侯求情，皇帝定会听从你的意见放了辟阳侯。到那时，太后也一定会非常感谢你。此后你就会得到两个人的宠幸，你的富贵就会倍增。"闳孺听说这话，心里十分矛盾，终于禁不住惶恐，按朱健的计策去向皇帝求情，皇帝果真放了辟阳侯。

点评：

众意难违，要救辟阳侯，靠朱健的身份地位是不能成功的。龙颜难犯，一言九鼎，谁能左右惠帝的做法？闳孺虽承宠幸，可怎样才能使他主动去找皇帝求情呢？晓之以理，诱之以利，然后成功。

人际交往中危机摩擦在所难免，若借己之力不能解决，则势必要寻"魏"来攻取，以救"赵"之危急。

争其所争　不争亦争

背景：

1932 年，在美国处于严重经济危机之时，罗斯福与胡佛拉开了竞选总统的序幕。罗斯福在竞选中避实就虚，施尽计谋，终于实现了入主白宫之梦。

由于胡佛是现任总统，从实力上来讲，罗斯福较对手略为逊色。

决断：

怎样才能扭转局势，反败为胜呢！罗斯福认为应该利用经济大萧条这一有利时机，着力攻击胡佛的经济政策，以此来扭转自己的不利局面。

突破口找到后，罗斯福便开始在各地游说。他宣称：政府目前实施的经济政策是鼓励投机，造成生产过剩并且最终导致经济大崩溃的政策。而现在总统胡佛却一意孤行，拒绝承认和纠正国内的弊病，迟迟不发放赈济，根本不想实行改革。

这种方法果然奏效。人们开始重新考虑经济萧条的原因，并且对现行的经济政策产生了怀疑。罗斯福与胡佛之间的力量对比产生了微妙的换位。胡佛被激怒了，他发动了强有力的反击，将火力集中于抨击罗斯福的激进主义和集体主义上。为了对付胡佛的反击，罗斯福降低了调门。他极大地修改了自己关于减少关税的力场，以至于与对手的立场变得相差无几了。

在整个竞选过程中，罗斯福没有提出什么纲领，只是聚集了一些建议。这些建议有的是经过深思熟虑的，其余则含糊其辞，甚至毫无意义。因为他清楚地知道，自己是努力争取竞选获胜，而不是展示一套连贯的政治哲学。一个记者曾经说过："关于他的议论，你连一个题目也无法加以非议；你几乎没有争论的余地。"总的来说，罗斯福的作风非常稳健。即使在竞选白热化阶段，他也从未流露出激烈的感情或摆出好斗的姿态。他常常引导选民剖析胡佛的政策，其逻辑之严密，态度之斯文，使人觉得他是在进行学术讲演，而非竞选演说。

具有工程师头脑的胡佛却只习惯于有条不紊的思维，对自己对手那种在周围舞剑，忽而在左，忽而在右，有时进攻，有时又突然退却的手腕简直无法应付，抓不到机会与之搏斗。胡佛的优势彻底失去了。

1932年11月，竞选揭晓，罗斯福以绝对优势获胜，成为白宫的新主人。

点评：

罗斯福将竞选总统的真正目的隐藏起来，而抓住胡佛的软肋猛击，最终赢得竞选。

斯大林识破祸水东引之计

背景：

1938年，欧洲大陆风云变幻，战争危机日益临近。希特勒一面大肆叫嚣消灭社会主义苏联，一面又加紧准备，首先向西方侵略扩张。面对法西斯德国咄咄逼人的气势，英、法等国一味退让，他们不做抗击德国的准备，却企图诱使希特勒向东进攻苏联，挑动苏、德在战争中两败俱伤，他们则坐收渔翁之利。这就是臭名昭著的"祸水东引"政策。为此，英、法卑劣地屈从法西斯德国，签订了将捷克斯洛伐克的苏台德地区割让给德国的《慕尼黑协定》，肢解了捷克斯洛伐克。

决断：

在欧洲和世界和平受到严重威胁的形势下，社会主义苏联力图采取行动，阻止和打击希特勒的侵略行径，维护和平。为此苏联向英、法两国提议，举行三国会议，建立一个针对法西斯德国的军事同盟，共同抗击德国的战争计划。英、法政府虽然参加了与苏联的谈判，但毫无诚意，心中仍怀有怂恿德国进攻苏联，使两个潜在敌人共同消亡的"祸水东引"鬼胎。三国谈判很快陷入僵局。

苏联此时面临着极为严峻的环境。苏联党看到英、法政府一意孤行地要把德国推向侵略苏联的道路，如果再要同英、法结盟共抗德国绝无可能。而苏联要与德国单独作战，在目前的情形下将付出惨重的代价。斯大林周密地分析了国际形势，他看到，尽管希特勒无比仇视苏联政权，但他却不敢冒首先进攻苏联的危险，希特勒的算盘是先向西方扩张，击败法、英，统治整个西欧，然后再掉转头向东方进攻。面对苏联国家安全和利益受到重大威胁，面对英、法政府的险恶用心，斯大林和苏联党决定利用帝国主义国家之间的错综复杂的矛盾，使苏联摆脱严重困境和危险。

恰在这时，希特勒已决定实施侵略波兰的"白色方案"；同时，他也得知莫斯科正在举行英、法、苏三国谈判。希特勒深感忧虑，他害怕一旦英、法、苏三国结盟，他将在未来战争中处于两面夹击的境况，而且他也难以实行他的"白色方案"。因此，希特勒在 1939 年 5 月到 8 月间一再通过他的外交部长向苏联政府表示，德国无意入侵苏联，希望改善苏、德关系，使苏、德关系"安定化、正常化"。到了 8 月 20 日，希特勒已经急不可耐，因为 9 月 1 日就是德国向波兰动手的日子。希特勒直接电告斯大林，要求苏联同意里宾特洛甫赴苏会谈签约。就在这不久以前，日本在远东地区挑起诺门坎事件，向苏联发动进攻，而德、日两个法西斯又在谈判结成军事同盟，苏联有腹背受敌的现实危险。在种种危机下，苏联政府终于做了重大决策：同意里宾特洛甫前来莫斯科。

1939 年 8 月 22 日，德国外长里宾特洛甫带着希特勒亲笔签字的全权证书，拥有同苏联签订互不侵犯条约一经签字便立即生效的大权，飞抵莫斯科，同斯大林和莫洛托夫举行会谈。8 月 23 日，《苏德互不侵犯条约》正式签订。条约规定：条约缔结双方保证不单独或联合其他国家彼此间施用武力，进行侵犯和攻击；缔约双方之一，如与第三国交战，另一缔约国决不支持第三国；缔约国双方决不参加任何直接、间接反对另一缔约国的国家集团。条约规定有效期为10 年。

《苏德互不侵犯条约》的签订，宣告了英、法纵容德国祸水东引政策的彻底破产，苏联避免了单独与德国作战，反而爆发了英法与德国之间的战争。英、法两国怂恿德国侵略，自食恶果，搬起石头砸了自己的脚。英国首相丘吉尔曾大加称赞苏联这一政治外交策略，说这是英、法外交政策和外交手段的"绝顶失败"。《条约》的签订为苏联赢得了 23 个月的宝贵战备时间，它利用这段时间迅速扩军，加速发展东部地区的工业，加紧储备战争物资，这对苏联赢得战争最后胜利具有重大意义。《条约》签订还加深了德日之间的矛盾，打破了德日的反苏反共统一战线，因为德日之间早有约定共同反苏并互相支持。正当日本在远东地区向苏联发动进攻时，德国竟同苏联决定互不侵犯对方，这大大打击了日本法西斯的侵苏计划。日本平昭内阁受到谴责，不久宣布下台。这以后，两个法西斯国家的步调从未统一过。1941 年 6 月德国进攻苏联，要求日本从东线配合行动，日本却一心南进，偷袭珍珠港，对德国紧急呼吁不予理睬。

点评：

现实中的政治和国际政治是极为复杂的，政治、特别是国际政治中的敌我阵线是千变万化、变幻莫测的。高明的领导者必须随时准确地把握局势，清醒地估量矛盾，必须能充分地利用对方相互之间的矛盾，及时变换策略，纵横捭阖，化不利为有利，化被动为主动，这样才能常保不败之地。

陈毅围内打外

背景：

1947 年 8 月，陈毅、粟裕领导华东野战军，为了掩护刘邓大军挺进大别山，展开了鲁西南战役。

粟裕对战役提出两个方案，加以比较之后，他认为采取第二个方案虽然冒险，但有利于打击敌人。这个方案是，我华东野战军由河南东渡进入鲁西南之后的第二天，先把敌人诱至我军渡河点三四十公里的适当地区，集中 3 个纵队，包围敌整编第 57 师或整编第 68 师，另以一个纵队钳制敌整编第 5 师，这时，急速让两个纵队赶去参战。这样虽然部队疲劳些，但可以出敌不意，易于取胜。这个冒险的行动万一被敌人识破，那么我军的计划将全盘打破，那么怎么来执行这一计划呢？

决断：

陈毅同意把这个方案上报中央，经批准后就付诸实施了。

当大军东渡黄河的时候，敌人发现了，立即以 4 个师的兵力向解放军扑来。

于是双方在鲁西南的鄄城、郓城、巨野、菏泽这一地区展开较量。

根据双方军力的部署，陈毅和粟裕把包围歼灭之敌确定为敌整编第 57 师，因为这个师所处的位置便于分割、歼灭，而且这个师多年来又总是解放军的手下败将。至于歼敌的地点则确定在巨野到菏泽的公路上的沙土集。华东野战军的 7 个纵队和中原野战军的 1 个纵队悄悄集结到沙土集的南北两边。

9 月 7 日下午，华东野战军各部队按预定计划向敌整编第 57 师发起攻击。先扫清外围，逼使敌人龟缩于沙土集镇内。8 日，从东西南北 4 个方向同时向沙土集发动总攻。同时，在沙土集的东北方向郓城附近，坚决阻止敌人 3 个师对受困于沙土集之敌的救援。这样，沙土集之敌第 57 师在华东野战军的强攻猛打之下，整个师被吃掉，师长当了俘虏，7 000 多官兵举手投降。

沙土集战役是陈毅、粟裕在天时地利不利的条件下，运用毛泽东军事思想，巧妙捕捉战机、巧妙选择打击对象、巧妙选择歼敌地点、巧妙地调动敌人，集中兵力所打的一场成功的歼灭战。

点评：

对敌人的围攻讲的是一个围字，这围之外还要防止援军的袭击，所以在围攻敌人时都要注意围外之敌。

第三计　借刀杀人

提要： 此计妙在一个"借"字。以敌方阵营实力的损失，作为自身利益的收获，实现这一点的前提在于对"刀"的判断力要十分敏锐。所谓"刀"即敌方内部可供充分利用的矛盾，只有发现好"刀"之所在，才能有效完成"借"的设想，继而达到"杀人"利己的目的。

借人口中言　传我心腹事

背景：

某人为了推销百叶窗帘，他知道某公司的经理与某局长是老相识，便打听到经理的住处，提一袋水果前往拜访，彼此寒暄后，他说出了几句这样的话：

"这次能找到你的门，是得到了王局长的介绍，他还请我替他向您问好……"

"说实在的，第一次见面就使我十分高兴……听王局长说，你们的公司还没有装百叶窗帘……"

第二天，向该公司推销百叶窗帘便成交了。

决断：

推销员的高明之处是有意撇开自己，用"得到了王局长的介绍"这种借人口中言，传我心腹事，借他人之力的迂回攻击法，令对方很快就接受了。

社会纷繁复杂，真真假假、虚虚实实，谁能时刻提那么高的警惕去辨别真假。因此，很多人就可以钻空子。

一天，一位办理房地产转让的房产公司推销员来到一位朋友家，带着朋友的介绍信。彼此一番寒暄客套之后，就听他讲开了："此次幸会，是因为我的上司赵科长极为敬佩您，叮嘱我若拜访阁下时，务请先生您在这本书上签名……"边说边从公文包里取出这位朋友最近出版的新著。于是这位朋友不由自主地信任起他来。在这里，赵科长的仰慕和签书的要求只不过是个借口，目的是对这位朋友进行恭维，使他开怀。此种情况，由不得人家不照他的话去做。这种办事儿手段，确实难以招架。

托人办事儿通过第三者的言谈，来传达自己的心情和愿望，在办事儿过程中是常有的事。人们会不自觉地发挥这一技巧。比如："我听同事老张说，你是个热心人，求你办这件事儿肯定错不了……"等等。但要当心，这种话不是说说而已的，也不能太离谱，有时有必要事先做些调查研究。

为了事先了解对方，可向他人打听有关对方的情况。第三者提供的情况是很重要的，尤其是与被求者的初次会面有重大意义时，更应该尽可能多方收集对方的资料。但是，对于第三者提供的情况，也不能全部端来当话说，还要根据需要有所取舍，配合自己的临场观察、切身体验灵活引用。同时，还必须切实弄清这个第三者与被托付者之间的关系。这一点非常重要，不然，说不定适得其反。

点评：

我们要说服某一个人时，不仅要注意说服的内容和方式，也要注重说服的人。有时选了一个有影响力的人作说客比一个巧嘴的人作说客更能发挥作用。对被说服者很有影响力的人当然是与被说服者关系密切者。素不相识，陌路相逢，如何让所求之人了解你与他是朋友的朋友，亲戚的亲戚，显然十分牵强，但一般人不驳朋友的面子，还不至于让你吃闭门羹。这是一条求人的捷径。

曹操借刀杀豪强

背景：

三国时的曹操是一位有着雄才大略的枭雄，打击豪强是他一贯的主张，还在他担任洛阳北部尉和济南相时就已身体力行。

决断：

他自己带头打击豪强，同时也特别注意选用干练的官吏来贯彻自己打击豪强的主张，并在这方面涌现了一批出色人物。如献帝入许昌后，曹操任命满宠为许令，把治理京城的重任交给了他。曹洪手下有一个宾客，倚权仗势在许昌境内多次犯案，被满宠逮捕下狱。曹洪得知后给满宠写去一封信求情，满宠不予理睬。曹洪无奈，只得去求曹操，曹操于是召见许县主管刑狱的官吏，打算了解一下情况。满宠担心曹操会出面干预此事，于是抢先动手，下令将罪犯立即处死。曹操得知消息，不但没有怪罪满宠，反而高兴地说："当官管事难道不应当这样吗？"

后来，因袁绍在河北很有势力，而汝南郡是袁绍的故乡，门生宾客满布郡内各县，大都横行不法，有的甚至拥兵拒守，曹操十分担忧，就派满宠去做汝南太守。满宠到任后，在当地招募了500士兵，带着他们一连攻下了20余座壁垒，并诱杀了十几个不肯降服的壁帅，共得户2万，兵2000个，使汝南的局势很快平定下来。

杨沛做长社令时，境内曹洪的宾客不肯依法交纳赋税，杨沛把他们抓来，先把腿打断，然后将其处死。曹操很欣赏杨沛，让他先后担任九江、东平、乐安等郡太守。后因与督军争斗，被判处5年髡刑（一种剃去头发的刑罚）。曹操出征到谯县，听说邺城及其附近地区法令得不到很好实施，社会秩序十分混乱，便要求重新挑选一个邺令，其严肃认真的态度和才能应当同杨沛一样。有关部门遵照曹操的旨意，将杨沛从一个囚徒直接提升为邺令。杨沛上任前，曹操召见他，问道："你准备怎样去治理邺城呢？"

杨沛回答："竭尽心力，依法办事！"

曹操听了，高兴地喊了一声："好！"并回过头去对旁边的人说："诸君，这个人可是值得敬畏啊！"

曹操当年西迎献帝时，所带的几千人途中断粮，幸好得到了当时任新郑长的杨沛的接济，因此曹操特地赏给杨沛奴仆10人、绢百匹，一方面作为对他就任新职的鼓励，另一方面权且作为对他当年进献干桑椹救急的报答。杨沛满怀信心走马上任了。曹洪、刘勋等人畏惧杨沛的威名，赶紧派人前往邺城，告诫子弟、宾客各自检束，不得再随意为非作歹。杨沛担任邺令数年，邺城的社会治安一直较好。

此外，赵俨、梁习、司马芝、王修都毫不手软地打击了一些严重破坏封建法度的豪强地主。如司马芝是在曹操平定荆州后被任命为营长的，其时豪强地主多不守法，郡主簿刘节，势力很大，有宾客千余家，出则为盗贼，入则乱吏治。一次，司马芝征调刘节的门客王同服兵役，刘节却把王同藏了起来。司马芝即报告郡守，列数刘节的罪行，郡守郝光不敢怠慢，即让刘节去代王同服兵役，青州因此有了司马芝"让郡主簿当兵"的说法。后来，司马芝任广平令。征虏将军刘勋的宾客子弟屡次在境内横行不法，正准备处理时，刘勋给司马芝送来一封信，不具姓名，却多有请托。刘勋同曹操过去是旧友，在担任庐江太守时被孙策击败，前来投奔曹操，被封为列侯，十分贵宠。但司马芝不买账，连信也不给回，其宾客子弟犯法者一一依法处理。后来，刘勋因自恃与曹操有旧，日渐骄横，一再犯法，连自己也被有关部门逮捕正法了。

点评：

放开手去，将任务交给下属，借人之力为己力，成己之事，自己运筹帷幄，统领全局，这才是事半功倍的领导之风。

借力打力　乘虚而入

背景：

东汉末年，狼烟四起，群雄逐鹿。庐江太守刘勋在长江、淮河一带拥有强兵。

决断：

孙策很厌恶他，于是派人带着厚礼及一封信游说他说："上缭的宗民，常欺侮我们东吴小国，我痛恨已久。想攻打他，路途又不便，希望你们大国能讨伐他。上缭相当富庶，攻下以后可以增强国力，请出兵吧！"

刘勋听信孙策的话，府内府外的人都来祝贺。只有刘晔不以为然。

刘勋问他缘故，刘晔回答说："上缭虽然是小地方，但城池坚固，我们攻起来难，他守起来却容易，如果十天攻不下，那我们将兵力疲惫，而国内更是空虚，孙策如果乘虚而入，那将军必然进则受制于敌人，退却无路了。"

但刘勋不听他的话，带兵攻打上缭，孙策果然袭击他的后方，刘勋受困，只好投奔曹操。

点评:

在众敌手之间制造矛盾,借他人之手消耗敌手之力,然后乘其疲惫、空虚之际,乘虚而入,再行攻打,往往便能胜券在握了。此计,用者不可不学,防者不能不防。

借刀杀人　设谋降敌

背景:

辽道宗耶律洪基的皇后萧观音(懿德皇后)美艳无双,聪慧绝伦,而且能文工诗、擅长音乐,深得道宗宠爱。清宁四年(1058年),她为道宗生下长子耶律浚(音 Jùn、俊),从此,更是有专房之宠。

一次,她随道宗去打猎,道宗命她作诗助兴,她略加思索,就朗声吟道:"威风万里压南邦,东去能翻鸭绿江。灵怪大千俱破胆,那教猛虎不投降!"道宗听罢,拍手叫绝。她还常常向道宗进言,谈论政事得失,可算是道宗的一位贤内助。

辽道宗酷爱打猎,上了40岁后,兴趣丝毫不减,常常单人独骑追逐猛兽。萧皇后放心不下,就写了一篇《谏猎疏》呈上,结果,道宗看了很不高兴,对萧皇后的态度渐渐冷淡。

为了挽回与皇帝的关系,萧皇后写了《回心院》词十首,叫人演唱。希望道宗听后能有所感悟,回心转意。这曲子难度很大,就连善于弹筝、弹琵琶的宫婢单登,也演奏不好,惟有伶人赵惟一能把它完美地演奏出来。萧皇后便决定由赵惟一为皇帝演奏。

单登原是叛臣耶律重元(辽圣宗次子,皇太叔)家的婢女。清宁九年(1063年),耶律重元谋逆被杀,全家抄没,单登没为宫婢。道宗见她擅长音乐,想让她侍奉左右,萧皇后说:"此叛家婢女,中独无豫让(春秋战国间晋国人,著名刺客)乎?安得亲近御前!"(《续资治通鉴·卷七十一》)结果,单登只能听值于外院。

单登自恃善于弹筝,一次她提议要与萧皇后对奏,想同萧皇后比个高低。结果,萧皇后技高一筹,把她压了下去,她只得甘拜下风。为此,她心里嫉恨着萧皇后。这次弹奏《回心院》，皇后又选中赵惟一，不让她亲近御前，单登更是妒火中烧，恨不得将萧皇后碎尸万段。

单登的妹妹清子是教坊司朱顶鹤的妻子。清子长得有几分姿色，得到北院枢密使、魏王耶律乙辛（又译为伊逊）的宠爱。单登便同清子商议，要她串通朱顶鹤、耶律乙辛，诬陷萧皇后与赵惟一私通。

决断：

耶律乙辛是个表面和善，内心狡诈的李林甫式的人物，一贯在朝中排斥忠良、媚上欺下。他对太子耶律浚掌握朝政早就心怀不满。听清子说后，立即想到：这是从太子手中夺过权力、独霸朝廷的好机会，欣然答应参与密谋。

一天，单登走到萧皇后面前，双手呈上一纸。萧皇后接过一看，写的是一些艳情词。萧皇后问："这些词是谁写的？"单登回答："听说是宋朝皇后所作，奴婢想求皇后墨宝，请皇后抄录一遍，赐给奴婢。"

萧皇后深受汉文化熏陶，对中原诗词尤为喜爱，一听是宋朝皇后之作，虽觉得词语有些放荡，但也敬起三分，于是，展纸提笔，抄录起来。抄完之后，她见纸还空着一截，便顺手把自己作的一首诗附在词后。诗曰："宫中只数赵家妆，败雨残云误汉王。惟有知情一片月，曾窥飞燕入昭阳！"单登卷起皇后的手书墨宝，千恩万谢告辞而去。

当天，北院枢密使耶律乙辛走进内殿，说是有急事要奏禀皇上。辽道宗屏退左右，问道："卿有何事要奏？"耶律乙辛故意装出惶恐不安的神态，隔了一会才吞吞吐吐地说出："今有外值宫婢单登和教坊朱顶鹤到臣衙中陈首，说皇后与教坊伶人赵惟一秽乱宫闱。"

道宗大吃一惊，猛然跳起，厉声问道："有何凭据？"耶律乙辛不慌不忙地从袖中抽出一卷纸，双手呈上。道宗接过来，展开一看，是皇后的手笔，内容尽是言情之词。耶律乙辛站起身来，凑到辽道宗耶律洪基耳边悄悄说道："这是皇后所作的淫词。再请陛下看这首诗。"道宗把诗读了两遍，疑惑不解地问道："这不是在骂赵飞燕吗？"耶律乙辛摇摇头，指着纸上的诗句说："陛下请看，第一句中有'赵'字，第三句中有'一'字和'惟'字。这首诗明里是在骂赵飞燕以姿色媚惑汉王，暗地里可是在思念赵惟一呢！"道宗气得脸色铁青，要耶律乙辛暂且退下。

隔了一会，他突然大喝一声："召皇后来！"不一会儿，萧皇后来到面前。道宗把词稿往案上一摔，狠狠地说："你与赵惟一干的好事，给我如实招来！"萧皇后辩白说："绝无此事。"道宗哪里肯信，喝道："你的淫词还在这里，竟还敢抵赖！"萧皇后急得大哭，说道："妾已托体于陛下，岂敢做那种事情。"可还没等她说完，道宗已一锤击来。萧皇后惨叫一声，瘫倒在地。道宗命人将萧皇后拖入冷宫，又传旨让耶律乙辛和宰相张孝杰（后赐姓耶律）审理此案。

张孝杰与耶律乙辛本是同党。他们把赵惟一和另一个伶人高长命抓来，又是钉扎，又是火灼，赵、高二人忍受不住，只得屈招。耶律乙辛得了供词，便来见道宗，说："赵惟一与皇后有奸是实，高长命从中牵线。"

枢密副使萧惟信听说此事，找耶津乙辛和张孝杰争辩："皇后贤明端重，诞育储君，此天下母也，而可以叛家仇婢一语动摇之乎！"（《续资治通鉴》卷七十一）两人根本不予理睬。

大康元年中历十一月辛酉（1075 年 12 月 13 日），懿德皇后萧观音被赐死，年 36 岁。伶人赵惟一被灭族，高长命被斩首。第二年，耶律乙辛奏称："帝与后如天地并位，中宫岂可旷？"（《辽史·耶律乙辛传》）请道宗立他的同党萧霞抹的妹妹萧坦思为皇后。从此耶律乙辛在朝中的地位更为显赫。

点评：

耶律乙辛借刀杀人，使自己更加得势。封建社会政敌之间的斗争，是你死我活，绝不可手软。但陷害忠良乱杀无辜也必将遭报应的。

诸葛亮联吴抗魏

背景：

东汉末年，军阀割据。刘备虽被称为盖世英雄，但在他三顾茅庐之前，竟无立足之地。后来，他采取诸葛亮"东联孙吴，西和诸戎，南抚彝越，北拒曹魏"的战略方针，其中的"东联"、"西和"、"南抚"都是伐交。正是由于伐交的成功，才造成了三国鼎立之势。

决断：

赤壁大战前诸葛亮出使东吴，舌战群儒。联吴抗曹是一次伐交杰作。当时，雄心勃勃的曹操率军南下，势如破竹，直达长江，下书孙权，宣称以百万大军"会猎"江东。东吴朝野，很多人被这个表面上的"百万"数字吓坏了，主降之声甚高，弄得一向有主见的孙权也惶恐不安。正在这时，诸葛亮出使东吴，轻摇羽扇，分析说：曹操号称百万大军，其实他的老底子只不过四五十万，并由于攻城掠地，战线拉长，已分出许多人马去把守；加上曹军皆北方人，不服吴楚的气候水土，中暑病倒者甚多，现在能直接参战的只有一二十万人。曹军劳师远征，兵困马乏，而且要攻占江东，必需水战，他们都是些旱鸭子，连战船尚且坐不稳，哪里抵得上江东谙习水性的强兵。诸葛亮还指出，北方马超、韩遂，随时可能举兵，曹操有后顾之忧。这样一算，孙权顿开茅塞，频频点头称是，终于下定联合抗战决心。

更典型的是，赤壁战后，曹操担心孙刘羽翼丰满后难制，曾下令再次起兵攻取江东，平定荆州。孙权、刘备得此消息又恐慌起来，准备再次联合抗曹。诸葛亮则说："不消动东吴之兵，也不消动荆州之兵，可以使曹操不敢正视东南。"果然曹军始终未至，诸葛先生的法宝仍然是"伐交"。原来曹操杀了征南将军马腾，而马腾之子马超率领西凉之兵。马超同曹操有杀父之仇，孔明趁此机会以刘备名义给马超写了一封信，说明现在是他入关报父仇时机到了。马超果然起兵，一举攻下长安，曹操见后院起火，哪还顾得上南征。

点评：

赤壁之战以弱胜强，借马超之手牵制曹操，既是军事斗争的胜利，也是外交上的杰作。

伪造文件　借刀杀人

背景：

1937年5月，年轻的苏军元帅图哈切夫斯基将作为苏联代表到伦敦参加乔治六世国王的加冕典礼。苏联驻伦敦使馆突然在5月4日接到通知：图哈切夫斯基因"健康原因"不能成行。怎么会呢?"五一"那天,元帅还神采奕奕地站在莫斯科红场列宁墓上紧靠在斯大林身旁检阅游行队伍。然而,一个星期过后,元帅被解除副国防人民委员职务,贬谪到伏尔加军区。一个月后,苏联《真理报》突然在显著位置发表了一篇社论:声称图哈切夫斯基等八位政府及军队要领是法西斯的间谍。当天,"苏维埃法庭判处这些恶棍、间谍、资产阶级豢养的小丑和苏联人民的敌人以枪决,内务人民委员部已执行判决"。

半个世纪后,1988年3月27日,塔斯社报道:"苏联最高法院军事法庭根据苏联总检察长1957年1月31日作出的结论,撤消了苏联最高法院特别法庭1937年6月11日对因'反苏联托洛茨基军事组织'而受审的图哈切夫斯基、科尔克、亚基尔、乌博列维奇、普特纳、埃德曼、普里马科夫和费尔德曼的判决。"并在"1957年2月恢复了他们的党籍","为上述人员完全恢复名誉"。

那么,当年断送元帅性命的那个"罪行"是怎样构成的呢?

决断:

在1936年12月中旬,一个叫斯科布林的前沙皇将军在巴黎把两份报告交给了德国谍报机关。第一份报告说,红军的统帅部正在策划一起反斯大林的阴谋,这起阴谋的头目是图哈切夫斯基元帅。第二份报告说,图哈切夫斯基及其亲密战友正在同德国最高统帅部和德国谍报机关的将军们保持着接触。

德国保安处长海德里希仔细看了看这两份报告的内容,认真掂了掂这两份报告的分量,约略估了估这两份报告的价值,终于想出了一个异想天开的主意:要是能把这个消息抛给斯大林,再伪造几份文件增添其严重性,那么也许可以一举摧毁俄国的全军指挥部门——借斯大林和苏联国家警察之手加以摧毁!想是这样的,但假若在付诸行动时露了馅,咬住了手怎么办?海德里希不愧是国家保安处处长,工于心计,具有策划阴谋的特殊才干。既要想如何借刀杀人,又要考虑借刀不成如何把不肯借刀者置于死地,这种心计不可谓不周全,手段不可谓不毒辣。

他命令自己手下的贝伦茨秘密潜入德国最高统帅部的秘密档案室里窃取图哈切夫斯基的档案案卷,随从贝伦茨行动的当然少不了若干盗窃专家。他们神不知鬼不觉地得到所需要的案卷,那当中就有德国军官和苏联统帅部代表之间的谈话记录,其中也有图哈切夫斯基在1925~1928年间任红军参谋长时,同德国参谋总部及德驻苏武官处的代表的会见、谈话。可这些会见、谈话都是官方性质的，而且都是在希特勒上台之前的事。怎么办？

海德里希是不乏伪造文件的才能的。1934 年 4 月，他开始在盖世太保柏林总部的一个孤立的地窖中准备起必要的"文件"来。他为了这个目的专门设立了一个技术用具一应俱全的实验室，并由他个人亲自负责保密措施。一切准备就绪之后，他下令把弄到手的案卷进行"加工"，在谈话记录和来往通信中增添词句，补充新的信函，更改日期，最后使这个案卷显得很充实。在任何国家把任何一个具有如此齐备罪证的将军送交军事法庭，判其犯有叛国罪，那是完全能够令人信服的。

1937 年 1 月底，海德里希通过捷克斯洛伐克和法国透露了这一"机密"，苏联也马上得到了消息。

没过多久，在贝奈斯斡旋之下，海德里希的代表和苏驻柏林使馆的一名工作人员进行了一次接触。海德里希的人亮出了他的"杰作"——两封逼真的信件，苏驻柏林使馆的这位工作人员提出了要价，并告诉对方，一星期后，他们的全权代表会来"拍板"。

果然，在另一次会见时，苏联内务人员委员部叶若夫的"全权代表"如期而至，提出要价。为使莫斯科不致产生怀疑，海德里希下令开了一个 300 万卢布的漫天价。"全权代表"匆匆浏览了一下这逼真的信件，点了点头，爽快付给对方 300 万卢布。海德里希总算把"刀"借到手了，这"刀"也确实要"杀人"了。

此后不久，斯大林在 1937 年 8 月召开的红军政治干部会议上，号召在红军中根除"人民敌人"。随之，国防人员委员伏罗希洛夫和内务人民委员叶若夫对武装力量发布命令。命令中说，红军中存在着一个分支密布的间谍网。因此要求部队，凡与间谍多少有联系的人都要作出交待；知道或怀疑别人有间谍活动的人，都要汇报。

刹那间，黑云压城，阴风骤起。从 1937 到 1938 年间，镇压机关对红军的基本领导骨干给予了一个接一个的极为沉重的打击。苏联国防人员委员部中央机关，红军政治部，苏联革命军事委员会，各军区和海军舰队，大部分军、师、团的多数主要领导干部都被逮捕了。

点评：

战争中，甚至市场竞争中，常常可见看到这种情形，就是双方都极力地想削弱对手，这时离间敌人内部关系，"借刀杀人"是最理想的方式了。

借玉雕玉

背景:

20 世纪 50 年代末,佛雷化妆品公司独占美国黑人化妆品市场。乔治·约翰逊是这家公司一名十分出色的推销员。乔治不甘久居人下,决定自立门户。他以仅仅 2 000 元的微弱家当办起了约翰逊黑人化妆品公司。创业之初,只有 3 名雇员,两间简易厂房。约翰逊清楚地知道他无力与佛雷公司竞争,只是该如何打开自己产品的市场,令他头痛。

决断:

某个弱小企业在谋求生存和发展时,总要依附较强大的公司靠着大公司的名气,在市场上谋得一席之地。灵感终于有了,于是约翰逊与雇员们一起,集中力量搞出了一种粉质化妆膏。

产品有了,怎样去推销呢?经过反复地思考,约翰逊决定采用"衬托法"推销自己的产品。他制作了一则广告,广告中说:"当你用过佛雷公司的产品化妆以后,再擦上一些约翰逊的粉质膏,将会收到意想不到的效果。"他的雇员对这个依附式宣传很不满意,说他不是自己给自己做广告,而是在替佛雷公司吹牛。佛雷公司的人也因此嘲笑他:"你和我们公司的感情很深嘛!要不怎么免费替我们做广告呢?"约翰逊对此不予理睬。他笑着对雇员们说:"就是因为他们公司的名气大,我们才这样做。打个比方,现在几乎很少有人知道我叫约翰逊,可如果我能想办法站在美国总统身边的话,我的名字马上便会家喻户晓、人人皆知了。推销化妆品的道理是同样的,在黑人社会中,佛雷公司的化妆品享有盛名，如果我们的产品能和他的名字一同出现，明着捧佛雷公司，实际上却抬高了我们的身价。"

这一招果然很灵，消费者很自然地接受了他的产品，市场占有率迅速提高。接着约翰逊又生产出一系列新产品。这次他改变了以前的依附式宣传策略，转而强化宣传自己的产品，因为他已经羽毛丰满，就要展翅高飞。经过短短几年的努力，约翰逊生产的化妆品便将佛雷公司的大部分产品挤出了化妆台。美国黑人化妆品市场成了约翰逊的独家天下。

点评：

在羽翼未丰的稚弱情况下，避开强敌，屈居大企业旌麾之下，借其声威，养精蓄锐、备而后动，这叫做"借玉"而生。"借玉"是栖身之举，卧薪之术，而"雕玉"才是发展之道，壮身之本，"雕玉"就是要超过对方，以玉攻玉，最后战胜对方。

宝丽来的公关妙策

背景：

美国宝丽来远东有限公司在其百彩系统上市之前，由公司公关部策划了一系列轰轰烈烈的公关活动，可谓大张旗鼓，大造声势。

百彩系统就是一种即拍即有的相机。公关活动想要达到的目标是：向目标公众介绍这种新产品的诞生、革命性的创新及特点；为这个新产品树立一个独特高级的形象——令人觉得它是少数高级人士的宠儿，而不是一般的大众化商品；利用新产品作为突破口，引导即拍即有摄影新潮流，重燃大众对即拍即有摄影的兴趣。

决断：

宝丽来的公关活动主要有：全世界最大的相机模型展览、全世界新闻界新产品发布会、名人私生活写真集展览、全美电影电视节目宣传、新闻录像带宣传、新闻特辑与新闻稿大攻势。并在美国和香港两地举行。

在百彩系统计划推出的前一年，公司公关人员就云集波士顿，交流在世界各地宣传的经验，共同商讨能产生新创意、使该产品有震撼性宣传效果的公关活动。这次商讨的"高招"之一，就是举办一个全世界最大的相机模型展示。巨大与怪趣的事物是新闻目标之一，而公关的功能与成功的因素之一就是制造新闻。新闻界一向对巨大的事物感兴趣，如果有一个打破记录的事物，便可使新闻界给予重视。

宝丽来百彩系统新相机出自纽约著名产品外形设计师之手，外形呈跑车般的流线型，设计优美。该相机的模型好像一座二层高房子般大小，大约高 21 英尺，长 72 英尺、宽 30 英尺，所用的材料，要 8 辆大卡车才能装下。里面还有各种机械与电子装置，作为机内零件及技术的示范。这些装置加在一起的耗电量，足可以供应 8 所房子的需要。机内是一个展览室，可容纳 450~700 人进入参观，设有专人讲解及示范各种特点和技术。全部建造及装饰费用，大概是 40 万美元。该模型在洛杉矶展出，这里是全世界新闻界产品发布会的举行地点。巨大的模型立即吸引了人们对该相机的注意。

宝丽来将当地的世纪大酒店的设施全包了下来，除了招待新闻界外，还举行世界性市场推广人员会议以及全美市场销售会议。参加会议的人达上千之多。此次活动为期 3 天。第一天是开幕式，举行欢迎活动及酒会，把新闻界的人士介绍给有关高层人员认识，派发会议资料，举行欢迎晚宴。其中最有特色的是晚宴。大会租用了用来拍摄著名电视剧《豪门恩怨》的实景——那所豪华大宅，为全世界新闻界的代表举行名副其实的"豪门夜宴"。

第二天是新产品发布会。早上，先在会议厅内听取宝丽来的总裁及主管百彩系统发展事务的高层人士演说，欣赏在威尼斯实地为该新产品拍摄的《百彩》电影和其他为新产品推出而录制的特技视听制作录像。其后，参观巨型机展览的开幕仪式，有百彩歌舞表演，五颜六色的数千个气球升空，场面壮观。参观完大相机后，便在现场进食一个大型露天自助餐，新闻界代表每人获赠整套百彩系统相机连配件的套装，分别安排与高层管理人员的访问。

下午是新产品试用及摄影示范游园会，在世纪大酒店的大花园内举行。搭建了多个造像示范摊位，雇佣多位俊男倩女模特儿，加上各地风情装饰，使大家在大开眼界之余，消费了不少即拍即有胶卷。当晚在洛杉矶最高规格的餐厅举行招待新闻界的晚宴，观看烟花表演。

两天的活动丰富多彩，第三天的安排毫不逊色。早上，参观世界知名的环球片场，大派胶卷，使大家可以在每个片场景色面前照相。下午，参观宝丽来即拍即有相机及胶卷制造厂。平时，这些工厂都戒备森严，如没有安排，连本公司职员也不可参观。这次参观使每个人都了解到了高科技的生产过程，留下了深刻的印象，还可弥补手头资料的不足。晚上，在酒店举行盛大的欢送会，感谢大家千里而来参与这次活动。

这次不惜血本的新产品发布会，表明了宝丽来公司对该新产品前途的信心，意在掀起使用该新产品的高潮。

另一轰动性的公关活动是利用各种渠道将百彩系统套装送给全国知名人士，尤其是上流社会和娱乐界的人士。鼓励他们用这种相机为自己拍摄生活照片，并安排这些珍贵的照片在畅销的杂志上刊登，吸引全国人的注意。许多杂志在刊登"写真集"的同时，还特意介绍一下这个奇趣新相机。

宝丽来在美国的公关宣传活动获得成功之后，引起了各方面的注意。公司遂将它运用在东南亚市场上。其中在香港的公关活动最为精彩，比美国的活动种类有过之而无不及。

百彩系统新产品发布会，在豪华的丽晶酒店大宴会厅举行。白天招待新闻界及商业上的友好机构和客户，晚上招待本地分销及零售商。节目内容包括：宝丽来的亚太区业务总监介绍新产品的特点、百彩系统的歌舞表演、百彩系统电影及幻灯片放映，以及现场实景拍摄示范等。会上还展出了宝丽来所有的即拍即有新产品系列，使来宾大开眼界。这些节目都不是直接抄袭美国总部的，而是就本地情况策划的。

宝丽来取得了《城市周刊》和《香港逸闻》两份畅销刊物的支持，由他们积极帮助向有关名人游说，邀请他们参加上述活动。由《城市周刊》出的特辑，所包括的名人有梅艳芳（歌唱界）、刘培基（时装界）、黎小田（音乐界）、陈幼坚（设计界）、杨凡（导演）、黎海宁（舞蹈界）、郑裕玲、谢贤、狄波拉、陈百强、林青霞（影视界）等。《香港逸闻》刊出的也都是上流社会熟悉的人物的照片。这在无形中衬托出了新产品的高级形象。

瞬间的创作是香港独创的公关活动。内容是邀请当地10位摄影家，参与一项别开生面，名叫"瞬间的创作"的摄影活动，利用宝丽来的百彩系统创作，将作品交给公司作为一项筹款活动，为香港艺术中心筹募经费。把摄影名家的作品搜集整理好，在该中心举行了全港首次大型即拍即有摄影展览。为了进一步宣传推广这个"瞬间的创作"展览，展览会用的照片被制成一本摄影集，在现场公开发售，收入全部捐给艺术中心。现场还有使用宝丽来最新的激光技术放大复制成的即拍即有照片放大本，也是公开义卖，收入拨作艺术中心基金。整个活动由于得到多位摄影家的支持，拍出来的作品别有特色，又由于各人的名气，吸引了许多慕名者前来参观。据估计，在展览会期间，参观人数至少有 1.5 万人。这次活动得到的照片，还受到很多杂志的欢迎，刊出的报道也有不少。

除了上述活动以外，公司还不断采用新闻稿的形式，在新产品推出前、推出期间和推出后做辅助性宣传，得到的报道效果是非常令人鼓舞的，相机的销量直线上升。

点评：

"宝丽来"公司的公关策略正是通过开展全世界最大的相机模型展览、全世界新闻界新产品发布会、名人私生活写真集展览、全美电影电视节目宣传等大规模、全方位、高水平的公关行动，从各个方面和角度，向公众持续不断地集中传递信息，适当增高其频率，变换其形式，真正做到让公众赏心悦目，留下难忘的印象，形成一致好评与对企业有利之势。

第四计　以逸待劳

提要：“劳”与“逸”是两种截然对立的临战状态，自古兵家皆于此深致其心，因为两种状态对于双方战斗力的影响，实在是具有至关重要的作用。因此善用兵者多善于利用间接手段，陷敌于疲惫状态，削弱其实力，为自己创造“逸”机，战而胜之。

小心谈判中的疲劳战术

背景：

一个人过于疲劳，其聪明才智就会暂时处于相对抑制状态，其工作兴趣和责任心也会大大减弱。在这种情况下，或对问题考虑不周，或在无意中泄露机密，或做出无可挽回的错误决定。

决断：

日本人谈判中惯于使用疲劳战术，对方谈判人员下机伊始，就盛宴款待，负责人轮番会见，还有舞会和演出，把对方搞得精疲力竭，再开始谈判。

我国有一个大县，希望通过某一工厂为中介，争取得到北京某机构的一笔贷款。工厂代表抵达该县，县领导热情款待，连番安排接见、宴会、舞会演出，连中午也不能休息。晚上开始谈判时，工厂代表已极度疲劳，该县领导人提出：请再同北京贷款机构进行电话联系，工厂代表在十分倦怠的状态下毫无戒备，当场拨通了贷款机构负责人的家庭电话，并让该县负责人直接与贷款机构负责人通话。

此后三天，工厂代表住在宾馆中，无人前来谈判，到了第四天，该县的负责人宣布已与北京某机构直接谈妥了贷款事宜，把充当中介人的工厂代表甩开。

因此，在谈判中一定要注意休息，一切应酬活动（接见、宴会、舞会、演出、逛名胜古迹）都要服从谈判需要，时时提高警惕，谨防落入对方设置的疲劳战术的圈套之中。

点评：

商场如战场，平中见奇，奇中谋胜，所以疲劳战术也罢，流星战术也罢，只要自己守住阵地，坐怀不乱，再乱的世面也能拿出挡箭牌，鸡蛋碰石头又有什么可怕呢？

郑板桥以诗退小偷

背景：

晚年的郑板桥辞去官职后，"一肩明月，两袖清风"，带着一盆兰花和一条黄狗回乡隐居。一天晚上，天寒月黑，风雨交加，郑板桥躺在床上辗转难眠。这时，一个小偷悄悄溜进了屋子。

决断：

郑板桥略微思索了一下，转身低吟道："细雨蒙蒙夜沉沉，梁上君子进我门。"小偷恰好已近床边，闻声暗惊。只听郑板桥又吟道："腹内诗书有千卷，床头金元无半文。"小偷听罢赶忙转身出门。他刚想爬上墙却又听见："越墙莫损兰花盆。"小偷一看，果然墙上一盆兰花，就小心避开，他脚刚一落地，就又听得屋里传出："天寒不及披衣送，趁着月亮赶豪门。"小偷自觉有愧，飞也似的逃走了。

点评：

郑板桥赶小偷的故事多少有些戏剧性，但是他赶走小偷的方法却值得借鉴。郑板桥对小偷是赶而不抓，如果是抓，将难免有一场恶战，相比之下，"赶"的策略就略高一筹。郑板桥之所以赶走了小偷，采取的就是"引而不发"的策略，借助于威慑力量，一步一步地牵着小偷的鼻子走，从而达到赶走小偷的目的。真所谓君子动口不动手，将以逸待劳运用到了实处。

沉默是金

背景：

林肯是一位勤勉好学的人，他通过自学，领得了律师营业执照。他在法庭诉讼中的能言善辩、机智灵活，赢得了人们普遍的赞誉。有一次，他竟一言不发而击败了原告律师，在诉讼中获胜。

在法庭上，原告律师滔滔不绝，把一两个简单的论据反反复复地讲了两个小时，法官和听众都显得十分不耐烦，一片议论声。有的人竟打起瞌睡来。最后，原告律师终于说完了，林肯作为被告律师登上讲台，但他却一言不发。台下一片肃静，人们都感到很奇怪。

过了一会儿，林肯把外衣脱下，放在桌上，然后拿起水杯喝口水，再把水放下，重新穿上外衣。然后又脱外衣又喝水。如此循环了五六次，法官和听众被林肯的哑剧逗得哈哈大笑，而林肯却始终未发一言，在笑声中走下讲台，他的对手最终被"笑"输了。

决断：

在特定的环境中，缄默常常比论理更有说服力。我们说服人时，最头痛的是对方什么也不说。反过来，如果劝者什么也不说，对方的错误意见就找不到市场了。

不同的缄默方式有不同的作用，运用时必须恰到好处。

咄咄逼人的缄默能使人不攻自破：有一个出身在有一定教养家庭的小学生，一天他拿了同学一件好玩具，晚饭前回来，装出一副若无其事的样子，同往常一样笑吟吟地说："妈，我回来了！"缄默。"姐，我饿了。"缄默。"怎么了？"缄默。"我没做错事啊！"也是缄默。妈妈眼睛瞪着他，姐姐背对着他，全家都冷冰冰地对待他。他终于不攻自破了："妈、姐，我错了……"

平平淡淡的缄默能发人深思：有些人态度很积极，但发表意见时不免有些偏颇，直截了当地驳回，又易挫伤其积极性，循循诱导又费时，精力也不允许，最好的办法便是平平淡淡地缄默。他说什么，你尽管听，"嗯"、"啊"……什么也不说，等他说够了，告辞了，再用适当的不带任何观点的中性词和他告别

"好吧!"或"你再想想。"别的什么也不说。如此,他回去后定然要竭思尽虑"今天谈得对不对?对方为什么不表态?错在哪里?"也许他会向别人请教,或许自己悟出真谛。

转移话题的缄默能使人乐而忘求:对要回答的问题保持缄默,而选准时机谈大家的热门话题并引人入胜,使对方无法插入自己的话题,且从谈话中悟出道理,检讨自己。

义无反顾的缄默能使人就范:某领导有一次交代属下办一件较困难的任务,当然,他能胜任。交代之后,对方讲起了"价钱"。于是该领导义无反顾地保持缄默,连哼也不哼。"困难如何大……","条件如何差……","时间如何紧……",说着说着他就不说了。最后说了一句:"好,我一定完成。"

点评:

让对方在你的沉默中反思,实为妙策。

以退为进　以守为攻

背景:

公元 959 年,后周皇帝周世宗薨,他的 7 岁幼子柴宗训即位,就是周恭帝,周恭帝年少难以治理朝政,国家出现了大厦将倾的局面。此时,一向工于心计的大将赵匡胤由于一直跟随周世宗东征西杀,屡立战功,逐渐取得了周世宗的信任,被安排在重要岗位上,他兼殿前都点检、检校太尉、归德节度使于一身,掌握着京城禁军的统帅权,在朝廷中又是一个举足轻重的实力派。面对幼主无措,政局动荡的局面,赵匡胤决心以赵代周,建立自家的封建王朝。

决断:

960 年正月元旦,赵匡胤以镇、定二州的名义,谎报军情,假称契丹勾结北汉政权大举南侵,请求急速发兵抵御,宰相范质、王溥等轻易相信,即刻派赵匡胤率大军北征。大军出城的时候,城内已经哄传开"策点检为天子"的谣言,满城风雨搅得人心浮动,百姓极为慌乱,计划着出城逃难。其实宫廷里的人并不知道这个消息,可见有人故意在城中制造舆论。赵匡胤率领大军来到距开封 40 里的陈桥驿,看着天色甚晚,就命令军队就地宿营,天明再启程。

扎营已毕，赵匡胤的军中有一个自称能观看天象的军校苗训，站在营中空地上仰面观察天象，有人就从旁边问他：苗先生，你夜观天象，看到了什么？苗训神秘地说：你没有看到太阳背后还有一个太阳吗？后一个太阳发出的光芒将淹没前一个的辉煌，这是上天的命令。前一个太阳应验在周，后一个太阳应验在点检身上。由于军队出城时已听到传言，这一说法很快在军中传播开，将士们聚在一起议论纷纷：现在皇上年幼无知，我们在疆场上拼死征杀，也没有人犒劳我们，不如我们拥立点检为皇帝，然后再北征也不晚。议论中，都押衙李处耘、归德掌书记赵普、赵匡胤弟赵匡义等在一起商议册立天子的具体事宜，他们还悄悄派人回开封告知殿前都指挥使石守信、都虞侯王审琦，以便里应外合，这些都是赵匡胤平时的亲信。

赵匡胤对政变并不陌生，他曾帮助郭威兵变，推翻后汉建立后周。他对亲信们的想法十分清楚，为了使他们听从自己的调遣，必须给他们以活动的自主权，因此，那天晚上他并没有参与出谋划策，而是假装喝醉酒去睡觉，把事情交给了亲信赵普和弟弟赵匡义去办理。第二天早晨，将士们拿着皇帝穿的黄袍来到赵匡胤的寝室，给他穿上黄袍说："朝政不稳，诸将无主，愿册立点检为天子。"赵匡胤装出一副被逼无奈的样子说："你们贪恋富贵，使我做天子，如果不能完全听命于我，那我还是不能做这个皇帝。"大家都表示愿意服从指挥。于是赵匡胤带着兵马返回了京城开封，突然入城。此时正值早期，文武百官听到这个消息，吓得面如死灰，束手无措，只有侍卫军副指挥使韩通，驰马而出准备抵抗。走到街上正遇到赵匡胤的前部都校王彦升，韩通不敌，被王追至家中一刀劈死，然后把他的家人斩尽杀绝。范质不得已，率领文武百官前来迎接。赵匡胤见到他们流着眼泪说：周世宗待我恩重如山，而今我被六军胁迫，不得已才这样。范质刚要说话，赵匡胤部将罗彦环厉声喝道：我们无主，自立点检做皇帝，谁若有异议，那么就问问我的宝剑。说着，拔剑在手。范质、王溥等人吓得面如土灰，带领百官跪拜听命。翰林学士陶谷拿出一篇

事先准备好的禅让诏书，宣布周恭帝退位，将皇位禅让给赵匡胤。于是赵匡胤正式做了皇帝，改国号为宋，是为宋太祖。这就是"陈桥兵变，黄袍加身"的历史由来。

点评：

宋太祖不愧一代开国之君，不费一兵一卒就取得了后周柴氏江山，而且还没有落下恶名。这就在于他工于谋略，虽然心里极想做皇帝，但表面上却给人一种被逼无奈的假象，这样做的结果使他顺利地夺取了后周的攻权，而且坐稳了江山。半推半就，以退为进，有时往往能更为顺利地促进目标的实现。

以逸待劳破秦军

背景：

公元前270年，秦国派大将胡伤率领二十万大军攻打韩国。韩国国小兵弱，连连败退。韩军退到阏与，秦军包围上来，形成两军对峙的状态。秦军猛力进攻，韩国力不能支，只好向赵国求救。

赵国国君赵惠文王召集群臣商议此事，廉颇、蔺相如、乐乘都说："阏与是有名的地势险要的地方，又险又窄，战斗力无力施展，还是不去救援的好。"

赵奢力排众议，坚决主张援韩。他说："唇亡齿寒，韩国败了，赵国就暴露在秦国面前了，那时就很危险了，现在援助韩国，也是为了赵国长远的利益。这是从政治上考虑。从军事上说，地势险阻狭窄，于我不利，于敌也不利。这种形势就好像两只老鼠在洞里搏斗一样，谁勇敢凶猛，谁就是胜利者！"赵惠文王觉得言之有理，便拨给他5万兵马，命他前去解围。

面对强大的秦国，己方只有5万兵马，而敌人却有20万大军，一强一弱，赵奢要战胜秦军并不是一件容易的事，但如果失败了，秦国就可能乘机攻打赵国。

决断：

赵奢接受了命令，并没马上向秦军发起攻击。他领兵走出赵国都城邯郸30里就停下来修营筑垒，似乎要就地固守了。秦军听说赵国出兵，先是大吃了一惊，现在一看，都又放了心，认为赵国只是给韩国做个样子罢了。因此，秦军对赵奢没作什么防备。赵奢看到麻痹秦军的目的终于达到，立即集合起军队，扔掉辎重，轻装急进，赶到阏与城外。在距城 15 里的地方安下营寨。秦将胡伤始料不及，只好仓促应战。赵奢手下有个叫许历的军士，向赵奢建议说："秦军一开始并没想到我军前来，这次一定是想趁我军立足未稳之际，将我一举攻破。敌人虽出师仓促，其来势一定凶猛。望元帅能厚积其阵，以防冲突。而且，我观察到阏与的北山地势最高，易守难攻，极为险要。趁着秦军还没人防守，现在应该派兵马上去占领。"赵奢连连称是，马上就命许历带兵 1 万，占据了北山，自己严加戒备，以防秦军突入。

果不出所料，秦将胡伤赶来后，便向北山攻击。赵军在许历的率领下，以逸待劳，有备无虑，使用飞石炮药，把秦军几次进攻都打退了。秦军前进不得，因山路狭窄，一时又难以退去，乱作一团。正当此时，赵奢乘乱攻来，在侧后对秦军发起了强大的攻势。胡伤惊恐万状，从马上摔了下来，差点被擒，秦兵大败。赵奢就这样，凭着智谋和勇猛，解了阏与之围，解除了韩国的危难。

点评：

两军相争智者胜，赵奢并没有一味的蛮打猛冲，而是采取了有效的谋略，在敌强我弱的情势下，以巧取胜，而秦军虽然强大，却还是败于赵军。

拖垮敌军再下手

背景：

三国时，司马懿讨伐公孙渊，在襄平包围了他，当时正值雨涝，发洪水，公孙渊的军队照样出来放牧砍樵。司马懿却下令不许攻击，只是静待时机。陈珪不知其意，问司马懿：过去打孟达，八军齐进，昼夜兼行，结果大获全胜；今日如此良机，为何又行动迟缓，延误时机呢？司马懿说我自有妙计。

决断：

原来司马懿的计谋是：现在公孙渊兵多粮少，故而在雨天还派兵出来放牧砍樵，而我军则粮草充足，只需把他稳住，让他不战自败，而如果我们现在就强攻，反而招致敌人的殊死反抗，我军伤亡必大，虽胜犹败。不久，雨水退了，公孙渊粮尽士疲，司马懿一举打败公孙渊，占领了襄平。

点评：

不同的敌人，会有不同的实力，同一个敌人在不同时期也会有实力上的变化，行军布阵不能一概而论，应该随敌情之变而变，选择最佳时机和敌人开战，争取以最少的损失换取最大的战功。

李泌平叛安禄山

背景：

756年十月，唐肃宗进驻到彭原，时安禄山叛军除盘踞两京外，还控制着河南河北的一些地方，唐军在大将郭子仪、李光弼的率领下，同叛军展开了激烈的战争。朝廷调回西北边地的防戍戍兵，又联络回纥和西北少数民族首领，共同平定叛乱。李泌分析军事形势，对唐肃宗说："安禄山叛军没有窃据全国的远大志向，因而不足为忧。现在死心塌地为他卖命的全是胡族将士，汉人中只有高尚等几个败类。依我之见，用不了两年，就可以消灭叛军。"他对叛军的判断是从战略上来讲的，之后，李泌又给肃宗定下了战术的安排。

决断：

他为肃宗制定用兵策略说："陛下不能只图速成，王者之师一定要考虑万全之策和长治久安之计，不要留下后患。现在如果命令李光弼从太原出兵井陉，郭子仪从冯翊出兵河东，那么史思明、张忠志就不敢离开范阳、常山，安守忠、田乾真就不敢离开长安，割据洛阳的安禄山，身边就剩下阿史那承庆了。可诏令郭子仪不要夺取华阴，使叛军往来于范阳、长安之间，朝廷驻兵在扶风，与郭、李两军交替出击，叛军来救其首就袭击它的尾，来救其尾就袭击它的首，让他们往来数千里，疲于奔命。我则以逸待劳，叛军来就避开它的锋芒，撤退时就乘势追击，不攻城邑，不阻道路。等到明年春季，使建宁王李倓沿边进攻范阳北面，抄叛军老窝，这样叛军退则无地盘，守则不安宁，朝廷令各路大军四面围攻，必然获得彻底胜利。"肃宗听完，表示赞同。757年，安禄山被其子安庆绪杀死，史思明据范阳，不听安庆绪的调度，叛军内部出现矛盾。二月，唐肃宗进驻凤翔，西北戍兵都已调至关中，江淮的租赋也运至陕南，李泌请肃宗实施攻打范阳的计划。但肃宗只求早日收复两京，享受做皇帝的尊荣，顾不得久远的利益。李泌对他说："现在收复两京，一定是马到成功。但叛军暂时受挫，根本却没有动摇，如果卷土重来，我们复受其累，不是久安之策。我们现在依靠的都是西北的戍兵和少数民族士兵，他们耐寒怕热，现在趁他们以逸待劳，必然能收复两京，但关中气候逐渐炎热，西北胡汉士兵也不愿久留，叛军逃向范阳，经过休整，等西北兵一走必然再次南下，我们讨平他们可就遥遥无期了。因此，应把西北兵先调至寒冷的范阳去打仗，只要抄袭叛军老窝，叛军无地可容，就根绝祸乱了。"肃宗没有采纳李泌的意见，结果唐军屡次受挫，安史之乱旷日持久，并导致唐朝中后期的藩镇割据的局面。

点评：

李泌不仅从战略高度预计到了唐军的胜利，而且制定了极为周密的计划，把叛军控制在范阳、长安之间，然后拖垮他，这个计划完全是可行的，只是肃宗没有耐心等待罢了。

以静制动　不战而胜

背景：

安氏公司和吉远公司是香港两家著名的房地产开发公司。两家本为一体。吉远公司的老板陆吉远精通房地产业，在银行的支持下，从安氏公司中独立出来，并抢走了安氏公司的一些项目。因此，两家公司的关系一直很紧张。安氏公司视吉远公司为"叛逆"，一直想以雄厚的实力和丰富的经验挤垮吉远公司。可是吉远公司的老板陆吉远在房地产业中混了多年，经营有方，而且还有银行的支持，所以它非但没有被挤垮，反而一天天壮大起来。

安氏公司虽然暂时失利，但公司老板安邦并没有灰心。他苦心经营着公司内外事务，等待时机东山再起。

决断：

中国实行改革开放后，安邦凭着他敏锐的商业意识，觉得这是发展安氏公司的大好时机。于是，他赴大陆考察，不久就揽下了几个大项目。就在安氏公司想在大陆大展宏图时，情况发生了变化。

就在安邦准备到大陆签合同的前一天，电视新闻中播出了一则消息："建筑业新霸主陆吉远，为求迅速发展，将于近期展开攻势，收购其'老家'安氏公司。陆先生称，他正调集足够资金，准备从明天起大规模收购安氏公司股票。社会上零散的安氏股票很多，如果收购顺利，不愁做不了'安氏'的最大股东。金融界认为，陆先生此举定会引起股市的波动。"

安邦听完这条新闻报道后，大吃一惊，心想：吉远公司这几年发展迅速，又有银行的支持，如果他这次收购成功的话，自己大半生的辛劳岂不是白费了吗？不行，不能让他得手。他想收购，我就来个反收购！

但是，当安邦把吉远公司的全部资料找来，从头到尾仔仔细细地看完一遍后，心中顿起疑窦。资料表明，吉远公司尚不具备收购安氏公司的实力。安氏公司如果组织反收购，吉远公司不仅不会成功，而且还会积压不少资金。陆吉远不可能干这样的蠢事，银行也不会同意做傻事。再说，即使他真想收购安氏公司股票，又怎么可能把消息透露给兴风作浪的新闻机构呢？其中必定有诈。安邦想到这里，已经猜到了八九分：陆吉远"醉翁之意不在酒"，他是想借此破坏我在大陆的投资计划。

想到这里，安邦冷笑几声，找来助手，交待了对策，然后就到大陆签订合同去了。

新闻播出后，第二天股市一开盘，吉远公司果然开始大量收购安氏公司股票，'安氏'股票价格直线上升，持股市民争相抛售。吉远公司的收购工作非常顺利。下午，安氏公司开始出来回收股票，但只收购了一会儿就停止了。第三天早上，'安氏'股票价格进一步攀升，吉远公司照旧大规模收购，有多少吃多少。安氏公司却没有在股市上露面。新闻媒体纷纷报道："吉远公司攻势凌厉，安氏公司无招架之力，不敢应战。'安氏'可望易姓。"

又一天过去了，安氏公司的股票持续大幅度上升，吉远公司开始力不从心，宣布停止收购。当天晚报刊出一条消息："'安氏'老板在大陆签订大宗工程合同，'安氏'安然无恙"。到了第4天，"安氏"股票价格大幅度下跌，安氏公司开始低价回收本公司股票。吉远公司收购安氏公司的阴谋不攻自破了。

原来，当吉远公司第一天开始大规模收购"安氏"股票时，安邦的助手在股市秘密抛售了部分股票，下午又故作姿态回收少量股票后就撤出了，造成"无力反收购"的假象，刺激股价持续上升。吉远公司本来就无心收购安氏公司的股票，只不过想激怒安氏公司来进行反收购，借此破坏对手去大陆签约的计划。谁知安邦并没有上钩，吉远公司自讨没趣，又没钱继续高价收购，只好急忙停止收购。吉远公司高价购进股票，股价下跌使它赔了一大笔钱，而安氏公司利用吉远公司收购"安氏"股票的时间，去大陆谈成了几笔大生意。回港后，又趁着股价下跌，大规模低价收购了自己公司的股票，又赚了一大笔。

安氏公司在这场收购战中，采取了以静制动的战术，凭自己雄厚的实力，置吉远公司的进攻于不顾，在大陆谈成了大生意。等吉远公司筋疲力尽撤退后，安氏公司乘机大举反攻，不但自己未损一根毫毛，而且获利不少，同时还重创了吉远公司，可谓"一箭三雕"。如果安氏公司轻信吉远公司的谣言，进行反收购，那么它非但失去了进军大陆的大好机会，而且还会损失一大笔宝贵的资金。

点评：

冷静分析眼前形势，避敌于锐不可当之时，以静制动，然后乘其懈怠，坐收其利，一举将之击破，必能不战而屈敌之兵。

陈平的隐忍策略

背景：

西汉惠帝死后，其子刘恭立为皇帝，称为"少帝"。因为少帝还是个婴儿，不能统治天下，吕太后名正言顺地替少帝临朝，主持朝政。

吕太后为了巩固自己的政权，欲封娘家的兄弟子侄为王，故意问大臣们可不可以。右丞相王陵是个直性子，愣头愣脑地说："高帝宰了白马，大臣们都宣过誓，非刘氏不得封王。"

决断：

吕后问陈平，陈平违心地说："可以。高祖平定天下，分封自己的子弟为王，是对的；现在太后临朝，分封自家子弟为王，也是对的。"

散朝后，王陵批评陈平背弃高祖的盟约。陈平意味深长地说："现在在朝廷上抵制吕太后，我比不上你；将来除吕保刘，您可比不上我啊。"

王陵只是冷笑。可冷笑有什么用？吕太后不再让王陵做丞相，而表面上升迁王陵为汉少帝太傅，实际上是架空于他。王陵肚里没有撑船的海量，索性谢病辞职，闭门不出，7年后病逝，非刘氏不王的盟约并没有成为现实。

王陵免相后，升陈平为右丞相，命辟阳侯审食其为左丞相，吕太后的内侄和内侄孙先后被封为王，出现了诸吕当权，一统天下的格局。

审食其是沛县人。当初汉王刘邦在彭城战败向西转进时，楚霸王到沛县虏取汉王父亲和妻子为人质，审食其则以舍人身份侍候刘妻，相处日久，两人关系暧昧。现在审食其得幸于刘妻才当了左丞相。陈平深知审食其底细，亦深知太后欲让审食其掌权，就故意不管朝事，国家大事全由审食其决定。

吕须因为以前陈平替高帝出谋拘捕樊哙，曾多次向太后进谗，说："陈平当了右丞相，却天天酗酒、玩乐。"陈平知道后，更加纵情于酒色之中，这正中太后下怀。太后曾当着吕须的面对陈平说："常言道，'小孩和女人的话不能听'，你不用畏惧吕须进谗。"

陈平为了保全禄位，凡事都禀承吕后的意旨，不敢专擅，照样吃喝玩乐。表面上有些麻木不仁，其实，他心如刀绞。无奈诸吕专权，日盛一日，不敢轻举妄动。

陈平的忧思独被大中大夫陆贾看出，并对他说："天下安，注意相；天下危，注意将。将相和睦，众情归附。"又说，"今日社稷大计，在两个人的掌握之中，一是足下，一是太尉周勃……"

陈平本来与周勃不和，当年他归汉时，周勃曾说过他受金盗嫂，当然心存芥蒂。但诸吕日盛，势必危及国家和自家安全，陈平决定捐弃前嫌，以五百金厚礼向周勃祝寿，博取将相交好。周勃亦隐假诸吕，自然与陈平情投意合，两人常在一起议事，决计合力对付诸吕。

公元前180年，吕太后重病，临终前立吕产为相国，吕禄为上将军，分别统管南军、北军。吕太后死后，诸吕果然谋乱，弄得天下乌烟瘴气。

陈平得知曲周侯郦商之子郦寄与吕产、吕

禄有交情，遂托称议事，把郦商邀了过来。软禁郦商后，再召郦商之子郦寄胁迫他诱劝吕禄，交出将印，回朝就职。吕禄本来没有什么才识，又因与郦寄是好友，乃信以为真取出将印，匆匆出营，直奔长安。

郦寄把将印交给太尉周勃。周勃手持将印，召集北军，下令道："为吕氏右袒，为刘氏左袒！"北军纷纷袒露左臂，表示要忠于刘氏。

这时，陈平已与朱虚侯刘章取得联系，与周勃联手，以势不可挡之势冲进未央宫。刘章杀了吕产，周勃杀了吕禄，然后鞭杀吕须，斩杀诸吕。

点评：

知退方能得进，一味耿直，身家性命尚不为保，又如何再得思进？退以求存，然后蓄势待发，时机一至，方能遂之所愿，成己之事。

第五计　趁火打劫

提要： 敌方遭遇劫祸，乘其危乱，谋取利益，何乐而不为？但必须首先清楚敌方所遇之"火"究竟烧到何种程度，只有当其自顾不暇的时候，才能主动出击，否则贸然发动进攻，非但不能获利，反而会招惹上自投罗网的致命危险。

背景：

唐朝初年，薛仁杲割据一方称王称霸，并不把李氏父子的唐军看在眼里。李世民刚刚打了败仗，领着队伍来到高邮，薛仁杲就派他的一员大将宗罗睺领兵来打李世民的队伍。面对盛气凌人的敌人，李世民怎么用兵呢？

决断：

李世民的部下经过一场败仗本来窝了一肚子的火，现在看到薛仁杲也敢来欺负，火更大了，纷纷要求出兵迎战。可是，李世民坚决不同意。他对部下说："咱们刚打了败仗，士气不高，不宜迎战，应当坚守堡垒，等待战机。"他看一时说服不了，就下死命令："谁再敢提出要打，就斩首示众。"这一下压住了，李世民就命令加固城防，筹集粮草，加强练兵。这样过了60天，对于城下薛军的辱骂挑战硬是置之不理。

这时，不断有薛仁杲的士兵悄悄跑来投降，一打听，原来薛军粮食快吃光了，士兵饿得受不了。李世民觉得战机到了，就派梁实领一支人马到浅水原安营扎寨，目的是引诱宗罗睺来应战。果然不出所料，宗罗睺领兵来攻打。但久攻不下，疲惫了。这时，李世民又派庞玉领一支人马到浅水原的南边布阵，引诱宗罗睺再战。当宗罗睺猛烈攻击，快取得胜利时，李世民却带领大军从浅水原的北边猛击宗罗睺的队伍。这完全出乎宗罗睺的意外，宗的士兵一下子被打蒙了，四处溃退。于是，李世民身先士卒，率领部队趁着胜勇追穷寇，如秋风扫落叶，打得薛仁杲只好屈膝投降，李世民一下子便收编了 1 万多人马。

点评：

为将之道，当守则守，当战则战，既不受部下的短见所鼓噪，也不为自己的情绪所左右，一切从敌我双方的态势去权衡而决定，李世民之打胜仗得天下，实有赖于此。

以韩制日

背景：

1992 年，某电子仪器厂要引进一条电子产品生产流水线。该厂技术人员到日本考察后认为，日本的生产线，在质量和技术方面都是世界上最先进的，只是日方恃技术力量雄厚，要价偏高，针对日方的置难，中方正着手研究对策。

决断：

我方决定与日方谈判。第一轮谈判于当年 6 月在该电子仪器厂所在城市举行，电子仪器厂为使谈判能够成功，特意把工厂主管全厂质量工作的电子专家调进谈判组充当主谈人。在谈判开始前，中日双方为此都进行了大量的准备工作，日方专派精通中国商务会讲汉语的公司中国课课长和公司销售专务、驻华总代理兼翻译等三人为主体的谈判班子来同我方谈判。

日方在谈判一开始就给人以盛气凌人的印象，高报底盘，高出中方考察人员所掌握的外汇底盘 210 万美元。中方与之进行了四轮谈判。但日方总是盛气凌人，寸步不让，声称他们的生产线是世界之冠，独一无二，宁不成交也不降价。谈判陷入了僵局。这时，中方派往日本考察的技术人员报告了一个重要信息，日方的生产受到韩国几家同类工厂产品的冲击，韩国生产线目前正在与日方争夺市场，日方对此深感头痛。我方谈判代表当即决定中止谈判，请日方等待我方的最后答复，给日方以我方无力支持的假象。而电子仪器厂则另派专家赴韩国考察，结果发现，韩国产品不如日本，价格也不低。但尽管如此，中方还是向韩国厂家发出了谈判邀请，同年8月，韩国谈判代表来到中国，受到中方的热烈欢迎，其热烈气氛超过对日方代表，并大造声势，宣布中韩双方已有了初步合作的意向。

日方谈判代表得知这一消息大为震惊，立即把情况向日本公司进行了通报。日本人素来以竞争取胜，有时为争取市场而不惜代价，他们深知这种生产线在中国不只一家需要，失去一笔买卖就意味着失去中国整个市场。日方主动要求恢复谈判，我方以"暂不需要日方产品"为由予以拖延，想不到日方竟派中间商对中方进行游说，表示愿让利销售，中方同意恢复谈判。

在谈判桌上，日方的态度来了个180度的大转变，大谈中日合作，日方愿支持中国的现代化建设，愿意给予最大限度的优惠。中方谈判代表听后不紧不慢地说："我为课长先生（日方主谈人）的友好表示感到高兴，我们已经注意到了贵公司在生产线价格问题上的转变，平等互利是国际经济交往的基本原则，任何一方都不应当运用优势向对方索要高价，请问课长先生是否赞同？"

日方谈判代表马上应道："当然，当然。"

我方谈判代表语锋一转，针对日方的痛处说道："平等的竞争与选择是商业贸易的惯例，我们愿意倾听贵方的再次报价。"

此话即暗示日方，我方已同韩国开始讨论价格问题，日方谈判代表马上明白了中方的意思，在再次报价中提出一个比较合理的价格，我方乘胜追击，最后终于以满意的价格同日方达成了谈判协议。

点评：

乘虚而入，常常是攻击对方的短处或漏洞，变对方不利为我方利益，从而在谈判中处于有利地位，上例，中方针对日方担心失去市场的弱点，对其薄弱之处发起反击，步步为营，终于取得了谈判的胜利。

雨中歼灭 "俾斯麦"

背景：

在 1940～1941 年冬季作战胜利的鼓舞下，德国海军在 1941 年 5 月决定再次出发，袭击英国在大西洋上的护航船队。因为他们手中有了一张王牌——刚刚服役的 "俾斯麦" 号战列舰。

"俾斯麦" 号始建于 1936 年 7 月 1 日，1939 年 2 月 14 日下水。它的标准排水量为 41 637 吨，满载排水量达 49 136 吨，比美国战列舰要多出 1 万多吨。在 136 200 马力的动力驱动下，航速达 30.12 节，以 19 节速度可航行 9 500 海里。"俾斯麦" 号的火力十分强大，除了 4 座双联 381 毫米主炮之外，还配备了 6 座双联 150 毫米副炮、8 座双联 105 毫米重型高炮、8 座双联 37 毫米中型高炮及 20 门 20 毫米轻型高炮，可以说武装到了牙齿。"俾斯麦" 号防护性能极好，全舰装甲重达 16 650 吨！可以说，"俾斯麦" 号是当时世界上最强大的战列舰，被希特勒称为德国海军的骄傲。

1941 年 5 月 19 日晚，根据雷德尔制定的代号为 "莱茵河演习" 的作战计划，"俾斯麦" 号在 "欧根亲王" 号巡洋舰的伴随下从格丁尼亚秘密启航，这支舰队的指挥官是被英国人称为 "德国水面舰艇最优秀的指挥官" 的吕特晏斯上将。德舰穿过卡特加特海峡及斯卡格拉克海峡后，驶抵挪威南部的卑尔根峡湾，5 月 21 日午夜，"俾斯麦" 号和 "欧根亲王" 号悄悄离开了卑尔根，吕特晏斯企图借着大雾的掩护避开英军，神不知鬼不觉地穿越丹麦海峡，然后突然出现在大西洋上的英国运输船队面前。

可是，早在 5 月 20 日，"俾斯麦" 号经过瑞典沿海时，便被英国情报人员发现了。21 日上午 8 时，英国海军部接到了一份密电："俾斯麦" 号出动了！"当天下午，侦察机报告，德舰已抵达卑尔根。英国海军部的气氛顿时紧张了起来。每个人心里都十分清楚，"俾斯麦" 号太强大了，任何一艘英国战舰均无力单独抗击它，而一旦它突入了大西洋，将给英国的海上生命线带来极其严重的威胁。惟一可行的办法就是调集一切可能调动的舰只，集中兵力拦截、包围，最终击沉"俾斯麦"号，根除这个心腹大患。

决断：

5月22日，不顾恶劣的天气，一架英军侦察机飞临卑尔根，发现德舰已经不在了。接到报告后，英国本土舰队司令托维海军上将立即下令战舰起锚出发，英舰纷纷从苏格兰、英格兰甚至直布罗陀的基地出发迎击德军。为了消灭"俾斯麦"号，英国海军调动了2艘航空母舰、5艘战列舰、3艘战列巡洋舰、8艘巡洋舰及24艘驱逐舰，共计42艘战舰。人们相信，凭此优势，一定能消灭它！

"俾斯麦"号进入丹麦海峡后，在漫天风雨中被英国"萨福克"号和"诺福克"号两艘重巡洋舰的远程雷达发现。接到巡洋舰的报告后，离丹麦海峡最近的两艘英国重型舰只立即赶往海峡南口截击"俾斯麦"号。这两艘英军战舰分别是"威尔士亲王"号战列舰和"胡德"号战列巡洋舰，由霍兰海军中将指挥。

5月24日凌晨，两支舰队迎面相遇。当时大雨滂沱，可见度很低，"胡德"号悄悄地迎了上去。5时52分，"胡德"号首先开火，"俾斯麦"号迅速还击，第一次齐射便命中英舰。很快，双方大小火炮均投入了战斗。英舰有8门381毫米炮和10门356毫米炮，而德军仅有8门381毫米炮和8门203毫米炮，英舰占很大优势。但开战仅5分钟，"胡德"号便中弹起火了，紧接着，"俾斯麦"号的1枚381毫米炮弹穿透了"胡德"号的装甲并引爆了弹药库，剧烈的爆炸瞬间便将"胡德"号炸裂，包括霍兰中将在内的1419名官兵阵亡，仅3人幸存。击沉"胡德"号之后，"俾斯麦"号立即同"欧根亲王"号一起猛轰"威尔士亲王"号，并在6分钟内命中该舰7弹，"威尔士亲王"号遭到重创，被迫逃走。

"胡德"号的沉没使英军丧失了1艘宝贵的战舰，但并未动摇他们消灭"俾斯麦"号的决心。丘吉尔坚信，一定能击沉"俾斯麦"号！而在德军一方，初战的胜利冲昏了吕特晏斯的头脑，他不顾"俾斯麦"号已受轻伤、燃油外溢、航速航程均受影响的情况，下令继续南下。这一决定注定了它的命运。

24日晚，"俾斯麦"号同"欧根亲王"号分开，单独驶往法国的布勒斯特。为了在它进入德国空军作战半径前击沉它，必须减缓它的航速。当晚午夜前后，从"胜利"号航空母舰上起飞的 9 架飞机空袭了德舰，1 枚鱼雷命中目标，但"俾斯麦"号受损甚微。它趁着黑夜和大雨，逃脱了英国巡洋舰的雷达跟踪。差不多过了 30 个小时，正当希望开始破灭的时候，1 架远程侦察机发现了受伤的"俾斯麦"号！它离布勒斯特大约 1 200 公里，只需再航行 30 小时就可安然无恙了。这是抓住这条大鱼的最后机会了。15 架载有鱼雷的"剑鱼"式轰炸机从"皇家万舟"号航空母舰上起飞，对德舰发起了攻击，两枚鱼雷命中，其中一枚击中了"俾斯麦"号舰尾，打坏了舰舵，这是它所遭受到的致命一击。为防止舱室进水，巨舰只能低速行驶，返回港口的希望破灭了。夜幕降临后，5 艘英军驱逐舰朝德舰猛扑了过来，试图发射鱼雷。"俾斯麦"号使尽了浑身解数，在雷达指引下拼命射击，终于击退了对手。但整整一夜，它都处于紧张的战斗中，每个人都疲惫到了极点，因为他们已几昼夜没有休息了。午夜，绝望的吕特晏斯给柏林发出了诀别电报称："我们将战至最后一弹！"

5 月 27 日 8 时 47 分，"俾斯麦"号上昏昏欲睡的德国水兵们被震耳欲聋的炮声唤醒：两艘英国战列舰"罗德尼"号和"英王乔治五世"号正在向德舰开火，"俾斯麦"号的末日到了。开始，德舰还挣扎着还击，但很快便被英舰火力压住了。4 艘英国巡洋舰也加入了炮击，各种口径的炮弹雨点般飞向"俾斯麦"号。10 时 15 分，德国人的大炮完全沉寂了下来，"俾斯麦"号变成了一堆浓烟烈火中的废铁。尔后第 9 枚鱼雷击中这艘超级战列舰，10 时 36 分，"俾斯麦"号连同包括吕特晏斯在内的 1 087 名官兵一同沉入了大西洋，仅 113 人被救。"俾斯麦"号被击沉的地方离它的目的地布勒斯特不到 700 公里。

点评：

这个海上霸王虽然武装到了牙齿，但并不代表正义，让英军包围了。对德国人来说，是必然要失败的！

火烧赤壁退曹兵

背景：

曹操在官渡之战中击败袁绍后，分别于公元204年、207年取得了攻取邺城、北征乌桓的胜利，一举消灭了袁绍集团的残余势力，占领了司隶、兖、豫、绿、青、冀、幽、并等州，统一了北方。接连而来的胜利，增强了曹操早日统一天下的雄心，他开始积极准备南下消灭南方的割据势力，统一全国。曹操咄咄逼人的攻势，促成了南方两个主要割据势力——东吴孙权与荆州刘备的联合。孙、刘联军精确地分析了曹军的兵力、作战特点及长、短、战场条件等客观情况，找出了曹军不善水战的致命弱点，决定采取以长击短、以火助攻的作战方针，出其不意地以火攻击败曹军，促成了三国鼎立形势的形成，同时也创造了一个以火攻战胜强敌的典型战例。

决断：

公元208年10月，刘、孙联军会合后，继续沿长江西上，到赤壁（今湖北嘉鱼东北）与曹军的先头部队遭遇。联军击败了曹军的先头部队，曹军退回江北的乌林与主力会合，双方在赤壁一带隔江对峙。

曹军正流行着疾病，同时曹军多半不习水性，受不了江上风浪的颠簸。曹操针对这一情况，命令手下将战船用铁索连结在一起，在船上铺上木板，以减少船身的摇晃。这样做，船上确实平稳多了，却彼此牵制，行动不便。曹军铁索连船的弱点，被周瑜部将黄盖发现了，他向周瑜建议采用火攻的方法将他们击败。黄盖的建议使周瑜受到启发，他制订了以黄盖假降接近曹营，然后放火奇袭曹军战船以乱曹军的作战计划。他要黄盖写了封降书，派人送到江北曹营。曹操接到降书后深信不疑，还与送信人约定了投降的时间与信号。公元208年11月的一天，黄盖带领10艘大船，向北岸急驶而去，船上装满干柴草，里面浸上油液，外面用布裹上伪装，插上约定的旗号。同时预备好快船系在大船之后，以便放火后换乘。快接近曹军水寨时，黄盖命士兵举火，并齐声呼喊："黄盖来投降了！"曹军以为真的是黄盖来投降了，纷纷走出船舱瞭望。

这时，黄盖的船只已经靠近了水寨，10只大船的士兵同时放火，冲向曹军水寨，然后跳上小艇退出。这时的天空正刮着猛烈的东南风，顷刻间，曹军的战船都燃烧起来。火势一直蔓延到了岸上，曹营的官兵被这突如其来的大火烧得惊慌失措，在一片慌乱之中，曹军士兵被烧死、溺死、互相踩死的不计其数。孙刘联军乘势猛杀过来，将曹军杀得人仰船翻。曹操被迫率领残兵败将从陆路经华容向江陵方向撤退。在泥泞的道路上，曹军战马陷入泥潭之中，曹操派人到处寻找枯枝杂草垫路，才使骑兵勉强通过。孙刘联军水陆并进实行追击，一直追到南郡（今湖北江陵境内）。曹操留曹仁、徐晃驻守江陵，乐进驻守襄阳，自率残余部队退回北方。赤壁之战以孙权、刘备联军的胜利和曹操的失败而告结束。

点评：

孙刘联军运用连环计的火攻战术，使曹操的大军一败涂地。这正是趁火打劫的典型范例。

形退实进　趁火打劫

背景：

众所周知，巴拿马运河是美国控制的一条内河航线，美国每年要从这条运河上赚一大笔钱，而且这条河的战略地位非常重要。前巴拿马总统诺列加就是因为不听美国指挥，表示要按时收回巴拿马运河主权而得罪了美国，被美国"宪兵"抓到美国受审判刑的。可巴拿马运河最早却并非由美国开凿的。19世纪末，有一家法国公司和哥伦比亚签订了一项合同，打算在哥伦比亚的巴拿马省内（注：当时巴拿马尚未独立）开凿一条连通大西洋和太平洋的运河。

主持这项工程的总工程师就是因开凿苏伊士运河而闻名世界的法国人雷赛布。凭着过去的成功经验，他认为完成这项任务不在话下。但工程一开工就遇到了麻烦。原来，巴拿马的环境和苏伊士有很大的不同，工程进度相当缓慢，而且公司的资金也开始短缺，公司陷入了困境。

美国总统罗斯福听到这个消息，心里十分高兴。他决定购买运河公司，由美国开凿巴拿马运河。因为，美国对开凿这条运河也早有打算，只因法国下手太早，抢先与哥伦比亚签订了合同，使美国被动一步，懊悔不已。这下机会终于来了。

法国也知道美国早有此意，就先下手抢到了这块肥肉。可是法国运河公司目前又面临困境无法经营，不得已，法国公司代理人布里略访问了美国，提出要出卖运河公司，开价是1亿美元。法国认为，美国一定会很高兴地买下。

决断：

尽管美国早就对运河公司垂涎三尺，得悉法国公司要出售更是欣喜若狂。但表面上显得并不怎么热情。罗斯福故作姿态，指使美国海峡运河委员会提出一个调查报告，以证明在尼加拉瓜开运河省钱。报告煞有介事地称："在尼加拉瓜开运河的全部费用不到2亿美元。虽然在巴拿马开运河直接费用只有1亿多，但并不合算，因为需要另外付出一笔收购法国公司的费用。这样加起来，开巴拿马运河全部费用就将达到2.5亿多美元。"这个报告自然要让法国公司代理人布里略先生过目。

一看报告布里略吓了一跳。心想，如果美国不在巴拿马开运河，法国不是一分钱也收不回来了吗？于是他马上游说，声称法国愿意降价出售运河公司，只要4 000万美元就行了。罗斯福一听，立即指示用4 000美元万买下了运河公司。仅此一项美国就少花了6 000万美元。法国人还以为挺幸运，总算收回了4 000万美元。殊不料却上了罗斯福的当。

买下公司后，罗斯福又对哥伦比亚政府故伎重演。他指使国会通过一项法案，规定如果美国能在适当的时机内和哥伦比亚政府达成协议，美国将考虑开凿巴拿马运河，不然的话，美国还将选择开凿尼加拉瓜运河。

这么一来，该轮到哥伦比亚政府坐不住了，马上指使驻美国大使找到美国国务卿海约翰协商，签订了一项美国条约，同意以1 000万美元的代价长期租给美国一条两岸各宽3英里的运河区。美国每年另外付给哥伦比亚10万美元。这个协议给美国带来的却远非几千万的利益，无怪乎后来诺列加稍有反叛就受到了美国"制裁"。

点评：

罗斯福不愧是老谋深算，他欲擒故纵，形退实进，既网开一面叫法国人、哥伦比亚人有"甜头"可吃，又趁火打劫，捞了大便宜。

雨夜杀敌

背景:

1140 年，南宋大将刘锜率军 2 万余人，坚守顺昌，以阻止金兵的大举南侵。金兵数十万之众在金兀术的指挥下包围了顺昌城，其大本营设在距顺昌 20 里的东村。

刘锜见敌人初来乍到，刚扎下营寨，便决定趁敌立足未稳，先发制人，主动出兵，以阻止敌人的进攻。这天黄昏，天忽然大变，乌云密布，雷声隆隆，闪电不时划过夜空，闪电之中，只见城外金兵帐篷林立。

决断:

刘锜忽然灵机一动，产生了雨夜杀敌的想法，于是一个夜袭金营的计策在心中酝酿成熟。随即他把勇将阎充唤入，令其带精兵五百，前往东村金营，如此如此。

阎充领着五百勇士，乘金军夜黑无备，分头摸进了村庄，闯入金营，一阵刀斧挥舞，正在睡梦中的金兵、金将，被砍杀声和惨叫声惊醒，一个个胆战心惊，乱成一团。金将只得下令退却，到 15 里外才稳住阵脚。第二天，大雨还是终日不止，刘锜又想利用雨夜袭击敌人。黄昏时分，他挑选出 100 名精兵，交代了任务，让他们每人带短刀一把，竹哨一个，乘着雨夜摸进金营。在敌营中，他们闪电一亮就猛吹竹哨，大杀大砍；闪电一灭，就潜伏不动。金军先是惊慌失措，继而也奋力地挥舞起刀枪拼死砍杀起来。黑暗中，也不知你我，逢人便杀。结果，整整一个晚上，金兵都在不停地混战，自相残杀，直杀得尸骸纵横，血流成河。而宋军的百名健儿早就安全离开了金营。好不容易到了天亮，竟不见一个宋兵，金将懊恼莫及，只得退回老婆湾休整。

点评:

通过雨夜的机会，向金兵偷袭造成敌人心理上的恐惧而己方则以逸待劳，隔岸观火，这确实是一则妙计。

沐英乘雾进军

背景：

朱元璋攻克了大都，推翻了元朝，但边远地区还残存元朝的势力。1383年，他派义子沐英和傅友德将军等一起去消灭云南的元朝残部。他们两个怎么消灭元朝残部的呢？

决断：

沐英率领部队乘浓雾，悄悄地进抵曲靖附近的江边。当雾散时，对岸的元军大吃一惊，明朝的大军已经到达。这时主将要下令渡江，沐英劝道："我们一夜奔袭，将士们都很疲劳了，不如下令休息，以免被敌人利用。"傅友德听了感到有理，也就同意。沐英所说的休息不过是做给对岸敌人看的，为了麻痹敌人，松懈他们的警戒。而这时，他却暗中派兵从下游渡江。敌人在下游的布防很松，很快就被明军突破防线。明军上岸后，立即登山，竖起明朝的旗帜，还有意把军号吹得天响。守卫曲靖的元军眼看下游山巅上明朝旌旗飘扬，山间回响明军的号角，感到大势已去，军心涣散。沐英这时就指挥部队渡江，向曲靖杀去。由于元军丧失斗志，明朝便不很费力地渡过江，击败守敌，活捉元军主帅。曲靖这关键一仗打下来，明军便如秋风扫落叶，很快消灭云南境内元军的残余。

点评：

利用雾天进军，就如同有了天然的掩护，悄悄地接近敌人，突然来到敌人面前，让对方产生恐惧感，这是善于带兵的表现。

棉花积压　趁机赊销

背景：

有这么一家 H 服装公司，说是公司，实际上除了 3 个活人外加一肚皮知识之外，别无余物。资产？无形的，就是脑海中的智慧。有形的呢？一个子儿也没有。

这家服装公司没有资金，但有的是智力、精力、组织能力，有的是发财点子。成立之初，他们便决计使一招发财空手道，赚它一笔大钱。

决断：

他们作了一番市场调查，掌握了服装业市场供求情况，找出了入手处：就从生产服装的原材料之一——原棉入手。

他们了解到，河北某县棉农卖棉难，棉农手中的大量棉花积压无买主，叫苦不迭，于是，他们直奔而去。果然有不少好棉库存，无人问津。几经谈判之后，便以先货后款的方式，签订了供销合同。

棉农自然高兴，因为积压下去，不如现货赊销，反正早晚也得付款收钱，管他呢。

而 H 公司有了这批好棉，使起发财空手道便有了依托。

棉花收购之后，便由棉农负责发运，运到了 H 公司指定的某地。这里有许多家县级棉纺厂因材料不足，早已停工待料了。他们对于大卖主的来临，奉若贵宾，形如上帝下凡一般。几经交涉，便签订了来料加工合同，加工款项在交货后一个月分两次支付。棉纺厂反正没活干，又何必考虑那么多呢？于是，便先垫支，开工上机了。这样，没过多久，棉花便变成了棉布。H 服装公司便由棉纺厂发货，再运往服装加工厂。

服装加工厂接下这批加工业务之后，日夜加班加点，一个月后，全数加工成了各式各样的时髦服装。

与此同时，H 服装公司又立刻在都市招聘时下遍布大街小巷的各种流动摊贩，各种销售点及二级批发小商。签订供销合同，现钱现货，约定取货日期，交款后马上取货，当日办妥。由于这一大批服装款式新潮，利润折扣极大，一下子，全部都批发出去。

于是，买主们便到服装加工厂拿着现款等发货。工厂加工一批，就卖出一批，没有半点时间停留。这样，H 服装公司坐地收钱发货，不多时间，全部批发完毕。

之后，便逐个付加工费，付棉布加工款，付棉花钱。剩下的，就是 H 服装公司的利润了。在这整个运作过程中，省却了许多费用，不掏一分钱，就发了大财。

没有本钱能不能发财？本例就是答案：能！办法之一就是先货后款，借风吹火！只要你熟悉国情，熟悉世情，熟悉行情，精通流通术数，那么，使起空手道来，就全不费力了。

点评：

其实所谓的商机，一切都在人们的掌握之中，只要能有充分的头脑，懂得利用它。那么，这就是宝藏，是财富。重要的一点，要搞好市场调研，收集到宝贵的信息资源。

第六计　声东击西

提要：显示给对手的攻击方向与实际所选择的攻击方向并不一致，令其猝不及防，难于招架。与第一计类似，注意给对手制造错觉，导致判断上的严重失误，而且更强调在对决过程中谋断的飘忽不定，让对手疲于防范，乃至防不胜防。

声左击右谈判术

背景：

某公司在一次商业谈判中作为买方与作为卖方的某外商就一批家用电器的交易进行了谈判，在谈判过程中，卖方报盘价较高，经我方争取，卖方虽然作了让步，但我方仍觉得价格偏高，而卖方又不肯继续让步，我方又不忍放弃已经取得的成果，左右为难。

决断：

这时，我方抛开这一主题，指出对外商同类产品的来件装配很感兴趣，恰好外商也正想寻找合作伙伴，马上表现出极大的热情，我方提出双方就来件装配问题进行合作，我方将扩大订货量，搞批量组装，但对方必须提供优惠。外商觉得买方订货数量可观，表示愿意就这一问题开始谈判，结果双方的谈判议题竟从成品交易转移到来件组装方面，买方趁机与卖方进行来件组装方面的讨价还价，卖方感到买方订货量可观，同意大幅度降低价格，最后双方先就来件组装问题达成协议。其后，双方继续商谈成品贸易问题，外方仍坚持原立场，我方谈判人员先从外方同类产品配件的供给我方价格谈起，加上组装费用，算出该类产品的成本远低于外方的要价，外商坚持原价格是没有道理的，这时外商才发现中了我方声东击西之计，不得不面对现实，按我方的要求作了退让，我方不仅在成品贸易上未受损失，还达成了一笔来件装配交易，真是意外的收获。

点评：

声东击西是一个值得应用的策略，在对待对方的高压策略时可称得上是一个有效的反击手段，但由于这一策略自古以来就被人们广泛应用，易被人识破，所以在应用这一策略同对方讨价还价时，一定要注意运用得体，巧妙周到，不要让对方看出破绽。

避强击弱

背景：

1947年夏天，毛泽东指挥解放大军跃进大别山，夺取中原的同时，指示陕北的解放军也要打个大胜仗，以便配合东南方向的大动作。

西北野战军司令员彭德怀得到命令之后，殚精竭虑，设计一个巧妙调动敌人的计划。

决断：

第一步，命令一支部队攻打陕北榆林的守敌。榆林乃战略要地，榆林一吃紧，敌西北的军事长官胡宗南急忙调遣6万人马北上救援，妄图把陕北解放军吃掉，或者逼其东渡黄河。这正是彭总要实现的战斗目的之一，调敌北上，一者有利于陈谢兵团挺进豫西；二者可在陕北吃掉大股敌人。

第二步，命令一支部队抢先占领横山，逼使北上之敌一部——气焰嚣张的敌整编36师过无定河大桥，经大沙漠去增援榆林。沙漠行军，沿途无水，把敌36师拖得精疲力尽。这个师每旅原有万余人，待进到榆林后每旅只剩下3 000余人。

第三步，命令停止对榆林的攻击，转而南下，纵敌骄气，轻率地孤军深入，尾追解放军，而解放军则选择在榆林以南、米脂以北的沙家店这个有利地形，对敌人围而歼之。

第四步，把敌整编 36 师调到沙家店之后，一方面割断 36 师与敌其他各部的联系，坚决阻击救援 36 师之敌；另一方面又把 36 师分割成两部分，使其化整为零，便于解放军张口吞下。

在陕甘宁的战场上，双方兵力的对比是十比一，敌方强，然而在沙家店的战场上，解放军投入了 3 个纵队的兵力，则变成敌弱。

沙家店战役的作战计划得到毛泽东的赞同，毛泽东所在的中央军委当时和彭德怀的司令部挨得很近。在毛泽东、彭德怀的指挥下，一战击毙、击伤、俘虏敌 36 师的 6 000 余人，俘虏了敌少将旅长刘子奇，敌 36 师师长钟松逃命溜掉。沙家店战役的大胜利，使解放军在西北从被动的守势变为主动的攻势，从内线作战到外线作战。而从陕甘宁战场原先双方兵力的对比说，无疑于是"蛇吞象"的奇迹！

点评：

战争中要充分利用空间，大幅度地进行调动，在广阔的战场上实行灵活机动的运动战，一则拖垮敌人，伺机反击，二则充分作好部署，一举消灭强敌。

反其道而行

背景：

北魏孝文帝拓跋宏，想迁都洛阳，担心群臣不肯，于是交议，准备大举讨伐南方的北齐。命令王谌卜筮，结果出现"革"卦。

决断：

孝文帝说："汤、武革命，是顺应天命和人心的事，没有比这卦更加吉利的了。"

于是发布戒严令，九月的时候，来到洛阳。

当时洛阳雨下个不停，国君下令部队前进，自己也穿着军服，拿着马鞭，骑马正要前进。

臣子们却跪在马前叩头说："今天的事，天下的人都不愿做，臣子实在不知道为何只有陛下坚持要如此？"

安定王拓跋休等人也积极地边哭边劝谏。

于是孝文帝下令说："今天我们已经大举行动，如果没有成果，往后怎么办事？如果不想南下讨伐，也必须将首都迁移到这里。"

当时一些旧部属虽然不愿迁到内地，却怕真的要往南讨伐，也不敢再反对。

点评：

想实现自己的目的，故意借与目的相反的举动来迷惑对方，对方在不明真相的情况下，可能就会落入圈套，为你所获。

虚张声势

背景：

公元前207年，魏王豹背叛了汉王刘邦，把队伍在黄河东岸的蒲板、临晋关一带排开，阻止汉军东渡。

这时，汉军的统帅韩信来到河边，远望河东招展的旌旗，近看上下起伏的山冈，他默默地思索着，一个决策在他胸中酝酿成熟。韩信是怎么破这个天险的呢？

决断：

回到帐篷，韩信传令把一部分兵力调到临晋关渡口的西边，把附近的船只也集中到对准临晋关的岸边，派人在岸边作渡河的操练。汉军的行动都让对岸的魏军看得一清二楚，探马很快向魏王豹作了报告。魏王豹冷冷一笑："都说韩信会用兵，也不过如此而已。我这一夫当关，万夫莫敌，看他奈我何！"下令加紧防守，切勿懈怠。他等待着当汉军刚踏上滩头，立脚未稳之时，就给予迎头痛击。

可是，过两天，突然探马来报："汉军从上游夏阳渡过黄河，正奔袭我军的后方。"这好像晴天霹雳，把魏王豹打晕了过去。他知道后方空虚，不堪一击，而救援已经是来不及了，但他不甘心就这样失败，就下令从临晋关出发迎战汉军。可是，他哪里是韩信的对手，他上了韩信的圈套，成了韩信的阶下囚。

点评：

兵法曰：虚则实之，实则虚之。虚虚实实，扰乱敌人的视线，待时机一到，突然发起进攻，等敌军回过神来时，已经来不及了，这就是使诈之妙。

耿弇智取双城

背景：

公元 29 年，张步和他弟弟张蓝率兵造反，占领了今天山东的淄博和临淄两城。

汉光武帝刘秀派大将耿弇领兵前去平叛。耿弇把军队驻扎在淄博和临淄的两城之间。驻下后，耿弇便领几个亲兵前往观察敌方的城防。他看到淄博城郭虽小但相当坚固，而临淄城郭虽大却守备薄弱。敌情清楚之后，一个计谋在他胸中形成了。

决断：

一回到营中，耿弇立即发布命令，要五天之内拿下淄博。这个命令很快传到驻守在淄博的张蓝耳里，他立即加紧战备，日夜提防。

将近第五天，他下令三更开饭，五更开拔。出乎大家意外的是，他不是命令队伍向淄博进发，而是向临淄急行军。军令如山倒，谁敢多说什么？当汉朝大军压境时，临淄的叛军大吃一惊，经不起汉军的攻击，临淄城很快被攻了下来。

临淄城的陷落，很快传到淄博。汉军如此了得，淄博弹丸之地岂可与之抗衡？张蓝想到此，赶紧携带家小，弃城而逃。于是，耿弇不费吹灰之力拿下淄博，平息了叛变。

耿的胜利就在于他声东击西。事先制造传闻说是要攻淄博，可是真打的却是临淄，使弱者松懈，易于降服，使强者震慑，丧失斗志，从而取得一箭双雕的奇效。

点评：

虚张声势，让真正的战斗目标隐而不宣，在发动战斗命令后突然向真目标奔袭，让敌人惊慌失措，这种指东打西的战术在商业竞争上也是一种好办法。

【国学精粹珍藏版】

◎尽览中国古典文化的博大精深 ◎读传世典籍·赢智慧人生 —— 受益终生的传世经典

三十六计

李志敏⊙编著

卷二

民主与建设出版社
·北京·

谋此击波

背景：

1982 年英国与阿根廷战争爆发，英军急于寻找一个合适的港口登陆作战，看中了马尔维纳斯群岛。马尔维纳斯群岛海岸线曲折，总长 1 287 公里，有许多避风海湾和自然港。英军选择的登陆地点是圣卡洛斯港。这个港有个优越的自然条件，这就是入口处水深达 36 米，可供大型船只停靠。另外，岸上的地域开阔，利于部队登岸后展开，可避免被集中的炮火击中。但地势也有不利的一面，这就是海湾狭长，其宽度仅为 6 ~ 16 公里，舰队活动的余地小，无法建立大纵深的对空防御警戒，易遭对方飞机集中攻击。这里的交通也很不便利，只有条小道与首府斯坦利港相通，并且沼泽密布、道路泥泞，交通困难，不利于登陆部队向斯坦利港运动。由于以上这些不利的自然地理条件，阿军认为英军决不会由此登陆，因此只派了很少的警戒部队，而将防御重点部署在海面较为开阔、道路条件较好的斯坦利港、达尔文港及古斯格林。针对阿军的部署，英国怎么样迷惑阿军，顺利登陆呢？

决断：

为了迷惑对方，以假乱真，英军在 1982 年 5 月初采取了多方面声东击西的措施，以掩盖在圣卡洛斯港登陆这一真实目的。首先英国各报刊大量登载假预测、假分析，谎称英军将在西岛或东岛南部登陆。就在发起登陆作战前不久，国防部的官员仍向报界佯称：英国军队目前只是采用小股作战部队对阿军袭扰，以使阿军疲惫、消耗，不准备大规模登陆。就在登陆前两天，英军又用飞机连续轰击西、东岛南部，对北部却不闻不问。就是到了 5 月 20 日的午夜，登陆已迫在眉睫，登陆舰船向圣卡洛斯湾进发之际，英特遣舰队的两艘航空母舰仍在自东北方向驶往马岛南端海域，佯示向马岛南部发起进攻。就在英军在圣卡洛斯港登陆时，英国军队仍用飞机、军舰对斯坦利港、古斯格林、豪沃拉港、路易港和狐狸湾进行轰炸和炮击。突击队还煞有介事地在达尔文港、狐狸湾和路易港强行登陆，并发起牵制性攻击。这既使阿军无法判明英军的真正意图，同时又在客观上将阿军牵制于此地，即使得知圣卡洛斯失守，也无法抽兵去回救。

英军做了上述的"声东"措施，还感不足，又在登陆作战步骤上精心安排。英军先把阿军的一切通讯设施全部摧毁，使阿军无从得到消息，不能及时空援。同时为了使"击西"的意图绝对保密，又采取了无线电静默，中断向美国提供英、阿双方舰位的情报。

由于英军采取了上述措施，使得阿军一直被蒙在鼓里，迫使其不断加强对斯坦利港和南部达尔文港的警戒与防守，放松了对北部圣卡洛斯港的警惕。结果5月21日凌晨，英军在猛烈的炮火掩护下，不费吹灰之力一举登陆。直到天亮后，阿军才醒悟过来，可是为时晚矣，英军已在圣卡洛斯港建立了稳固的滩头阵地，从而使英阿马岛之役的战局发生了关键性的转折。尽管以后阿军对英军展开了猛烈的轰击，但始终没能扭转战争的全局。英国在圣卡洛斯登陆的成功，为英军后来的胜利打下了坚实的基础，直至把阿军围困在斯坦利港，迫使阿军投降，结束了这场马岛之战。

点评：

高明的统帅都是善于说谎或制造谎言的大师，他们总要跟对手开一个玩笑然后严肃地对你说："实在很抱歉，先生，我不是这个意思。"精明的商家也学会了这一招，会在别人毫无思想准备的情况下占领你的市场。

假作不为　迷惑敌人

背景：

1805年，拿破仑与第三次反法同盟作战。奥俄联军大败，拿破仑乘胜追击奥俄联军到达奥斯特里茨。年轻的沙皇亚历山大调来了精锐的近卫军和其他增援部队，自以为实力超过拿破仑，是取胜的绝佳机会。

当时的联军内部，关于下一步的作战行动问题，产生了两种截然不同的意见。60岁的俄军名将、联军总司令库图佐夫主张暂时避战，假定法军来攻，应继续撤退，摆脱仍处于全军覆灭的危险境地。而年轻气盛的联军参谋长魏洛特却认为拿破仑惯于声东击西，虚张声势，实际上法军早已疲惫不堪，战斗力大大削弱，且联军数量上已远远超出法军，主张立刻转入对法军的进攻。

决断：

此时的拿破仑正在密切关注着亚历山大的动向，决定采用假象迷惑敌人，寻找时机，消灭强大的敌人。

11月3日、拿破仑给外交大臣塔列兰写信，承认法军目前处境相当困难，正面敌人兵力占绝对优势。两翼敌人咄咄逼人，两支普鲁士大军也跃跃欲试。

同时，拿破仑命令法军部队从一部分前沿阵地开始后撤，做出被迫退兵的样子，而且故意散布法军兵力不足，需要收缩战线的流言。

11月25日，拿破仑派其侍卫长萨瓦里将军打着休战旗前往联军司令部，向年轻的沙皇亚历山大递交一封国书，建议休战，要求同俄军讲和，请亚历山大派全权代表进行谈判。

亚历山大看到拿破仑要求讲和。觉得拿破仑已经害怕，现在正是歼灭拿破仑的大好时机，虽然库图佐夫竭力反对，可是亚历山大不予理睬。

亚历山大派自己的侍卫长道戈柯夫公爵作一回访，进行象征性的谈判，同时也嘱咐这位心腹，注意观察拿破仑的动静。

拿破仑在会见道戈柯夫公爵时，抓住时机，制造假象，进一步欺骗对手。

拿破仑首先表现出自己非常疲劳一副精疲力竭的样子，同时，他又故意摆出大国皇帝的样子，以示不应该丢失尊严。他巧妙地回绝了沙皇使者的要求，坚持不能放弃意大利和别的一些占领地的立场，在一些枝节问题上表现一定的让步妥协。

会谈之后，沙皇使者认为拿破仑外强中干，外表虽然故作威严，但实际上已心中有虚。道戈柯夫公爵兴奋地向亚历山大报告了他关于拿破仑信心不足以及胆怯的印象。年轻的沙皇高兴地踱来踱去，并向侍卫长敬酒致谢。

几天后，俄、奥皇帝经过会晤，决定立即向"正在退却的、削弱了的拿破仑军队进攻"，此举正好中了拿破仑的计谋。

12月2日，在奥斯特里茨村以西、维也纳以北120公里的普拉岑高地周围，展开了大会战。这是拿破仑战争史上最著名的一次会战。

拂晓之前，俄奥联军开始进攻，大有不可一世之势。

成竹在胸的拿破仑在望远镜里密切地注视着敌军的行动。大约上午7时半，当他发现普拉岑高地俄军防御力量非常薄弱时，他立即命令两个加强师占领了高地，从而将敌军切成两段。俄军受到侧面攻击，秩序大乱，向西方溃逃。当时俄国沙皇和总司令库图佐夫以及他的司令部全部跟在这支纵队之后，因而失去了对联军的控制，首尾无法相顾。

拿破仑完全控制住普拉岑高地之后，随即命令近卫军和骑兵师及两个步兵师向敌人展开全面猛烈的进攻。将北段4万多敌军团团包围并压缩到狄尔尼兹半结冰的湖泊上，湖泊上的冰块被法军炮火击碎，致使敌军整团整团的淹死、被击毙或生俘。

在几小时内俄奥联军被全歼，俄国亚历山大和奥地利弗兰西斯两个皇帝狼狈逃跑，总司令库图佐夫受伤，险些被俘。奥斯特里茨战役中俄奥联军8.2万人，死1.5万人，被俘2万人，损失大炮133门，余众四下逃命。

夜幕降临了，一切都结束了。拿破仑在一群元帅、近卫军将军的陪同下，在从四面八方跑来的士兵的欢呼声中，踏着人和马的尸体视察了战场。

奥斯特里茨战役结束的第二天，奥地利皇帝要求休战，拿破仑马上同意，条件是要求所有俄军撤出奥地利，退回波兰。

12月26日，法奥在普莱斯堡签订和约，奥地利将威尼托等在1797年被纳入奥地利版图的4块地区割让给法国，拿破仑将其并入意大利王国。

法奥的《普莱斯堡和约》结束了第三次反法联盟，而且导致德意志神圣罗马帝国的终结。

奥斯特里茨战役使拿破仑赢得了欧洲第一名将的荣誉。在这次战役中，拿破仑突出地表现了指导战争和指挥作战的杰出才能。

点评：

拿破仑获得了奥斯特里茨战役的大胜。

作为政治家，他成功地利用"假作不为而将有所为"的手段，诱骗敌人，影响着形势的发展，为自己赢得胜利创造了条件。作为军事统帅，他巧妙地运用了作战指挥艺术，在战略上以少胜多、在战术上以多击少，为彻底打败敌军奠定了基础。

鱼目混珠　迷魂惑敌

背景：

1942年11月初，英国第八集团军奉盟军最高司令部之命，在利比亚和埃及边境设置防线，为向德军发动大规模进攻做好准备。设防中最困难的项目是在空旷无际的沙漠里建立一个大型铁路终点站，利用这个终点站卸载和储备大批的汽油、弹药和轻重武器装备等作战补给品。在树木不生、沙石裸露、能见度极好的沙漠里建立这样大的军事目标，并要躲开德军的轰炸，谈何容易！蒙哥马利将军的严厉要求又不能违背，德军空袭力量的强大也是有目共睹的，那怎么在这空旷的沙漠里建一个大型铁路终点站呢？

决断：

为了迷惑德军，尽量减少德军的轰炸，英军总司令部决定：在离真终点站前方不远的地方，秘密设立个假补给基地，以迷惑敌人。为了把事情做得更像、更逼真，他们在真终点站与假补给基地之间，按正常的筑路速度铺设了假铁路。铁路上设有一辆辆机车、煤水车、棚车和油槽车，这些车辆时常重新编组，造成运输繁忙、车队流动不停的假象。假基地的空地上，整齐地停放着大批卡车、装甲车、坦克和其他补给品。这些作战物资经常变换位置，给人货物搬运频繁、旧去新来、吞吐量很大的印象。当然，基地内所有的车辆和物资都是假的，机车只是个模型，上面装了个火炉，昼夜冒烟、喷火。与此同时，英军还特意安排卡车运输队不停地在假基地内来往通行，并在假基地周围配备了4个高炮连。这样既给假基地增强了真实感，又有效地阻止了德军侦察机的接近，以免看出破绽。

英军煞费苦心摆下的这个"迷魂阵"，果真使德国人中计。德军从高空拍下了大量的侦察照片，证明这个基地是真的。德军调遣大批轰炸机抵达基地附近，准备择机轰炸。至此英军制造假基地的目的已达到，既牵制了敌军的力量又保护了终点站的安全。

点评：

在战争中，一则高明的诈术，总是在敌方看来比真实的情况还要真实，所以敌方常说鱼目混珠，以假乱真，在这种特意安排的陷阱中，还充满了诱惑，因为它总是在敌方需要的时候才出现，所以不小心掉下去的人就格外多。

希特勒突袭苏联

背景：

第二次世界大战刚刚进入到 1940 年 6 月，纳粹德国已经在西起大西洋，东至苏联西部边境，北起斯堪的纳维亚半岛，南至克里特岛的广大区域确立了法西斯统治。整个欧洲只有英国还在与德国进行胜负未决的战斗。

苏联是制止希特勒对外扩张，建立欧洲霸权的强大堡垒。侵略苏联则是希特勒的既定政策。希特勒在《我的奋斗》一书中写道："如果我们要在欧洲取得领土，那么大体上只有牺牲俄国才能达到目的。这样新德国又不能不沿着从前的骑士团骑士所走的道路进军，以求用德国的剑使德国的犁有地可耕，使德国民族有饭可吃。"

但是苏联领土广阔，人口众多，而且军事力量也不可轻视，希特勒怎么才能把苏联打败，从而占领欧洲大陆呢？

决断：

经过数月周密的计划，12 月 18 日，由希特勒亲自取名为"巴巴罗萨"计划作为第 21 号指令签署下达。预计将要投入侵苏作战的 300 多万官兵，近 5 000 架飞机和 4 000 多辆坦克需从欧洲各占领国及德国内地调至东部苏德边境地区。在进行如此大规模行动的同时，希特勒采取了声东击西的诡计，以蒙骗国际社会和苏联政府，在对苏联打算开战的同时，却渲染维持和平的气氛。在对英国打算停战的同时，大造继续作战，坚决入侵的声势。为掩盖将大批军队调往德苏边境的真实意图，德国当局透露，这是以加强东部地区为名配合进攻英国所采取的佯动，还故作诡秘地伪称兵力东移是要到英国轰炸机活动范围之外进行侵英实战训练。一切舆论和行动正如希特勒所说："要把进攻俄国造成历史上的最大骗局。"

希特勒声东击西所造成的攻英骗局使苏联对德国当时攻英不攻苏的假象深信不疑。苏联领导人虽然早已察觉到希特勒的侵苏野心，但眼看着英德空战仍在进行，故认为德国在西线作战的同时不会向东对苏发动战争，估计德国可能要等到征服英国或与英国议和之后才会调头东进。

1941 年 6 月 14 日，即在德苏战争爆发前一周，塔斯社还受权代表苏联政府发表了一项只能麻痹自己的声明，称："德国和苏联一样，也在认真遵守苏德互不侵犯条约。有鉴于此，德国企图撕毁条约和进攻苏联的传闻是毫无根据的。"苏联尽管为防御德国的侵犯做了大量的战争准备工作，但由于对战争爆发时间作了错误的判断，未能抢在战争爆发之前完成充分的准备。原定在西部地区修建的170 个机场到战争爆发时大部分都没能交付使用；部队改编工作进展迟缓，缺编很多，训练水平低，战备观念差。

1941 年 6 月 22 日拂晓，经过精心准备的德国军队对苏联不宣而战，117个师和 1 000 多架飞机从北起波罗的海，南至里海，长达 1 800 多公里的战线上发起了突然袭击，并以闪电式进攻向苏联境内纵深推进。由于麻痹大意，加之对德军主攻方向判断失误，苏军在德军凶猛的进攻面前连吃败仗，节节后退。战争头 5 个月，大片苏联领土沦陷，德军在西北方向上朝苏联境内推进了850 公里，在西部方向上推进了 1 000 多公里，在西南方向上推进了900 ~ 1 250 公里，约有380 万苏军被歼。卫国战争初期苏联所承受的重大损失在很大程度上归咎于战争指挥中未能识破希特勒声东击西的诡计，吃了麻痹大意的亏。

点评：

声东击西的策略在战争中是常见的计谋，在商场也是打败竞争对手的有效手段，但关键是这个"声东"必须做到异常逼真才能瞒住对手，为"击西"作好战略上的援助。

茅台酒香溢万国会

背景：

1915 年，巴拿马万国博览会。

人涌如潮。

但是，在中国展室驻足的人却不多——也难怪，在那个时代，在西方人眼中，中国不过是个"东亚病夫"，能有什么可以"博览"的呢？

一连几天过去，情况都无甚改变。

中国商人们都在暗暗叫苦，特别是来自贵州的那位穿着长马褂、头戴圆帽的商人——他是来万国博览会展销茅台酒的，更是焦灼无比——几天来，那些红眼珠、蓝眼珠的外国人连看都不愿意看他的"茅台"一眼，也许是它的包装过于古朴？也许是外国人对它一无所知？也许是外国人有成见？贵州商人在苦苦思索着。

决断：

茅台酒是产于贵州省仁怀县茅台镇的一种烈性白酒，造酒用的水取自发源于云南镇雄的芒部、穿越崇山峻岭、流经茅台镇的茅台河，茅台河水无色、无味、透明微甜爽口，用它酿出的茅台酒纯净透明、香味浓郁，在中国久享盛名。

又一群外国人从邻近的展室涌了出来。

贵州商人灵机一动，捧起一瓶酒，故作失手，"哎呀！"一声惊叫，"茅台"坠落在地，陶瓷酒瓶摔碎了。

刹时，一股特殊的芳香悠悠飘起，沁向四周……

"好香！"

"好极了！什么酒？"

"OK！从来没想到过会有这样的酒！"

在一片惊异的赞叹声中，外国酒商们也纷纷涌来。

尽管被打碎的陶瓷酒瓶很快被收拾起来，尽管地面很快就被擦干了，但是，数天过后，中国展室内外依然留香，中国茅台酒一鸣惊人，从此走向了世界。

点评：

一筹莫展的时候，往往是锻炼人的时刻。头脑灵活，从反方向入手，就会收到意想不到的效果。

以毁代卖

背景：

有一天，一名美国画商在比利时某画廊看中了印度人带来的 3 幅画，印度人出价 250 美元，画商不同意，谈判陷入僵局。

决断：

美国人的言行让印度人盛怒之下，断然把其中一幅画烧了。画商见此情景，倍感惋惜，问印度人剩下的两幅画愿意卖多少钱。回答还是 250 美元，画商又一次拒绝了。印度人并不着急，他不慌不忙地又烧掉了其中一幅。至此，画商只好乞求千万别烧最后一幅，并问印度人剩下的一幅画愿卖多少？回答仍是 250 美元。当画商反问说："三幅画与一幅画的价钱能一样吗？"那位印度人又毫不犹豫地把这幅画的卖价提高，最后竟以 500 美元的价格成交。

当时其他画的价格都在 100 到 150 美元之间，而印度人这幅画的卖价最高。印度人之所以采用烧掉两幅以吸引那位美国画商的策略，是因为他清楚自己卖的三幅画均出自名家之手，烧掉了两幅，剩下了一幅，表面看印度人肯定要亏本，但是物以稀为贵，实际上剩下的一幅画的价格远远超出了其他的画，一幅的价钱可以值几幅。另外，这位印度人还了解到：美国人有个习惯，喜欢收集古董珍藏名画，只要他爱上了这幅画，是绝对不肯轻易放弃的，宁肯出高价也要收买珍藏。聪明的印度人施展的这一招果然很灵，一笔成功的生意唾手而得。

还有这样一个故事。帕特是美国一家家用电器公司从事空调销售的推销员。经过几个月不辞辛苦的努力，他终于使推销一套供 40 层大楼使用的空调系统的生意有了可喜的进展。但能否成功，最后还得由买方的董事会来决定，然而，这种情势对帕特并没有什么好处，这令帕特有些不安。

有一天，董事会召见帕特，请他将推销的空调系统介绍一下。帕特受到了有礼貌但不热情的接待，看来几位董事对购买空调系统兴趣不大。他们给帕特提出了一大堆尖锐而又难于回答的问题。

帕特面对劈头而来的问题，尝试着予以回答，但接连不断的问题使他不由得紧张起来，几乎乱了阵脚。忽然，他心生一计，说道："今天天气很暖和，请允许我脱掉外衣，好吗？"帕特边说边掏出手绢，拭了拭前额。好像条件反射似的，几位董事也跟着脱了外衣，有的还抱怨说："这里面真热。"

帕特的这一招果然奏效，考虑到自己的舒适，董事们觉得应该购买空调。于是，他们不再质问，而是请帕特介绍其产品的性能并认真倾听。20 分钟后，帕特同他们拍板成交。

引导和暗示是顾客被说服的前提。帕特通过引导与暗示，如愿以偿。

点评:

两个点子都或多或少地利用了暗示推销的方法,效果明显,其实,暗示推销也应了中国一句古话,让事实说话才是最有说服力的,不过,暗示推销不能偏激,像帕特那样清静中见轻松才是最主要的。

皮鞋上的秘密

背景:

1973 年,苏联曾在美国放风说,它打算挑选美国的一家飞机制造公司为苏联建造一个世界上最大的喷气式客机制造厂,该厂建成后将年产 100 架巨型客机。如果美国公司的条件不合适,苏联就将同英国或西德的公司做这笔价值 3 亿美元的生意。

美国三大飞机制造商——波音飞机公司、洛克希德飞机公司和麦克唐纳—道格拉斯飞机公司闻讯后,都想抢到这笔"大生意"。

三家公司背着美国政府,分别同苏联方面进行私下接触。苏联方面在它们之间周旋,让它们互相竞争,更多地满足苏方的条件。

波音飞机公司为了第一个抢到生意,首先同意苏联方面的要求:让 20 名苏联专家到飞机制造厂参观、考察。

苏联专家在波音公司被敬为上宾。他们不仅仔细参观飞机装配线,而且钻到机密的实验室里"认真考察"。他们先后拍了成千上万张照片,得到了大量的资料,最后还带走了波音公司制造巨型客机的详细计划。

波音公司热情地送走苏联专家后,满心欢喜地等待他们回来谈生意、签合同。岂料这些人犹如肉包子打狗,一去不回头。

不久,美国人发现苏联利用波音公司提供的技术资料设计制造了伊柳辛式巨型喷气运输机。这种飞机的引擎是英国罗尔斯–罗伊斯喷气引擎的仿制品。使美国人不解的是,波音公司在向苏联方面提供资料时特意留了一手,没有泄露有关制造飞机的合金材料的秘密,而苏联制造这种宽机身的合金是怎么生产出来的呢?

决断：

波音公司的技术人员一再回忆，苦思冥想，才觉得苏联专家考察时穿的一种鞋似乎有些异样。秘密果然在这种鞋上。

原来，苏联专家穿的是一种特殊的皮鞋，其鞋底能吸住从飞机零件上切削下来的金属屑。他们把金属屑带回去一分析，就得到了制造合金的秘密。这一招，使得一向精明的波音公司叫苦不迭，有苦难言。

点评：

商业竞争是一场智力的较量，要想在激烈的竞争中占据主动获得成功，就必须全面考虑，从细微处入手，否则，就有可能落败。

靠 "绿化" 带活旅店

背景：

日本浅草下村有家旅店，背靠荒山秃岭。尽管店主很能干，把客店收拾得十分干净，饭菜也很讲究且价格适中，但因地理位置不好，尤其是背后的秃山，使旅店很乏味，所以顾客总是稀稀落落。老板很是着急。移居他地？这是祖上的积业，再说，好地方地皮贵得吓人。整治后山，种植花草树木，一来工人难雇，二来耗资巨大，这小本生意没那么大的力量。怎么办呢？老板苦无良策。

决断：

一天，老板望着荒山秃岭，忽生一念，喜不自胜，马上伏案疾书。几日后，一则消息见诸报端："下村旅店的后面有一片山地，宽敞又幽静，被专门辟为植树纪念地。客居本店者，可亲手种植一棵小树苗（本店特备），本店将派专人为您拍照留念，并立碑刻上您的大名及种植日期。日后您若再次光临，将会发现绿树成荫，具有极好的纪念性。"

老板的这一招，抓住了平时为公害所苦的都市人特别珍视绿化环境的心理。消息一发出，立竿见影。大批游客接踵而来，那些新婚夫妇更是争先恐后，荒山秃岭很快变成绿化宝地。游客们在此植树时兴高采烈，大多都表示：待日后树大参天，还要再来回味一番。

结果是勤劳的游客既为旅店栽下了"摇钱树",又为旅店老板增加了营业收入,同时,老板也为自己树立起了爱护环境的商家形象。

点评:

城市人渴望绿色,如同沙漠渴望泉水一样值得同情,巧借这种心理,商家也能大发一笔,因为,人毕竟是大自然的一部分,离开了大自然,人总是感到失去了生机和底蕴。老板给"上帝"种植"摇钱树",真是秋天的石榴——满肚子红点子。

打鬼借钟馗　挟天子以令诸侯

背景:

曹操刚崛起时,天下各主要势力各有优势,如孙策凭借长天险而固守。刘备则凭借"光复汉室"的招牌而感召天下。

决断:

在群雄并起的形势下,欲想谋求霸业,必须营造一种自己的优势来号令天下,曹操经过比较权衡,决定以"奉戴天子"——即所谓"挟天子以令诸侯"作为自己的政治优势。

中国古代有一句成语,叫做"要想打鬼,借助钟馗。"打鬼借助钟馗,确实是一个十分高明的做法或谋略。因为一方面鬼是怕钟馗的;另一方面,谁有了钟馗,谁就掌握了打鬼的优势与主动权。

打鬼借助钟馗。这种做法的原理不过是做事情尤其是做大事情要借助一种招牌,或者说打着一种旗号(借一面义旗),而这种招牌和旗号的名声必须是响亮的,表面的威信必须是公认的。这样才能感召众生,竭智效力。

古往今来,许多成大事者都颇得"借一种旗号"令天下的真传与实惠。众人皆知的春秋首霸霸主齐桓公就是通过"尊王攘夷"的做法而获得其政治上、军事上的主动权。曹操的"挟天子以令诸侯"可以说又是运用这一谋略的经典范例。

在曹操之前,先是董卓控制着汉献帝这面"义旗"。

但可惜他是一专横跋扈、滥施淫威的暴徒,没有能很好地利用这一优势,很快便落得个"暴尸于市","焚尸于路"的下场，此后，汉献帝在杨奉、董承等扶持下离开关中，要不要借机迎奉献帝，就成了摆在曹操面前的一大问题。经过一场热烈的争论，此后，又经过一番艰苦曲折的奋争，曹操终于于建安六年八月将当时处于困窘中的汉献帝迎至许都。

将窘困流徒中的献帝迁到许都，由自己来充当献帝的保护人，是曹操政治生涯中的得意之作。曹操这样做，不仅使自己获取了高于所有文臣武将的地位，而且把献帝变成了自己进行统一战争的工具。从此无论是征伐异己还是任命人事，都可利用献帝名义，名正言顺置对手于被动地位，而给自己创造了极大的政治优势。另一方面，这样做在客观上对国家、对人民也有好处。当时群雄割据，谁都想吞灭对方独霸天下。曹操迎帝入都，将献帝置于自己有力的保护之下，虽然使献帝变成了一个傀儡，但也使献帝在局势极为混乱的时期免除了被废黜，被杀害的危险，保留了这样一个国家最高权力的象征，使得各地割据者的野心行为受到遏制，从而在一定程度上维护了中央集权，对控制割据、分裂局面的恶性发展，加速国家统一的进程发挥了一定作用。

东汉末年的军阀割据和混战，给社会造成了严重的破坏，给人民带来了深重的灾难。但是，乘乱起兵的大多数领导者，只有军事家的头脑，而很少有政治家的眼光。而只有曹操独具慧眼，清楚地认识到政治决策的正确与否，民心的向背，是决定胜负的首要因素。因此他毅然接受了僚属们"挟天子以令诸侯"的建议，把献帝迎接到自己的根据地许都。

点评：

借助钟馗前来打鬼，必能大见功效，只有借助好的招牌来行己之事，方能收揽人心，感召众生，使他人为自己效力，从而更顺利地实现自己的事业。要做到这一点，首先要深谋远虑，有长远的政治眼光。其次还要抓紧时间，当机立断，才能优先掌握主动权。

第二套　敌战计

第七计　无中生有

提要：同样是在心理错觉上做文章，此计则将虚实变幻演绎至出神入化的境地。归根到底本来就没有的，却总令敌方感觉确有所存在，其中奥妙就在于适当的时候能够化无为有，等敌方明白确实没有之际，已经无法挽回局面。

借机增势　白手起家

背景：

对于白手起家者，开头两步是无比艰难的，他们就是在自己茫然无助时不断尝试，靠"运气"的帮助成功地走好了第一、二步，从而使他们兴味盎然，情绪激昂地投入到给他们带来成功刺激的事业中，直到获得更多的成功。对于白手起家者而言，由于先前的贫穷记忆，他们比任何人都对第一、二次的成功印象深刻，而这第一、二次，他们更乐于称它为"机遇"。其实"机遇"这一偶然性名词中，包含着许许多多必然性因素。美国著名大富翁丹尼尔的发家史就是很好的一例。

丹尼尔·罗维洛 1897 年生于密歇根州一个普通人家，他自幼就与船结下了不解之缘。有一次，他发现一艘损坏的 26 英尺长的轮船被当作废品弃置不顾，就把它搬回家。那个冬天，丹尼尔什么也没干，就是在修理这条船。第二年夏天，他把修好的船租出去，净赚50美元。

修船租船，这第一次小小的经营虽然微不足道，却预示着他日后的赖以发迹的道路。

大约有二十年的时间，他干的全部是买船、卖船、修船、租船这些船圈子里的活儿，有时赚，有时赔，不但没有发财，反而几乎总是债务缠身，有好几次差点儿就破产。大约在四十岁左右，丹尼尔·罗维洛仍然在美国这个弱肉强食的竞争世界中苦苦挣扎着。他无法迈出成功的第一步。

决断：

突然有一年，由于石油的消费和生产的日益增长，油船开始变成有利可图的工具。但是，丹尼尔·罗维洛没有资金来购船，他不甘心机遇就这样从身边溜走，开始想各种主意筹措资金。他跑了几家银行想搞一笔贷款，全碰了钉子，然而丹尼尔·罗维洛并不在意，又专门找到大通银行去"碰运气"。经理上下打量着他的衣着，问他有没有什么作为担保和抵押的。丹尼尔·罗维洛痛快地说明自己确实没有什么一般理解的那种担保和抵押，然而他有一条旧的油船，已出租给石油公司运输石油，根据租约，可以按期收取石油公司的租金。如果银行认为包租出去的船可以作为抵押，那么他就可以获得贷款了。谢天谢地，银行经过仔细研究，居然同意这种做法。丹尼尔·罗维洛用这笔贷款买回一艘旧货船，并改造成油船。他把这艘油船出租给石油公司之后，又以它为抵押，从银行获得新的贷款，利用贷款又购进旧货船，改装成油船，这样地如法炮制干下去，丹尼尔·罗维洛获得了一笔又一笔的贷款，他的油船队也日益扩大。日益增多的资金积累使丹尼尔·罗维洛的事业蒸蒸日上。初看白手起家者，总以为是"运气"的恩赐，然而，丹尼尔·罗维洛的事使我们看到更多的是，只有依靠自己的努力，才能有效抓住机遇，广开渠道，并最终取得成功。然而，我们并不否认，"运气"包含着很多的内在因素。美国心理学家金·鲁森布博士认为：一个人的个性可能有助于他的命运，但是在开始的时候，却可能是命运塑造了一个人。由此，可以看出，作为纯粹的偶然性，适当的机遇是成功不可缺少的条件。只是，作为个人，更主要的是要把自己尽可能的力量完全投入生命的流变的环境里，即为了要追逐幸运的机会，就必须尽可能地与这机会接近，不遗余力地进入那个圈子，等待机会的挑选。

这就需要一种不怕失败的精神。白手起家者比常人更具备耐心来等待幸运女神的出现，而且他们也常常以此取得成功。

其实问题不在于遇上什么，而在于怎样有效地利用机遇。有人一生中更换过十几次职业，他们是与经营无缘的劳动者。如果刚开始就认为这种生意不合你的口胃，于是就此罢手或丧失热情的话，机遇只会从身边悄悄溜走。因为即使有一次新的机遇，但仍然不能从中抓住什么，这样的机遇再多又有什么意思呢？日本山种证券的创始人山崎种二就是珍惜机遇而有所成就的人。他出生于一个没落的农民家庭，当他去投靠在东京深川开大米批发店的叔父时，身上只揣了一元钱。他不去投靠叔父就无法生存下去，机遇总是迟迟不肯来。山崎能在叔父的米店里找份活儿干，已是老天对他的恩赐了。

但是山崎往往能比别人更加倍努力地干活。当小伙计时，他从不乱花一分钱，还把撒在地上的米捡起来喂鸡，卖蛋挣钱，他把自己的钱都积攒下来，用手中仅有的一点钱学叔父的样子做起卖米的生意。米、米，一开始谁会想到竟和山崎有不解之缘呢？

从卖米发了财的山崎离开叔父的米店，自立门户。取消大米自由买卖以后，山崎发挥出卖米锻炼出来的投资技术，向经营股票的世界迈进。对经历过卖米艰辛的山崎来说，在股票市场周旋可谓游刃有余，他在决定胜负的关头总以胜者的姿态出现，走上了股票行家的道路。山崎种二的一生真是波澜起伏，但他终于从一个不名分文的小学徒一直做到了成功立业。

点评：

也许眼前你正在做的恰恰便是获取财富的良好机遇，因此抓住它并好好利用它，机遇也许就此便被牢牢地掌握在你的手中。

种世衡以"锦袍"妙计除敌将

背景：

北宋庆历年间，西夏王朝与北宋朝廷兵戎对峙。西夏王赵元昊手下有两员心腹上将，一个叫野利王，另一个叫天都王，两人各统一支精兵，作战非常勇敢，北宋的种世衡很想派间谍打入敌巢，离间赵元昊与他的猛将之间的关系，只是苦于找不到值得信赖的人来施行其计谋。

决断：

种世衡寻觅了好久都没找到合适的人选，后来，他物色到一个法名叫法嵩的和尚，先是说服他参战，后又对他进行了长时间的考查，知道他是一个讲信义有能力的人。不久，种世衡便让他潜往西夏，告诉他到了西夏后，首先要设法见到野利王，并说不通过此人就不能打入他们内部。临行前又将自己所着锦袍赠给法嵩，异常关切地说："北边冬天太冷，这件袍子就送给你上路吧。"

法嵩穿着种世衡赠送的锦袍，按照种世衡的嘱咐，来到西夏王元昊的防地。他千方百计地想接近野利王，结果引起了西夏王的怀疑。在对他搜查和审问过程中，从种世衡所赠的那件锦袍领子里查出一封密信，密信是写给野利王的，措词亲切而又神秘，信的落款是种世衡。法嵩根本不知道袍领里藏有密信，所以尽管敌人严刑逼供，也没有说出真情。而赵元昊却由此怀疑野利王将反叛，因此把野利王杀死了。

点评：

通过间谍打入敌人内部，然后离间敌人，这种"锦袍"妙计杀人于无形之中，确实是使计的典范，而这中间又有两个关键所在，一是这个间谍是个合适的完全可靠的人，二是这个间谍并不知道他的真正任务是什么。

当铺老板假戏真做

背景：

明朝时，绍兴一家当铺的管事收下一件价值 1 000 两银子的古玉器。经老板仔细辨认是件赝品。

骗取银子的典当者肯定不会来赎，怎么办？老板去请教谋士徐文长，徐文长教给了他一条妙计。

决断：

几天后，当铺老板备下丰盛酒席，宴请当地名流和同行。酒过三巡，老板声称要向客人展示一件稀世珍宝——古玉器。不料，当管事急急忙忙取到时，不小心跌倒地下，将玉器摔得粉碎。老板顿时大怒，一面严厉斥责管事，一面心痛地将玉器碎片收起来。

宴会后，绍兴大街小巷，都传遍了这件事，都为当铺老板摔碎价值千两白银的古玉器而惋惜。

行骗的典当者得知假玉器已经摔碎，高兴万分。他想，这下好了，趁机还可以敲当铺一笔银子。

当期到了，典当者拿着 1 000 两银子来到当铺，领取典当的玉器。管事看过当票，收点好 1 000 两银子之后，从铺内取出那件假玉器，原物归还给他。典当者一看，果然是自己的那件赝品，顿时惊呆了。这时，他恍然大悟，自己钻进了当铺老板的圈套，只好抱着那件假玉器走了。

点评：

宴会上打碎另外仿造的一件玉器，故意弄得满城风雨，引骗子上钩，从而挽回了巨大的经济损失。

借船下海　创阜康钱庄

背景：

钱庄，又称银号、钱铺，上海和江南、华中一带都称钱庄，故可以钱庄概称之。

钱庄起源于银钱兑换业，这一点和西欧的银行相同。在中国，最早是银两和铜钱的兑换，后来则主要是银元和银两的兑换。从某种意义上讲，钱庄可算是明清时期中国的经济细胞。

在 1840 年以前，钱庄没有股份公司的组织，都是独资或合伙经营，而以合伙者为多，出资人对企业负无限责任。因为钱庄的信誉决定于出资人的财产，出资人常另以一笔钱存入钱庄，称为附本或护本。还有的出资人在其他信誉较好的钱庄存入一笔定期存款，以示本人财力，兼有保证之意。

钱庄一般都有自己的同业组织，叫做钱庄同业公会。它不仅是联络感情、谋求共同利益的团体，而且有其实际的业务，如票据交换，议定折息和银洋价格等。

聪明的中国商人还发明了钱庄的支票——庄票。庄票一般是几排红蓝印字与三五个印章外加几行龙飞凤舞却十分清晰的墨笔手书。它是钱庄所签发的银钱凭证，也是最重要的信用工具。

在商务运作过程中，一个最基础的工作，应该是资金的筹措。所谓"巧妇难为无米之炊"，因此，做生意一定要先有本钱，生意越大，所要的本钱也就越大，这是谁都知道的。就商务运作的实际情况来看，当然最好是有多大本钱做多大的生意，或者想做多大的生意就先去尽量筹集多大的本钱。在一般人想来，手上分文没有，却一上手就要做大生意，而且居然就做成了，这一定是一个神话。

胡雪岩实实在在给我们留下了这样一个神话。

决断：

胡雪岩一上手就要开自己的钱庄，对外号称拥有本钱20万两。其实，此时的胡雪岩真正是身无分文。虽然王有龄已回浙江任海运局坐办，但除了让胡雪岩有了一点官场势力之外，银钱方面事实上也还没法帮他多少。而胡雪岩的钱庄要开办得有点样子，至少需要五万银子。

但胡雪岩仍然要把自己的钱庄开起来。在他看来，眼前只要弄几千银子，先把场面撑起来，钱庄的本钱，不成问题。胡雪岩有如此把握，是因为此时他心中已有了自己的"成算"，这"成算"也就是所谓"借米下锅"。

所谓"借米下锅"，说穿了，也就是拿了别人的银子，来做自己的生意。此时的胡雪岩想到了两条"借米"的渠道：一条渠道是信和钱庄垫支给浙江海运局支付漕米的20万两银子。王有龄一上任，就遇到了解运漕米的麻烦，要顺利完成这一桩公事，需要20万两银子。胡雪岩与王有龄商议，建议让信和先垫支这20万两，由自己去和信和相商。这在信和自然也是求之不得。一来王有龄回到杭州，为胡雪岩洗刷了名声，信和"大伙"张胖子正巴结着胡雪岩，二来信和也正希望与海运局接上关系。一方面海运局是大主顾，为海运局代理公款往来必有大赚。另一方面，也是更重要的，海运局是官方机构，能够代理海运局公款汇划，在上海的同行中必然会被刮目相看。声誉信用就是票号钱庄的资本，能不能赚钱倒在其次了。有这两条，这笔借款自然一谈就成。本来海运局借支20万两银子只是短期应急，但胡雪岩要办成长期的，他预备移花接木，借信和的本钱开自己的钱庄。

胡雪岩"借米下锅"的第二条渠道，则是一条更加长远的渠道，那就是借助王有龄在官场的势力，代理公库。胡雪岩料定王有龄不会长期待在浙江海运局坐办的位置上，一定会外放州县。到时候他可以代理王有龄所任州县的公库。按惯例，道库、县库公款往来不付利息，等于白借公家的银子开自己的钱庄。他把自己的钱庄先开起来，现在虽然大体只是一个空架子，但一旦王有龄外放州县，州县公库一定由自己的钱庄来代理，那时公款源源而来，空的也就变成了实的。

就这样，胡雪岩先借王有龄的关系，从海运局公款中挪借了5千两银子。在与王有龄商量开钱庄事宜的第二天，就着手延揽人才，租买铺面，把自己的钱庄轰轰烈烈地开了起来。

胡雪岩这一招"借米下锅"，真如变戏法一般。不过，生意场上的戏法如何去"变"以及"变"得好坏与否，又的确显示着经营者的眼光、胆略和技巧的高低。而生意场上，许多时候也确实需要变一变戏法。能够利用一切可以利用的条件，在并不损害他人利益的前提下，变出别人变不出的戏法，无论如何都是让人叹服的。当然，生意场上的"戏法"，说到底也就是一种必要的经营技巧，而不是心术不正的"蒙人"。所以，胡雪岩也说："戏法总是假的，偶尔变一两套可以，变多了就不值钱了。值钱的还是有东西拿出来。"

胡雪岩在钱庄里的几年学费没有白交，他不仅用"空城计"唱出了一个阜康银号来，而且在存款和放款方面提出了大胆设想。

由于平时留心，胡雪岩对钱庄的历史一点也不陌生，他认为做钱庄，惟一的劲敌就是山西票号。山西票号原以经营汇兑为主，而且是以京城作为中心。近年来由于战乱频起，道路艰难，公款解京，有很多不便，因而票号无形中代理了一部分县库与省库的职司，公款并不计息，汇水尤为可观，自然大获其利。还有各省的巨商显宦，认为天下最安稳的地方，莫如京师。所以多将现款汇到京里，实际上就是存款。

胡雪岩决定将竞争对手的长处为己所用。存款方面没有山西票号那样的有利条件，但在放款生息方面却大有文章可做。

当候补知县、"本班"的实缺一天也没做过的王有龄一跃而为湖州府知府时，阜康银号自然就由空转实了。这时，胡雪岩开始实施他的大胆放款计划了：第一项放款是放给做官的。由于路途艰难等原因，这几年官员调补升迁，多不按常规。所谓"送部引见"的制度，虽未废除，却多变通办理，尤其是军功上保升的官员，有不少是在地方上当了巡抚、道台这种主持一省钱谷、司法的大员，而未曾进过京的也不在少数。或者在当地升迁，从一地到另一地的，一般少不了需要一笔盘缠和安家费。这些钱一不愁赖账，二不愁利息不高。

第二项放款是放给那些逃难到上海来的内地乡绅人家。这些人多是祖上留下大把家私，有不少现款、细软带在身上。但不少人日久天长，坐吃山空，这些人借款可用他们的地契来抵押。

后来，胡雪岩要做生丝生意，谈妥自己出一千两银子做本钱，让心中爱恋着的阿珠父亲立马就在湖州开一家丝行坐地收丝。但此时却遇到了一桩麻烦：开丝行要领"牙帖"，也就是我们今天所说的营业执照。

按惯例，丝行牙帖要由京里发下来，来去最快也得 3 个月。新丝都在四五月间上市，这个时候，乡下正是青黄不接的当口，蚕农都等钱用，同时新丝存放时间长了会发黄，价钱上会打折扣，因此都急着脱手。此时已经是 4 月末了，如果等着牙帖，就会耽误收丝。而且，丝行生意都是一年做一季，错过一季也就只好等到来年。当手下把这一情况告诉胡雪岩时，胡雪岩当时就有些发急。他要求老张回到湖州想办法，哪怕花上三、五百两银子的租金租一个牙帖，也在所不惜，一定先把门面摆开来，他月半左右就要到湖州收丝。

胡雪岩如此着急，自然有他个性上的原因，他办事总是只要想好了就马上着手去办，决不拖拉。但此时还有一个更重要的原因，那就是他已经有了自己一套周密的盘算：他要用在湖州收到的现银，就地买丝。王有龄此时已经得到了外放湖州任湖州知府的肥缺，马上就要走马上任。而此时胡雪岩的阜康钱庄也已经立起来了，王有龄既到湖州，必然要让他的阜康钱庄代理湖州府库的"收支"，这正是胡雪岩开办钱庄之初就设想好了的。王有龄一到湖州，第一件事当然就是征收钱粮，将大笔需要解往省城杭州的现款入到他的阜康钱庄。他要来一次移花接木、移东补西的生意运作，即用湖州收到的现银，就地买丝，运到杭州再脱手变现，解交"藩库"。反正只要到时有银子解交"藩库"就行，对公家不损一毫一两，对自己却是桩无本求利的买卖，何乐不为！

既然已经有了这么好的一个计划，他哪里还肯白白耽误一年的时间？胡雪岩的这一个"移花接木"，其实也是一种"借米下锅"的方式。不过，这一种"借米下锅"，比单纯用一笔钱来做一桩生意，比如仅仅按原来的设想，用代理公库的银子经营钱庄兑出兑进的业务，又高明了许多。一笔资金只有在流动中才会得到增值，用胡雪岩的话说，就是大元宝不会生出小元宝，因此不能让"头寸"（资金）烂在那里。所以，一个生意人既要懂得如何去筹措资金，更要学会如何去使用资金。怎样才能将自己的资金变成"活钱"，而不使任何一笔自己筹措到的可用的资金闲置。并且，如何才能恰到好处地使用自己筹措到的每一笔资金，让它尽快也尽可能多地增值，这其中的学问，实在是太玄妙了。从这个角度看，胡雪岩所说的"做生意一定要活络"，知道如何去"移东补西"而且"不穿帮"，对于生意人来说，确实就是一种本事，而且还是一种大本事。而他在实际的生意运作中采用的"借米下锅"、"移花接木"的眼光和手腕，无疑也是能够给人很多启示的。

点评：

如果不是天生的大富翁，又想成为大富翁的话，就要有善于"借"的智慧。可以借"力"、借"物"，甚至借"人"。这既是眼光，也是捷径。

无中生有

背景：

西汉建平三年（前4年）发生了一场大冤狱，东平王刘云被诬图谋不轨而死，亲属多人惨遭杀戮。正是这些人的鲜血染红了二位佞幸小人的朱缨，他们先后得以封侯，一时荣宠无比，这两个人就是息夫躬、孙宠。

甘露二年（前32年）秋七月，汉宣帝封儿子刘宇为东平王。33年后刘宇寿终正寝，子刘云嗣位。建平三年，无盐县中出现两大怪事。一是危山土突然自然崩塌并覆盖了一大块草地，好像人工修筑的大路一般。二是瓠山中间有巨石转侧起立，挪动了位置。

这块巨石，史载高9尺6寸，宽4尺，竟向旁移动1丈左右。当地人视为怪事，到处传说。无盐县在东平国境内，正是东平王刘云所辖区域。东平王刘云闻知此事，大为诧异，就带着王后等人，备办丰盛的祭品，到瓠山及大石旁祭奠，回宫后，在宫中仿造巨石形状筑一假山石，植上黄草，视为神物，按时祭祀祈福。谁知祈福不成反遭奇祸，正是这个神物给他带来了杀身之灾。

古代官场中有一类人专善投机取巧，总在等待时机往上爬。刘云夫妇拜祭奇石的消息传入京师，一般百姓都当作奇闻轶事来听，并没有多作联想。但是息夫躬、孙宠这两个梦想升官发财而苦于没有门路的奸邪之徒听后，好像得到了稀世珍宝一样，竟串通一起做起诬告升官的勾当。

息夫躬，河内人。他与孔乡侯傅晏籍贯相同，素来相识，又读过《春秋》，略有学识，便进京攀援傅晏。此时傅太后正得势，傅氏满门显贵，傅晏就荐举息夫躬于朝，受诏为待诏。另一人叫孙宠，此人贪婪谄媚素无德行，曾做过汝南太守，坐事免官，流落到长安寻机再起，也曾上书言事，得到待诏的待遇。其实待诏并非实职，只是让他们留在都中，发放一定的生活费。等有机会时予以录用。所以待诏之人都盼望早日得官。

两个奸人等了好多日子也无消息，正在百无聊赖之时，偶然听到东平王祭石的新闻，息夫躬略一沉思后笑着对孙宠说道："你我封侯的机会来了。"就与孙宠密谋策划起来。

决断：

息夫躬的文笔略强于孙宠，就由息夫躬执笔，写成一封告密信，诬告刘云有谋位之心，信中说："无盐有大石自立，闻邪臣附会往事，以为泰山石立，孝宣皇帝遂得宠兴。东平王云，因此生心，与其后日作词祭，咒诅九重，欲求非望。而后舅伍弘，以医术幸进，出入禁门。臣恐霍显之谋，将行于杯杓；荆轲之变，必起于帷幄，大祸临头不堪设想！事关危急，不敢不昧死上闻！"将刘云祭石事小题大作，上纲上线，竟诬为谋反大逆。这本是诬陷之徒一贯伎俩，诬告罪名越大，越会引起领导人的重视，越有可能制敌于死地，也就越容易受到信任，升官发财。

诬告信写完后，二人转托中常侍宋弘转呈。封建皇室中争夺帝位的斗争本来就很激烈，对帝位构成威胁的首先就是宗室内部，尤其是皇帝的近亲骨肉。哀帝生性多疑，身体又很虚弱，见到奏本后大吃一惊。一般来说，身体弱者往往缺乏自信心，缺乏自信必增疑念。何况霍显、荆轲之乱踞本朝并不遥远，哀帝疑心顿起，当下饬令有司，马上前去东平调查严办。

前去办案的人员仰承帝意，必欲断成逆案。东平王家的下人熬不住严刑拷打，委屈招供，说王后暗中派巫筮之人祠祭山石神主，祈祷以刘云为天子。又说刘云夫妻料知皇帝的病不能痊愈，都盼望诅咒皇帝早死，让刘云得到天下。

这个结论报告递交上去，哀帝大怒，下诏废刘云为庶人，徙居房陵。王后及伍弘全都处死。此诏一下，廷尉梁相、尚书令鞠谭、仆射宗伯凤都出面谏阻，认为案情未实，缺乏证据，应重新由公卿审理。这三人皆是重臣，处在要位，劝谏本应奏效，不料哀帝不但不采纳他们的意见，反说三人立场暧昧，意存观望，应该削职为民。如此重威之下，其他朝臣谁还敢开口呢？这样，王后和伍弘竟被斩决，东平王刘云也被这说不清道不明的天外奇祸逼得自尽。

因为揭发逆案有功，哀帝提拔息夫躬当了光禄大夫，孙宠得到了南阳太守的美差，二人喜不自胜。

点评：

两个奸人通过挑拨离间向皇上进谗言使自己"建功"而得官。此实乃恶劣手段，为官者须谨防小人谗言，不可胡乱封官。

星相术诱敌

背景：

1941 年 5 月 10 日，赫斯这个纳粹党二号人物，独自单人驾机由柏林飞往英国，爆出了震惊全球的特号新闻。人们对此异常之举，百思不得其解，堂堂的纳粹党二号人物竟然反叛，奇哉！怪哉！

直至 1987 年 3 月，93 岁的赫斯在西柏林监狱中自杀身亡，这条"二战"首谜的谜底才坦露天日。

原来，这是英国情报部门蓄意安排的一出难度极高的闹剧。这是怎么回事呢？

决断：

事情还得从第二次世界大战初期奇异的英德星相秘战说起。当时在第三帝国元首周围活跃着不少德国第一流的星相师，希特勒每临大事必问星相师。希特勒敏锐地感觉到：星相是种富有成效的心战武器。因此授意戈培尔在纳粹党内成立了 AMO 部，即"星相学与神秘战总部"。该部聘用名扬欧美的星相大师，在当时的中立国——美国报刊上发表有利于德方的预见箴言，果然收到了很好的效果。德军锐气日益高涨，英军士气每况愈下。

英国面对这种情况，迅速采取了对策。当时弗莱明正任海军情报处处长助理，对星相有一定的研究。他集合了一批对星相学有一定造诣的人苦战一个月，编辑了一本伪造的德国期刊《灭顶》，散布动摇德方军心的星相秘闻，秘密散发到德国。此外，弗莱明等人还进行了千奇百怪的"魔摆谍战"。据称，魔摆是欧洲中世纪神话中一种奇妙的钟摆。星相士用它可望穿千里，遥视敌方活动，准确探测敌方目标位置。正好英国在近几次海战中击沉了几艘德国军舰，弗莱明借此大肆宣扬，使德国海军谈"魔"色变。

但是弗莱明并不满足于这些小小的战果。他要搞一项大的行动。他构思了个大胆诱人的计划——利用星相术引诱赫斯投奔英国，以此打击希特勒，震撼第三帝国。

这个计划似乎荒诞离奇，一个纳粹党核心组织的二号人物如何能被引诱脱离他醉心的帝国大厦，出逃英国？但细细分析，计划的可行性又不乏依据。首先，赫斯在纳粹的核心人物中是最虔诚的星相信徒。其次，作为第二号人物，他享有除了希特勒之外不受任何人牵制的自由。第三，他个性极强，我行我素，特别是对效忠元首、拯救德国的事义无反顾。

这是场高难度的智力游戏。弗莱明等人苦熬了数个昼夜，多方论证，几易方案，最后被专家们认定是天衣无缝、无懈可击了才拍板定案。

第一步，弗莱明根据赫斯承认自身星体，信奉星相流派，推崇星相大师等特点，决定通过影响赫斯的星相师来左右赫斯。豪斯霍弗尔是赫斯最崇敬的星相大师，被特聘为星相顾问。豪斯霍弗尔爱好虚荣，珍视英国王室头衔。利用豪氏这一性格弱点正好可做文章。弗莱明等人以种种方法暗示：代表英王室核心成员的星座正在同赫斯星位悄悄靠近。英王室星座的核心代表就是英国的汉密尔顿公爵。豪氏相信了这一说法，不断地向赫斯传递这一天意。

初战告捷，弗莱明不失时机地下出了第二着棋——通过信息机构传出信息，暗示如两星不会合，希特勒就会大祸临头。信息机构发出更确切的信息：如果1941年5月初再违天命的话，希特勒将会有灭顶之灾。对希特勒异常忠诚的赫斯听后如坐针毡。

弗莱明开始实施第三步行动，再烧一把火。他们利用英国格林尼治天文台每年4月份召开星相学研讨会的机会，暗中说服英国大星相学家梅比科尔，借他之口将两星相会的日期订得更明确。梅比科尔深明大义，欣然允诺。在研讨会上，梅比科尔断言："1941年5月10日将会发生一起重大的历史事件，某种伟大的精神力量将在本星球释放出来。"（梅比科尔所断言的这天对他来说确实发生了一起最重大的事件——他在空袭中丧生。但他的的确确是反法西斯的战士，有着强烈正义感的学者。）梅比科尔的名气，使赫斯的星相师受到了很大影响，他也表示了相同的观点。

赫斯不得不信了。但这位希特勒的头号智囊、纳粹党的首席理论家绝非那种偏听偏信的庸常之辈。他要三思而行，多次去民间占卜。但赫斯的这些活动早已在弗莱明计划之内，柏林区内几个有名的民间占卜师早已被买通。

弗莱明等人期待已久的最精彩一幕终于出现了。

5月10日星期六，德国对英国进行了持续一个多小时的大规模空袭后，整个西欧像喝醉了酒的酒徒撒完了酒风后倒地酣睡一般，异常寂静。一架私人座机在蓝天之下、白云之上正向英国飞来。飞入英国领空后，驾驶员赫斯弃机跳伞，英国警察部队立即将这位党魁拿获。这位党魁被押解往白金汉宫的路上，说的第一句话就是"快带我去见汉密尔顿公爵"。

赫斯投英后，发现实情同他预计的大相径庭，这才如梦方醒，但为时已晚。

点评：

诈，可以是千奇百怪，有时甚至可能是荒诞不经的。每个人都有其心理弱点，只要击中这一弱点，再荒诞的骗术也是有可能奏效的。历史上通过占卜迷信的诈术而成功的案例数不胜数，赫斯投英是最经典的一个。

胡雪岩借钱生钱

背景：

商务经营，开办实业，都需要本钱。没有资金，必将寸步难行，天大的本事，再好的机会，都将是一句空话。立志在商场争雄的人，不能不会为自己筹措资金。当然，为自己筹措资金的方式可以是多种多样的，最稳妥的方式，大约也就是有多少资金，做多大的计划，凭着自己的惨淡经营，从少到多地慢慢积累。不过，即便愿意自己慢慢积累资金而不同意胡雪岩所采用的方式的人，大约也不能不佩服胡雪岩招术的高明。因为如胡雪岩这样能够凭借他人资金，开创自己事业的筹措资金的方式，确实是棋高一筹。

胡雪岩创业之初所动用的资金，其实那是借来的，而不是他自己的。

生丝生意交割之后，胡雪岩立即着手要开药店、典当，这时他其实仍然没有足够的资金。第一笔生丝生意做下来，表面上赚了十八万，但算下账来，该付的付出去之后，不仅分文不剩，还拉下了万把银子的亏空。在没有资金的情况下，他却又要上两个大"项目"，不能不让人惊讶，就连十分佩服他的尤五、古应春也提出疑问，认为他现有的钱庄、生丝就是两桩要大本钱的生意，哪里还有余力去开药店、典当？

决断：

资金缺乏并没有难倒胡雪岩，他脑子一转，便想到了为店筹集资本的两个主意：

第一步，他可以向杭州城里那些为官不廉、中饱私囊，已经被"喂"得脑满肠肥的官儿们来筹集资金。他准备回到杭州，首先攻下抚台黄宗汉。在这兵荒马乱之际，开药店本来就是极稳妥的生意，又有济世活人的好名声，说不定黄宗汉肯从他极饱的宦囊中拿出一笔钱来投作股本。如果攻下黄宗汉，另外再找有钱的官儿们来凑数，也就容易多了。

果然第一步大获成功。第二步也就好办了，胡雪岩接下来要让官府出钱来为自己开药店。

刘不才有专治军队行军打仗容易发生时疫的"诸葛行军散"祖传秘方，配料与众不同，其效如神。胡雪岩准备与专管军队后勤保障的粮台打交道。先采取只收成本的方式给军营送"诸葛行军散"，或者有捐饷的，也可以让他们以"诸葛行军散"代捐，指明数量多少，折合银子多少。只要军营的兵将们相信这药好，就可以和粮台打交道，争取承接为粮台供药的业务。粮台虽不上前线打仗，但事实上却什么事都管，最麻烦的就是一仗下来料理伤亡，所以粮台上用药极多。药店可以把药卖给他们，药效要实在，价钱比市面便宜，还可以欠账，让粮台本人公事上好交代。而既然可以欠账，也就可以预支。除"诸葛行军散"之外，药店可以弄到几张能够一服见效与众不同的好方子，譬如刀伤药、避瘟丹之类，真材实料制造出来，然后禀告各路粮台，让他们来定购，领下定购药品的款子，正好可以用来发展药店生意，这一步一走通，药店不就可以滚雪球般的发展起来了么？还用愁什么药店的本钱？

胡雪岩有自己的打算。胡雪岩的打算，是凭他的信誉、本领，因人成事。阜康钱庄的进一步发展，有已经结成牢固的生意伙伴关系的庞二支持，做生丝生意，仍然由大家集股，药店可以打官府的主意，而典当业，他则看中了苏州潘叔雅那班富家公子。

胡雪岩看中苏州那班富家公子，也是抓住了一次借助别人的资金、开办自己的事业的机会。胡雪岩办洋庄，为求当时派任苏州学台的何桂清的帮助，去了一趟苏州，在苏州为帮助解决别人的事情，又结识了苏州富家公子潘叔雅、吴季重、陆芝香等人。当时正是太平军大举进攻苏、浙之时，苏州地面极不平静，一方面官军打仗，保民不足却骚扰有余，另一方面太平军也步步逼近，因此这帮富家公子都有心避难到上海。这些富家公子在苏州的房屋、田产自然是不能带到上海去的，但他们却有大量的现银。他们知道胡雪岩是钱庄老板，因而想借胡雪岩的钱庄、把这些现银带到上海去。

这笔现银一共有 20 多万。

胡雪岩当场就为这些阔少将这 20 多万现银如何使用做了筹划，他建议将这些银钱存入钱庄，一半作长期存款，以求生息，一半作活期存款，用来经商，存款的钱庄以及生意的筹划，都由胡雪岩大力承当，总的原则是动息不动本，以达到细水长流的目的。胡雪岩等于给自己又吸纳了一笔可以长期运用的资金。

胡雪岩所以要为这帮富家公子如此筹划，是因为他"发觉自己又遇到一个绝好的机会"。本来依胡雪岩的观察，这帮全不知稼穑艰难的阔少，往往既不切实际又不辨好歹，和他们打交道常常会吃力不讨好，实在是犯不着。不过，转念一想，如果这些阔少不是急功近利，能够听自己的建议放远了看，对自己的生意实在也是一大帮助，有了这 20 多万可以长期动用的资金，自己什么事情不可以干！

于是就有了胡雪岩为这帮富家公子所作的精心筹划。也有了胡雪岩利用这帮富家公子交给自己"用"出去的 20 多万开办典当的计划。按当时的情况，有 5 万作本，就可以开出一家不大不小的当铺，有这 20 多万，能开几家当铺？于是，胡雪岩的典当业，也就这样开办起来了。

点评：

要想成为一名成功的经营者，应该学会走好第一步——筹措资金，只有踏踏实实地走好了这一步，才能为将来的事业打下良好的基础。现代企业更是如此，项目上马，资金先行，我们更应该从胡雪岩的身上看到：筹措资金的方法对一项事业是何等重要，但要讲究技巧，精心策划仅是其一，重要的还要让出资人感到处处是在为他着想，这样才肯心甘情愿地从口袋中拿出钱来。

第八计　暗度陈仓

提要： 典出楚汉相争时期刘邦开始战略反攻，韩信率军夺取关中一役，全称为"明修栈道，暗度陈仓"。"暗度"奏显奇功的背后是"明修"佯动的有效牵制，通过采取反常性的迂回进攻，来改变双方攻防对比，是得益于出其不意的指导思想。

关注被遗忘的角落

背景：

随着人们生活水平的提高，人们，特别是妇女，对首饰的佩戴越来越注意了。但是，北京首饰厂的产品销售情况却不理想。如何打开新局面，迈上一个新台阶呢？

决断：

北京首饰厂的领导琢磨出一个办法：举办"北京现代首饰展示会"，以此为突破口，开发新产品，推销新产品，掀起消费潮。

为了搞好这次展示会，工厂鼓励设计人员和其他职工，拿出自己的新产品。在两个多月的时间里，就开发出 2 000 多种新产品。人们追求"个性美"，工厂特意拿出一批量少、质优、价高的产品，给一些人提供了显示自己身份、气质、修养的机会。男性首饰像是"被遗忘的角落"，工厂又用心在这块"沃土"上"播种"，开发出各种能体现男子汉阳刚之气的胸饰、戒指、手镯、腰带扣等新产品。

为了搞好这次展示会，他们事先还请来一批模特儿，特意为之设计服装和首饰。

展示会开幕了，轻松优美的音乐回旋在展示大厅，十几位模特轮番登台表演，不停地变换着最新款式的服装、首饰。

于是，展示会产生了出人意料的现场效应：凡是模特穿戴的服装、首饰立即成了抢手货。200元一条的项链，人们争相购买，惟恐人后；300元一件的连衣裙，就有很多人不嫌贵……

尽管首饰展示会的门票2元一张，但闻风而至的八方来客，人如潮涌，把展示会的柜台玻璃挤碎了两次。在短短的8天展示时间里，零售额达40万元，订货额达380多万元。京城掀起了一股前所未有的首饰热。

北京首饰厂的副厂长曾一兵自豪地说："是我们鼓动起了北京的'现代首饰热'。"

点评：

产品适销对路，还要善于引导消费需求，否则适销对路的产品也将被囚于仓库了，总之一句话，企业要会做市场，而不是等市场，市场是企业做出来的，而不是盲目等待才走向生机的。

劝谏注意策略

背景：

淳于髡，战国时齐国大臣。齐威王时，任大夫，曾用隐语劝谏齐王。

战国时期，齐、魏二国长期争战。有一次，齐国想讨伐魏国。淳于髡觉得此时伐魏，对齐国很不利，于是极力阻止此次交战。

决断：

他对齐威王说："韩国的黑犬是天下跑得最快的狗了；东郭的狡兔是四海之内最敏捷的兔子了。韩国的黑犬追逐东郭的狡兔，围着山跑了三圈，腾越过五座山，兔子尽力往前跑，狗竭力在后面追，狗和兔都跑得精疲力尽，双双死在那里。一个农夫见此情景，不费吹灰之力，独占其果。如今，齐、魏两国已经相互争战了很久，双方实力相当，长期争执不下，长年的战争，使士兵们困苦不堪，人民精疲力尽，生活得不到保障。我很担忧，我们两国长期交战的结果，就会像那狗和兔一样，双双死于疲命，而那强大的秦国却来坐收农夫之利。"

齐威王听后，觉得淳于髡说得言之有理，于是，取消了伐魏的想法。

点评：

淳于髡很善于用隐语指出齐威王在处理政事上的失误，具有很强的说服力。向领导进言时，若直接予以面责，势必会给领导带来难堪，或使之无心听劝，或激怒领导，而若能以喻讲言，暗明其理，循循善诱之中，你的话可能就已被领导接受了。

死乞白赖获宝砚

背景：

米元章是北宋著名的书画家，因其举止癫狂，世人又称他为米颠。

米元章怪癖，甚至到了令人吃惊的地步。此公洗手时要用活水，当时没有自来水，他就让仆人用银制的水勺将水浇在手上，洗完手，不用毛巾擦干，而是两手拍掌让它慢慢干。有人到米元章家做客，离开后，客人用过的茶具、坐过的椅子都要认真擦洗消毒。如果别人偶尔碰了一下他的靴子，那会令他恶心得想大吐一场。

由于米元章爱洁成癖，因而也免不了被人戏弄。

米元章和周仁熟是有点交情的。有一次，米元章炫耀说："我刚弄到一方砚，非世间之物，堪称罕见珍宝。"

周仁熟一听，眼热得发烧，心跳加速，生怕米元章秘而不宣，藏而不露，于是就用激将法说道："老兄虽然擅长鉴别古玩，但你所收藏的玩意有一半是劣品，这方砚台别看你吹得天花乱坠，说不定是一文不值的假货！"

米元章的好胜心果然被激起来，他站起身，翻箱倒柜去取砚台。

决断：

周仁熟见他上钩，连忙要了条毛巾，把手反反复复擦干净，毕恭毕敬地准备接过砚台仔细欣赏。

米元章见他也讲究清洁，十分开心，喜滋滋地把砚台递给他。周仁熟爱不释手，有了非分之念，转念一想，如果我开口求他将此物相赠与我，简直是割他的心肝，万万不能达到目的。于是心生一计，对米元章说："这方砚台实在是天生尤物，只是不晓得磨出的墨，成色如何？"

米元章正在兴头上，命令手下人去取点水来。

然而周仁熟没等水取来，就装作急不可待地将唾沫吐在砚台上，磨起墨来，米元章见状眼也斜，鼻也歪，整个脸色都变了，他气冲冲地说："你这个人怎么如此前后不一致呢，你刚才不是很爱清洁的吗，为什么又用唾沫糟蹋砚台呢？现在，这方砚台已经脏掉，不能用啦！"

于是，周仁熟就把这方勘为罕世珍宝的砚台拿回了家。

运用"死乞白赖"法有一个诀窍：对方怕什么，就专门给他来什么。抓住对方的心理弱点，攻其一点，不及其余。

点评：

我们可利用对方的忌讳，偏偏犯忌，以此抓住对方的心理弱点，再用死乞白赖之计获得对方帮助。不过用此法可注意别引起对方大发雷霆，把事弄僵。

李愬雪夜袭蔡州

背景：

唐朝在安史之乱后，国家开始从鼎盛走向衰弱，各地出现了藩镇割据的局面。各地节度使割据一方，独揽军政、财政大权，营造自己的独立王国，并在实力雄厚之时抗拒朝廷。藩镇割据势力的发展，进一步削弱了唐王朝的统治。唐王朝为了维护统一的局面，恢复中央集权，便在国家财力比较丰厚和边疆形势逐渐缓和的情况下，开始致力于削平藩镇割据。公元807年，唐宪宗顺利地平定了西川、夏绥、镇海的叛乱，开始向淮西、成德的割据势力讨伐。李愬奇袭蔡州就是唐朝廷军队平定淮西节度使吴元济割据势力的战例。在这场奇袭战中，李愬针对士兵因屡战屡败而产生的厌战心理，制定了利用险峻的地形，恶劣的天气袭击敌人的策略，以此稳定士兵的情绪，坚定他们殊死作战的决心。最后，他的军队在雪夜攻下了蔡州城，活捉了吴元济。这场战斗的胜利，对平定淮西、成德的藩镇割据势力起了决定性的作用。

决断：

元和九年（814年），淮西节度使吴少阳病死，其子吴元济自己袭了吴少阳之职，拒纳唐朝吊祭使者，并且发兵在今河南舞阳、叶县、鲁山一带四处烧杀掳掠。唐宪宗决定对他用兵讨伐。朝廷调集军队从四面进攻淮西，其中南、北方向的军队曾稍有些进展；东、西路军则被淮西军击败。公元815～816年间，唐廷曾多次调整淮西的东、西路军的统帅。朝廷派唐邓节度使高霞寓接任原西路军将领严绶，而高霞寓在朗山的一次战斗中击败了淮西军后，不久就在文城栅（今河南遂平西南）大败。其后，再换袁滋接替高霞寓，在仍没有什么进展的情况下，李愬作为唐邓节度使代替袁滋，继续担负从西面进攻淮西的任务。可以说，李愬是在四路军屡战屡败的情况下上任的。

公元817年正月，李愬到达蔡州。当时，唐军在连败之后，士气低落，士兵都十分惧怕作战。李愬上任后对士兵说：“天子知道我李愬柔懦，能忍受战败之耻，所以派我来安抚你们。至于攻城进取，那不是我的事。”士卒们听了李愬的这些话，才稍稍安下心来。

李愬针对官兵们的这种心理状态，首先做了许多安定军心的工作。他亲自慰问士卒，抚恤伤病者。当地由于战乱的频繁，大批老百姓逃往他乡。李愬派人安抚当地百姓，以他的军队保护他们。在军中，李愬也不讲究长官的威严，不强调军政的严整。他的这些行动，一方面安抚了士兵，另一方面也是向敌人佯示无所作为。他的行动果然麻痹了吴元济，吴元济对这位上任前名位不高，也没有什么名气的唐军将领放松了戒备。

在将士情绪稍稍稳定一些后，李愬开始着手修理器械，训练军队，以提高军队的战斗力。他制订并实行了优待俘虏及降军家属的政策，在先后俘获了吴元济手下的官员、将领丁士良、陈光洽、吴秀琳、李祐等人后，对他们给予信任，并且委以官职，并通过他们逐渐摸清了淮西军的险易虚实。

同年5月，李愬夺占了蔡州的一些外围要点并占领了蔡州以南的白狗、汶港、楚城等地，切断了蔡州与附近申州、光州的联系。5月26日，李愬派兵攻打朗山，淮西军队前来救援，唐军遭到内外夹击而失利。他手下诸将都懊丧不已，但李愬并不气馁，他说：“我如连战皆胜，敌必戒备。此次败北，正可麻痹敌军，为以后攻其不备奠定基础。”他在战后招募了敢死士兵3 000人，早晚亲自训练，以增加军队的突击力，为袭击蔡州作准备。

9月28日，李愬经周密准备，率军出其不意地攻占了关房（今河南遂平）

外城，淮西军千余人被歼，其余人退到内城坚守。李愬命军队佯退诱敌，淮西军以骑兵 500 追击唐军，唐兵受惊欲退，李愬下令道："敢后退者斩。"于是士兵又回军力战，击退敌军。将士们要乘胜追击攻取其城，李愬不同意，他认为，如不取此城，敌人必分兵守之，而敌人兵力分散，正好利于夺取蔡州，因此他下令还营。这时，降将李祐向李愬建议："蔡州的精兵都在洄曲及周围据守，蔡州城内都是些老弱兵卒，可以乘虚直抵蔡州城，等外边的叛军听到消息，吴元济就已经被擒了。"他的意见，正好与李愬的想法不谋而合。

10 月，李愬见袭击蔡州的条件已经成熟，便开始部署袭击蔡州计划：命随州刺史镇守文城栅；命降将李祐、李忠义（即李宪）率 3 000 士兵为前驱，自己率 3 000 人为中军，李进城率 3 000 人为后军，奇袭蔡州。为严守行动秘密，军队从文城栅出发时，李愬不告诉他们行动的目的地，只命令往东前进。这一天天气阴晦，风雪交加，军队东行 60 里后，到达张柴村。李愬率军迅速袭破了这个村子，全歼淮西军布置在这里的守军及通报紧急情况的烽火兵，抢占了这一要地。李愬命令士兵稍事休息，吃点干粮，并布置留下 500 人截断桥梁，以防洄曲方面的淮西军回救蔡州，另留 500 人以警戒朗山方向的救兵。布置完毕后，李愬亲自带领部队乘夜冒雪继续向东急进。将领们请示去哪里，李愬告诉他们：去蔡州城捉拿吴元济！将士们听了都大惊失色，以为此去必死无疑。这夜的天气异常寒冷，大风夹送着大雪，旌旗也被风撕裂，沿路都可看见冻死的兵士和马匹，军队所经的道路非常险峻，尽是官军从未走过的。因为李愬宣布了严格的军纪，因而没有人敢违抗。军队继续行进了 70 里，赶到蔡州时，天还没亮。近城处有个鹅鸭池，李愬命令惊打鹅鸭以掩盖军队行进的声音，分散淮西军的注意力。

自从吴少阳抗拒朝廷以来，官军不到蔡州城下已有 30 多年了，因此，蔡州城的戒备松弛，淮西军未作防范。李愬的军队很快进入了蔡州城并占领了战略要地。天明雪止之时，有人告诉吴元济说，唐军已至并占领了蔡州。这时，吴元济根本不相信唐军会来得如此迅速，后来听到李愬的号令，才仓促率亲兵登上牙城（内城）抗拒。蔡州民众帮助唐军火烧内城南门，唐军破门擒获吴元济。当时，吴元济的部将董重质拥有的精兵数万据守洄曲，李愬派人厚抚董重质的家属，叫董重质之子前往召降董军，使这部分淮西军归降朝廷。唐廷北路军此时也占据洄曲。申、光二州的守兵见蔡州已破，也先后投降。淮西平定吴元济之战至此宣告结束。

点评:

淮西藩镇平定后,成德方面的割据势力慑于唐军的压力,也先后上表归顺朝廷。淮西、成德为唐代藩镇割据势力中的强镇,这两个割据势力的削平与归顺,使唐王朝又获得了暂时的统一。

邓艾奇兵渡阴平

背景:

三国后期,司马昭分兵多路南征蜀国。蜀将姜维在剑阁凭借天险,与魏国镇西大将军钟会苦苦对峙,一时高下难分。

魏国的另一镇西大将军邓艾对钟会说:"将军何不派遣一支队伍,偷渡阴平小路,奇袭成都,出其不意,攻其不备,料想姜维必回兵救援,将军可乘机夺取剑阁。"

决断:

钟会大笑,连称:"妙计! 妙计!"并说邓艾是最佳人选,请邓艾早日起兵。待邓艾走后,钟会不屑地说:"盛名之下,其实难符,邓艾不过是个庸才罢了!"

原来这阴平小路都是高山峻岭,地形极其险要。如果从阴平偷渡,西蜀只要用100人扼住险要,再派兵阻断进犯者的归路,进犯者就非冻死、饿死在山里不可。难怪钟会对邓艾做出这样的评价。

邓艾深信从阴平小路奇袭西蜀定能成功。他派自己的儿子邓忠带精兵5 000充当先锋,在前面凿山开路,搭梯架桥;又选出精兵3万,带足干粮绳索,跟在先锋后面向前进发,每走100多里,就留下3 000人安营扎寨,以防万一。

邓艾率军在悬崖深谷中,披荆斩棘,行军20多天,行程700里,未见人烟。当他们来到摩天岭时,被摩天岭天险挡住。邓忠对父亲说:"摩天岭西侧是陡壁悬崖,无法开凿,我们前功尽弃了。"邓艾观看了摩天岭地形,对众人说:"过了摩天岭,就是西蜀的江油城。'不入虎穴,焉得虎子'?"说罢,用毡子裹住自己的身体,滚下摩天岭。

副将们见主将率先滚下山岭,一个个跟着用毡子裹住身体滚了下去,那些没有毡子的人,用绳子束住腰,攀着树枝,一个跟着一个往下爬。就这样,开山壮士及 2 000 兵士都过了摩天岭。

邓艾率领魏军突然出现在江油城下，守将马邈不知魏军是如何到来的，吓得魂不附体，不战而降。邓艾将阴平小路沿途军队接到江油，然后挥军直奔绵竹、成都。蜀国皇帝刘禅是个废物，尽管城中还有数万兵马，还是开城投降了。

点评：

至此，西蜀灭亡。这时候，蜀将姜维仍在剑阁与钟会打得难解难分。实属可悲，可叹！

英军夺取敏铁拉

背景：

日军在 1944 年 7 月在英帕尔惨遭败绩之后，便迅速退往缅甸中部。

英军第 14 集团军司令斯利姆将军计划打一场能充分发挥英军的空中优势和装甲优势的决战，战场准备选在夹在亲敦江和伊洛瓦底江中间的瑞波平原。

经过一个秋天的准备之后，英军在中国远征军的策应下终于发动了攻势，在迅速肃清亲敦江西岸的残敌之后，即开始对东岸实施攻击。1944 年 12 月上旬，第 14 集团军的部队跨过亲敦江。12 月 16 日英军第 4 军所属第 19 英印师在新任师长皮特·里斯将军的率领下很快占领瑞波平原边缘上的小镇宾来布。英军的战略意图已很明显——直接威胁瑞波平原。

然而自渡过亲敦江半月以来的进攻竟然未能激起日军缅甸军主力的反应。原来此时统领日军的木村兵太郎将军并非平庸之辈，而是日本陆军中最优秀的军事谋略家之一。面对英军强大的装甲部队和明显的空中优势，他很清楚在开阔的、利于机械化部队行动的瑞波平原上与英军进行主力决战的战略是愚蠢的。因此，他已将日军主力集结在瑞波平原的另一端，伊洛瓦底江东侧，借助于伊洛瓦底江这道天堑，实施布防，待已穿越了瑞波平原的英军跨越伊洛瓦底江时，将他们击溃，粉碎英军来势凶猛的攻势。

狡猾的木村将军逃离了斯利姆将军为其选择的"捕杀场"——瑞波平原，没有进入猎人的圈套。

针对狡猾的敌人，英军没有让敌人的意图得逞，而是更加巧妙地设计了战略安排，英军是怎么样击败日军的呢？

决断：

威廉·斯利姆将军根据战场变化，迅速调整部署，重新制定了新的作战方案：以第 33 军从北部渡过伊洛瓦底江，强攻曼德勒，吸引日军主力，然后由梅塞维将军率领第 4 军秘密行军，穿越丛林密布的山地，经帕科库强渡伊洛瓦底江后，直扑日军的核心基地敏铁拉。一旦得手，日军在前线的部队将失去所有补给，并使日军现有的伊洛瓦底江的防线处于腹背受敌的夹击状态。

同时斯利姆断言，如此战获胜，缅甸战局将大为改观，并在下个雨季之前即可结束缅甸战场的战斗。

梅塞维将军的第 4 军立即着手准备，他们先让处在瑞波平原上的第 19 英印师火速推进，同时在原军司令部的地方建立了一个假司令部，并造成种种假象以迷惑日军；筑路部队加快筑路进度；而在遥远的英帕尔，久经考验的第 17 英印师正在日以继夜地进行空降训练和机械化装备，准备在这场战斗的最后阶段，直捣敏铁拉。

从 12 月中旬开始，第 33 军开始渡过伊洛瓦底江，逐步向曼德勒推进。

狡猾的木村这次终于被斯利姆迷惑了。他认为，英军将从北面进攻曼德勒，并自信有足够的兵力粉碎这次进攻，击溃英军。为集中优势兵力，还调集帕科库和敏铁拉的部队加强曼德勒的防御。

2 月 14 日凌晨 4 时，梅塞维的第 4 军开始从帕科库强渡伊洛瓦底江，在 2 处佯装主力渡江的部队开始行动之后，主力部队在防守日军的两支部队的结合部迅速渡江。

2 月 16 日，第 4 军的主力部队全部渡过伊洛瓦底江。2 月 21 日，由第 7 和第 17 英印师组成进攻部队，以装甲部队为先导，沿通往敏铁拉的公路迅速攻击前进。2 月 25 日，攻占了距敏铁拉 60 公里的塔布通机场，第 2 天即有一个旅的英军乘机抵达。

此时的木村已完全沉浸在曼德勒，他认为帕科库的渡江英军是对曼德勒的策应，因此他在曼德勒一线集结了 9 个师团的部队与进攻的 5 个英军师打得难解难分，他决定要在曼德勒集中优势兵力消灭英军第 14 集团军主力。

2 月 28 日，第 17 英印师在强大的空中支援下对敏铁拉发起总攻，地面强大的炮火在空中的轰炸机的配合下先行扫清进攻道路，日军阵地上血肉横飞，尸横遍野。

3月1日，斯利姆将军飞抵敏铁拉战场，亲自指挥战斗。直至3月5日，英军完全占领敏铁拉。

木村将军此时幡然醒悟，他清楚地知道敏铁拉陷落的严重性。立即指挥两个精锐的日军师团火速南下，夺回敏铁拉。

日军的反击行动是兵分两路，一路直扑英军在敏铁拉附近的飞机场，切断英军的空中补给；另一路直取帕科库附近英军在伊洛瓦底江边的滩头阵地，然后围歼进攻敏铁拉的英军。

战斗空前激烈，攻占敏铁拉的英军面临被围歼的危险。3月15日，英军第5英印师的部队乘坐飞机在炮火纷飞的机场着陆，部队跳出机舱就投入战斗。

在英美空军的有力支援下，日军企图夺回敏铁拉的计划彻底破产。木村将军不得不继续从曼德勒战场上重新抽调部队增援被英军打得丢盔弃甲的残兵败将。

斯利姆将军准确把握战机，乘虚而入，集中全部兵力，强攻曼德勒，在3月21日攻占曼德勒。

日军在北线惨败，而南线也是同样的结局，4月5日，敏铁拉战场的日军在英军的两面夹击下，被迫退入曼德勒至仰光的铁路以东地区。

曼德勒被攻克，敏铁拉又牢牢地控制在英军之手，被击溃的日军蜂拥南下，撤向仰光。两年前被不可一世的日军逐出缅甸的英军，终于在斯利姆将军的指挥下重返缅甸，并打了一场空前的胜仗。

点评：

明修栈道，暗度陈仓，对敌人进行突袭要先放烟幕弹，等到把敌人的目光全都遮住了以后，袭击就一定能成功。无论是战场还是商场，甚至是官场，这一点子都不失为出奇制胜的绝招。

冒牌部队打"硬仗"

背景：

在第二次世界大战时期的欧洲战场上，活跃着一支专营"冒牌顶替"差事的部队，这就是美国的第23特别大队。这支部队有着与众不同的特殊装备：充气橡皮坦克、大炮、汽车、闪光弹、音响器、伪装网等。每个人还都有一大摞不同部队的肩章。依靠这些高级"化妆品",从 1944 年下半年到 1945 年上半年,他们先后扮演了美国第 5 装甲师、第 6 步兵师、第 4 装甲师、第 90 步兵师和其他许多作战部队,演出了一幕幕好戏。他们虽然没放几炮,可是却打了很多"硬仗"。他们在战斗中是怎么来演戏的呢?

决断:

1944 年 10 月,德国第 7 步兵师在卢森堡附近集结,准备从这里投入战斗。为钳制德军,美国的第 23 特别大队在卢森堡南部假扮成装甲师。他们先用半履带车在地上辗出类似坦克车辙的痕迹,然后摆出橡皮坦克、大炮,用压缩气泵将这些"以假乱真"的重兵武器充气,再用伪装网半遮半掩,有时还夹杂一两辆真坦克。结果,德国的这个步兵师竟被吓得七天七夜没敢挪半步。

1945 年 3 月,美第 9 集团军在离德国不远的维尔森一带强渡莱茵河受阻。第 9 集团军经过筹划,抽调了一个军在北面开辟新的渡河登陆场。为了掩护这一行动,第 23 大队奉命顶替调走的这个军,和留下的部队一起引住敌人。第 23 大队的官兵摆开架子,虚张声势,用数以千计的橡皮坦克、大炮、车辆和飞机模型,勾勒出一支集结部队的轮廓:工兵在构筑工事,还故意拉着架桥设备到处跑;救护站也开设起来,城里的车辆管理中心还不断地广播交通拥挤的消息;各种音响设备也在夜幕掩护下,演出一曲战地"大合唱"。德军完全被吸引住了,全力以赴地来对付这支冒牌部队。而对北面美军真正的渡口,德军却毫无准备。战役发起时,美军只用了很小的伤亡代价,便顺利地突破了德军莱茵河防线。

点评:

"骗"一直就是军事策略中一项重要内容,虚实之间让人很难摸清底细。

制造争端　隐藏杀机

背景:

1973 年 10 月第 4 次中东战争爆发前夕,埃及、叙利亚为达到对以色列发起突然袭击的战略目的,采取了很多措施,意在转移以色列的注意力和隐蔽自己的作战企图。其中,异常巧妙地借用"苏璐事件",便是十分成功的一例。阿拉伯人怎么样借用"苏瑙事件"呢?

决断:

苏瑙城堡是奥地利首都维也纳的一个犹太人转运站。9月28日,两名阿拉伯枪手在奥地利边境拦截了一列运送苏联犹太人的火车,他们扣住了5名犹太人和1名奥地利海关官员当人质,要求奥地利关闭苏瑙转运站。奥地利总理同意了这个要求,并放走了这两名阿拉伯枪手。

该事件立即在以色列掀起了轩然大波。犹太人到处举行游行、集会和请愿。报纸上本来就不多的有关埃、叙两国加紧备战的消息被"苏瑙事件"所淹没。以色列军、政和情报首脑们也全神贯注于此事。以色列有个部长后来竟这样说:在那个星期,你会认为以色列的前线不是在苏伊士,而是在多瑙河。由此可见"苏瑙事件"对迷惑以色列所起的作用。

正当以色列为"苏瑙事件"忙成一团时,埃、叙则不失时机地散布说,他们担心以色列会因"苏瑙事件"进行报复性袭击,为防患于未然,只好备战。直至战争爆发前一天,埃及《金字塔报》还以头版头条报道:埃及准备防御以色列为"苏瑙事件"所进行的报复。以色列虽然在战争爆发前,已多少得到了埃、叙加紧备战的情报,但却没有做出正确的判断。当埃、叙利用"苏瑙事件"解释自己的备战行动时,以色列的许多高层人士竟深信不疑。连以色列的外交部长埃班也告诉基辛格,阿拉伯的行动是"防御性的"。

10月6日下午,当埃及、叙利亚联军对以色列实施突然袭击时,以色列才完全从苏瑙事件中清醒过来,却为时过晚。

点评:

迷惑敌人,就是要把敌人的注意力转移,把对方的目光有效地带到另一方,使之无暇顾及当前的事情,然后在迷雾之下暗藏杀机。商业竞争中也有类似的情况,比如利用媒体转移对手的目光,然后乘机谋求更大商机。

一美元商品

背景:

美国加利福尼亚萨克拉门托有个 F. D. T 邮购公司,该公司 1974 年的销售额多达 5 000 万美元。F．D．T 邮购公司的老板特雷尔出生在贫困家庭，从小就到处去做工。但是他很有心计，善于观察思考，在为一些商店当雇员办理邮购业务时发现这个行业大有可为。于是他省吃俭用，将省下来的钱用于投资，做起了家庭用品的邮购生意。由于精心谋划、大胆经营，他从此走上成功之路。那么，他究竟是如何取得成功的呢？

决断：

特雷尔的第一步，是在一流的妇女杂志上刊登他所能提供的"一美元商品"目录，所列商品均是有名大厂家的产品。这些产品质量可靠、美观耐用，享有很好的声誉。这些商品中的 60% 进货价格刚好是一美元，也有大约 20% 的商品进货价格超过一美元。由于他以一美元再卖出这些商品，就在顾客心理上赢得了价格信用。所以商品目录一刊登出来，订购单就像雪片一样，多得使他忙不过来。

这种邮购方法不需要什么资金，客户汇款来后，就用收到的钱去买货就行了。不过由于有邮寄费用和某些商品进货价超过一美元，这样就会产生一定的亏损，而且汇款越多，他的亏损也就越大。但这些亏损是他已经计算好了的。他要用这些亏损换来大量利润。他在把商品按要求寄给顾客时，附带寄去另外二十余种商品的目录以及这些商品的图解说明。这些商品的价格一般是在三到一百美元。同时他再附上一张空白汇款单。由于他的顾客已经用一美元买到了货真价实的商品，就不会在买较昂贵东西时存有戒惧心理。新的订购单和汇款大量返回。虽然在卖一美元商品时有些亏损，但他实际上是以小金额的亏损买来大量顾客的"安全感"和"信用"。第二次邮寄的商品不仅可以弥补那些"一美元商品"的亏损，还可以获得很大利润。

他就是这样用"小鱼钓大鱼"的经营方法取得了惊人的效果，生意像滚雪球一样，越做越大。开始时，他几乎一无所有。不出几年，他就建立起了自己的"F．D．T 邮购公司"，雇有员工五十多名。那时他年仅 27 岁，成了名副其实的小老板。

点评：

以"一美元商品"打破顾客心理防线，为自己赢得价格信誉，在顾客图小利而大相竞购之后，充分利用顾客心理上的"安全感"和"价廉"的感觉，积极主动地以附加商品施以诱惑，从而以小鱼钓大鱼，利润必然会像滚雪球一般，越滚越大。

明求教　实推销

背景：

前几年，美国纽约布鲁克林区有家大医院，准备新购置一套 X 光设备。许多制造 X 光设备的厂家闻讯后，蜂拥而至，前来介绍推销他们的产品。这使该医院 X 光部的负责人劳埃德大夫不胜其烦，最后干脆把上门来推销产品的业务员们一概拒之门外，想过一段时间再办理此事。

决断：

就在劳埃德先生大为恼怒之时，他收到了封邀请信。信是一家 X 光设备制造厂写来的。内容如下：

"我们工厂最近刚完成一套 X 光设备，前不久进行了完工检验。在检验中，我们发现这套设备并非尽善尽美。所以想对它进一步改进后再推向市场。我们从您的同行中得知，你对 X 光设备有很深的研究。为此我们非常诚恳地请您在百忙中抽出时间前来给予指教。请在方便时与我们联络，我们马上派车去接您。"

劳埃德读完信后，感到很兴奋。他对 X 光设备有特殊的爱好，也做过业务研究，并有自己独到的见解，但还从来没有哪个厂家征求过他的意见。所以这封信使他觉得自己非常重要，真正得到了别人的承认。尽管接到信的那个星期他非常忙，但还是设法取消了一些不太重要的安排，挤出时间去看那套设备。

到了那家工厂后，他认真查看了设备，却发现这套设备的设计非常合理，使用也特别方便，简直无可挑剔。他越看越喜欢这套设备。于是，在对今后如何改进设备提出一些小的意见后，就主动提出要求，由他所在的医院买下这一套设备。

点评：

这家 X 光设备制造厂非常有营销头脑，以静制动，在调查了劳埃德先生的特点之后，采用这一特殊对策，击败了所有的竞争对手。当然，商家的产品质量也必须保证。

第九计　隔岸观火

提要： 与"趁火打劫"不同，此计强调冷静观察，大凡敌方阵营发生混乱时，己方总是有利可图的，但在一定条件下，与其通过进攻受益，反倒不如坐享其成来得更为有利和流畅。当敌方遭遇的"火"势足以将自相倾轧的双方击垮时，便没有必要去引"火"烧身。

事·典

拿破仑利用矛盾分化敌人营垒

背景：

拿破仑在漫长的战争中，最主要的敌人是控制海上霸权的英国，因而他总把争取东方的农奴制沙俄帝国作为他外交政策的一项重要内容。

拿破仑上台不久，就利用俄国同英、奥的矛盾，寻求同俄国接近的途径。

决断：

他在意大利战场上同奥地利进行军事较量的同时，密切注视着俄、英两国为争夺马耳他而造成的严重对立，决计利用他们之间的利害冲突进行分化瓦解。1800 年 7 月，拿破仑采取了一项重大的外交步骤。他通过外交部长塔列朗给沙俄政府一封信，表示法国可以立即和无条件地将 6 000 名俄国战俘连同他们的所有军旗送回俄国，并宣布为每个战俘配备新武器和发给新军服。接着，拿破仑又给沙皇保罗写第二封信，重申法国抗击英国保卫马耳他的决心。

在拿破仑的不断拉拢下，沙皇保罗一世态度迅速改变。保罗一世在登基谕告中曾经声称，要用一切手段推翻"狂暴的法兰西共和国"，是欧洲封建干涉主义的主要鼓吹者与积极参加者。现在，他咒骂的拿破仑如此"友好"地对待俄国战俘并表示要保卫马耳他不受英国侵犯，而自己的盟友英国却"背信弃义"，把原由沙俄控制的马耳他据为己有。于是，保罗一世决定与法国建立友好关系，放弃干涉法国内政的政策，表示法俄两大强国协调起来，就能对其它地区发生有益影响，建议法国在英国沿岸采取措施。保罗一世宣布对英国所有船舶的封港令，驱逐路易十八，派使者到巴黎签订和约和商讨成立法俄联盟事宜。沙皇甚至计划与法国联合，把英国人赶出印度。

点评：

拿破仑面对强大的反法联盟，仅仅依靠军事手段来解除困境自然是不行的。还要通过政治或外交手段分化瓦解敌人营垒，化敌人营垒中的主要成员为自己的盟友，这就能达到"不战而屈人之兵"。拿破仑抓住俄英矛盾的要害——马耳他问题作文章，拉拢俄国同法国接近，借以孤立和打击英国，确属上策。

一言存身

背景：

唐高宗李治将要立武则天为皇后，遭到了长孙无忌、褚遂良等一大批元老重臣的反对。一天，李治又要召见他们商量此事，褚遂良说："今日召见我们，必定是为皇后废立之事，皇帝决心既然已经定下，要是反对，必有死罪，我既然受先帝的顾托，辅佐陛下，不拼死一争，还有什么面目见先帝于地下！"

李勣同长孙无忌、褚遂良一样，也是顾命大臣，但他看出，此次入宫，凶多吉少，便借口有病躲开了；而褚遂良由于面折廷争，当场便遭到武则天的切齿斥骂。

过了两天，李勣单独谒见皇帝。李治问他："我要立武则天为皇后，褚遂良坚持认为不行，他是顾命大臣，若是这样极力反对，此事也只好作罢了！"

决断：

李勣明白，反对皇帝自然是不行的，而公开表示赞成，又怕别的大臣议论，便说了一句滑头的话："这是陛下家中的事，何必再问外人呢！"

这句回答真是巧妙，既顺从了皇帝的意思，又让其他大臣无懈可击。李治因此而下定了决心，武则天终于当上皇后。反对派长孙无忌、褚遂良都遭到了迫害，只有李勣官运一直亨通。

点评：

作为下属，学会察言观色，见机行事，是十分必要的，若能很好地揣摸出领导的意图，做起事来，于上于下，必然都很方便。隔岸观火，绝非事不关己，高高挂起。观，表示你将要随时作出决策。

螳螂捕蝉　黄雀在后

背景：

清雍正十三年（1735 年），雍正皇帝暴病而亡，弘历继位，是为乾隆皇帝。大学士张廷玉和鄂尔泰成为总理事务大臣，协助乾隆处理日常政务。就在这个时候，二人之间的矛盾逐渐暴露出来，进而发展到势不两立的程度。当然，要真正弄清事情的来龙去脉，还要追溯到雍正末年清廷的权力分配。

雍正在位时，对张廷玉和鄂尔泰尽量一视同仁，待遇基本一致。但张廷玉年纪比鄂尔泰大了五岁，而且进入内阁和军机处的时间都比鄂尔泰要早，可雍正八年（1730 年）当鄂尔泰回京任职时，雍正却仍按照清朝惯例将鄂尔泰排名定在张廷玉之前，使之成为"首辅"。对普通满汉大臣来说，担任"首辅"只是一个形式而已，大家都直接对皇帝负责，没有什么实质性内容，可到鄂尔泰这儿就不一样了，他本来就很自负，成为"首辅"以后，更俨然以宰相自居，不时露出盛气凌人之势，而且凭借皇帝的信任，凡事宣称以国家利益为重，"对一切嫌疑都不回避，门户大开，宾客车马来往不断，直到半夜时分才安静下来"。这种情况在资历和声望都要高得多的张廷玉眼里当然不是一件好事，二人之间逐渐产生了隔阂，有时甚至是勾心斗角，然惧于雍正权威，都很小心，没有公开暴露。到乾隆继位，两人都有辅政之权，都以元老自居，乾隆对他们也很尊重，于是顾忌较少，各立门户，朝中大臣也非常自然地分为鄂尔泰和张廷玉两派，正如清人昭梿所说："上之初年，鄂、张二相国秉政，嗜好不齐，门下互相推举，渐至分朋引类，阴为角斗。"其中鄂派满洲大臣较多，张派汉族大臣较多，他们二人之间政治权术和谋略的较量，也往往通过其门生亲信间的相互倾轧体现出来。

　　鄂尔泰和张廷玉两派最早的冲突是围绕对改土归流善后事宜的处理上开始的。雍正十三年，贵州苗族地区发生动乱，于是朝中对鄂尔泰不满的人开始委婉抱怨，认为这都是因为鄂尔泰当年改土归流处理不善的缘故。迫于舆论的压力，雍正也象征性地对鄂尔泰进行处分，除去了他的伯爵爵位。而这时和张廷玉私交密切的刑部尚书张照看见苗疆形势动荡，认为时机已到，主动申请担任抚定苗疆大臣，前往稳定局面。在张廷玉推动下，雍正批准了他的请求。而张照到达贵州以后，却从门户之见出发，不是将主要精力用于地方事务，而是到处搜罗鄂尔泰的罪状，向雍正告发，并对鄂尔泰当年重用的官员像扬威将军、哈元生等进行压制和打击，在苗疆地区掀起一股反鄂尔泰的浪潮。就在这个时候，乾隆继位，张照更加肆无忌惮，竟然要全盘否定改土归流政策，企图"弃置"苗疆，以致云贵湖南一带人心惶惶，而湖南永州总兵崔起潜更秉承张照旨意，公然上疏指责鄂尔泰对苗疆事情"欺蒙皇上"，认为苗疆"如何处理，是否保留还不清楚"。

　　决断：

　　乾隆见事态扩大，将张照召回北京，责其"挟诈怀私，扰乱军心，罪过多端"，将其革职严审，同时改派湖广总督张广泗前往处理。张广泗系鄂尔泰一方人物，他到贵州以后，继续执行鄂尔泰当年改土归流的政策，同时上疏参劾张照，"决意阻挠地方公务，破坏改土归流，与哈元生相互攻击，将应该办理的事情置之不办，以致大军聚集数月，而平定动乱却毫无进展"。当时朝廷负责审理张照案件的鄂派官员，在鄂尔泰的示意之下，他们有意加重张照罪名，必欲将其置之死地而后快，乾隆元年（1736年）9月，这批人向乾隆提交审理意见：将张照处斩。这时乾隆已经觉察到张照案件并不是一般的是非之争，在其背后有深刻的门户背景。和雍正一样，他在政治上非常精明，绝不愿意朝中大权落入一个大臣手中，于是下令将张照免死，令其在武英殿修书处当差。不久，即将其重新起用。后来乾隆回忆张照一案前后经过时说："鄂尔泰本想将张照处死，朕如果听他的话，张照哪能活命？鄂尔泰和张廷玉本来就不和睦，两家各有自己的亲信。张照就是张廷玉所信用的人，而鄂尔泰对他却深恶痛绝，张广泗是鄂尔泰所信重的人，而张廷玉却极为反感。朕对这些都很清楚。但朕不希望他们两人一成一败，也不想让他们两败俱伤，朕心中自有权衡，如能使他们都成为一代贤臣，不也是国家一大美事吗？"

　　张照一案，鄂尔泰和张廷玉打了个平手，但二人心中都不满足，有时甚至形于辞色，有记载说：张廷玉和鄂尔泰同官十余年，二人不和，往往整天不说一句话。鄂尔泰一有过失，张廷玉就出言讽刺，使其无地自容。一年夏天，天气十分炎热，鄂尔泰摘下自己的乌纱帽，环顾四周，说：天太热了，这帽子放在哪儿才好？张廷玉微笑着慢慢回答道：我看还是放在自己头上最妙。鄂尔泰听后好几天都不痛快，鄂尔泰自居宰相，有时刚愎自用，喜欢通过显示自己的权力使同僚屈服，而对自己不满意的官员则往往想方设法进行排挤，像黄廷桂在乾隆初年深受皇帝信任，他性格比较刚直，和张廷玉关系不错，但与鄂尔泰不和，鄂尔泰遂设法报复。乾隆六年（1741年），他乘乾隆出巡未回之际，先发制人，以黄廷桂"举荐品行不好的人"为理由，要将其降级调用。乾隆回京后非常气愤，说："这显然是与黄廷桂不和的人想罗织黄廷桂的罪名"，"这个案子办理的速度极快，想乘朕回京以前就办理完毕，然后在朕面前含混过关，这种居心行事，竟然出自朕最为信任的大臣，朕确实感到惭愧。他们将朕看成怎样一个皇帝了？鄂尔泰办理这一案件，究竟是如何打算的？"鄂尔泰越是揽权用事，张廷玉就越在皇帝面前做出一副谦虚卑顺的样子，显示自己绝没有权力野心。乾隆三年（1738年），乾隆提出是否可以恢复古代帝王敬礼耆老的"三老五更"典礼，并要军机大臣作出答复。根据当时鄂尔泰和张廷玉的资历，如果实行这一典礼，鄂尔泰和张廷玉无疑都可以充当三老之位，这当然是十分荣耀的事情。鄂尔泰比较动心，态度含糊，张廷玉却上疏坚决反对举行，他的理由是：皇上虽然可以敬礼耆老，但臣僚中无人敢于承受，也无人值得皇上行此大礼，而且以前举行过的"三老五更"礼，都不免受到后人的议论，因为该礼过于隆重，如果举行，名实难符，假如略有不周到的地方，不但有碍观瞻，而且导致后人的讥议，既有损皇上的圣德，也不利于大典的形象。乾隆看后深以为然，于是决定不予举行。不久，以张廷玉"总理事务敬慎周详"，赏给骑都尉职衔。数十年后乾隆论及此事，说："鄂尔泰是好虚名而近于骄者，张廷玉谨小慎微而近于懦者，当时二人都可能成为三老。现在看来，还是张廷玉说得对"。因此，在继位后相当长的一段时间，乾隆主要防范的对象是鄂派人物。

乾隆六年，鄂尔泰和张廷玉之间的冲突终于全面爆发。这年三月，以敢言著称的御史仲永檀（他

系鄂尔泰的得意门生）上奏参北京富民俞氏因财产官司，贿赂朝中大臣。他说：步军统领鄂善收受贿赂银1万两，礼部侍郎吴家驹收银500两，又贿赂九卿炭金2000金。仲永檀特别指出，俞氏丧葬，不少朝中要员都去吊丧，"张廷玉差人送帖，徐本、赵国麟（均系大学士）俱亲往，詹事陈浩在彼陪吊，奔走数日。"不仅如此，仲永檀还说，朝中现在保密制度已经遭到破坏，近来大臣向皇上密奏的事情，外面很快就知道了，"这一定是有人串通皇上左右的人，暗中泄密，这样一来，权要之人有耳目，皇上就不再有耳目了"，这就将矛头直接指向张廷玉及其同党。对仲永檀参奏的事情，乾隆最初并不相信，对泄密一事，尤为怀疑，要仲永檀具体指出究竟是谁在串通泄密，仲永檀回奏是：上年御史吴士功参劾尚书史怡直一事。吴士功是张廷玉的门生，史怡直虽然不是鄂尔泰的同党，但和张廷玉结怨很深，在政治上历来倾向于鄂尔泰。仲永檀指出吴士功一案，显然暗示泄密责任在张廷玉身上。乾隆见这个案件的党争倾向十分明显，几乎完全可以断言是鄂尔泰在向张廷玉发难，而且如果追查下去，张廷玉及其同僚身家性命都难以保全，而这并不符合他在两派中搞平衡的既定方针，因此在处理上采取了低调方针。他将确实收受贿赂的鄂善处死，将敢于直言的仲永檀提升为左副都御史，而对泄密一事则不予追究，只是说：等今后再出现这类事情的时候一并追查。张廷玉终于躲过了一劫。

仲永檀的参劾使张廷玉及其党羽在很长一段时间都提心吊胆，十分恼火，无不怀恨在心，伺机报复。到第二年，时机成熟了。这年12月，乾隆发现仲永檀将自己密奏的内容泄露给鄂尔泰长子鄂容安，张廷玉及其亲信对这一消息十分兴奋，乘机落井下石，纷纷要求刑讯鄂容安和仲永檀，并将鄂尔泰革职严审。乾隆对鄂尔泰本来就有成见，认为他谨慎严密不如张廷玉，现在又闹出这样的事情，在张廷玉等人的推动下，下令刑讯仲永檀和鄂容安，审查结果令人震惊：仲永檀和鄂尔泰一家交往极为亲密，在向皇帝上奏事情以前他们就相互商量，上奏以后，又互通情报，共同对付与自己有利益冲突的官员，明系结党营私，图谋报复。仲永檀被关在监狱之中，没过多久，罪行未定，就死在狱中，有传闻说是张照（时任刑部尚书）派人将其毒死，至于是否确有其事，现在很难断定。

仲永檀案件对鄂尔泰势力打击极大。此后，他的权力和影响大为削弱，三年以后，鄂尔泰去世，其门户便荡然无存。同样，经过这一案件，乾隆对张廷玉的防范也大为加强。就在鄂尔泰党羽被解散的当年，左都御史刘统勋（后任大学士）就根据乾隆的旨意，上疏表示张廷玉族需要加以抑制。对张廷玉人品学识本来就不以为然的史怡直也经常在乾隆面前吹风，乾隆后来将自己的依靠对象逐渐转向由自己一手提拔的年轻官僚像讷亲、傅恒等人身上，在鄂尔泰死去不久，张廷玉就被乾隆驱赶回籍，其门徒也就作鸟兽散。

点评：

在这场政治较量中得到好处的不是张廷玉，也不是鄂尔泰，而是乾隆皇帝。他先是利用臣僚彼此之间的纷争巩固和扩充自己的权力，然后又利用他们的纷争，将朝中党派逐一解散，实现自己对政务的"乾纲独断"，这一大谋略和鄂、张等人的小权术比起来，是不是要高明一些呢？

坐山观虎斗

背景：

战国时期，魏国经过改革后，国力日渐强盛，成为当时最强大的国家之一。于是，魏国将国都从安邑迁到大梁，不断地向外扩张，与赵、齐等国发生了尖锐的矛盾冲突。

公元前354年，赵国向依附于魏国的卫国发动进攻，迫使卫国屈服称臣。魏国以此为借口，出兵包围了赵国国都邯郸。赵与齐是盟国，眼看邯郸形势危急，赵国急忙派使者向齐国求援。

齐王召集大臣商议救赵事宜。齐将段干朋分析利弊，指出，从当前的战略形势考虑，如果把军队直接开往邯郸去救赵，不但会造成将士伤亡，而且赵国既不会受到损失，魏军也没有消耗实力，这对齐国的长远利益不利。如何才能既削弱两国，又信守盟约呢？

决断：

段干朋主张实施使魏与赵相互削弱，然后趁魏军疲惫之时再出兵攻击的战略方针。具体地说，就是先派一部分兵力南攻襄陵，以牵制魏军，待魏军攻打邯郸疲惫不堪后，再予以正面的攻击。他的这一谋略，显然有一石三鸟的用意：其一，南攻襄陵，可使魏国陷于两面作战的困境；其二，向赵国表示援助的姿态，信守盟约，保持两国的友好关系，以坚定赵国抗击魏国的决心；其三，让魏、赵继续互相残杀，最后造成赵国受到重创，魏国实力削弱的结果，从而为齐国战胜魏国和以后称霸中原准备有利条件。

齐王采纳了段干朋的建议，以少量兵力联合宋、卫南攻襄陵，主力则按兵不动，静观势态发展，准备伺机出动。魏军攻打邯郸一年之后，赵、魏两国均已疲惫之极，齐王认为出兵的时机已经成熟，于是就命令田忌为主将，孙膑为军师，统率大军救援赵国。

田忌采取孙膑的建议，统率大军进逼魏都大梁。大梁危急的消息传来，魏军不得不以少数兵力控制历尽艰辛刚攻下的邯郸，而以主力回救大梁。这时，齐军已在桂陵等候多时，设下了埋伏圈。魏军由于长期攻赵，兵力消耗很大，加上长途急行军回师大梁，士兵疲惫不堪，面对占有地利、休整良好、士气旺盛的齐军的攻击，完全陷入了被动挨打的困境，终于遭到惨重的失败，刚占领的邯郸等地，也全都被赵军收复了。

齐王采用了不与魏军主力正面作战的策略，掌握了战争的主动机。后来孙膑又用"批亢捣虚"的战术，调魏军匆忙回师救大梁，战争的胜利基本上已成定局，桂陵之战不过是把这种必然性转变为现实而已。

点评：

在现代商战中，企业家也应该懂得如何借机削弱竞争对手的势力，然后凭借自己的优势迫使对手屈服，从而达到不战而胜的目的。在这方面，古人的智慧和谋略有时会给我们以很大的启迪作用。

坐收渔人之利

背景：

秦惠王的时代，韩国和魏国打来打去，相持了一年。秦惠王想趁此出兵，吃掉一个。对于他这个主意，臣下有的赞成，有的反对，弄得秦惠王也没了主意。他听说楚国有个谋士陈轸很有头脑，正在秦国，便把他请来讨教。陈轸是怎么为秦王献策的呢？

决断：

陈轸对秦惠王提的问题，不作正面回答，却慢条斯理地讲起一个故事。他说："有个农民叫卞庄子，一天，他看见两只老虎在吃牛，气得想立即上去刺杀老虎。这时，有个小孩子劝他：'大叔，别急！这两只虎刚开始吃牛哩，等这两只畜牲尝到牛肉的滋味的时候，必定要你争我夺，有你无我，以至于弱的被咬死，强的也要被咬伤。这时候你再下去刺杀那只受伤的，你得到的就是两只虎了。'卞庄子听这小孩说得有理，就耐下性子观虎斗，事情果然不出小孩所料，卞庄子轻易地获得两只虎。"说完故事，陈轸接着说："大王，国家之间的争夺，不也是这个理吗？"秦惠王听后甚觉有理。于是，他打定主意不出兵，静观韩魏争斗。结果，当韩魏一亡一伤之时，秦惠王立即出兵，坐收渔人之利。

点评：

兵家上讲，不战而屈人之兵方为上策，战无不胜还不是最好的，因为再能战的将军他也会损兵折将，会耗损国力，而如果认清战场的形势，以巧取胜，不费吹灰之力便收预想之奇效的话，何乐而不为呢？

第十计　笑里藏刀

提要：表面上温和柔善，实际却暗藏杀机。通过开诚示好，使敌方放松警惕，疏于戒备，反过来加紧筹划，创造胜机。由于此计具有极强的隐蔽性和欺骗性，中国古代弄权者中有不少热衷此道，至使许多无辜者惨遭"刀"劫，足令后人为戒。

欲取先予　使敌懈怠

背景：

石勒是汉王刘渊麾下的大将，在西晋末年纷起的武装纷争中，他不同于一般的割据者，是个有抱负有作为的人物，又得到谋士张宾为其运筹帷幄，势力迅速发展起来。刘渊死后，部将王弥趁其子刘聪在山西作战，无暇东顾之机，欲联络曹嶷，吞并石勒，但密信被石勒截获。

石勒得知了王弥的诡计，欲诛杀王弥，因此便与张宾谋划，设了一计，那就是……

决断：

当时正值永嘉五年七月，王弥部将徐邈、高梁因不满王弥的统治，带兵出走，王弥的实力遭到很大削弱。这时石勒在东攻蒙城时，擒获晋将苟晞，授以左司马之职。王弥得知后，大恨，但仍假意地给石勒写信，谦卑地说："石公新获苟晞而赦免了他，委以司马，真是英明之举，如果苟晞为公之左臂，我王弥为公之右臂，那么天下就可以平定了。"石勒对张宾说，"王弥身为刘聪的大将军，封齐公，地位尊崇而对我言辞如此卑微，必定有图谋我的野心。"张宾为他谋画说："王弥有独霸青州之心，之所以不敢去攻打青州，是顾虑明公从背后袭击他。王弥久蓄害公之心，只是没有适当的机会而已。如果现在不除掉王弥，将来一旦与曹嶷合兵，前后夹击，到那时悔不及矣。现在徐邈、高梁已领兵他去，王弥元气大伤，可诱而歼之"。石勒表示赞同。当时石勒正和流人陈午战于蓬关，王弥和刘瑞激战正酣，王弥向石勒请兵助战，石勒没有答应。张宾急忙向石勒献计说："明公常恐没有消灭王弥的机会，现在时机已来，岂能失之交臂。陈午不过是一个跳梁小丑，不足为患；王弥却是人杰，必将为我害，当早除之。"石勒依计，率军回击擒斩刘瑞。王弥大喜，以为石勒真心推奉自己，放松了对他的警惕。于是，石勒邀王弥到己吾赴宴，弥不知有诈，不听谋臣劝阻，当即赴会，酒过三巡，王弥喝得昏昏欲睡，烂醉如泥之时，石勒手起刀落，斩王弥于宴席之上，将其部众收编，上书汉主刘聪，称王弥叛乱，已被我诛杀。刘聪看罢上书，勃然大怒，但由于鞭长莫及，也只得好言安抚。

点评：

故将欲取之必先予之，示敌人以好，乘其放松警惕，没有防备时再下手，更加容易得手。

佯弱痹敌　伺机而击之

背景：

清嘉庆四年（1799 年）正月初三，乾隆帝崩逝于乾清宫。嘉庆帝亲政四年之后，他下令将秉权达二十余年的军机大臣和珅逮捕入狱。大丧之日，嘉庆帝为何迫不及待地采取这一使朝廷内外大为震惊的措施呢？原来，嘉庆帝是想以惩治和珅为契机，加强专制主义中央集权，整顿其父留给他的积重难返的政治局面，以使祖宗开创的"亿万年之丕基"永世长存。

和珅，姓钮祜禄氏，满洲正红旗人，原以官学生在銮仪卫充当校尉。后因聪明敏捷，少有才华，仪表俊伟，记忆力强，办事精明干练，深受乾隆帝的青睐。因此，他的官位越做越大，兼职越来越多。从乾隆四十年（1775 年）至嘉庆三年（1798 年）的二十三年间，历任内务府大臣、户部尚书、兵部尚书、文华殿大学士、京师步军统领、军机大臣。他还因长子丰绅殷德娶了乾隆帝第十四女和孝固伦公主，而成为皇亲国戚。这样，和珅在乾隆一朝，"宠任冠朝列矣"，位极人臣，掌握着朝廷的内外大权。

和珅充分利用自己手中的权力，独断专行，飞扬跋扈。他曾行文各省，令凡有奏折，先将副本呈交军机处，由其过目批示后然后上闻。他还遍置私党，对于不附己者，就在乾隆帝面前进谗言加以陷害。和珅还是清代中叶贪黩之风的总根子。当时，朝廷内外文臣武将侵亏公帑，聚敛行贿，动则数十万甚至上百万银两之多，都以和珅为后台。嘉庆初年，在镇压川、楚、陕白莲教大起义的过程中，各路将帅虚报功绩，坐冒粮饷，也以和珅为靠山，和珅自己也竭力聚敛自丰，当政二十余年，搜刮的财富价值竟达亿两白银。

嘉庆帝当皇子时，被高宗选为储君。和珅密知此事，于乾隆六十年（1795年）九月初二日，即定府位诏书发布的前一天，给嘉庆帝呈递一柄如意，暗示他的继位完全是自己拥戴的结果。和珅这种以邀功为名、实欲揽权的做法，使嘉庆帝极为恼火，及至乾隆帝以太上皇训政，和珅成为左右乾隆意旨、出纳帝命之人，其专擅程度更甚，满朝文臣武将、甚至嗣皇帝都不得不畏惧几分。嘉庆三年春天，嘉庆帝发布了谕旨决定冬季举行大阅典礼。然而，和珅却鼓动乾隆下了一个相反的谕旨："现在川东北教匪虽将次剿除完竣，但健锐营、火器营官兵尚未撤回，本年大阅著行停止。"这就给人们造成了一个印象：皇帝决定的事，太上皇可以轻意否决；而太上皇所作的决定，谁都知道多半是和珅怂恿的结果。还有一次宴席上，和珅奏请乾隆减掉太仆马匹，这将影响到皇帝乘骑，因此嘉庆很不高兴地自语说："从此不能复乘马矣。"嘉庆有事要奏报太上皇，也须由和珅代转。

决断：

但是，嘉庆是一个很有心计的人，尽管对和珅的行为十分不满，外表上却不动声色，任和珅所为而从不加干涉，甚至总是显示出对和珅极为尊重的样子。嘉庆这样做，既麻痹了权相和珅，又瞒过了太上皇，博得了仁、孝两全的美名。

嘉庆四年正月初三，乾隆帝病逝于养心殿，嘉庆帝得以亲政。他再也不能容忍和珅削弱皇权的行为了。初四，他命令和珅和户部尚书福长安昼夜守值殡殿，不得擅自出入，借机剥夺了和珅的军机大臣、九门提督之职。接着，他又下了一道谕旨，若有所指地说，由于内外文武大臣通同为弊，因此在"剿办"

白莲教起义的过程中丧师辱国，均"赖有上皇近臣，为之缓颊，日复一日，几目朝廷法律犹同儿戏，长此以往，国体何存？威信奚在？且查历年兵部……国家坐耗巨饷，非养兵也，乃为权臣谋耳！"命令各部院大臣要着实下力查办。

此旨一下，给事中王念孙等人心领神会，立即纷纷上疏弹劾和珅。于是，嘉庆下令将和珅革职，逮捕入狱，并宣布他的二十大罪状。上谕称："苫块之中，每思《论语》所云'三年无改'之义……皇考所简用之重臣，朕断不肯轻为更易。即有获罪者，若稍有可原，犹尝不思保全。……今和珅情罪重大，并经科道诸臣列款参奏，实有难以刻贷者，是以朕于恭颁遗诰日，即将和珅革职拿问。"嘉庆起初要将和珅凌迟处死，但由于皇妹和孝公主再三涕泣求情，加之大臣董诰、刘墉的劝阻，最后决定照率雍正诛年羹尧例，赐令和珅狱中自尽，并将没收的和珅家产赐给宗室。

和珅被处决后，他的党羽和一些亲近的官员皆惴惴不安。有的朝廷大臣趁机上疏，主张追究余党。嘉庆为此发布上谕说，和珅专擅蒙蔽，以致下情不能上达，为肃清庶政，整饬吏治，必须除此元恶；而和珅余党及一时失足者，只要痛改前非，既往不咎。此谕一下，人心始安。从此，朝廷的政治、军事及用人大权皆归于皇帝。

点评：

势力不如人时，佯弱痹敌，须而承之，然后出其不意，将其缴获，往往便能大获成功。

巧妙辱骂　主客易位

背景：

明末清初著名少年英雄夏完淳不光诗写得好，且十分英勇，不料最后被捕入狱，然而夏完淳并没有屈服，而是与降臣洪承畴进而展开了一场苦战。

决断：

夏完淳在一次抗清武装斗争中不幸被捕，担任审讯的洪承畴原是明朝官员，因在与清兵交战时被俘，投降了敌人。

审讯时，洪承畴假惺惺以长者的口吻说："你这孩子懂得什么造反，还不是被那些叛乱之徒给拉了去，你要是肯归降，可就前途无量了。"

夏完淳料定此人就是洪承畴，真想把他大骂一顿，可他灵机一动，决定嘲弄一下这个叛徒。

他说："人各有志，我虽年轻，却有自己的志向。我一向很仰慕本朝的洪承畴先生，决心做一个他那样的英雄，焉能投降你们这些满清王朝的爪牙！"

洪不知是计，心中高兴，却故意追问："噢，你仰慕洪承畴？"

夏完淳装出无限感慨的样子说："是啊，洪老先生是本朝的一位人杰，先生在关外和清兵血战松山、杏山一带，最后弹尽粮绝，不肯投降，坚贞不屈，英勇就义了。当他阵亡的噩耗传来，全朝为之震动，先帝也曾经为之垂涕，悲哀不已。这样的忠臣难道不值得仰慕吗？"

洪承畴面红耳赤、不知所措。身边的随从忙替他解围，对夏说："你不要胡言乱语的，堂上坐的就是洪大人。"

夏完淳一听，立刻声色俱厉地指着洪承畴驳斥道："胡说！洪老先生早已为国捐躯，天下谁人不知。你这贼子、叛徒，竟敢冒充洪先生。像你们这些朝廷的叛徒、民族的败类，认贼作父，投降清廷，人人得而诛之！"

夏完淳对洪承畴的背叛行为进行了无情的揭露和严厉的鞭挞，洪承畴无奈，只得把夏完淳押下去，审讯以失败而告终。

洪承畴审问夏完淳应该说是站在主动地位，但由于夏完淳的巧妙策略，洪承畴反而站到了被告席上。

点评：

强者有强者的弱处，弱者有弱者的强处，夏完淳利用对手的弱处，反戈一击，使洪承畴无颜相对。掌握好语言也是一种强有力的武器。

假亲假和　惑上除敌

背景：

北宋自神宗起用王安石变法始，变法派和保守派的斗争就很激烈，这种斗争一直持续到北宋灭亡。其间有两次大规模的变动，即神宗死，高太后亲政起用司马光等，守旧派大臣尽废新法，变法派受挫；高太后死，哲宗亲政，提出要继承神宗的变法事业，重新起用变法派，守旧派失势。在这大起大落的政治斗争中，各类人物都露出其本来面目。被《宋史》列在奸臣传中的章淳就是在这样的社会背景下倾陷吕大防的。

吕大防字微仲，"身长七尺，眉目秀发，声音如钟。自少持重无嗜好，过市不左右游目，燕居如对宾客。每朝会威仪翼如，神宗常目送之"。他年轻时曾任永寿县令，当时县境中没有水井，人们饮水需到很远的山涧去担。他行近县境时发现两个泉眼，"欲导而入县，地势高下，众疑无成理，大防用考工水地置泉之法以准之，不旬日果疏为渠。民赖之，号曰'吕公泉'。可见吕大防是位忠正朴直、体恤民艰且掌握一定科学知识的有为官吏。

在政治倾向上，他基本上属于保守派。哲宗初立，高太后听政的元和年间，他和范纯仁继司马光执掌朝政。吕大防"立朝挺挺，进退百官，不可干以私，不市恩嫁怨以邀声誉。凡八年，始终如一"。可见他在元和年间为稳定大局作出了很大贡献，曾深受哲宗的信任。

高太后死，哲宗亲政后，变法派重新上台。但此时王安石已死，变法派缺乏高瞻远瞩能统全局的领袖人物。章淳、蔡京等一批反复小人窃取了朝政。吕大防毕竟是保守派的骨干，受到这些人的攻击是理所当然的。哲宗为了搞平衡，只好将他暂放外任。他进宫向哲宗告别的时候，哲宗非常亲热地安慰他，但是正因为吕大防离开朝廷，离开了哲宗，便给贼臣章淳等人进一步倾陷提供了机会。

章淳等人得势后，想要彻底打击元老重臣。但元老重臣都是受过太皇太后高氏（即宣仁太后，神宗生母，哲宗祖母）重用过的，不是轻易可以动摇得了的。要想否定这些人，否定这段历史，必须想办法否定太皇太后。

决断：

为了寻找突破口，章淳等人便在哲宗孟皇后身上打主意。

孟皇后品德好，容貌不出众，哲宗年轻好色，宠爱一位刘婕好。刘婕好恃宠而骄，瞧不起孟后，自然有些矛盾。而且，孟后是太皇太后高氏作主所立，如果把孟后扳倒，既可直接破坏高太皇太后和哲宗的感情，又可为否定元和政治打开突破口。所以章淳等人内外勾结千方百计罗织罪状，终于以莫须有的罪名废去孟皇后，立刘婕好为后。此后，围绕孟后的废立一直存在着尖锐的斗争。

顺便带一笔，这位孟后身世非常奇特，颇有传奇色彩。她此次遭贬却因祸得福，她被废后，所居宫殿两度失火，她被迫回到私宅。靖康年间，金兵掳走徽钦二帝时把在后宫居住的后妃全都掳走，这些人都沦为奴婢。而孟后因未在宫中住，又没有名号所以未被掳走。在南宋政权的建立中，她起了举足轻重的作用，在南宋初的政治舞台上是非常重要的角色，她便是历史上著名的隆祐太后。

章淳等人扳倒孟皇后后，索性一不做二不休，想进一步追废太皇太后高氏。为扩大打击面，他们再度罗织元和旧臣的罪名，对司马光等已故之人皆加以追贬，对活着的人更不放过，在这样的政治气候下，哲宗当然无法调回吕大防，但他始终也未忘怀这位忠直憨厚的老臣。一天，吕大防的哥哥吕大忠从渭州任所进朝，哲宗召见他，在谈完其他工作后，哲宗询大防安否，且曰："执政欲迁诸岭南，朕独令处安陆。为朕寄声问之，大防朴直，为人所卖，三二年可复相见也。"大忠心中很感动，叩谢出门。

章淳听说吕大忠进见哲宗，就在朝门外等候，见吕大忠出来，忙过去亲热地打招呼，寒暄后问圣上有无要谕，大忠与大防一样，也是心直口快、肚子里装不住事的人，便把哲宗的话原原本本说了一遍。章淳听后，暗暗吃惊，表面却非常热情地说："我也正待令弟入京，好与他共议国是，难得上意如此，我可有一位好助手了，您静听好消息吧！"

章淳回府，立即找来在御史台及三省中的心腹，分别上奏章，罗织吕大防及其他几位元老重臣的罪名，并奏称司马光罪大恶极，死有余辜。同党吕大防等罪与光同，尚存人世，处罚太轻，不足以示后世，应继续加贬。

由于三省及御史台各方面交相上奏，而且同时上奏的还有其他几人，哲宗也不知吕大忠泄露自己语言之事、引发章淳报复的内情，便同时批复。在继续加贬刘挚、苏辙、范纯仁等元和重臣的同时，吕大防也被再贬为舒州团练副使。此后，吕大防再也没能回到朝廷，71岁时老死贬所。

吕大忠轻泄哲宗之语，使章淳等人了解了哲宗对吕大防依然有留恋之情。于是就组织在各要害部门的心腹群起而攻之，好像吕大防真是罪大恶极；更阴毒的是他并不单劾吕大防一人，而是连同其他元和党人一并劾之，造成并非纯属公报私仇的假象，既瞒过了吕大忠又迷惑了哲宗。如单劾吕大防一个，则容易被吕大忠知觉，如果吕大忠再向哲宗说明泄语之事，章淳之奸不就会露出来吗？哲宗不知大忠泄语之事，见章淳等人所劾又是一批人，并非是吕大防，自然无法察觉是针对吕大防来的。待批复后，造成既成事实，等于是哲宗钦定之案，哲宗自然不好出尔反尔再调回吕大防了。

点评：

假亲近套出哲宗之语，假关心稳住吕大忠，组织人力弹劾元和旧臣，集体迷惑哲宗，终于彻底堵住吕大防返朝执政的道路，这便是章淳奸谋的全部内容。

势强而依　势弱而唬

背景：

1012 年 3 月 10 日，袁世凯在北京宣誓就职。4 月 1 日，孙中山正式辞去南京临时政府临时大总统之职。次日，临时参议院正式议决中华民国临时政府迁往北京。从此，中国进入了一个为期十六年之久的北洋军阀政府的统治时期。为加强对各省的控制和缩小革命党人担任的都督职权，袁采取"军民分治"的办法，各省都督只管军政事务，民政事务改由民政长负责。

决断：

阎锡山当时慑于袁世凯的军政实力，鉴于个人力量有限和地位极不稳固，便采取了依附袁世凯，以保其都督地位的对策。这种"附袁固位"的对策，是阎在 1012 年 3 月至 1916 年 6 月袁统治期间处理一切要事的基本出发点。他对袁的卑躬屈节厚颜适迎，是为一般北洋派人所办不到的，如他一年三节两寿都是挖空心思竭力奉献，仅上好汾酒二百坛五百坛地不知送了多少次。尤其是他把他父亲和继母安到北京，名义是说让父母开开眼界、见见大世面，实际上为了打消袁对他的疑忌，送父入质。他对袁"畏之如虎，敬若神明"。所以在袁派金永为山西巡按使后，金在山西不断找他的碴，并在政治上打击他。他都以"忍为高"极力应付。他的这个小团体没让金永拉垮打垮，主要就是靠他的上述手法来维持住的，即"以屈为伸"。当袁世凯死去时，阎知金与徐世昌有密切关系，所以故作宽容，护金离晋，为自己以后的政治上留有余地。同时，阎认为无可畏惧之人，不必再伪装庸碌、懦弱，而要独揽山西军政大权。

首先，要收回军事权，不当空头督军（1914 年 6 月，袁世凯将各省都督改称"督军"，阎被袁任命为"同武将军"，督理山西军务）。阎于 1917 年 7、

8月间，采用各种手段，先后收回了黄国梁、董崇仁、孔庚等人握有的军权。

他第一步是用上下威胁的办法，赶走黄国梁。黄当时任山西军政司司长、督军府参谋长、混成旅旅长等职。黄在任期间，专擅军权，培植个人势力，成为阎独揽山西政权的强劲对手。加之大总统黎元洪为扩大个人军政实力，与黄国梁、孔庚等人暗相结纳，曾派其代表金筱陶到太原，住在黄家，更使黄有恃无恐。阎疑黄与黎暗中勾结，对己不利，更忍无可忍，决计趁此机会，马上逐黄离晋。他一面以"黄国梁独断军事，虽无叛逆事实，实已迹近骄横，军人如此，国家纪纲，尚复何在"为辞，电请北京政府撤销黄的职务；一面于夜间派宪兵包围了黄的住宅，禁止与外人接触。在阎的威胁下，黄只好离开山西，到北京另谋职务。黄离晋后，阎便将黄所任旅长一职，委任素以无能著称的孔繁雨代理。

阎赶走黄后，第二步是寻找借口，解除了董崇仁的军职。董的晋南镇守使之职，原本是阎为向袁送人情而特请袁任命的。董握有一个混成团的兵力，掌握晋南的军事实权。阎认为袁已死，董对他再无用处，便借故撤除了董的职务，另委任他的亲信张培梅担任。

阎的第三步是采用军事强制的办法，迫令孔庚交出兵权。晋北镇守使孔庚，也辖有一混成团，驻晋北重镇大同。孔在阎出走包头时，虽出过大力，但因孔曾通电反对袁称帝，与当时阎附袁和拥袁称帝唱对台戏，阎早就对孔心怀不满。这时他为掌握晋北军事实权，用强制办法，迫使孔交出军权。之后，先后委其亲信赵戴文和张树帜代理并出任晋北镇守使。此外，阎在金永逃离山西后，将金永的旧部丰羽鹏、孙祥麟的警备队改编，任其亲信南桂馨为警备处长兼省会警察厅厅长。这样一来，阎便将山西的军权完全集中到了他个人的手里。

阎收回军权后"得陇望蜀"，又设法夺取山西的行政大权，为他长期统治山西打基础。阎自1912年出任都督后，一直想由自己兼掌民政权，因此极力主张地方分权与军民合法。但山西省的民政长官却统一由北京政府任命，先后由李盛铎、周渤、谷如墉、张瑞玑、赵渊、陈钰、孔发绪等人担任。直至袁死后，阎仍只任山西督军，兼握民政权的打算不能如愿。段祺瑞上台后，掌握山西行政权的是北洋政府任命的省长沈铭昌。阎为把山西的行政大权夺到手，竟唆使所谓的民意机关省议会，为他炮制提案反对沈担任省长。结果，在阎的打击下，沈被迫离晋。沈铭昌走后，北洋政府又任孙发绪为山西省长。阎因省长职务仍没有弄到手，又决定借故赶走孙发绪。当时，适逢督军团会议的一个电文中，载有不利于孙的材料。阎便加以利用，对孙进行攻击。1917 年 6 月，仅干了几个月省长的孙发绪，在阎的打击下，也只好离职而去。阎这时已操纵了省议会的多数议员，并得到省议长杜上化的全力支持。因此，在他赶走孙发绪后，便以"护理"的名义，擅刻印信，自兼了山西省长。

阎自己宣称"护理"山西省长，既不名正言顺，也不踏实放心。因此，特派南桂馨到北京，通过国务总理段祺瑞的亲信罗仲芳（陆军部军需司长，段在小站时的旧属）向段活动，又派与内务总长汤化龙（清朝进士出身）有裙带关系的贾景德到京，请汤从中为力。袁死后，阎多方接近段，拜段为师，受到段的青睐和扶植。"府院之争"时，阎拥段参战；张勋复辟时，和段站在一起，声讨张勋。所以段对他兼省长，表示支持。总统府虽迟迟未予表态，然以段实力在握，且有汤作线，黎最后也只好同意阎兼省长，终于在 1917 年 9 月 3 日被北洋政府正式任命为山西省长，得以实现兼山西行政首长之职。从此，阎既是握有山西军事实权的督军，又是握有山西行政实权的省长，终于将一省的军权行政权集于一身。这就为他大力强化军政实力，奠定了不可缺少的权力基础。

点评：

知进知退，方能保全自身地位。对方势力极强时，暂时屈身，不以鸡蛋碰石头，方能保全自身，从而在对方势弱时，乘隙攻之，进而增强自己的实力。

突然袭击 和平为名

背景：

珍珠港是美国在太平洋海域最大的海军基地。日美开战将以海军舰队来进行是彼此心照不宣的事情。由于日本的经济实力和军事潜力都比不过美国，经不起持久战的消耗，日本力求在对美开战之初就夺取决定性的胜利。想要一举夺得胜利，在强大的美国面前做小动作，不是件容易的事，日本又怎样来扳倒这个巨人呢？

决断：

日本军事当局决心以突然袭击方式来发动对美战争，并利用美国的和平幻想展开两国间的秘密谈判，以此遮掩其战争准备和开战迹象，争取造成使美国措手不及而败阵认输的突袭效果。

日本联合舰队司令长官山本五十六海军大将经过深思熟虑，由 1941 年 1 月 7 日用书面形式提出设想，偷袭美国太平洋舰队重要基地夏威夷群岛的珍珠港，歼灭美太平洋舰队主力，一举夺得太平洋的制海权。仅半个月后，在日本军方加紧制定太平洋战争计划的同时，新任日本驻美大使野村吉三郎以和平使者的身份启程赴美就职。日本各大报纸对野村大使赴任一事大肆渲染，称此时此刻为"日美关系新纪元的前夕"。接着，美国各报也加入日美关系缓和的大合唱，野村到达华盛顿之后发表亲善谈话称，不管日美关系中存在什么问题，它们都能够以友好合作的态度加以解决，没有任何理由开战。3 月 8 日，野村大使与美国国务卿赫尔分别代表各自的政府开始了第一次会谈，野村表示日本政府愿意尽力使国际贸易自由化，和平解决中国问题，重新建立与美国的友好关系。一直到珍珠港事件爆发，这样的会谈总共进行了不下五六十次。日方借此创造以和平外交手段而不是以战争手段处理两国关系的假象。在日本国内，首都东京也弥漫着和平烟幕。9 月 6 日晚，近卫首相秘密邀请美国驻日大使格鲁共进晚餐。席间，近卫表示赞同美方在双边会谈中提出的"赫尔四原则"：（1）相互尊重国家领土完整和主权；（2）支持不干涉他国内政；（3）支持平等；（4）太平洋现状不得受到干扰，除非现状的改变是出自和平手段。近卫还再一次提出在夏威夷举行日美首脑会谈共商两国关系的建议，其和平诚意，使格鲁大使深受感动。11 月 5 日，对美开战准备已进入最后阶段，日本又加派"和平特使"来栖赴美，协助野村进行谈判。11 月下旬，开战迫在眉睫，日本外相东乡在给日方谈判代表野村、来栖的电报中还训示"不要给美国以谈判将要破裂的印象"。与此同时，偷袭珍珠港的日本海军联合舰队正在秘密航行途中，逼近夏威夷群岛。

担负偷袭珍珠港使命的日本海军突击编队由海军中将南云忠一率领，统辖航空母舰 6 艘、战列舰 2 艘、巡洋舰 3 艘、驱逐舰 11 艘、潜艇 3 艘、油船 8 艘、舰载飞机 360 架，于 11 月 22 日在千岛群岛的单冠湾悄悄集结完毕，26 日出航，经过 12 天航行，完成 3 200 海里航程，于 12 月 7 日黎明到达珍珠港以北 230 海里海域。从 6 时起，日军舰载飞机倾巢出动，分两个突击波空袭珍珠港。

当天是星期日。美太平洋舰队在瓦胡岛的珍珠港停泊着 86 艘军舰，驻岛各机场的飞机有 387 架。港内岛上防务松弛，毫无戒备。日军第一突击波飞机 183 架，于 7 时 55 分开始攻击，历时 45 分钟；第二突击波飞机 171 架，于 8 时 45 分开始攻击，持续约一个小时。空袭 5 分钟后，美军高炮才开始零星射击，全岛 32 个高炮连仅有 4 个连开火。日机轰炸开始后 20 分钟，才有 4 架美军战斗机起飞迎战，此后虽然陆续起飞了 25 架，但由于仓促应战，协同不好，不是被日机击落就是被自己的高炮击毁。整个美军基地陷入了被动挨打的境地。日军飞机经过约 2 个小时的空袭作战，炸沉炸伤美军各型舰艇 40 余艘，其中炸沉战列舰 5 艘、巡洋舰 1 艘、驱逐舰 2 艘；炸伤战列舰 3 艘、巡洋舰 3 艘、驱逐舰 1 艘、辅助舰船 5 艘；击毁飞机 260 余架。美军伤亡 4 500 多人。日军仅损失飞机 29 架，死伤约 200 人，美军这一战失利的重要原因是美国被日本伪装的和平外交谈判所迷惑，麻痹大意，丧失警惕。偷袭珍珠港使日本在夺取太平洋制海权的斗争中暂时占据了较大的优势，对太平洋战争初期的进程产生了重大影响。美国海军太平洋舰队一度陷于瘫痪状态，其结果，在东南亚各地驻扎的盟军孤立无援，日军在其强大的海上空中支援下短期内席卷了整个东南亚和西太平洋广大地区。

点评：

在谎言的遮掩下藏着利剑，只要对方相信了谎言，放下了盾牌，随之而来的便是利剑穿心。战争，或者说竞争就是这样，充满了各种各样的烟幕，一不小心就会遭到烟幕后面的毒手。

第十一计 李代桃僵

提要：语出《乐府诗集·相和歌辞·鸡鸣》，意思是对付虫噬，用李树代替桃树，令后者得以生存，引申为以局部的损失，保证全局的获益。当敌我力量对比产生倾斜，战局发展对我方不利时，必须果断地用较小的牺牲，使有生力量得以保存，积蓄力量，再寻胜机。

背景：

"碧绿液"是法国著名的矿泉水，畅销全国，还出口到美国和日本等国家。但是1989年发生的一件意外事情差点儿毁了生产这种矿泉水的法国"碧绿液"公司。

当年2月，美国食品卫生部门在抽样检查中，发现部分"碧绿液"矿泉水含有超过规定标准2倍的苯，长期饮用会有致癌的危险。消息传出后，"碧绿液"矿泉水的销量直线下降。怎么办？回收全部不合格产品，登报向广大消费者致歉？这样做对恢复碧绿液公司名声所起的作用不大。不如干脆来个变坏事为好事，利用这个机会重新提高和扩大公司的知名度。

决断：

于是，碧绿液公司马上举行记者招待会，在会上向来自各地的记者们宣布：把同一批的销售到世界各地的1.6亿瓶矿泉水全部就地销毁，公司另外用新产品补偿。这个消息一出，记者们顿时哗然：为几十瓶不合格的矿泉水而销毁价值2亿多法郎的1.6亿瓶矿泉水,值得吗?

碧绿液公司却不这么认为。虽然毁掉1.6亿瓶矿泉水,公司的直接损失达2亿多法郎,但这样做却为公司赢得了信誉和名声。新闻媒介对碧绿液公司的奇特做法整版报道,大肆渲染。消息很快在美国和全世界传开,碧绿液公司认真为顾客着想、对顾客负责的美名四海皆知,比上一次美国食品卫生部门宣布碧绿液矿泉水苯含量超标准的消息还要轰动。这样做虽然使碧绿液公司损失了2亿法郎,但是如果直接花2亿法郎来为"碧绿液"矿泉水做广告,肯定不会产生如此轰动的效应,不会具有这么大的感染力。

世界各地的新闻媒介都对碧绿液公司的壮举十分关注。"碧绿液"矿泉水新产品上市的那一天,巴黎几乎所有的新闻媒介都作了大张旗鼓的报道,许多报纸用整版刊登了"碧绿液"的广告。电视台的广告更别出心裁:人们熟悉的那只葫芦状的绿色玻璃瓶依旧出现在电视屏幕上,一滴矿泉水从瓶口滑落,犹如一滴眼泪。同时画外音出来了:一个受委屈的小姑娘在哭泣,一个父亲般的声音劝慰她:"不要哭,大家依然喜欢你。"小姑娘回答道:"我不是哭,我是高兴啊!"

碧绿液公司在意外的打击面前并未一蹶不振,而是急中生智,采取良策克服困难,反而提高了知名度。可见,有时一招得当,便可挽救全局。

点评:

信誉是从商之本。在境况于己不利的情况下,认清自己目前的处境,施以奇招,以小搏大,才能得到奇招带来的巨大收益,从而绝处逢生。

反广告正效益

背景:

1987年3月,全国胶鞋大量积压,原材料又大幅度提价,就在这个时候,青岛橡胶九厂销售科收到几封顾客来信,反映新购老人健身鞋的质量有问题。于是厂长召集有关部门的人员进行调查,最后定出4条措施:(1)由于这批鞋有6 000双,大多数顾客还没有发现潜在的质量问题。所以要作广告,让这些顾客来换鞋、修鞋;(2)流水线马上停产,什么时候找出问题什么时候开工；（3）把退回的鞋进行展览，让全厂职工都来参观；（4）抓紧上新产品，把损失补回来。

决断：

青岛橡胶九厂作过这样一个广告："青岛第九橡胶厂谨向2月份购买'双星'老人健身鞋的顾客深深致歉。这批鞋的质量有问题，请顾客立即到青岛第九橡胶厂门市部或各代销点换鞋、修鞋"。

第二天晚上，当千家万户围坐电视机旁时，看到了中国第一个"反广告"，无不为之振动。

当时，青岛橡胶九厂的日子十分艰难，但是这只是暂时的。不久，九厂的所为，赢得了顾客的信赖，赢得了同行的赞扬，也赢得了竞争对手的尊重。1988年3月，全国各大胶鞋厂厂长汇聚洛阳橡胶厂，从生产、经营、管理、服务等17个方面进行全国胶鞋业的评比，青岛橡胶九厂得了最高分。

质量是企业的生命，质量的好与坏直接影响着企业的发展。青岛橡胶九厂抓住质量问题作文章，哪怕赔本也要夺回市场信誉。既然质量问题已经出现，那么决不回避，惟一的策略只有正视它，才能赢得信赖、赢得市场。

点评：

企业做广告也要敢于念"反经"，因为反其思维而行，才能赢得客户，赢得同行业的赞扬，诚然，反经也要讲求规则，只要企业、商家反得其所，就能赢得市场先机。

舍车保帅

背景：

楚襄王生病。黄歇当时在秦国服侍太子（当人质），听到这消息，就向应侯范雎说：

"楚王生病，恐怕会去世。秦国如果让楚太子回去，可以表示对盟国亲善，而且等于储备着万辆兵车的支援；如果不放人，太子将来只能留在秦国咸阳做个平民罢了。一旦楚国改立国君，必定不会服侍秦国。"

范雎就把这事向秦王报告，秦王说："先派太子传（黄歇）到楚国探望，回来再说吧！"

决断：

黄歇与太子商量说："楚王如果归天，阳文君的儿子一定被册立为王，你就不能登基了。"

黄歇于是教太子化装为楚国的使者，驾车出关，而自己守着馆舍，假托生病，谢绝访客。估计太子已走远了，才向秦王说明，请求赐死。

秦王很生气，想依他的话杀了算了。

范睢说："黄歇冒着生命的危险，为太子牺牲，如果太子登基为楚王，必定重用黄歇，不如放了黄歇，表示对楚国亲善。"

秦王听从了，黄歇回到楚国，过了三个月，楚王去世，太子即位，任命黄歇为宰相。

点评：

在领导危急之时，挺身而出，不惜牺牲自己保全领导，定会为领导信任和赏识，也是身为下属应有的义举。

义绝群缨　容小得大

背景：

春秋时，楚王大宴群臣，名叫太平宴。文武大小官员、宠姬妃嫔统统出席，务要尽欢。席间奏乐歌，美酒佳肴，饮至黄昏，兴犹未尽。楚王命令点烛继续夜宴，还特别叫最宠爱的两位美人许姬和麦姬轮流向各人敬酒。

忽然一阵怪风，吹熄了所有蜡烛，漆黑一团，席上一位官员乘机揩油，摸了许姬的玉手，许姬一甩手，扯断了他的帽带，匆匆回座附耳对楚王说："刚才有人乘机调戏我，我扯断了他的帽带，赶快叫人点起烛来看谁没有帽带，就知道是谁了。"

决断：

楚王听了，忙命不要点烛，却大声向众人说："寡人今天晚上务必要与诸位同醉，来，大家都把帽子除掉痛饮。"

于是各官除掉帽子，楚王命令点烛，都不戴帽子了，也就看不出是谁的帽带断了。

席散回宫，许姬怪楚王不给他出气，楚王笑说："此次宴会，目的在狂欢，酒后狂态，乃人之常情，若要追究，岂不是大煞风景，岂是宴会原意？"

许姬听完，方服了楚王的用意。这就是有名的"绝缨会"。后来楚王伐郑，有一健将独率数百人，为三军开路，斩将过关，直逼郑的首都，使楚王声威大震，这位大将后来承认他就是当年揩许姬油的那个人。他因楚王施恩于他，不究他的错，而发誓毕生孝忠楚王，成为一员忠将。

点评：

现代社会中，领导对下属，最应量才任用，用尽其才，要求下属养成廉耻之心，鼓励下属加强道德修养，而对他们的微小过失则有所容忍和掩盖，这样做是为了保全他人的体面和大局的利益。

以诚相待　众望所归

背景：

元至正十九年（1395年）春天，朱元璋准备攻打浙江一带，发兵前，他先派主簿官吏蔡元刚前往庆元，希望能招降其守将方国珍，以减少不必要的兵戈相争。

方国珍是个老奸巨猾的家伙，见朱元璋派人来招降，便对部下众将说："现在看来元朝大势已去，灭亡只在早晚！我看各路英雄豪杰中，也就是朱元璋所统辖的军队纪律严明，势不可挡，如果我们与他相抗衡，无疑是拿鸡蛋碰石头，自找苦吃。不如就暂且佯作归顺，一来可以等待时机，观察时局将怎样变化；二来还可以他为援，告诫西敌张士诚和南蛮陈友定不得窥视我。"言毕修书一封，并遣使者送给朱元璋，答应顺从他。为使他相信，还将温州、台州、庆元三郡奉献给朱元璋，遣次子方关至朱元璋处作人质。

决断：

朱元璋得知后，重赏方关并让他回到方国珍身边，同时代去朱元璋的话："古代联袂双方结盟发誓，是怕有人不守信用。后来因为盟誓也不能约束住一些无耻之徒，才想出了相互交换人质做抵押这种不友好的办法。现在你们即已经诚心归附我，只要以诚相待就够了。没必要押什么人质。"此后不久，朱元璋就封了方国珍官爵。因为他心怀鬼胎，又找不出推辞的理由，只好假称有病，迟迟不肯接受。朱元璋识破了他的诡计，旋即修书一封："当初我认为你是识实务的俊杰，才封官加爵，让你统领一方。不料你却欺骗了我，想利用你儿子作人质这种关系来暗中察探我的虚实。请你千万不要忘记，聪明的人可能转胜为败，贤明的人也可因祸得福。获得幸福的主要原因就是要以诚待人，希望你三思……"

方国珍见朱元璋如此明察秋毫，无计可施，只好命人带着金银财宝、饰物鞍辔等东西前来谢罪。朱元璋语重心长地对他的使者说："请转告方国珍，我统一天下所急要的是文武将相栋梁之材；所急需的是粮食，布匹。此外的珍玩奇宝都不是我感兴趣和需要的。"言毕令使者将礼物原封不动地带了回去。

这件事一经传开，大江南北的仁人志士纷纷前来投奔朱元璋，为他统一天下，建立明朝助上一臂之力。

点评：

深明大义，以诚相待人，足智多谋，胸怀广阔，这是身为一名领导者，归服众望，树立自己权威，从而成就自己的事业必须具备的优良品质。

设境掩过

背景：

三国时，曹操刚定都许县时国事纷杂，所以用刑非常严酷。曹操的马鞍放在库房中，被老鼠咬破了，库房的官吏担心自己会被处死，想要前去自首。当时小侯王曹冲就对他说："等过了第三天，再去自首吧！"

决断：

曹冲随后用刀子将自己的衣服刺破，就如同被老鼠咬的一样，然后装出失意的样子，加上一脸的忧愁。

曹操见了，问他为什么。

曹冲说："民间传说，衣服被老鼠咬破，衣服的主人会不吉利。如今我的衣裳被咬破，所以很担忧。"

曹操就对他说："这都是乱说的，不要被影响了。"

不久，官吏就来报告说，马鞍被咬破了。

曹操笑着说："我儿子的衣服在身边都被咬破了，何况马鞍是悬在柱子上呢？"

于是不再查问。

点评：

利用自己的有利地位，巧妙设置出同样的环境来说明犯错原因，为属下掩过，这样的领导，必能博得下属的感激和爱戴。

运用新模式效果神奇

背景：

几年前，美国通用汽车公司设在加利福尼亚州弗里蒙特的汽车装配厂，由于连年亏损而关闭。但当它与日本丰田公司合营组成新联合汽车制造有限公司以后，仅仅 18 个月企业面貌就发生了难以想象的巨大变化：原来这个拥有5 000 名员工的企业，雇员中存在的 5 000 件左右的不满事件如今只剩下 2 件，原来高达 20% 的旷工率也大大下降了，劳动生产效率大约提高了一倍。用美国人的话来评论这个厂的变化："仿佛像一只青蛙一下子变成了王子。"

这样巨大的变化是怎样发生的？丰田公司派来的日方管理人员施行了什么魔法？

决断：

关键是管理模式进行了转换！通用公司弗里蒙特厂原来的负责人，采用的是标准的泰勒式科学管理模式，行政命令、严格监督、惩罚和解雇的手法以及管理者高高在上的领导作风，弄得劳资双方矛盾十分尖锐——"劳方与资方就像两个有着世仇的家族，长期进行斗争"。而日本管理人员反其道而行之，他们尊重工会、尊重工人，让工人们分组管理，各负其责，并且处处建立管理者与工人平等的气氛——经理人员与工人合用停车场、餐厅，穿同样的工作服，取消经理专用办公室，大家互相称作"同事"。这种尊重员工、平等共事、分权管理的价值观，激发出美国工人的敬业精神、对管理者的信赖和对企业的忠诚。日本管理人员在培养美国工人的忠诚时并不需要花费多少钱，然而日本人的方法看来远比原来美国人所采取的对抗性方法更为有效。正像新联合汽车制造有限公司人事总经理威廉·蔡尔所说："日本人的哲学是把人作为一个重要因素，而典型的美国哲学则相反，它把工人仅仅看成是机器的延伸。"这段话一针见血地指出了以人为中心的管理模式与忽视人的因素的科学管理模式之间的本质区别。

点评：

日本企业家把日本的企业文化移植到美国工厂，着眼于人的文化管理，具有强大的生命力。优良的企业文化蕴含着化腐朽为神奇的巨大力量，是企业在市场竞争中获得优势，夺取胜利的制胜之道。

第十二计 顺手牵羊

提要： 要善于创造和捕捉细微的机会，从敌方手中获取收益。在与全局斗争策略相吻合的情况下，虽是微利，亦应顺势而取。当量的积累达到一定程度之后，自然会对整个局势产生实质性的影响，从而也完全有可能靠积累局部的胜利来创造全局的胜势。

抓市场的空隙

背景：

1990年的中国消费市场疲软，使全国的橡胶市场也在所难免地不景气。处于全国同行业许多大企业重重包围之中的山东高密橡胶厂为在市场上争得一席之地在苦苦地探索。

决断：

山东高密橡胶厂的厂长张文明带着销售人员跑遍了本省和河北、河南、安徽、江西、江苏等地，展开了全方位的市场调查。他们最后得出一个结论：高密橡胶厂没有实力也没有必要与大企业拼死竞争，抢占人家已经占领的市场，而必须抢空当，开拓属于自己的市场。比如大型轮胎，大企业经济实力雄厚，技术水平也高，自己根本无法与人家竞争。明显的空当是农用三轮车胎和小型拖拉机轮胎等农用小型轮胎。这些产品，大企业根本不屑一顾，认为不值得生产，而小厂子又生产不了，高密橡胶厂的经济实力和技术水平则正合适。于是，他们确定了自己的市场战略，把主攻目标选在农村市场，大量削减自行车轮胎的生产数量，大上农用三轮和小型拖拉机轮胎，同时坚持农用埋吸胶管的生产。

1998 年，全国橡胶行业的市场行情逐渐好转，高密橡胶厂"抢空当"的市场战略作用也显示出来。新开发的农用小型轮胎爆出冷门，畅销全国各地，经济效益也大幅度上升。

微隙在所必乘。高密橡胶厂抓住市场空隙在市场上占得了一席之地，抓市场的空隙，有如抓住机遇一样需要内在本质和外在客观原因的合理配置，资源的流动才会向自己有利的方向发展。

当你留心观看各种体育比赛时，会发现我国的许多体育运动员都是身穿"雪燕"牌高级运动装活跃在国内外的竞技场上。

放飞"雪燕"的国家二级企业——山西第三针织厂曾经是一家濒临破产的集体小企业，产品无人问津。厂长为探索一条企业生存之路，费尽心血。

第三针织厂面对企业的危难情况，经过深入的调查研究厂领导果断决定：改变产品，探索企业新的生存之路。1990 年 10 月，厂长带领厂子的销售人员走访了各地的用户。他们得知消费市场的游泳裤曾一度脱销。厂长马上回厂组织生产。1992 年游泳裤的销售量达 30 万件，创利 40 多万元。

厂里派出一位既有服装设计专长，又懂摄影的职工作为信息员常年驻在上海，专门搜集服装市场的信息。1993 年秋天，上海滩上的旗袍刚一流行，信息员便迅速将这个信息和旗袍图案照片寄回本厂。他们生产的针织面料旗袍一投放市场，便俏销上海滩。北京、天津的客户也都闻风而至。针织三厂三年一共生产旗袍 50 万件，盈利 90 多万元。

中国国民健身计划的实施在全国上下掀起了体育热潮。第三针织厂的决策者意识到，体育热势必使体育服装走俏。他们乘国内运动服装的生产厂家不多的机会，从日本引进先进的生产设备，招聘技术人才，加速了运动服装的生产。

"雪燕"一露面，便以其高质量，新颖的款式博得体育界和服装界同行的一致好评。"雪燕"终于飞向了广阔的空间。

点评：

以上事例是利用了市场机遇的大好形势，积极捕捉市场空当。抓准产品定位，实现了企业的飞速发展。所以说，市场是企业经营不变的主题，只有市场做好了，企业才有出路，才会生机勃勃。

若是身累莫牵羊

背景：

原系日本十大商社之一的综合商社——安宅产业的倒闭，留给我们许多教训，其中最令人惊讶的是其远大的事业计划。

安宅产业破产的契机是，无法收回美国 NRC 公司高达 3.3 亿美元的不良债权，不管企业规模多大，若无法收回金额如此庞大的债权，必然产生经营破绽。

安宅产业放款给 NRC 公司所造成的不良债权，正充分显示出其本身的经营体制上的问题。

当时，美国 NRC 公司，准备向美国的石油探测公司购买原油，然后在加拿大北部建一座大型石油精炼基地，此时安宅产业开始参与该事业，亦即该石油精炼基地所提炼出的石油，由安宅产业负责销售。虽然安宅产业与 NRC 公司签订独占性销售契约，但附有若干的条件。首先，要由安宅产业代付购买原油的价款，并且从提炼原油到销售的阶段，安宅产业要支付该公司的若干金额的权利金。

根据该合同，安宅产业便借出了 4 300 万美元，但没有任何担保，且 12 年后才开始偿还，条件相当不利。这笔交易并非由安宅产业的董事会决定的，而是当时的社长与常务董事自行判断所决定的。其后，该合同为其他要员知悉而要求修改，却未追究责任。

在该合同暴露问题后，安宅产业如果从 NRC 撒手，就不至于破产。可是，在石油事业很弱的安宅产业想借与 NRC 合作的机会飞跃成长，因此就把前述行为当作既成事实，进而给予融资 2.4 亿美元，在这个时刻，安宅产业已失去控制能力。原因究竟是所有者经营的安宅产业的企业体质，已变成不追究最高主管责任的"天真"体制呢；还是日本战后派商社，一味想要迎头赶上战前派商社而一心一意扩大事业所生的焦躁呢？总之，是因复杂的原因而招致破产的。

决断：

每一个老板都希望自己的企业能够抓住时机，快速发展。但是，任何事物的发展都是有条件的，都要掌握好度，急而无节，忙忙碌碌，毛毛躁躁；有速而无度，超过了一定的极限，就会走向目的的反面，欲急而不至，欲速而不达。

过急求速，表面上看是重速度，追求速度，但实际上却被速度限制了速度，破坏了速度。骑自行车的人都知道，骑车速度太快了，尤其是在拐弯处容易摔倒，摔坏了车子，摔伤了人，这时，你想快也快不了。

老板都想经营好自己的企业，但是如果求财心切，总想一下子暴发起来，成为令人刮目相看的商贾巨子，结果常常在急于求成中，乱了自己的方寸，出现决策等方面的失误，不但无法达到预定目标，反而会连自己的老本都赔进去。

点评：

在商业竞争中，作为老板，必须能静得下心，沉得住气，不急于求成，在商业风潮中能稳住阵脚、细观时机、不乱分寸，这才是一名出色的老板应有的表现。

赞美动人心　商人得合同

背景：

柯达公司的老板伊斯特曼发明了胶片以后，才能摄制电影。他获得了一笔可观的财富，并且成为世界最著名的商人。虽然他已经得到如此伟大的成就，他仍然渴求别人的称赞。

好多年前，伊斯特曼在洛加斯达城捐造"伊斯特曼"音乐学校及"凯伯恩"剧院用以纪念他的母亲。纽约某座椅制造公司的经理艾特森，想谋取该剧院座椅的合同，于是他就和伊斯特曼约会见面。

艾特森到了那里，一位工程师对他说道："我晓得你是想得到座椅的合同，但是我要告诉你伊斯特曼的工作很忙，你若是打搅他的时间超过5分钟，便不会有好处，他的脾气很大，事情很多，所以我劝你赶快说完你的来意后就赶快出来。"艾特森也准备那样做。

他被引进总裁办公室时,看见伊斯特曼正埋头于桌上堆积的文件之中,伊斯特曼听见有人进来,抬起头,取下眼镜,向工程师及艾特森走来的方向说道:"早安,先生,我可以帮你做点什么?"

艾特森忽然打算改变原来想的那样,用别的方法试试看。

决断:

工程师介绍了之后,艾特森便说道:"伊斯特曼先生,当我在外边等着见你的时候,我很羡慕你的办公室,假如我有这样的办公室,我一定也很高兴地在里面工作,你知道我是一个本分商人,从来不曾见过这么漂亮的办公室。"伊斯特曼答道:"你使我想起一件几乎忘记了的事。这房子很漂亮是不是?当初才盖好的时候我极喜爱它,但是现在,因为有许多事忙得我甚至几个星期坐在这里也无暇看它一眼。"

艾特森走过去用手摸摸壁板,说道:"这是英国橡木做的,是吗?和意大利橡木稍有不同。"

伊斯特曼答道:"对了,那是从英国运来的橡木。我的一个朋友懂得木料的好坏,他为我挑选的。"随后伊斯特曼领了艾特森参观他自己当初帮助设计的房间配置、油漆颜色及雕刻工等等。

当他们在室内夸奖木工时,伊斯特曼走到窗前站住了脚,然后亲切地表明要捐助洛加斯达大学及市立医院等机关一些钱,以尽点心意,艾特森热诚地称许他的古道热肠,伊斯特曼随后又走过去打开一个玻璃匣,取出他从前买的第一架摄影机——是从一位英国发明人手中买来的。

艾特森又问他当初是怎样开始在商业上奋斗,伊斯特曼很感慨的述说他幼年的困苦。

艾特森从上午十点一刻走进伊斯特曼的办公室,那位工程师曾警告他最多只能停留5分钟:但是2个小时都过去了,他们还在滔滔不绝地谈着。

最后伊斯特曼对艾特森说:"上次我去日本,在那里买了几张椅子回来,我把它们放在阳台上。日子一久阳光就把漆给晒退了,我遂到商店买了漆回家自己动手油漆那椅子,你想看我自己油漆的成绩吗？好极了，就同我到舍下去吃中饭吧，我给你看看。"

饭后伊斯特曼把从日本带回来的椅子指给艾特森看。那椅子每把不过 1.5 美元，但是伊斯特曼虽富有千万，对那椅子却异常满意，因为那是他自己动手油漆的。

凯伯恩剧院的坐椅定货价额共计 9 万美元，你猜是谁得到了合同？

点评：

把"羊"牵走才是目的，为了顺利的牵"羊"，在社交场上，不能一味板着脸认真地和人交谈，那样只会让对方不耐烦，如果先以轻松愉快的谈话，并不时地对对方的成就、能力、工作给予赞美，别人就会对你产生好感，更愿意敞开心扉与你交往，从而达到目的。

顺水推舟　折服对手

背景：

著名演员孙飞虎因在多部影视作品中成功扮演了蒋介石这个角色而名声大噪。有一个"穴头"想拉他到自己的班子里"走穴"捞钱，但无论他提出多么优厚的条件，孙飞虎都不为所动。这位"穴头"觉得很不解："孙老师，你也太认真了，现在你看，那么多明星都在抢着搭班子捞钱了，你怎么还守着老一套呢？再说，这演唱会也是为群众服务嘛！"

孙飞虎接过话头，说："说得好，既然是为群众服务，我就作义演出台，不收一文报酬，你也分文不取如何？"

"这……这……""穴头"一时语塞了。

决断：

这个例子中，孙飞虎运用了"因势利导"的方法，针对"穴头""演唱会也是为人民服务"这句话，没有迎头痛击，而是顺势一击，一举揭穿了"穴头"借为人民服务这冠冕堂皇的说词，为自家牟取暴利的用心。使得这位"穴头"反而被自己的话套住，无言以对，有苦说不出了。

运用这种技法时应注意这样两点：

一是要"顺"得自然。"顺"并非放弃自己的立场，而是为了克敌制胜而采用的一种手段。"顺"要做得有隐蔽性，这样才能达到出其不意、攻其不备的目的。

二是要"推"得巧妙。顺应对方辩词，或者顺出一个与对方话语完全相反的思路，让其无法再辩，或者"顺"出一个令对方难以接受又无法反驳的结论，如孙飞虎对"穴头"一例，或者"顺"对方话语与事实相悖之处，让对方无话可说。

但必须注意的是，在运用这个技法时，必须把握好"顺"与"推"的转折关键点，做到这一点，才可以辩得巧，推得好。

点评：

当发现对方意图之后，我们可以顺着对手的逻辑引诱之，再以其人之道还治其人之身，反驳对方，进而达到折服对方的目的。

网开一面　顺手施恩

背景：

秦穆公很注意施恩布惠，收买民心。一次，他的一匹千里良驹跑掉了，结果被不知情的穷百姓逮住后美餐了一顿。官吏得知后，大惊失色，把吃了马肉的300人都抓起来，准备处以极刑。

决断：

秦穆公听到禀报后却说："君子不能为了牲畜而害人，算了，不要惩罚他们了，放他们走吧。而且，我听说过这么回事，吃过好马的肉却不喝点酒，对身体大有坏处。这样吧，再赐他们些酒，让他们走。"过了些年，晋国大举入侵，秦穆公率军抵抗，这时有300勇士主动请缨，原来正是那群被秦穆公放掉的百姓。这300人为了报恩，奋勇杀敌，不但救了秦穆公，而且还帮助秦穆公捉住了晋惠公，大获全胜而归。

点评：

作为管理者，身边没有一两个忠士是不行的，所以，采用各种方法来获得他人的忠诚，是领导人必须学会运用的策略。

抓住战机　迅速出击

背景：

美国的百事可乐饮料公司创建于 1899 年，这个牌子比可口可乐晚了 12 年，不论销量与声誉都远不及可口可乐。原因是百事可乐的味道无法与可口可乐相媲美，包装不精、促销手段也不高明。

于是，百事可乐努力改变自己的形象，从配料到包装以及销售形式和广告都加以改进，使得百事可乐在人们心目中的地位一下子提高了许多，但还不是可口可乐的对手。百事可乐一直想寻机与可口可乐大战一场。

决断：

到了 1985 年，突然出现了一场戏剧的事件。当时可口可乐在其诞生 100 周年之际，研制出了新的配方。但谁知这种新产品刚一上市就引起了轩然大波，消费者纷纷抗议这一改变，可口可乐的形象因此受到很大的损害。

这件事对百事可乐公司来说的确是一个竞争的极好机会。于是公司老板让本公司员工放假一天以示庆祝。同时，花巨额投资制作了一个电视广告，其广告在各电视台连续播放了一个月。在广告中，一个眼神急切的姑娘盯着镜头说："有谁能告诉我可口可乐为什么这么做？为什么改变配方？"然后又说："因为他们变了，因此我要开始喝百事可乐了。"接着，她便喝了一口百事可乐，满意地说："现在我知道了"。这一下，百事可乐名声大振，销量超过了可口可乐。

虽然可口可乐立即纠正了错误，赢得了市场，销售量又回到领先地位，但是百事可乐却乘可口可乐这一失误之机使自己扩大了影响。

点评：

百事可乐的成功，正是由于它善于抓住对手失误的关键机会，加以利用，使自己的产品异军突起，占领市场。我们可从中认识到，在激烈的商战中，应抓住每一个战机，哪怕是对方一个小小的失误，都会改变双方的命运。

抓住时机　制造声势

背景：

2000 年元月中下旬，时近新千年的第一个春节，又恰逢龙年，各路商家自然不会轻易放过这个千载难逢的良机，无不使出浑身解数，用尽各种促销妙招，力图在"龙头"讨个好彩头。

决断：

施展策划魅力的时候到了。作为七子填精口服液的总代理，一心公司的老总吴迪苦苦思考着借力的方向、角度和时机，寻找着发力抖劲的那一瞬。

就在此时，先是在宝岛海南，后又在广东各地，一场扑朔迷离的"寻子行动"通过媒体广告的鸣锣开道，轰轰烈烈地在华南大地展开。由于几家报纸广告都是以粗黑框框住一段简单的文字，煞是庄重，又加所寻找的"七子"正好与时下流行的"七子之歌"暗合，一时引人关注。直至元月 22 日，在广州、深圳、珠海等 8 个城市的最繁华街道，各有数十顶绿色阳伞一字张开，成百上千的人们在伞下排起长队，而后掂着几盒"七子填精口服液"心满意足地离去。到了这时候，不少关注"寻子行动"已久的人们才摇头一笑：被这七个小子涮了！

身经百战的消费者看到广告，未必不知道这是个商业策划。但是，一段时间里人人耳熟能详的"七子之歌"让人没法对这一系列寻找"七子"的广告视若无睹，没法不对这"七子"做更深一层的关注。概念、时机、运作内容和方式的巧妙配合，让"寻人"

悬念广告这只旧瓶，成功地装进了七子填精口服液这种新"酒"。

七子填精口服液是海南三叶药业集团有限公司开发生产的一种补肾保健品，由海南一心药业有限公司全国总代理销售。从1998年下半年开始，七子填精口服液先后进入广东、海南市场，以其独特、平和的"养肾"概念和一贯客观、理性的广告诉求，很快在数十种补肾类保健品当中脱颖而出。到1999年年底，七子填精口服液已成为广东、海南补肾类保健品市场上仅次于汇仁肾宝的第二品牌。

作为广东、海南两地同类产品市场的第二品牌，七子填精口服液在广告投入上远远无法和汇仁抗衡。在这样一株大树的阴影覆盖下，"七子"无时无刻不在寻找着强壮自我的机会，创造一个更广阔的发展空间。

面对竞争对手强大的广告攻势，如何突破竞争者重金构筑的重重包围，迅速有效地提升品牌知名度和品牌形象，进而扩展深化消费者对本产品的认知广度和深度，成为七子填精口服液在世纪之交波诡云谲的补肾品市场必须直面的问题。

整日萦绕在耳边的一首歌终于在某一天的早晨惊醒了梦中人。澳门回归祖国是20世纪末中国人关注的一件大事。回归前后，闻一多先生写的那首《七子之歌》通过电台电视台的反复咏唱，一时成为传唱最普及、也最能打动大多数中国人的流行歌曲。而七子填精口服液的主要成分恰恰也是"七子"，即枸杞子、菟丝子、覆盆子、五味子、韭菜子、车前子、金樱子等七味中药（"七子填精口服液"之名亦因此而来）。七子——七子，虽然此"七子"非彼"七子"，但歌名与产品名的巧合实在是千载难逢的可借之势。更何况《七子之歌》的正面影响力特别在中老年人当中激起了强烈的情感思绪，而七子填精口服液的主流目标市场正是中老年人群。

由头既已确定，需要进行形式的包装然后推出去。几乎是信手拈来，策划者一下子就想到了叶茂中先生当年"紧急寻找小雨点"的成功案例，借！用"寻人启事"的悬念广告来引起消费者的好奇和关注，虽有模仿之嫌，但要能巧妙地组合进具有时代特点的全新要素，也会达到理想的广告效果。

于是整个策划思路很快敲定：将七子填精口服液的"七子"与《七子之歌》的"七子"联系起来，借歌名提升品名、借歌曲的正面影响力提升产品的美誉度；用"寻人启事"系列悬念广告吸引消费者的关注，推动活动层层展开；由最初的"寻找"行为进一步导出具有实际意义的消费者回报行为，通过后续行为巩固和加深产品在消费者心目中的良好形象，并力求通过现场公关活动效果，引起新闻媒体的关注和报道。

策划方案拿出来，已经错过了澳门回归的时机。一心药业公司遂决定在回归"满月"（2000年元月20日）前后将活动全面推开。为确保成功，首先选择了生产商和代理商所在的海南海口市场先行推出，获得了较好效果，随即在广东省的广州、深圳、中山、东莞等8个城市同时启动。

系列广告一经刊出，便引起各地市民的高度关注，设在各地的热线电话忙个不停，众多热心读者纷纷打来电话询问"七子"的有关情况，打听寻找"七子"的进展和提供"七子"的线索。"七子"一时成了各地的新闻人物。当然，打电话的也不乏"清醒者"，明知是商业广告，却仍然难耐好奇："七子"到底是什么？

其实，到此为止，寻人活动的基本目的——借名扬名也算是首功告成了。可一心公司策划本次活动还有更大的宏愿：将已经形成的对"七子"品牌的高度关注引向"七子填精口服液"这个产品，加深消费者对有形产品自身的关注和认知。于是，在宣告"七子"找到了的同时，同一个广告又宣布了另一个活动的开始：

为了答谢连日来关心、热心寻找"七子"的朋友和庆贺"七子"与母亲团聚，元月22日，广东8城市同时举行大型消费者回赠活动，曾为寻找"七子"提供过线索和寻找到"七子"的读者朋友可在活动现场领取礼品，老用户可持空包装盒免费换取产品。为了吸引更多消费者的参与，活动现场还进行了特、优惠售价销售，按购买者现场排序，分别享受不同的现场购买优惠。

由于活动特惠价与市场价存在着诱人的差价（如排名前50名者特惠价5元/盒，5 100名者特惠价10元/盒，10 150名者特惠价15元/盒，而市场零售价为39.8元/盒）特惠销售吸引了大批消费者，尤其是各地的老用户，不少人早早赶到现场排队，有人甚至带着盒饭。

值得一提的是，22日回报活动现场，为寻找"七子"提供过线索（也即曾打进热线电话）的人们领到的"精美礼品"，竟是一盒三只装的红苹果。这实际上是一心公司元旦前面向销售终端开展的一项旨在密切与终端良好关系的"红苹果"行动的延伸。该行动借助于一个"红苹果能够满足人们美好愿望"的传说故事，在新千年的元旦一下子向所有的七子填精口服液的销售终端都奉送一份精美礼盒装的三只苹果，礼物不重，但因为有良好祝愿的包装，因而在终端引起了强烈反响，极大地刺激了终端对"七子"的促销热情。这次一心公司又故伎重演，让来者苹果掂在手、祝福留于心，倒也是喜出望外。

据一心公司人员介绍，重金寻"七子"行动在海南成功推出后，"七子"生产厂家海南三叶药业集团有关领导对整个活动充分肯定，并很快决定赞助一心公司20万元及1万盒产品，帮助它在广东全面推广此项活动。显然，这项公关策划不仅打动了消费者，也打动了生产商。

点评：

企业信息传播，开展公关宣传除了要细水长流外，也要抓住时机，创造"高潮迭起"的局面，通过成功策划富有特色和针对性的公关宣传活动，吸引公众的参与，使参加者在自然的气氛中直接地感受到组织者的存在和其中所体现的情谊，从而对企业产生良好的印象，实现双向沟通。

第三套 攻战计

第十三计　打草惊蛇

提要： 典出唐人笔记《酉阳杂俎》。此处用意是通过试探性的佯动，促使敌方产生明显的反应，从而了解到他们的真实意图与布置，为下一步行动创造良机。此计成功与否需要熟悉和掌握"惊蛇"的门径与技巧，务求真正达到引蛇出洞的目的。

以利试人品

背景：

甘茂因为被诽谤而离开秦国，想投奔到齐国，出关时，遇到苏代，对苏代说：

"我听说有一个很穷的女子，家里没有蜡烛，她和其他富人家的女子一起搓麻线。她说：'我缺少烛火，而你的烛光幸好有剩余，请分给我一点，剩余的亮光，这无损你照明，却能使我同您一样方便；现在我受困，被秦国驱逐而出关，希望能像那穷人家的女子一般得到你的照顾！'

苏代应承下来。

决断：

苏代于是先到秦国，游说秦王说："甘茂是一位不凡的人，甘家在秦国历代以来都受到重视。从殽塞到鬼谷，所有地形上的情况都十分了解。他如果以齐国的名义约集韩、魏两国，反过来设计秦国，对秦国是很不利。"

秦王说："既是如此，那该如何呢？"

苏代说："不如准备厚礼，请他回来；如果他回来，就将他安置在鬼谷，终身不让他再出鬼谷一步。"

秦王说："好。"

立刻委任甘茂为上卿兼宰相，派使者带宰相的官印到齐国去迎接甘茂，但是被甘茂婉谢了。

苏代回到秦国，对齐王说："甘茂是一位贤人，秦国委任他做上卿，拿相印来迎接他。但甘茂感谢大王收留，所以希望成为大王的臣子，因此不回秦国。如今大王能礼遇他吗？"

齐王说："好！"

立刻任命甘茂为上卿。而秦国同时也解除对甘茂家族的限制，并恢复对齐国的往来。

点评：

用人先需察人，危难之时投奔于你，难以显其忠心，若能不为利诱，不为名惑，始终保持自己的坚定立场，这样的人，定能为用。

另辟蹊径　打草惊蛇

背景：

第二次世界大战时期，斯大林格勒保卫战正在激烈进行。德军几乎调集了东线所有兵力围攻斯大林格勒，大有不拿下该城誓不收兵的架势。

这时，处在距斯大林格勒400公里之外的著名红军将领瓦杜丁的部队，在外围顽强地阻止了德军进攻后，赢得了暂时休整时机。德军没有能够突破瓦杜丁的防线，原地驻扎，开始整修工事，丝毫没有继续进攻的意思。和斯大林格勒相比，这里的战斗远不是那么激烈。这种不正常的反差，很快引起了瓦杜丁将军的注意，他意识到，也许正是德军的缓兵之计，目的是为了拖住他的部队，不能去增援斯大林格勒。

决断：

瓦杜丁将军感到问题十分严重。如果调部队去救斯大林格勒，那么，当面的德军势必从背后追击，这样反而等于把敌人引进了斯大林格勒。要是自己按兵不动，只看住眼前的敌人，那又正中了德军的诡计。怎么办才好呢？眼看德军成批成批往斯大林格勒调动，该城危在旦夕。瓦杜丁将军果断采取了打草惊蛇的战术，迫使进攻斯大林格勒的德军抽调了兵力。

他先派飞机每天夜里向德军扔炸弹，白天在德军上空盘旋，进行骚扰，开始没有引起德军多大的反应。几天之后，德军就被搅得惶惶不安。晚上睡不好，白天也不敢出来晒太阳，整天缩在掩体里不敢动弹。然而，德军还是没有大规模的兵力调动。

瓦杜丁一看德军不见棺材不掉泪，索性组织了一次真正的进攻。他派部队绕到德军背后，在一个晚上突然向敌人发起了进攻，并占领了德军的后方阵地。德军搞不清苏军的战略意图，加上连日来红军飞机不断进行轰炸，以为红军要从他们的后方阵地实施战略总攻，立即报告前线总指挥部说："红军要从后方实施反攻，请火速调兵增援。"总指挥部依照"种种迹象"判定，红军真的要从背后反攻，于是急忙从斯大林格勒抽调大量兵力前来应战。守卫斯大林格勒的部队乘机发起了真正的反攻，从而取得了斯大林格勒保卫战的胜利。

点评：

战场上常常会面临这样的抉择：你可以这么做，也可以那么做，可是这么做和那么做都会有利有弊，高明的将军则会既不这么做，也不那么做，却取得了出人意料的胜利。

旁敲侧击

背景：

宋代的文学家欧阳修在参加修《新唐书》时，曾遇到过一个难题。学者宋祁在修史书时喜欢用冷僻字，把本来很易懂的句子变为很难懂的句子。欧阳修很想提出来，但宋祁比欧阳修大20岁，欧阳修不好直说，非常着急。

决断：

一天，欧阳修去探望宋祁，正巧宋祁不在家，他灵机一动，便在门上写道："宵寐匪贞，札闼洪休。"然后就在附近散步。宋祁回来后望着门上的字发蒙，问："这写的是什么意思呢？"欧阳修笑道："你怎么忘了，这八个字就是'夜梦不祥，题门大吉'啊！"宋祁很不以为然，"你就直写好了，何苦用这种冷僻字眼呢？"欧阳修哈哈大笑，说："这就是您修唐书的手法啊！'迅雷不及掩耳'多明白，您偏写什么'震雷无暇掩聪'，这样写出的史书谁能读懂呢？"宋祁对欧阳修的苦心很感激，表示以后一定注意。因为年龄的差异，若欧阳修简单提出宋祁的毛病，他一定不以为然，而用这种间接批评法，让他自己看到毛病，效果就好多了。

点评：

中国有句俗话，叫做"条条道路通北京"。批评也是这样，可以采用不同的方式去达到目的。间接地提醒别人注意他自己的错误，委婉暗示式地提出批评，这样做，看起来需要花费一些功夫，但它能绕过障碍，直接到达目的地，比起简单地批评来说，它的效果要好得多。

第十四计　借尸还魂

提要：本是毫无价值的东西，经过一番改头换面，借助另一种形式包装之后，重新出现。启示人们应该善于利用那些貌似无用的东西，为其创造有利条件，经过认真斟酌的借用，制造"还魂"奇效，化腐朽为神奇，增加自身获胜的可能性。

惊险广告

背景：

日本丰田汽车公司曾在美国轿车面前一败涂地，甚至连国内头号出口轿车大王的宝座也被日产公司夺去。为此，丰田公司制定了全力改进"光环车"的战略。

一年之后，丰田公司推出了以中产阶级为销售对象的"光环"牌1 500型高级轿车，投入市场。新车的性能已大为改进，但由于第一代"光环车"名声不佳，人们对"光环"牌轿车普遍缺乏信任，因此，新车投放市场后，销路仍然不好。

决断：

为了改变人们"光环牌车不坚固"的印象，公司不惜血本，耗资上千万日元，在全日本乃至全世界掀起了一场旷日持久的宣传战和心理战。以广告片《海之虎——光环》为开端，在商业电视广播中接二连三播出了《空中飞车——光环》《猛撞油桶——光环》《悬崖滚车——光环》等破坏性试验影片。

在《空中飞车——光环》的拍摄中，导演设计了这样一个精险镜头：高速行驶的光环车，在一瞬间腾空而起达3米高，悬空飞行约25米远，着地后仍然照常高速行驶。

广告宣传了光环车的优异性能，以惊险紧张的画面吸引广大观众，广告片在电视台播出后，获得了巨大的成功。使消费者打消了原有的顾虑，并被新车的优美造型所吸引。"光环"牌轿车在市场上成为抢手货，为丰田公司再次夺回了日本出口轿车大王的宝座。

点评：

成功的广告应该是新颖、独特的，把思想性、真实性和艺术性融为一体，使人们觉得欣赏这些广告会引起他们的美感和满足感，从而产生了购买的念头。

菲亚特公司起死回生

背景：

意大利菲亚特汽车公司是世界上的大汽车公司之一，在欧洲各国享誉已久。进入20世纪70年代后。由于中东局势紧张，石油价格猛涨，加之内部管理不善，开支过大，使公司连年出现财政危机。公司没有能力更新陈旧单一的生产线，汽车在市场上销售量剧减。为了换取4亿美元的投资，菲亚特公司被迫将13%的股票卖给利比亚阿拉伯对外银行。菲亚特公司面临四面楚歌、凄凉惨淡的经营局面，无力自拔。

决断：

在这种情形下，菲亚特集团老板艾格龙提拔有丰富管理经验的吉德拉为公司总经理，把挽救公司命运的希望寄托在他的身上。

吉德拉出生于意大利的都灵，具有西部皮埃蒙特人不屈不挠、吃苦耐劳、脚踏实地的性格。他为人谦逊，有较高的专业素质和丰富的管理经验。他上任后，先全面了解公司存在的问题，然后便大刀阔斧地进行了一系列行之有效的改革。

首先，他精简机构，节省了大笔开支。菲亚特公司在世界各地的机构几乎全都亏损，使公司背上了沉重的负担。吉德拉上任后，大量削减海外机构，先后关闭了北美、南非等地的分厂，又关闭了7家效益不好的国内工厂，缩小了生产规模。接着他又把职工总数从15万人裁减到10万人，节约了宝贵的资金。

其次，他投入巨资发展机器人、改革生产方式。菲亚特公司花费50亿美元，使公司的生产和管理跟上了世界的新潮流，产品质量得到迅速提高，车辆型号也呈多样化。这为公司重新夺回市场提供了有利条件。

第三，改变零部件的供应系统，使实力雄厚的零部件厂担负起更多的研究开发新产品的任务，而菲亚特公司只购买完整的组件。这就减少了生产环节，加速了资金周转。

经过一系列改革，菲亚特公司终于扭转了困境，又恢复了活力。1983年，公司创利5 000万美元，1984年公司销售汽车超过130万辆，盈利2亿多美元。菲亚特公司的销售量在欧洲市场上名列第一，成为欧洲汽车市场的霸主。该公司生产的"昂罗"牌新型轿车也被选为最佳轿车。

菲亚特公司从此起死回生、重振雄风，走上了兴盛图强的成功之路。

点评：

借尸不魂是三十六计的重要计谋之一，它源于八仙之一的铁拐李得道成仙的传说。原被喻为某些已经死亡的东西，又通过某种借的形式得以复活的现象。菲亚特公司，在面临四面楚歌的境地中，借助有力的人才和有力的改革手段，终于挽回局面，起死回生，可谓善借者必能打开新局面。

吸取教训　再次出击

背景：

20世纪80年代，台湾新台币大幅升值，而且股市热闹，股价上涨，上市公司易于筹资以及国际化经营思想的传播这几个因素促使台湾企业积极进行跨国收购，寻求海外技术、市场与生产基础。

在收购最积极的1989年，台湾成立"收购外国企业"专案小组，同时建立收购信息中心提供服务，就当时，对3 000家绩优厂商进行问卷调查，结果显示约有3/4的企业愿意或考虑到海外投资，其中以信息、电子电器、纺织、机械，石化等行业对海外收购最感兴趣，且以北美为主要收购对象，这显示出台湾企业赴海外收购已蔚然成风。

有的企业虽然已在抢滩收购中阵亡，但成功者已取得被收购公司的控制权、技术、行销渠道，成为跨国经营的企业。部分企业受到美国经济不景气与收购后整合无法顺利完成的拖累，尚处于亏损状况，但有些企业已经获得利润，而且利润率已超过美国的基本放款利率。

1987年，宏碁公司以2亿新台元的价格收购生产微型电脑的美国康点公司，借以获得迷你电脑的生产技术。根据宏碁公司董事长施振荣的电脑金字塔理论，位于底部的个人电脑厂商，若想摆脱激烈竞争，必须升级往大中型电脑发展。为了突破技术发展的瓶颈，收购康点公司是取得技术的终南捷径。在此之前，宏碁公司曾收购美国桑德克公司，使宏碁比其他国内电脑公司提早一年到半年熟悉32型的系统环境，进而确定宏碁在个人电脑技术领域领先的地位。凭此成功的经验，使宏碁公司认为收购是获取技术的最好方法。

然而收购之后，由于管理上的失误，康点研究人员大量流失，而康点公司的订单也大为减少，32型个人电脑对微型电脑产生严重压力，内忧外患使康点经营每况愈下，3年的累积亏损达4亿新台币。到1986年6月，宏碁公司只好撤资，将康点公司与宏碁科技公司合并，成立宏碁美国分公司，简称美国宏碁公司。

决断：

宏碁公司经过调查研究后认为，失败的原因在于"人员聘用"上，成功的公司必须能够聘用有能力的人并将他们安置在适当的工作上。无论收购前后，康点公司都发生了人才断层的危机，因此才产生亏损。而宏碁公司缺乏管理人才，无法派员填补这个组织的缺口！这印证了德鲁克所提出的收购成功条件之一："购并后一年内，买方必须有人才可替代卖方的高级主管。"

不经一事，不长一智。1990年8月宏碁公司收购美国阿图斯公司时，对管理可行性的评估更为谨慎。在评估阶段，宏碁公司确信阿图斯公司的高级主管对此收购表示欢迎，不致在收购后有人才流失的困扰。而且在收购后，在宏碁公司方面的协助下，阿图斯原任总裁康威进行人事、制造与研究部门的整合，百余名研究人员仅裁掉10多名不胜任者。

这一次，宏碁公司的收购行动获得了成功。

点评:

企业走上新的台阶,需要有大鱼吃小鱼的勇气和果断,收购不仅是企业融通的重组,而且是科学的规划,才能见真效。

寻机缘巧渡危机

背景:

商场与兵战一样,其环境与态势都是瞬息万变的:它时而天高云淡,风和日丽,秋月映湖;时而山雨欲来风满楼,黑云压城城欲摧;时而电闪雷鸣,急风骤雨,天昏地暗。

当年胡雪岩的生意蒸蒸日上之时,经历了一次大的变故,而且这次的变故几乎将他逼入绝境。

这次变故有 3 个方面:

第一,胡雪岩的生意基础如最大的钱庄、当铺、胡庆余堂药店以及家眷都在杭州,杭州被太平军占领,等于他的所有生意都将被迫中断。不仅如此,他还必须想办法从杭州救出老母妻儿。

第二,由于胡雪岩平日里遭忌,如今战乱之中,顿时谣言四起,说他以为遭太平军围困的杭州购米为名骗走公款滞留上海;说他手中有大笔王有龄生前给他营运的私财,如今死无对证,已遭吞没。甚至有人谋划向朝廷告他骗走浙江购米公款,误军需国食,导致杭州失守。这意味着胡雪岩不仅会被朝廷治罪,而且即使杭州被朝廷收复之后,他也无法再回杭州。

第三,即使不被朝廷治罪,他也不能顺利返回杭州,因为失去了王有龄这个官场靠山,他的生意也将面临极大的困难。他的钱庄本来就是由于王有龄这一官场靠山得以代理官库发迹,而他的蚕丝销"洋庄",他做军火,都离不开官场大树的荫庇。在胡雪岩那个时代做生意,特别是做大生意,本来就不能没有官场靠山。

决断:

面对这一变故,胡雪岩并不惊慌失措。之所以如此,是他从表面对他不利的因素中,准确预见出了可利用的因素:

其一，如今陷在杭州城里的那些人，其实已经在帮太平军做事，他们之所以造谣生事，是因为太平军也在想方设法诱胡雪岩回杭州帮助善后，而那些人不愿意放他回杭州。他们造谣虽为不利，却并不是不可以利用。胡雪岩根据这一分析，确定了两条计策：首先，他不回杭州，避免与这些人正面交锋，他知道他的这一态度一旦明确，这些人就不会进一步纠缠；其次，胡雪岩不仅满足他们不让自己回杭州的愿望，而且他还决定自己出面，特别向闽浙总督衙门上报，说是这些陷在杭州城里的人实际上是留作内应，以便日后相机策应官军。这更是将不利转化为有利的极高的一着——表面上是给了这些人一个交情，暗地里却是把这些人推上一堆随时可以引爆的火药，因为如果这些人不肯就范，加害胡雪岩，他可以随时将这一纸公文交给此时占据杭州的太平军，说他们勾结官军，这些人无疑会受到太平军的责罚。

其二，胡雪岩此时手上还有杭州被太平军攻陷之前为杭州军需购得的大米一万石。当初这一万石大米运往杭州时无法进城，只得转道宁波，赈济宁波灾民，并约好杭州收复后以等量大米归还。这也是一个可以利用的有利因素。胡雪岩决定，一旦杭州收复，马上就将这一万石大米运往杭州，这样既可解杭州赈济之急，又显胡雪岩做事的信义，诬陷他骗取公款的谣言也可以不攻自破。实际上，胡雪岩不仅在杭州一被官军收复，便将一万石大米运至杭州，而且直接向带兵收复杭州的将领办理交割，这样不单是收到了预期的效果，更一下子得到了左宗棠的信任，将他引为座上客，并委他鼎力承办杭州善后事宜。由此，胡雪岩又得到了一位比王有龄还要有权势的官场靠山。胡雪岩的红顶子，也就是这一举措的直接收益。原来看似不利的因素，实际上成了胡雪岩日后重新崛起的机会，真可谓把不利之中的有利因素充分利用到了极至。

点评：

胡氏曰：做生意跟带兵打仗的道理差不多……随机应变之外，还要从变化中找出机缘来，那才是一等一的本事。

巧借他人　号令诸侯

背景：

秦始皇一死，反抗他的专制暴政的各地英豪纷纷起义。最先揭竿而起的，就是农民出身的陈胜、吴广，楚国的项梁、项羽，沛县的刘邦等也唯恐错失机会而相继举兵。

陈胜、吴广所带领的民兵为秦军所剿平，两人也死在混战中。项梁继续发起组织抗秦联军的行动。

决断：

当时军师范增对项梁建议说："陈胜的失败是理所当然的，为什么呢？因为被秦国灭亡的六国中，最憎恨秦国的就是楚国人，但是陈胜不明白这一点，他虽然率先举兵起义，却不立楚王子孙而自己封王，因此会短命而死，是不难理解的。而将军在江东举兵时，楚国各地起义的武将都争先恐后投效在将军的麾下，这是因为将军家世代为楚国将军，他们期望楚国王室能重振之故，希望将军不要忽略这一点。"

项梁觉得有道理，立刻找出流落民间，为人牧羊的楚王孙心，拥立他为楚王，也就是楚怀王。换言之，就是拥护他为抗秦联军的盟主。

于是联军就在怀王名义的号召下重新编组，朝秦都咸阳进攻。但等到秦灭亡后，怀王就再无利用价值。不久，就被联军中最具有实力的项羽遣人暗杀了。

点评：

项梁借楚怀王之名义，号令诸支抗秦军队，使己具有指挥他人之权，占据优势。

多芬行动 从破坏到利用

背景：

法国维希政权建立后，它所控制的区域称为"自由区"，纳粹特务组织颇为重视利用这个区域，对英国进行反间谍战。为了向法国贝当政府控制的自由区渗透，一个混合特遣队在南区成立。它由谍报局、盖世太保和治安警察共280人组成。所有这些人都是在伪造的法国证件掩护下进行工作的。

这280人分布在里昂、马赛和蒙彼利埃的秘密营地。领导这支间谍部队的是测定电台方位的专家德伦巴赫。他是政治警察中的一个老手罗姆的老朋友。

这次行动取名为"多芬行动"。

德伦巴赫轻易地把全部地下电台网的方位作了测定，致使包括里昂地区在内的20多个地下电台全部"覆没"，几乎所有的电报员和他们的助手都被逮捕。

决断：

英国谍报部门领导的地下电台被破获了，但还应该让它们继续工作，这是反间谍专家基费尔的主意。若想让秘密电台继续工作是很困难的，首先遇到的是技术上的问题：没有密码、精确的播送时间、变换信号等等。长期的收发报，两地报务员之间也相互熟悉对方的指法，只要有一点儿不同，对方很快就会察觉不是原先的那个人。所以必须让被捕的报务员继续工作。为了防止报务员搞小动作暗示对方，就要有一种特别巧妙的监督方法。这些问题，基费尔都成功地解决了。他和德伦巴赫等特遣队员以他们家人的生命相威胁，迫使这些报务员屈服。

这样，一些被破获的发报站还在正常发报，甚至和伦敦的英国谍报部门取得联系。那里的人对报务员的变节毫无察觉，后果是灾难性的。德国人收到有关用降落伞投送武器、军需品和货币的多份报告，有大约2 000件武器在空投时落入他们手中。那些文件，使他们发现了间谍网，于是在诺曼底、奥尔良、昂热和巴黎，许多盟军的间谍和法国地下抵抗运动成员被捕。

弥补这个损失，需要付出几个月的工夫。最终，英国的谍报机构发现了电台的秘密，但已为时太晚。

布列塔尼电台在拍往伦敦的最后一封电报中说道："多谢你们的合作，并给我们送来武器。"

英国报务员风趣地回答："区区小事，不足挂齿，这些武器对我们来说只是一小部分，我们很快又会有的。"

几星期前，伦敦就发现了这家电台已落入敌人手中，便故意继续同他们保持通话，目的是迷惑敌人，把新的间谍派往法国。

长期以来，这些德国间谍们披着停战委员会、德国领事馆和红十字会的外衣，暗地里干着整理秘密文件、搜寻电台等特遣队的工作。

1942年12月，盖世太保在法国正式建立了自己的分支机构，并在南区军事区的利摩里、里昂、马赛、蒙彼利埃、图卢兹和维希建立了特遣队。12月初，这些特遣队改为保安警察和保安处的特遣队，即改为与北区特遣队相同的局。从而，笼罩全法国的一个多而密的庞大的德国警察体系（保安警察——保安处）网建立起来了。

此外，还有数不清的辅助机构、雇佣的打手队和形形色色的特工队和特遣队。这个密如蛛网的间谍群控制着法国的每个角落，他们利用密探和告密者监视着法国各阶层的动向，使法国的抵抗运动陷入困境。

打击法国南部秘密电台的"多芬行动"完成后，希姆莱来到巴黎视察。他对奥伯格和克诺亨的工作非常满意，他的路线和主张得到这两个人很好的贯彻。

点评：

"多芬行动"真的是一次杀伤力很强的反间谍行动，而且这次行动的特别之处在于它不是努力破坏敌人的间谍活动，而是更加注意变这种破坏为利用，从而造成更大的毁坏性。

小处着眼

背景：

1895年，40岁的金·吉列还是一名四处奔波的推销员，每次出门之前他都要剃胡须整饰仪容，好去推销商品。然而当时的剃须刀用完后，不能磨得很锋利，所以胡须经常刮不干净。有位老板在一次推销活动中对吉列说：要是能发明一种"用完即扔"的产品，顾客就会不断来买，这样就能发财致富了。

决断：

偶然的机遇使吉列产生了发明一种新型剃须刀的想法，这种剃须刀能随时更换刀片，为人们节约不少时间。吉列为自己的想法兴奋不已。他辞掉了推销员的职务，到五金店里买了黄铜、带钢、夹钳、锉刀等东西，关起门来埋头苦干。经过几年的努力，吉列终于研制出了能换刀片的剃须刀，从小处着眼的策略使他小有成就。

1901年他和几位朋友集资5 000美元，创建了吉列保险剃刀公司。1903年他做成了第一笔买卖，销售了51把剃刀架和168个小刀片。1904年，吉列公司的剃刀架售出9万把，刀片销售量达100多万片。吉列公司获得了巨额利润。

在第一次世界大战期间，吉列公司以特别低的价格卖给前线战士许多剃须刀，虽然当时并没有得到多少利润，但这些战后复员的士兵把吉列剃刀带到了世界各地，为吉列公司做了免费广告宣传，使吉列刀片的销售量大幅度上升。二战爆发后，吉列刀片作为军需品大量运往前线，因而吉列公司的名声便传遍了世界各个角落。

吉列公司在1959年推出了"超蓝色刀片"，刀片锋利耐用，很快便畅销各地。1962年，公司的销售额达26 600万美元，净利润为4 500万美元。这一年，吉列公司在美国剃须刀市场上的占有率为：单刃刀片70%，双刃刀片90%。投资报酬率达40%，在500家大企业中名列榜首。吉列家族也成为世界上最富有的家族之一。

1964年后，吉列公司为适应市场的激烈竞争，及时调整战略，改单一的经营为多元化经营，在开发多种经营渠道的基础上使自己剃须刀王国的地位岿然不动。

企业多元化经营不一定非得紧盯住大件商品，小件商品虽然利薄，但人们需求量大，从长远来看，其利润来源稳定，是积累资金的良好途径。等待时机成熟后，再以原来的拳头产品为依托，借其声誉发展多种经营，那时就可以与其他行业的竞争者一比高低了。

点评：

成功的企业家往往能从小商品中看到潜在的巨额利润，因而能果断地作出决策，把小商品的生意做大，从小处着眼开展多种经营，实现企业的多元化发展。

引入风险机制

背景：

广州塑料软包装厂是一家民政福利小厂，全厂100多名职工中，残疾人占了54%。1986年的审计结果显示：27万元流动资金亏得一干二净，欠下技改债务40多万元，已经到了破产的境地。包装厂的领导想破了头皮，也没有回天之术。

决断：

此时，谢耀临危受命。上任厂长之后便引进风险机制，逐步把车间推向风险承包的险地。他先是在厂内实行车间集体承包，很快使企业扭亏为盈。1988年，又通过招标实行风险承包：承包人要先交纳2万元的风险抵押金，确保上交厂部的利润每年递增7%，并保证车间职工的收入每年也递增7%。

风险机制促使承包人在经营中使出浑身解数，尽全力拓展业务多盈利。因为纸盒、纸箱、塑料3个车间都是独立的产品车间，承包者可以自主经营，使他们摆脱了业务科室的繁琐牵制，能够调度产、供、销，用活业务费，业务经营异常活跃。他们在车间内对工人实行按件计工，对供销人员实行任务承包，体现重奖重罚，一下子调动起了工人的积极性。塑料车间六班的机台利用率从承包前的40%提高到97%。工厂的生产呈现出蒸蒸日上的好势头。

三年下来，风险承包的经营方式使全厂利润连创历史最高纪录。1991年，盈利38万元，是承包前的5倍。职工月均收入比3年前增长84%。此外，他们还增添了8台机器设备，还清了技改债务。

点评：

人无风险意识也许不会进化得如此聪明，风险是可以控制的，在商业风险机制的背后，主要还是增强了工人的责任感和主人翁精神，没有风险的事是没有什么价值可言的，把有风险的事业控制在最小风险，才是企业家的魄力所在。

突发奇想　铜牌指路

背景：

1957 年，美国芝加哥市举办全国性的展览会。参展的厂商既有赫赫有名的大公司，也有名不见经传的小企业。展厅的显著位置几乎全被财大气粗的厂家占领。那些小而无名的企业统统被挤到侧厅或角落。难道这些小企业就甘心寂寞吗？

决断：

开展的头几天，人们全都被大公司的产品所吸引，根本注意不到摆在侧厅或角落里的展品。

这时，展厅里出现了件新鲜事儿：前来参观的人们常常从地板上捡到一枚枚精致的小铜牌，铜牌正面写有"海因茨食品公司"的字样，背面是一行小字——"持有此铜牌者，可到左侧厅第一展台领取纪念品"。于是本来门可罗雀的海因茨食品公司展台，立即被那些拾到铜牌又怀有很大好奇心的人们挤得水泄不通。

原来，海因茨食品公司的经理发现自己的展台处于展览大厅的死角，连续几天冷冷清清，无人问津，照此下去岂不成了守株待兔，不光白白花费巨额租金，而且将失去赚钱的大好时机。如果在展厅内张贴海报或广告，效果不见得好，而且还要另花一笔管理费。于是，他派人到展厅中心将原来做广告用的大量铜牌撤下，立即在铜牌背面加上那行小字，将其小心地撒在展厅地板上，然后又准备了丰富的纪念品，等待着奇迹的出现。

果然不出他所料，小小的展台前真是盛况空前，公司的名声急剧提高。到展览会闭幕时，海因茨食品公司的销售额达到 600 万美元，丝毫不逊色于那些大公司。

点评：

一个小小的铜牌，带动了整个企业，使企业摆脱了困境。精明的商家及时改变了广告策略，给消费者以小实惠，从而赢得了消费者。

尿出啤酒　一喝惊人

背景：

1974 年，比利时有家啤酒公司推出一种质量上乘的啤酒。为了与同行竞争，公司决定大做广告，并把广告设计委托给广告制作商——汉斯。为有别于其他同类型的广告，汉斯决定另辟蹊径，来个一鸣惊人。

连续几天的构思和设想都不能令人满意，来自啤酒公司的催稿也使他心烦意乱。于是，汉斯干脆放下手头工作，来到布鲁塞尔市中心散心解闷。突然间，汉斯产生了灵感。

决断：

市中心广场上，很多游人在那闻名于世的撒尿男孩铜像前流连忘返，更有人去接男孩尿出的"尿"来喝。看着这一情景，汉斯突发奇想，新颖的构思跃然脑中。

几天以后，那座小男孩铜像不再尿清水了，取而代之的是泛着泡沫、飘逸着麦芽香味的浅黄色液体，周围的游客无不惊奇异常。其中有位"胆大的游客"拿起啤酒杯就去接"尿"，然后，先用手指蘸来品尝，继而就大口大口地喝了下去。果真是啤酒！于是，人们纷纷拿来各种盛具，当场痛饮，赞不绝口。

这些场面被预先安排的电视摄像机全部录了下来，并在当晚的新闻节目中播放。全比利时的人马上都知道了这件事。那些品尝过啤酒的人也纷纷奔走相告，一时间轰动全国。就这样，汉斯的奇想带来巨大效益。广告取得了意外的成功，公司的啤酒销量也直线上升。

点评：

一个好的广告创意，能给公司带来巨额的利润。面对着如潮般的同类产品，要想在市场中占一席之地，除了过硬的产品质量外，一个良好的广告创意必不可少。

还是老的好

背景：

美国可口可乐花九牛二虎之力，配制新可乐，还未热销，便被众人打回了生产线，可谓损失惨重。两个月后，可口可乐公司恢复旧配方的生产并称之为"古典可乐"，与新可乐同时出售，这才平息了一场危机。尽管可口可乐公司把新可乐视为"旗舰"，但销售结果则表明消费者并不买账。原本想以新口味可乐把百事可乐压下去，结果事与愿违，可口与百事的销量差距不仅没有扩大，反而由20世纪60年代的2.5比1缩小到1985年的1.15比1。

几百万美元，几年心血，却落得洒向人间都是怨。这不仅值得可口公司深思，也值得所有业者深思。

决断：

可口可乐20世纪80年代面临百事可乐的严峻挑战。于是，可口可乐公司决定突破百年陈规，改变配方，研制可口可乐新口味。1985年，可口可乐公司信心十足地把新配方可乐推上市场。新配方较甜，辛辣味没有那么浓，刚推出时，人们还觉得有点新鲜。但是，过不多久就销量锐减。更令人震惊的是，一个名叫"旧Coke饮用者"的组织，走上大街游行示威。他们挥舞着T恤衫，声扬除非可口可乐公司恢复旧配方，不然就将集体上诉，控告公司违反消费者的意愿，强迫他们接受新配方的行径。

对美国人而言，可口可乐代表美国所有的精华，可乐瓶中装的是美国人的梦。改变可口可乐的"正宗"口味，就意味着惊醒美国人的梦，能不遭到反对吗？

百事可乐，则抓住美国新生代与其父辈的"代沟"，以"新生代的选择"为号召，在营销传播中迎合、讨好新生代，并以辛辣、刺激的比较型广告，攻击可口可乐守旧、老迈，而没有在口味上作文章。20世纪80年代中期，百事终于成了可口的劲敌。百事能与可口分庭抗礼，其功不在口味，而在抓住了一代人的思想、情感。

可见，当一种商品成为某种文化符号时，它的销售力是不可估量的。中国的广告主与广告人，是否能在这方面多花点心思呢？

点评：

历史长河滔滔不息，新旧更迭反反复复，然而在浪涛更迭的感性迷雾面前，需要倾听各种声音，用清醒的理性，对之逻辑以及情感的判断，才是成功广告应该把握的基本立足点。

续接变意　一针见血

背景：

假如你有一个朋友特别喜欢射击，可不管怎么练，射击技术都不行，甚至可以说很差劲，参加过无数次射击比赛，却从来没有得过什么奖，这一点你很清楚，然而有一天他却跟你吹牛说："你可别小看我，我可是××射击赛亚军呢？"对此你可以一笑了之或置之不理。但如果你想否定他的观点，揭开他的谎言，完全可以不用一般人惯用的语言，直截了当地否定他，如："你得了吧，吹什么牛啊。我还不知道你？你什么时候得过亚军啊？"如此说话显得小巷里扛木头——直来直去，而且还有伤朋友感情，效果也不好。这时，你不妨揶揄地说："哦，你还是亚军，这我信，不过大概是只有两个人参加的比赛吧。"

仍然是否定他的话，这样说来，却多了一层曲折，有了活泼感，也透出那么一种机智。

决断：

所谓变意续接，即接过对方的话，巧妙地改变它的原意，添加一些补充、注释性的言词，从而否定对方的辩论方法。这种方法针对对方的话语并予以巧妙地应用，因此既增加了双方话语的衔接，又能收到一针见血、切中要害，令对方无言以对或哭笑不得的辩论效果。

变意续接法的运用关键在于"变意"和"续接"。"变意"就是要通过所增加的补充、注释性的言词，改变对方原话的意思，从而形成对抗，并达到否定对方，揭露本质的目的，"续接"则意味着这种"变意"不是凭空冒出来的，而是要顺着对方的语言，并将之巧妙地改变。

这种方法应用于面对面的直接舌战时，反应必须十分敏捷、思维要快，语言组织得也要及时，否则难以"续接"。而且还要注意续接的言词能改变对方的愿意——变肯定为否定或变否定为肯定。

比如，有的人无论从哪方面看，都没有显现出他未来的领袖鸿运，但他却对你说："我想，凭我的能力将来当个国家主席干干是不成问题的。"这时你完全不必一本正经地反驳说他这也不行，那也不成，根本就不是当国家主席的材料。你可以运用变意续接法，顺着他的话说："我想你可以当国家主席，而且不必久等，就在今天晚上，当你进入梦乡的时候就可以了。"

这样对对方的梦想、空想的否定一点也不呆板、枯燥，反倒增添了一点雅趣。

点评：

在日常生活中，运用变意续接的方法进行语言对抗，可以发挥出幽默风趣的作用，增强语言辩论的活泼感。不过，变意续接一般有较强的嘲讽意味，因此使用的时候应该尽量使语气平和，用诙谐、轻松的语调来冲淡"嘲讽"感，创造一种极富情趣的言语氛围。

第十五计　调虎离山

提要： 山是虎的势力范围所在，这里包含有一定的地利因素。古时人在山中遇虎可谓是凶险之极，捕虎更属难为之事，所以只有诱使虎离开所熟悉的地方，才易于制服。一般说来，当敌方占据有利形势时，必须想办法使其自动放弃优势，陷入被动不利之中，才会改变双方形势对比。

调虎离山　静享清福

背景：

法兰西第一帝国皇帝拿破仑，是18世纪末19世纪初法国著名的资产阶级政治家和军事家。这个政治上富有野心、军事上具有卓越天才的法国统治者，致力于对外侵略扩张，曾一度控制了几乎全部的西欧国家。因此，欧洲封建势力对他恨之入骨，欲除之而后快。可是，当时拿破仑军事实力雄厚，不易推翻。于是，他们便使用美人计，设计圈套。

1810年，奥地利外交大臣梅特涅撮合拿破仑和奥地利公主玛丽·路易斯结婚，从而瓦解了法俄联盟，使俄、奥、英、普组成了第六次反法同盟，导致了拿破仑在莱比锡大会战中败北并被流放的可悲结局。而其实，在此之前，拿破仑已有一次险些丧命于美人关下的经历。

决断：

1798年5月，拿破仑带兵侵入埃及，沉重地打击了英国在地中海以东的实力。英国统治者十分恼火，指示情报部门迅速刺探拿破仑的行动计划，在可能的情况下干掉拿破仑。

接受这一任务的是英国皇家海军间谍约翰·巴尼特。他想到拿破仑是个好色之徒，便决定施行美人计。巴尼特乔装打扮，混进开罗，通过贿赂法国职员以及埃及仆人和向导，了解到拿破仑与他手下一位军官的妻子富雷斯夫人有私，便决定从这儿入手。

按照拿破仑的规定，军官是不准带妻子到埃及来的。但这位富雷斯夫人却女扮男装，偷偷上了运兵船。等到消息泄露之时，她已到达埃及了。拿破仑得悉此事，本想从严处理，无奈富雷斯夫人容貌出众，拿破仑一见倾心。她不但没有受罚，而且很快便得到了拿破仑的宠爱。然而，拿破仑知道一旦奸情败露，富雷斯可能妒火骤起，给他一梭复仇的子弹。为了保险起见，他决定调虎离山，打发富雷斯到巴黎去执行使命，并明令不准携带夫人。

巴尼特得悉后，立即命令英国"雄狮"号兵舰，全速前往拦截富雷斯乘坐的法舰"猎人"号。富雷斯被俘之后，巴尼特不仅热情款待，而且奉为上宾，并将拿破仑如何与他妻子勾搭，又如何用计调他返回巴黎等事一一描述，意欲借刀杀人。富雷斯听后怒不可遏，表示要返回开罗同拿破仑算账。巴尼特心中暗喜，立即派人把富雷斯送回开罗，然后稳坐"雄狮"号上，等待佳音。然而，巴尼特很快便失望了。因为富雷斯一去犹如泥牛入海，杳无音讯。究竟是富雷斯权衡利弊之后改弦更张呢，还是别的什么原因，外人无从知晓。不过，对于拿破仑来说，也算是躲过了别人的一次暗算。

点评：

调虎离山计，在军事上，是一种调动敌人的谋略，其核心在一"调"字。其正确方法是设计相诱，以此掌握主动，一举制胜。而今在现代经商活动中也被广泛运用，通过运用这一策略，能分散对手和自己竞争的精力，使其首尾难以兼顾，从而在某些事务原本协商不成的情况下，迫使对方让步，以达到自己成功的目的。

拓跋焘引蛇出洞

背景：

大夏赫连勃勃病死后，太子赫连昌即位。北魏太武帝拓跋焘听说大夏内部政权不稳，就亲率大军攻打统万城，但统万城城池坚固，攻城未能奏效。

公元427年，魏帝率领3万骑兵，日夜兼程，准备第二次攻打统万城。文武大臣们见拓跋焘只是轻装前进，都劝他不如带着步兵和攻城器械一同前进，万一攻城不破，后退时也好有一些支援。拓跋焘却认为，用兵之道，攻城是下策，如果带着攻城的器械，敌人必定坚守城池，不出战，这样天长日久，粮食吃完了，士兵们都被拖得疲惫不堪，那时就进退两难了。现在敌人看到只有骑兵而没有步兵来，一定会放松警惕，如果能引诱他们出城，就可以战胜他们。因为魏帝的士兵离家都有两千多里地，又隔着黄河，退路已被截断，这就是所说的置之死地而后生，用这样的军队打仗，决战可以取胜，攻城就不行了。拓跋焘让大部分骑兵埋伏在深谷中，只带少数人马来到统万城下。这时赫连昌的一名将领狄子玉投降了拓跋焘，并报告了一个重要情况：赫连昌听说魏帝要二次攻打统万城，就派人去长安向他弟弟赫连定求助，赫连定让兄长守好统万城，等他捉住了北魏大将奚斤，再回师统万城，内外夹击，一举取胜，拓跋焘得知赫连昌无意出城迎战，自己的计划有可能落空，不免有些担心，如果赫连昌据城不出，自己的粮草不足，就不得不撤军了，所以拓跋焘便只有用计把赫连昌引出城来了。

决断：

拓跋焘为了引出赫连昌，就把军队全部撤到城北，装出一副疲弱的样子，等待赫连昌出城攻打。

正巧这时魏军有几个军士因犯军法逃到了统万城内，他们告诉赫连昌魏军粮食已吃完，现在只用野菜充饥，辎重、步兵都拖在后面，如果出击，必会取胜。赫连昌马上改变了守城的计划，带着骑兵、步兵3万人冲出城来。北魏的司徒长孙翰劝拓跋焘暂时回避，先不要迎战，等待步兵，拓跋焘坚持原来的战术思想，带队假装向北逃跑。赫连昌一看，以为魏军真的败退，便兵分两路，包抄上来。这时吹起了东南风，黄沙蔽日，拓跋焘近前的一个宦者又劝他暂避一时，明日再战；北魏一个大臣却认为千里征战，不应仓促之间改变作战计划，应趁敌人前后脱离，首尾不能相顾时，分路出击，打他个措手不及。拓跋焘点头称是，就吩咐骑兵分路出击夏军，拓跋焘身中流箭，仍奋勇当先，大夏的军队全线崩溃，魏军终于攻占了统万城。

点评：

引蛇出洞，是欲与敌人决战，而敌人却不愿交战时用的计谋，往往是先制造一些假象，引诱敌军前来攻打，然后己方后发制人，战胜对手。

不失时机鸿门宴

背景：

春秋时，吴王姬僚利用楚国国丧，对楚国发动进攻。但吴王姬僚的这种做法，却给国内的一位野心家提供了机会。他就是吴王姬僚的兄弟姬光。姬光认为自己该当吴王。如果全力攻楚，必然造成国内空虚，为自己夺取政权创造机遇。于是他竭力支持吴王姬僚出兵楚国。当他得知前线紧张，便极力促使吴王姬僚全力救援，并力荐吴王的儿子庆忌率兵前往。因为庆忌身材高大、武艺高强是众所周知的，如果留在国内会对姬光夺权形成很大障碍。要是庆忌上了吴楚战场，就使吴王姬僚彻底成了孤家寡人，夺权就胜利在望。

吴王姬僚求胜心切，完全顾忌不到后院的安危，或者根本就没有想到后院存在什么危机，派了庆忌率重兵赶赴吴楚战场，参与尘沙飞扬的厮杀。

机不可失，时不再来。姬光立刻召来杀手专诸，进行密谋。

吴王姬僚有一个爱好，那就是特别爱吃鱼。姬光就以此为突破口，专门去请其来家作客、吃鱼。

决断：

姬光对吴王姬僚说："我请了一位太湖名厨，特别擅长烹调鱼类，做出来的鱼据说是太湖一绝。今天专程来请陛下屈驾到舍下品尝。"

姬光走后，吴王姬僚想到国内兵力空虚，特别是姬光在王位继承权上具有的特别身份，不禁多了一个心眼，首先下令亲兵将从王宫到姬光家的道路严密把守起来，禁止一切闲杂人员进入，以防不测，然后，在身上套了三层柔软、舒适但坚韧无比的犀犷之甲，这才神情泰然地乘车前往赴宴。

姬光当然明白要想杀掉吴王姬僚，绝不是一件轻而易举的事，他与伍子胥合谋制订了严密的计划。姬光先在举行宴会的屋子下面的地下室里安排了精心挑选的兵士，以确保能控制屋内局势。同时由伍子胥聚集了平时收罗的几百名亡命效忠之徒在城外接应，用以发生意外时及时补救。

吴王姬僚按时驾到。

当酒宴进行到最热烈之际，姬光趁着吴王姬僚酒酣耳热，已有几分酒意之时，推托脚病复发，离席而去。

专诸看见姬光离席，知时机已到，立刻端着一盘热气腾腾的大鱼走入宴会厅。

吴王姬僚闻到飘来的鱼香，不禁连声称赞："好鱼，好鱼！"一边摇摇晃晃地站起来，想看清那盘里的鱼形如何。

吴王姬僚刚刚站起身，还没有看清盘里鱼的形态，却看见一只手突然从鱼腹抽出一把明晃晃的匕首向自己刺来。吴王姬僚本能地向后闪身，但已经晚了。

专诸使足了力气，一下子刺穿了吴王姬僚身穿的三层犀犷之甲，深深地将匕首插入吴王姬僚的胸膛，深到几乎连匕首的手柄都插进去了。

看着吴王姬僚痛苦地扭曲着身子倒在地上，专诸那颗高悬的心才算放回到肚子里，长长地松了一口气。但这口气还未出完，就感觉到背上一阵疼痛，随之也倒在地板上，倒在吴王姬僚的身边，与之相伴而去。

吴王姬僚的卫士们直到此时才明白发生了什么事情，一拥而上，刀剑齐发，专诸顷刻间变成一段段血肉模糊的东西。但这已毫无作用了。

姬光的亲信士兵和伍子胥带来的士兵合在一起，迅速歼灭了吴王姬僚的卫队。

姬光于是宣布继位为王，这就是吴王阖闾。

点评：

精心布置，巧妙安排，先虚其势，再抓紧时机。勾勒出每一个细节，使计划周密无比，无懈可机，最终自然是胜券在握了。

赞扬对方 解除戒心

背景：

某大城市的商业街中老洪经营服装行业，开始生意清淡。经过一段时间的留心观察，老洪总结出一个方法，并坚持应用，生意居然渐渐兴隆起来了，这便是运用"卑而骄之"法的效益。

一天，来了一对年轻恋人。老洪立刻上去迎接，笑容可掬地进行介绍。不一会儿，就成一笔交易，我们来看看老洪有什么俏点子。

决断：

老洪满脸堆上笑容，向顾客介绍道："这种裙子是刚从上海进的货，这几天买的人很多，想不到你们一下子就看中了，真有眼力呀！"

年轻人点头微笑。老洪又对女的说：

"小姐，这条裙子很适合你苗条的身材，好像是专门为你做的，你可以拿到那边试试看！"

姑娘穿在身上，果然光彩照人。老洪趁机恭维："哎唷！看看，你简直像个时装模特！"

年轻人笑容满面，合不拢嘴。俏姑娘左顾右盼，看个不停。

"多少钱？"年轻人主动开口。

"按质论价吧！你看看这料子、款式。"

"250元，行不？"姑娘问。

"看你怪内行的，不跟你多说了280元给你算了！"

小伙子和姑娘嘀咕了一阵，高兴地付钱了。老洪获胜而且双方满意。

心理学上指出，适当地赞美对方，满足对方的自尊心和虚荣心，使之产生一种优越感，处在沾沾自喜之中，从而分散其注意力，解除对方的戒备心理，这是善用口才者的一贯伎俩。

此法对购物同样行得通。例如，春节老王上街买橘子。卖主刚开张，老王上前打招呼：

"老板，恭喜发财！橘子怎么卖？"

"两元五角一斤。"

"看你这么早就卖橘子，肯定懂得做生意。一定发财吧？今天开张卖橘子，今年一定吉祥如意的。"

"价钱合适点儿，我买几斤。"

"多少你才要？"

"二元一斤，少一点儿不算少，开张大吉，我买了别人也跟着买，不就很快卖完了吗？"老王终于说动卖主，达成一笔交易。

当然，使用这类赞扬促销之法时，应注意：夸奖对方高兴的事，讲价前夸奖；有理有据，夸而符实；为对方所了解和接受；要有针对性。

点评：

老洪运用的是一种常用的促销法。先赞扬对方，满足其心理，使其注意力分散，进而趁热打铁，夸奖产品，讲了高价，此时对方已无戒备心理，便可成交。除了在促销时可用此法外，我们还可在求人办事时，运用巧嘴，以此为策，达到自己的目的。

精心谋划　周密布局

背景：

唐朝一代英主李世民原来不是太子，他是通过政变当上皇帝的。唐高祖李渊有四个儿子，长子李建成被封为太子，次子李世民被封为秦王，三子早亡，四子李元吉被封为齐王。

后来，李建成和李世民之间的太子之争日益激烈，因此，李世民屡次遭李建成陷害，忍无可忍之际，他决定发动政变，夺取皇权。李世民设计使李渊召太子入殿，于是一天上午，太子和齐王便并肩策马，同上宫殿拜见父王。

决断：

当时，李建成根本不知道守卫玄武门的将领常何已投靠李世民，还是像往常一样，毫无戒备地经过玄武门，进入皇宫去见唐太祖。常何等太子和齐王走远了，立即紧紧关闭玄武门，堵断了可能出现的外援。

太子和齐王来到临湖殿前，下马登殿，太子忽然发现殿角埋伏着士兵，心

知有异，立即警觉起来，他扯了
一下齐王的衣袖，飞奔下殿，上
马往玄武门奔逃。这时，伏兵尽
起，李世民亲手射杀了太子李建
成，尉迟敬德射杀了齐王李元吉。
太子和齐王的卫士也被赶杀净尽。

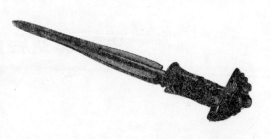

　　这时，太子东宫和齐王府也
得到消息，太子的将领冯翊和冯立率两千余骑赶到玄武门。玄武门守将常何拒
不开门，太子的卫士仗着人多势众，就奋力攻打。但由于门既高大，守得又顽
强，所以久攻不下。副护军薛万彻见攻门无效。就调转马头，想挥兵攻打秦王
府。在这危急关头，尉迟恭用长矛挑着太子的人头跑出玄武门，向太子的将士
喊话道："奉皇上的命令，在此诛杀太子和齐王，现太子和齐王均已伏法，余
者无罪。只要放下武器，不仅保证生命安全，愿意归附者一律保持原职不动。"

　　太子的将士见到太子的头颅，无不呆若木鸡，大多数人弃戈投降。只有薛
万彻不肯归附，带着少数人冲杀，李世民命放开一条生路，让他奔终南山
去了。

　　谢方叔极其忠于太子，他见太子头颅高悬，兵众散尽，便伏地大哭起来。
李世民不仅赦他无罪，还嘉其忠诚，好言劝慰。

　　就这样，太子李建成和齐王李元吉在秦王李世民的有力的一击之下，身首
异处，灰飞烟灭了。

　　这场宫廷政变就这样结束了。李世民的政敌已完全消除，从此再也无人能
与他争锋，但他能否治理好天下。朝野拭目以待。

　　在玄武门之变后三日，唐高祖李渊发布命令，立李世民为太子，并诏命朝
野，"自今军国庶事，大小悉委太子处决，然后奏闻。"李世民实际上已具有
了皇帝的权力。第二年正月改元，年号贞观，李世民称帝，是为唐太宗。

　　点评：

　　要想实现自己的目标，必须经过精心周密地策划与准备，才能取得成功。
正所谓谋事于前，方可成事于后。

长江实业击败置地

背景：

地铁工程，是当时香港开埠以来最浩大的公共工程，而地铁中环站和金钟站这两个位置最重要、客流量最大的车站的兴建权的竞投，引起了香港地立界巨头的普遍关注。

决断：

人们的目光大都投向置地地产。当年的置地，占有港岛区十多幢大厦，置地广场和康乐广场位于未来口环地铁站的两翼；更重要的是，当时的置地雄居香港地产界的霸主地位，无论是资金、实力还是名声都无人可与之抗衡。

因为实力雄厚，置地也一直没有将竞争对手放在眼中，至于当时尚在发展阶段的长江实业，置地根本就没将其列入对手之中。

然而，长江实业的老板李嘉诚决定，趁此机会虎口拔牙，杀一杀置地这只猛虎的威风。

当时的长江实业，成立刚刚六个年头，大部分地产都在南区边缘和乡村山野，在寸土寸金的中区没有一砖片瓦，想与实力雄厚的英资集团置地交锋，许多人都认为李嘉诚这次是疯了。

李嘉诚却在考虑，表面看来是"志在必得"的置地，有没有失手的机会呢？他冷静地分析对手，得出的结论是乐观的。他认为，置地有两个不易察觉的薄弱环节，一个是过于妄自尊大，目空一切，未必会认真研究竞争各方的优劣，太以自己为中心，这样的企业往往容易"大意失荆州"。同时作为一个老牌的英资企业，置地的老板一直对中国政府怀有戒心，那么他的精力必被分散，分析完毕，李嘉诚决心打这一仗。

知己知彼，才能在对手最薄弱的地方切入。李嘉诚看准置地自恃是大公司，不会认真研究合作方的弱点。于是他集中力量仔细研究地铁公司招标的真正意向，通过各种渠道了解港府的意图。他打听到港府准备以估价的原价批给地铁公司，但要求地铁公司用现金支付地款。

这时，李嘉诚分析地铁公司一定会出现现金严重不足的情况，于是他制订出两条对地铁公司有利的条款：一是由长江实业提供现金作建筑费；二是两个地盘均设计成一流商业大厦，大厦建成后全部出售、利益由地铁公司与长江实业共享，地铁公司占51%，长江实业占49%。

在这段时间里，置地虽然也紧锣密鼓地参加竞投，但他们万万没估计到名不见经传的长江实业会如此认真地研究自己和研究地铁公司。他们认为，凭实力，舍我置地又可取谁呢？1977年1月14日，香港地铁公司正式宣布公开接受招标竞投，共有30有财团、公司递交了保密的投标书。

长江实业中标。同一日，香港各大报章大字标题写出：长江实业击败置地。

点评：

知己知彼，百战不殆。这条法则在商场和战场同样适用。实力强劲的对手必有它的薄弱环节，详细了解，从中切入，往往会出其不意取得胜利。

第十六计　欲擒故纵

提要： 欲擒故纵指在已经掌握全局主动大权的情况下，尽量采取消耗、瓦解的方式打击敌人，避免自身无谓的损失，最终迎来毕其功于一役的胜机。兵法有云"穷寇勿追"，就是提醒人们一旦将敌人逼得只能作困兽之斗时，可能也要付出本不必有的代价。

背景：

能够引起人们关注和重视的重要途径就是善于策划，设置悬念。就广告而言，制造悬念，能调动起顾客的味口，集中起他们的注意力。制造悬念的关键是要奇思妙想，以"奇"致胜。为了构建"HRC"手表的广阔市场，香港一家报社的广告策划就颇具奇妙性。又如，1991年，白山制药五厂的宋瑞要求在《福州晚报》上作一个广告。第一天，他在该报买下一整版，可是上面只写了几个大字——"请看明天本版！"这句话给读者留下了悬念，好奇心的驱使让人们街头巷尾地议论，不知明天此版会出现什么内容。等到第二天，读者急不可待地打开报纸一看，仍是一片空白，不同的是几个醒目大字变成了——"喜讯就在明天！"这下更是抓住了读音的心，读者迫切地想知道究竟发生了什么。终于到了第三天，当人们打开报纸的时候，展现在人们眼前的是整版的"镇脑宁"广告，当地人们街头巷尾议论该报当天的内容，并争相购买该报，达到了预想的效果。

决断：

香港有家报纸爆出一大新闻，它整版几乎是全部的空白，只有版面的中央印着一个小红点，还有 3 个字母 "HRC"。读者莫名其妙，只好加倍注意该报第二天的举动。可是第二天该报却依然如此。于是引起了越来越多的人的注意。无数读者去信或打电话质问编辑先生搞的是什么名堂，这 "HRC" 又到底是个什么东西。谁知该报却一连数日皆如此。人们都想知道谜底何在。一周后，该报以整版的篇幅刊登了 "HRC" 的广告。原来 "HRC" 是一新型手表的牌子，红点是手表中的红色日历。接着 "HRC" 手表的强大广告攻势开始了。报纸、刊物、电视、路牌甚至连霓虹灯都在宣传。形成铺天盖地的洪流，闯进了每个人的眼里，于是市民们很快接受了它。

"HRC" 从一开始的广告就是以奇取胜的，这个 "奇" 在于它构思的巧妙，宏大的气势。这就达到了广告的目的。

点评：

悬念广告是引起人们注意的学问，广告正好迎合了人们猎奇的心理效应，值得广告人和企业、商家借鉴，不过，悬而不念的广告只是失败者的同行。

收购有方

背景：

日本油墨化学工业公司（即 DIC）自创业以来就以国际眼光从事经营，历经三代首脑，都继承了 "事业无国境" 的经营哲学。他们提出了主导产品——印刷油墨要控制世界30%的市场的远大目标，并不断向这个目标迈进。

决断：

DIC 公司在打入发达国家市场时，事先考虑到：收购已建成的当地优秀企业，效果最佳，风险也最小。于是，该公司在 1979 年 2 月，以 7 200 万美元的价格收购了美国的波里库罗姆公司。这个金额的规模，大体相当于当时 DIC 一年的设备投资额。

围绕收购波里库罗姆公司，DIC 与法国头号化学纤维厂家罗奴·普兰公司之间，展开了国际性的公开收购大战。在这种情况下，波里库罗姆公司的股价由起初的 13 美元一股涨到 26 美元一股，为原来的两倍。因此，有人认为 DIC 买贵了。

但是 DIC 并不这么认为。因为波里库罗姆公司在胶印 PS 版生产技术和相关领域的技术开发能力方面特别出色，而 DIC 要是由自己开发这些技术并使其产业化，至少需要 10 年的时间和 200 亿日元的资金（约合 8 000 万美元）。波里库罗姆公司除了拥有出色的技术能力外，还是一个在美国拥有 3 家工厂，在西德和英国各有 1 个工厂的跨国企业。由于得到了 5 个建于发达国家的生产厂点，还取得了 DIC 原来没有掌握的胶印用 PS 版的生产技术，所以说，7 200 万美元（当时约合 140 亿日元）之多的大型收购决不是买贵了。

7 年后的 1986 年，DIC 又用 5.5 亿美元（当时汇率为 1 美元等于 158 日元，故合 870 亿日元），收购了世界头号印刷油墨厂家——美国的萨·凯米卡尔公司。

关于这次大型收购，最高领导层的谈判起始于 1985 年夏天。当时萨·凯卡尔公司方面表示"能卖 6 亿美元就行"。那时日元跟美元的汇率为 1 美元兑换 250 日元，所以是一笔 1500 亿日元的大买卖。而 DIC 方面则想以 3 至 3.5 亿美元买下来。双方谈来谈去，差距还是很大。

可是，1985 年 9 月 2 日西方五国市场协议达成之后，日元急剧升值，到了 1986 年 6 月左右，日元升至 1 美元兑换 158 日元，于是双方以 5.5 亿美元（约合 870 亿日元）取得一致意见，DIC 收购了萨·凯米卡尔公司。

收购萨·凯米卡尔公司是当时日本企业历史上规模最大的海外大型收购，正是由于日元急剧升值促成了这次收购。当时的 5.5 亿美元即 870 亿日元的金额，与 1985 年夏天 DIC 所设想的 3.5 亿美元即 870 亿日元相等。它作为一个充分发挥日元升值的有益效应的无国境战略的事例，受到世人的瞩目。

DIC 收购萨·凯米卡尔公司所用资金的大部分是靠在伦敦发行了 2.5 亿美元附有股份收买权的可转换公司债券筹措起来的，其利息只有 2.1%。

通常，借钱搞了这样大宗的企业收购后，在相当长的时期内，由于受到沉重的利息负担会影响本公司收益能力。然而，DIC 却不是这样，它靠无国境战略在世界范围内寻找最佳方法，通过低息的可转换公司债券筹集资金，因此，避免了利息负担的重压之苦，成功地发挥出企业收购的好处。

点评：

在竞争性经济环境中，企业只有不断发展方能保持和增强它在市场中的相对地位，才能够生存下去。企业可以运用两种基本方式进行发展：一是通过内部投资新建生产能力；二是通过收购获得行业内原有生产能力。比较而言，收购往往是效率比较高的方法，因为收购企业不仅大幅度降低企业发展的风险和成本，还可获得原有企业的生产技术、管理经验、销售市场等，节约了发展时间，增强了企业的竞争力。

教师妙剪学生指甲

背景：

有一位叫诺瑞丝的钢琴教师在教一个叫贝贝蒂的学生练钢琴时，发现贝贝蒂的手指甲特别长。很显然，留长指甲弹钢琴肯定有妨碍，所以诺瑞丝便得想办法首先"解除"贝贝蒂的长指甲。可是，贝贝蒂对自己的长指甲却非常珍爱，要想说服她剪掉它并不是件容易的事。

决断：

于是诺瑞丝想了一下，对贝贝蒂说："蒂丝（贝贝蒂的爱称），你有一双很漂亮的手和美丽的指甲，真让人羡慕。"贝贝蒂得意地看着自己的指甲。"不过蒂丝，如果你要想把钢琴弹得你所愿望的那么好，你的长指甲可能会对你捣蛋。你要是能把它修得短一些，你就会发现弹好钢琴对你来说真是太容易了。好好想一想，好吗？"贝贝蒂听了这几句话，当时并没往心里去，反而给了诺瑞丝一个鬼脸儿，意思是她不可能把指甲修短。但是诺瑞丝知道贝贝蒂会考虑她的话的，所以她并不着急，说完这句话后便与贝贝蒂告别了。果然，第二个星期贝贝蒂第二次来上钢琴课的时候，她的长指甲不见了。

贝贝蒂对自己的长指甲非常珍爱，如果诺瑞丝对她摆一副师长的样子教育她，说一堆诸如留长指甲如何如何不好，如何如何妨碍弹钢琴，然后再命令般地要贝贝蒂剪掉她的长指甲，恐怕结果只能是适得其反。但是诺瑞丝没有这么做，而是首先从贝贝蒂的角度出发，赞美一番她的长指甲，然后再利用贝贝蒂想弹好钢琴这一点，首先说她的长指甲可能会对她弹好钢琴"捣蛋"，然后建议性地说："你要是能把它修得短一些，你就会发现弹好钢琴对你来说真是太容易了。"这样，一方面将谈话的气氛放轻松，一方面维护了贝贝蒂的自尊心，同时也为贝贝蒂分析了厉害。那么贝贝蒂在"好好想一想"之后，哪一个轻哪一个重自然明白了，将指甲修短也便理所当然。

点评：

诺瑞丝想叫贝贝蒂剪指甲，却不直接提出，而是先表扬，再以建议的口气，从对手的角度说出自己的建议，想得如此周到，岂有劝不成之理？欲擒故纵之计用的得心应手。

先设圈套后解围

背景：

战国时期，中山国是一个处在强国夹缝中生存的小国。它的相国司马熹是一位颇有才华和具有谋略思想的政治家，深得中山国君的信赖。但正是这样一位正直、干练的相国，却遭到国君的宠姬阴简的妒恨和中伤，她常在国王身边说司马熹的坏话，进行攻击。这一切，致使司马熹常处于进退维谷的地步，如果公然与阴简作对与挑战，则很可能身败名裂，且可能更助长其气焰；而如果不加以抗争，阴简则将视司马熹此举为软弱可欺，会更加紧进攻，总有一天使佞臣奸人得势。因此，只能使用奇计，巧加制驭和降伏，才能既保相位，又可根绝政敌的干扰和破坏活动。后来，司马熹采用中山国的智者田简所献之策，用"导（速）引"之法，窥准、利用有利时机，以达到预期的政治目的。

决断：

一天，从邻国赵国来了一位赵王的使者。当时，赵国是战国七雄之一，对于中山国这样的小国来说，赵国可随时颐指气使，故在对赵王的使者接待上，丝毫不敢马虎与怠慢，相国司马熹更是寸步不离地陪着这位使者。在招待使者的宴会上，司马熹随便问赵王使者："听说你们赵国擅长音乐的美女很多，是这样的吗？"而使者一听，却断然加以否定说："不！事实并非如此。"但这时，司马熹却故意压低声音，故作神秘之状地对赵王使者说："但在我们中山国，却有一位足可使贵国的朝野内外和各位勋贵显戚大吃一惊的美女，她就是我们中山国国君的宠姬，名叫阴简，长得简直像天上的仙女一样。"这一番话，赵王使者听后，十分动心。回国以后，便立即迫不及待地向赵王禀告，赵王一听，虽未见此美女，却早已垂涎三尺，急欲获取得手。于是，赵王再派遣使者到中山国，请求中山国君将美女阴简送给赵王，且要求十分急切。按当时国与国之间的政治惯例，后宫的美女，就像珠宝、金银一样，均可作为赠答的礼物送给别人的。至于像赵国这样的强国、大国，向中山小国提出此要求，既很自然，也不过分。而赵王、中山国君、阴简却均不知，这一切恰是司马熹早已设下的计谋圈套而已。

对这一要求，中山国君十分为难。最初中山国君却并未答应赵王的要求。这也十分自然与合乎情理，因为谁也不会将自己喜欢的人和物轻易转让给他人所有。但中山国的百官众臣慌乱了，因为赵王不得美女，盛怒之下，很可能就要发兵攻中山，此类事当时不胜枚举。国与国之间，为争夺美女、玉帛而相互攻伐兴兵者，十分寻常。一时，朝野上下，加上国君与宫中姬妾们，均感到束手无策，不知如何才能度过这一难关。而赵王的使者，就在中山国驻下，急等回话，且催逼甚紧甚急。

就在此关键性的时刻，司马熹却十分镇定地对国君说："我现在有一个好办法，既可以回绝赵王的要求，又可不触怒赵王而确保我国的安全，不受兵灾之苦。"中山国君一听，如获至宝，便急不可耐地对司马熹说："什么？你竟然会有这样的万全之策吗？"司马熹则回答说："您不如索性立即将阴简正式封为您的王后，这样一来，既将此事向赵王禀报，回绝了他的请求，也不会惹他们生气发怒，同时也就使他们死心了，除此之外，便没有什么良策善法了。"中山国君一听，立即采纳了他的建议。就这样，中山国不仅得以保全下来，而且，自此之后，阴简对使自己升到王后地位鼎力相助的司马相国，当然也再不作对，且感恩戴德了。

点评：

身处逆境中，要善于分析形势的发展趋向，并且能够采取断然的措施和行动，在劣势中争取有利事态，只有这样才能免灾消祸。

以子之矛 攻子之盾

背景：

南宋苗傅、刘正彦发动叛乱后，各地纷纷组织勤王兵前来救援朝廷。宰相朱胜非多方周旋，使宋高宗又恢复了帝位。高宗下诏，任命苗、刘二人为淮南两州制置使，率领所部赴任。当时朝廷希望他们快快离开京城。苗、刘的同党张达出点子叫他们向皇帝请求赐予保证世代享有特权的铁券。苗、刘二人上朝辞行后，到宰相那里递上请赐铁券的札子。

决断：

朱胜非叫属吏拿来笔墨，在判事文书上写道：同意上奏赐给铁券，命令所属主管官员详查典章先例，依照规定办理。苗、刘两个叛逆十分高兴。

第二天，上朝之前，郎官傅宿敲开漏院的门说有急事相告，朱胜非命人快快请他进来，傅宿说："昨天收到您下达判事文书的堂帖，要赐给两位将领铁券，这是非同寻常的大事。现在是否能执行呢？"朱胜非拿过傅宿带来的堂帖，叫主管官员一起在烛光下观看，忽然转头问道："查到有关的典章先例了吗？"主管官员回答说："没查到。"又问："依照规定办理，规定是什么样的？"回答是："不知道。"朱胜非又说："那么铁券能赐给他们吗？"主管官员们都笑起来，傅宿也笑了，说："我已经明白了。"随即告退。

点评：

明里同意，暗里拒绝。作为领导，工作过程中，你随时都有可能会遇到别人的不情之请，若直接拒绝，或者可能会伤了同事和气，或者会徇情枉法，或者被纠缠不休。这时，明里应承，暗设圈套使之不能得逞，不失为圆滑处世之妙法。

欲擒故纵　歼灭土匪

背景：

1950 年冬，湖南省刚解放不久，国民党的残余势力、土匪的活动十分猖獗，他们大多小股分散在山区，不时偷袭新生的基层革命政权，暗杀革命干部，扰乱社会治安，破坏生产建设。因此，剿灭土匪就成了那时的当务之急。

一天，当时任中共湖南省委书记兼解放军第 12 兵团政委的黄克诚，从一个被抓获的土匪口中得到一个口供，说有一个叫易朗照的土匪司令，要在冬至这天召集各路土匪头子到铁山庙，举行"双庆"大宴，庆祝他荣升"华南反共救国军"师长和 40 大寿，但又怕被人民政府知道了遭到围歼，所以还没有下定最后决心。这个消息，黄克诚听后很重视，心想如果确有其事，倒是一个难得的消灭土匪的机会。怎么样才能让土匪们放心地设宴呢？

决断：

还有 3 天就是冬至了，仍举棋未定的易朗照，突然得知担任剿匪任务的解放军部队大队人马奉命撤走了，据说是开往抗美援朝前线。真是谢天谢地，易朗照一颗悬着的心这才落了地，立即命令筹办"双庆"大宴，并通知各路匪首铁山庙宴会按时举行。

冬至这天，铁山庙十分热闹，易朗照布置好岗哨后，亲自在庙堂前迎接前来贺喜的各路匪首，然后他放心大胆地让手下 1 000 多名弟兄大吃大喝，自己则陪着本县的和外县来的土匪头子尽情畅饮。这时，铁山庙四周突然响起了激烈的枪炮声，人民解放军 18 个加强连，已经将铁山庙团团围住，并展开了凌厉的攻击，匪徒们被大部歼灭，易朗照等匪首被擒。

点评：

在机会面前要不动声色地暗中准备，而且给敌人以松懈的表象，待敌人被迷惑时，随之发动突然袭击，挫败敌军。

欲取故予　讲究策略

背景：

日本的佳能牌相机是世界名牌产品。但是，当他们走进中国改革开放的大市场时，已经慢了半拍。别的牌子的相机早已挂上了中国摄影记者的脖子。可佳能公司并不因此而止步，他们决不会望着中国这个巨大的市场而不流口水。怎样占领中国市场呢？他们上演了一出经过精心策划的好戏。

决断：

佳能公司没有放弃中国这个大市场和跟中国摄影家进行文化交流的机会。他们经过调查发现，中国众多的摄影工作者、爱好者只能从样本资料上了解佳能相机 EOS 的性能，从商店的橱窗里看到它的模样。人们不可能去摸一摸、试一试 EOS 的功能究竟怎么样。

佳能公司上海事务所为了使 EOS 与中国的消费者熟悉起来，成为"好朋友"，就想出了这一招。他们把大批佳能 EOS 借给上海的记者，让他们免费使用四十天，同时又请维修部的专家讲解它的功用、性能。1992 年夏天，上海各大报纸和许多摄影记者都用上了"佳能 EOS"照相机。从 EOS1 到 EOS1000，都配有各种款式的镜头。拿起相机发现，每个上面都贴有一张标签"佳能赞助器材"。记者们使用得相当认真，开始时小心翼翼，后来就随心所欲地拍起来……40 天匆匆而过，记者们送还相机时都恋恋不舍。

不久，一些记者通知佳能公司上海事务所，他们准备购置一批 EOS……

佳能公司以欲取故予的策略打开了中国的市场之门。

点评：

佳能公司打开中国市场大门之法实在令人叫绝。他们采取的是以欲取故予的策略，钓上了中国顾客。在激烈竞争的商品经济时代，不仅靠技术和资金来取胜，一个高明的企业家如果能采取高超的市场开发技巧，就一定能在商海中抓住商机，使自己游刃有余。

第十七计　抛砖引玉

提要： 善以小利作为诱饵，引诱对方，为我方提供更大的渔利机会。"抛砖"的意图是不言而喻的，而"抛"的力度与技巧决定着所"引"出的结果是否能够如其预想，否则不仅有可能未见美玉，反失其砖，更落败局。

背景：

智，指智力、智慧、智商、智能。自古以来的军事战略家和军事谋略家，都把卓越的智慧才能作为将帅的必备条件。孙武论将时，以智为先。宋代梅尧臣在注孙子兵法时指出"智能发谋"。而知识则是智慧产生的基础，要有智慧必须先掌握丰富的知识，古罗马哲学家西塞罗说过，"无知是智慧的黑夜"。托尔斯泰曾言，知识"是智慧的钥匙"。孙膑说："上知天之道，下知地之理，内得民之心，外知敌之情，阵则知八阵之经，见胜而战，弗见而诤，此王者之将也"。诸葛亮有言："为将而不通天文，不识地理，不知奇门，不明阴阳，不看阵图，不明兵势，是庸才也。"智与知是相互联系、相互作用、相辅相成的，智的增加必须靠学识，"识"就是智之源。由知生识，由识生智，递次高登。

智是谋之本，有智才有谋。智是谋的前提，但是有智不一定有谋。多谋善断的能力需要通过专门的战略理论学习和实践的锻炼才能获得的。被人们誉为商圣的胡雪岩，在商人四德"智、仁、勇、信"中，"智德"卓越，比常人更多谋善断，而且精准。纵观他的经商生涯，胡雪岩作为封建时代的一名商人，不论是发迹前，还是发迹后，都有非同常人之举。

决断：

依仗王有龄的官势，胡雪岩的事业开始起步，并逐渐兴盛。而他第一次得意之作，就是去上海帮王有龄买商米垫漕米，这其中虽然有他自己的努力，也得益于钱庄同行的信赖，在筹款方面予以鼎力相助。后来，胡雪岩羽翼渐丰，决定开设自己的钱庄时，过去的同行又是大力给他推荐得力的档手，有一流档手的帮助，胡雪岩阜康钱庄的各项工作得以顺利开展，钱庄事业不仅迎来了开门红，而且在日后的发展中也是顺风顺水，成为了胡雪岩事业大厦的一根支柱。

胡雪岩的阜康钱庄开业不久，绿营兵罗尚德携带积蓄的1万两银子前来存款一事，就是对胡雪岩义智效果的最好说明。罗尚德年轻时嗜赌如命，经常一掷千金地豪赌。没过几年，他不仅把祖辈遗留下来的殷实家产输得一干二净，还把从老丈人处借来的，准备用于重兴家业的15 000两雪花白银，在一夜之间输得分文未留。老丈人气愤不已，于是把罗尚德叫来，告诉他，只要罗尚德把婚约毁了，那15 000两银子的债也就同时一笔勾销。血气方刚的罗尚德难以忍受老丈人看轻自己的"侮辱"，他当众撕毁了婚约，并发誓今生今世一定要把所借的15 000两银子还清。

他只身背井离乡，参加了绿营军。十几年来，他想方设法，拼命赚钱，而今他已积聚了1万两之多。一名普通绿营兵竟有1万两银子的积蓄，这不得不叫人对钱的来路产生疑问。加之，罗尚德存款4年，不要息，只要保本就行，这更令人疑窦四起。胡雪岩听说这件事后，知道其中必有隐情，叫罗尚德到屋里喝上一碗。酒过三巡，胡雪岩和罗尚德就开始了推心置腹的谈话，罗尚德见胡雪岩如此豪爽，果然名不虚传，便把自己的经历与想法和盘告诉了胡雪岩。素来沉稳的胡雪岩听说后，颇为感动，他当即表示，4年后，罗尚德回来取款，连本带利15 000两银子，分文不少，其付出的利息已远远超出了平常的存款；若罗尚德不幸回不来，胡雪岩亲自去他丈人家交还这笔两银子，以了却他的承诺。凭这几句话，罗尚德就对胡雪岩的侠义气概佩服得五体投地，他连存折都不要，就离开了阜康钱庄。

胡雪岩的侠义，很快就得到了回报。罗尚德到绿营军，把自己到阜康钱庄存款的事告诉其他士兵，这些即将出征的士兵纷纷把自己的积蓄都存放到了胡雪岩的阜康钱庄。短短几天时间，阜康钱庄就收集了这类存款30万两之多，一下子就解决了钱庄新开业，家底不厚的问题。

点评：

对人言，则化智入义，以攻心为上，以人情把握商情。对事言，则化智为眼光，盘算整个局势，看出必不可易的大方向来。

背景：

燕王哙临死前把王位传给他的宰相子之。子之主持朝政不力，燕国大乱，百姓怨恨，而早已对燕国虎视眈眈的齐国乘机进攻燕国，燕国大败，子之被杀。两年之后，燕国人推举哙的儿子为国王，这就是燕昭王。

燕昭王想好好治理国家，决心罗致人才，改革政治，复兴国家。他向郭隗先生请教，如何才能招致贤士以报齐国灭燕之仇。郭隗对他说：

"我听说古代有个国君，愿花千金购买千里马。于是让人四处寻马。3 年都没买到。这时宫中有个侍臣对国君说：'请让我去买吧'，国君就派他去。侍臣各国各处奔走，历经 3 个月果然找到一匹千里马，可是那匹马已经死了。侍臣就用 500 两黄金买下那匹马的骨头，回来报告君王。国君一见侍臣买回的竟是马骨头，便大发雷霆说：'我要的是活马，死马有什么用？白白丢了五百两黄金！那个侍臣说：'一匹死马还用 500 两金子买来，何况活马呢！人们必定认定大王不惜重金买良马，千里马很快就会送上门来了。'不到一年，果然有人送来了 3 匹千里马。现在大王真要招致人才，就从我开始吧。像我这样的人还能受到您的重用，何况比我更有才干的人呢？哪怕千里之外，他们也会来的！"

决断：

燕昭王采纳了郭隗的建议，把对人才的重视落实到实际的行动和具体的做法上来，专为郭隗筑宫并尊他为师，放下自己的架子，恭恭敬敬地向他学习，燕王此举造成了"士争凑燕"的局面。投奔而来的有魏国的军事家乐毅，有齐国的邹衍等等，使燕国恢复了元气，发展成为战国七雄之一，后来还雪了国耻，把齐国打得只剩下两座孤城。

点评：

求才不能只把目光盯在少数几个人身上，这样求才，会有很大的局限性，通过抛砖引玉的方式求才，铺好求才之路，必致人才纷至沓来。

【国学精粹珍藏版】

三十六计

◎尽览中国古典文化的博大精深 ◎读传世典籍，赢智慧人生

——受益终生的传世经典

李志敏⊙编著

卷三

民主与建设出版社
·北京·

不计前嫌 铺就后路

背景：

隋大业末年，王世充兄子王太镇守河阳，聘请邓世隆为宾客，对邓世隆十分亲近。李世民率军攻打洛阳时，派人送书信给王太，劝王太及早弃暗投明，及早投降。王太命邓世隆代写复信，拒绝投降。邓世隆在复信中，盛赞王世充圣明而有天子的威仪，对唐高祖、唐太宗多有贬斥不恭之辞。

唐军平定洛阳以后，邓世隆深知自己为王太写给太宗的复信已闯下了杀身灭门之祸，于是改变姓名，自称隐玄先生，逃到白鹿山隐居。

贞观初年，太宗闻其文采风流而征召他，并拜他为国子主簿，与崔仁师、慕容善行、庚安礼、敬播等人一起任修史学士。邓世隆虽应召任职，但过去触犯太宗的旧罪，使他终日提心吊胆，不知何时大祸临头。邓世隆惶惶不可终日，甚至有时举止失措。

决断：

太宗听说了他的情况，于是派房玄龄前来安抚他。房玄龄向邓世隆传达太宗的话道："你替王太给我写复信，出言不逊，确实应该从重处罚，但那时只是各为其主，岂是你对我有什么恶意呢？我现在是天子，怎能追究平民百姓过去犯下的罪过呢？你应该安心供职，用不着心怀恐惧，我不会把你的旧罪放在心上。"邓世隆听了房玄龄传达太宗的话，万分感激，急忙叩头谢恩。邓世隆的同僚、亲友、家属听说了太宗的话，也都深为太宗的宽宏大度所感动。

太宗不计前嫌，不念旧恶，安抚邓世隆，让他安心供职，让他充分施展才华。安抚一个邓世隆，影响一大片，使许多曾在前朝及曾在叛臣手下供职的人，能安心为大唐帝国效力。在唐帝国初创时期，百废待举，要想使百业复兴，首先需要的是各方面的人才，太宗正是以一个政治家的远见，广泛地网罗人才，安抚人心，为创造唐帝国的稳定繁荣局面奠定坚实的基础。

点评：

不计私怨，胸襟博大，是取信于人的一个重要资本。若树立起一个样板，播出心胸宽阔之名，使众心归附，对成己之事，势必极为有利。因此，欲想有一番作为，亦应磨炼自己，养成一种博大胸襟，尤其要把握好时机、选择好目标，树立起自己襟怀宽广的形象，这样才更有利于聚拢才人，为己所用。

包装明星　引出资金

背景：

少年时代的格芬是个穷光蛋，靠母亲开小加工商店定做胸围为生。因为环境的缘故，格芬从小就对生意场上的事情相当了解。而且他立下志向，一定要依靠自己的智慧与冒险精神，赤手空拳干出一番事业来。

经过多年的奔波之后，格芬认准了唱片业大有可图，决心一试。但他没有本钱，怎么办呢？

决断：

于是他便终日混迹于娱乐圈中，寻找突破口。一个偶然的机会，他认识了民歌手罗拉尼洛。在此之前，罗拉尼洛的歌喉已颇受欢迎，但因某些原因，出不了众，上不了台面，因此，她的歌唱事业并不如意。格芬看准了这一弱点，决计加以利用。

于是，格芬便主动邀请罗拉尼洛合作，共创金枪鱼音乐公司。条件是这样的：

罗拉尼洛的歌曲版权归公司所有。公司负责为罗拉尼洛包装和推销。

签好合作协议之后，格芬便玩起他的包装手法来。他将罗拉尼洛的歌曲夹在诸如巴巴拉·史翠珊等当代大红大紫的歌星的唱片中，制作后四处推销，这样，大大提高了罗拉尼洛的身价。光这一手，格芬便赚得了大钱。

1969 年，格芬决定将金枪鱼

音乐公司卖掉，得到现金 450 万美元。他与罗拉尼洛各得 225 万美元。

有了本钱，格芬便放开手脚大干起来。一年后，格芬自立门户，成立了庇护所唱片公司，故伎重演，在他的刻意包装下，一批默默无闻的歌手成为红星。

捧红了几批歌星之后，格芬在 1972 年决定将公司卖给华纳通信公司，作价 700 万美元。之后，他离开了唱片界一段时间。

1980 年，格芬卷土重来，创办了格芬唱片公司。成立之后，唱片公司屡遇挫折。直到 1990 年，终于时来运转，他麾下的"枪与玫瑰"乐队走红，格芬顿时身价百倍，成为一家独立的大唱片公司。

点评：

借助明星的潜力推销商品，产生品牌效应，这是假借的有效手法之一，表面上看似虚无缥缈，但实际上却是效益无限。

福利赞助　增强企业后劲

背景：

在今天的市场上，人们常会看到一些企业不惜解囊对社会一些福利事业或文化活动予以赞助，有的甚至愿出百万千万资金。人们也许迷惑不解，这些事情与这些赞助企业毫无关联，这样的重金赞助有什么好处呢？

决断：

美国的菲利浦－莫里斯公司是一家热衷于赞助事业的知名公司，这家公司是美国 500 家大公司之一，是以生产"世界销量第一"的"万宝路"香烟和食品、饮料的跨国公司。总部设在纽约，生意遍及五大洲，年营业额超过百亿美元，雇员 114 000 人。

菲利浦－莫里斯公司长期以来把赞助作为一种有效的推销术，它每年都制订有赞助计划，拨出大量财力和人力支持世界各国的一些文化事业活动。它所赞助的范围很广，包括美术、音乐、舞蹈、戏剧。如 1985 年，它赞助的项目"20 世纪艺术中的原始主义"美术展在美国底特律和达拉斯巡回展出；"捷克斯洛伐克犹太工艺美术"在美国、加拿大巡回展出；反映美国南部艺术特色的"南方民间艺术"在纽约展出；在联邦德国举办瑞士画家保尔·柯里的"5
000张个人画展"；在巴西的圣保罗赞助马里达·彼德罗索的雕塑展；在危地
马拉赞助当地的纺织展览；在意大利罗马和法国巴黎赞助了这两座历史名城的
比较展；纽约市摄影作品到东京和北京的展出等也给予了赞助。

在表演艺术方面，该公司也赞助了许多演出。如对弗吉尼亚莎士比亚戏剧
艺术节的赞助，艺术节期间请剧团到该公司的里奇蒙特生产中心进行了7场演
出，公司的职工还与剧团演员联欢交谈，密切了工厂与艺术家的关系。艺术节
名誉主席海伦·海吐斯说："戏剧进入工厂，这标志着大公司赞助艺术事业的
新发展。"

菲利浦－莫里斯公司对音乐方面的赞助更是繁多了，1986年，它赞助了
以琼·格里洛为首的美国纽约大都会歌剧院歌唱家访华演出。尤以1986年的
"菲利浦－莫里斯爵士基金会"影响最大，这是一个由最有名的艺术家组成的
"菲利浦－莫里斯超级乐队"，他们用20天时间访问了欧洲的安特卫普、布鲁
塞尔、海牙、洛桑、伦敦、巴黎、米兰、马德里、慕尼黑等11个城市。伦敦
《金融时报》评称这次巡回演出是"一个跨国公司大规模地赞助包括爵士音乐
在内的艺术活动中，一次积极的富有成果的方式"。

生产香烟和食品的公司每年花上千万美元的巨款去赞助与本公司经营的产
品毫不相干的事情。眼光短浅的人认为这是白
费钱或愚蠢之举，而菲利浦－莫里斯公司董事
会主席兼首席执行官哈米什·马克斯韦尔则认
为："我们作为社会的一员，除了像其他公司
一样生产产品，提供劳务和就业机会，向政府
纳税，为股东增加利润外，我们还懂得社会的
其他需要。为此，我们准备履行和我们公司的
地位相适应的义务，为社会福利做出贡献。"
他还进一步解释说："没有社会的发展，就不
可能有商业的繁荣。对于一个公司来说，参与
社会发展比单纯追求经济利益更为重要。作为
菲利浦－莫里斯公司的人，我们一直在探索创
造性思想。我们想通过我们作为法人团体的努
力使这种探索方式生动、活泼一些。这样使我

们的雇员们意识到他们是在一个有促进力的环境里工作，可以使他们以及我们与之打交道的其他人都以和菲利浦－莫里斯公司合作为荣。"

该公司就是通过把自己和整个社会的利益和需要联系起来，通过赞助文化事业密切了公司与社会的关系，从而扩大公司的影响和知名度，反过来促进本公司的产品销售，事实证明确实起到了这两方面的作用。如"万宝路"香烟在泰国市场原来是没有销路的，自从它赞助了"大都会环球歌剧使者"在泰国和东南亚巡回演出以后，逐渐就打开了该国的市场，真是起到了"抛砖引玉"的作用。

赞助表面上是企业出了钱，事实上，出了钱的还是消费者和其所在地政府的税收部门。因为其赞助费是在税前支出的，企业本身所承担的只是一小部分而已。所以，这是一种十分明智的为企业树立形象的推销术。

点评：

"非见利不起兵"、"见利则动，无利则止"，利与市是相连的，商品占有市场则生利。"抛玉引市"要注意方法和讲究策略，如果所抛出的"玉"是无目的无方向的，这块"玉"是白抛了。抛"玉"意在提高抛玉者的影响，从而在已占有的市场上提高自己的企业形象，稳固自己产品的消费群体。

和士开的"回马枪"

背景：

和士开，字彦通，南北朝清都临漳（河北临漳）人，生于北魏孝明帝正光四年（523年），北齐后主武平二年（571年）七月被杀，总共活了48个年头。他的祖先是西域胡人，姓秦和氏，来中国做生意，便定居于中原，改姓氏为和，以适应中国人的姓氏习惯。

和士开父亲和安，很善于琢磨上司的脾气性格，"恭敬善事人"，因此在东魏官至中书舍人。和安曲意奉承的伪善行为，史书记载了一件很典型的事情。一次，东魏孝静帝于半夜和大臣们研讨学问，命他看看北斗星柄指的方向，他回答说："臣不识北斗。"他是否真的连北斗星都不认识，当然是个疑问。当时是高欢专制朝政，孝静帝只是个傀儡，和安拒绝孝静帝命他看北斗，自然是对高欢表示忠心，因此，"齐神武（即北齐高祖神武帝高欢）闻之，以为淳直"，当即任命作为给事黄门侍郎，后为仪州刺史。

和士开生长在这样一个惟利是图的西域商贾家庭，又有这样"善事人"的父亲家教、身教、言教对他的熏陶，加上他有点小天资，比常人反应灵敏，自然深谙处世为人的秘诀。因此，养成了他"倾巧便僻"、"禀性庸鄙，不纂书传、发言吐论，惟以谄媚自资"的奸佞性格。

北齐是北魏六镇军人高欢建立的政权。北齐历代皇帝，基本上都是荒淫无耻的昏暴酷虐之君，如文宣帝高洋，留连耽酒，肆行淫暴，经常领着一帮弄臣，歌舞不息，通宵达旦，以夜继昼，甚至袒露形体，涂傅粉黛，

披头散发，身穿胡服，或者是鲜艳的杂衣锦绣，玩舞取乐。又手执明晃晃的刀剑弓矢，周游于市场街肆。并且荒淫之极，征集淫妪，分付从官，朝夕临视，以为娱乐，被杀害的人，都令肢解身体，或焚之于火，或投之于河，又乱建宫室，征召大批人民，百般役使，致使举国骚扰，公私劳弊。加上无限制地赏赐财物给宠臣，国家的储蓄，竟然被折腾一空，以致李百药说他"纵酒肆欲，事极猖狂，昏邪淫暴，近世未有。"又如孝昭帝高演、武成帝高湛、后主高纬，都是昏暴无比，专门宠任庸竖小人，委以朝权，然后淫侈过度，年寿不丰。昏暴之君，必用奸伪之臣，因此北齐出了一大批奸诈佞幸之辈。而禀性卑鄙、曲意媚主的和士开，就有了条件玩弄手腕，以售其奸。

决断：

和士开一开始便投靠高欢第九子，即后来成为武成皇帝的高湛，天保元年（550年）高湛被封为长广王，任和士开为开府行参军。这年他27岁。高湛赏识他，是因为高湛特别喜好一种名叫握槊的游戏，而和士开对此戏十分精通，所以高湛将和士开引入自己府中任职。加上和士开善于拍马屁，又能弹胡琵琶，因此大受高湛亲狎。

历史上有些奸臣佞幸，往往不是开始便立志做小人，而与时代、环境、仕途和个人经历等等因素有关系。像和士开这样一开始便以"倾巧便僻"为人

主所亲狎，则在历代奸佞中也是不多见的。他很善于奉承献媚，曾经肉麻地吹
捧高湛："殿下非天人也，是天帝也。"高湛回答说："卿非世人也，是世神
也。"从此，主仆二人，如影相随，时刻不离，一直到高湛死。十四、五年那
么长时间内能够始终得到主子的宠幸，也可见和士开手段的高明了。

和士开的轻薄狡黠，连文宣帝高洋都觉得有点过分，严厉斥责高湛与他来
往过于密切，戏狎嬉游过度，因此将和士开流放到长城过去服役。高湛却少不
了他，再三恳请，又将他赦免回来，并任命为京畿士曹参军。

太宁元年（561 年），高湛登基做了北齐皇帝，和士开便开始飞黄腾达。
他一日三迁，晋爵升官，累除待中、加开府，以"帝乡故旧"，与赵彦深、元
文遥等人"共相荐达，任遇弥重"，专擅朝政。

武成帝对他的宠信之深，举一例可以说明：和士开的母亲死了，高湛听说
后，竟然悲痛不胜，派武卫将军吕芬到他家，昼夜侍候和士开，生怕他会因母
丧过分忧伤而弄垮了身体。等到丧事办完，当天便迫不及待地派车迎接他入宫
相见，握住他的手，悲伤流泪，劝说良久，才让他回去。同时，打破惯例，马
上就将他和他的 4 个弟弟都起复原职，以致史官说："其见亲重如此。"

身居高职、手握重权的和士开，从来就没有想怎样为国家，为百姓做一两
件好事，整天只想着往上爬，抓大权，保住地位，因而竭尽全力和挖空心思获
取宠幸。他的办法是引导高湛干些无道之事，以夜继昼地寻欢作乐。

和士开诱君行乐，有一段"名传千古"的奸邪至极的言论，可以说是居
历朝历代奸臣之首，他对高湛说："自古帝王，尽为灰烬，尧舜、桀纣，竟复
何异！陛下宜及少壮，恣意作乐，纵横行之，即是一日，快活敌千年。国事分
付大臣，何虑不办，无为自勤苦也。"做臣属的，居然对君主说出如此的话
来，而高湛对这些亡国丧邦的鬼话，不仅不感到恼怒或愤恨，反而乐意接受，
并且果真去干，史称："帝悦其言辞，弥加淫侈。"

和士开除了百般奉迎，邀宠于武成帝外，还千方百计邀宠于武成帝胡皇后
和皇太子，苦心经营，狡兔三窟，妄图武成帝之后，仍能保住权位。他也果真
做到了，胡皇后成为太后、太子做了皇帝后，也确是对他优宠有加，十分
信任。

当时胡皇后喜欢小儿子东平王高俨，想让高俨继承皇位，武成帝犹豫不
决。和士开为了投靠太子高纬做靠山，采纳了祖狄的计谋，借彗星出现的机
会，借口上天指示除旧布新，请高湛自为太上皇，立太子高纬为皇帝。他们二

人内外勾结，和士开在宫内劝说，祖珽在朝廷上表，并以高澄、高洋、高演三人死后儿子都得不到继承大位为说辞，希望以此保证父位子承。和士开这样做的目的，实际上是想以此获取高纬信任，自己可以长久权高势盛。

高湛听从了他们的劝说，立高纬为帝，是为北齐后主，自为太上皇。由此，他更加见重于二宫，大被亲宠，武成帝认为和士开有伊尹、霍光的才能，临死之前，握住和士开的手说："勿负我也。"将高纬托付给他，死后还没松开和士开的手。由于武成帝深相寄托，后主对他"深委仗之"，和士开得以与外戚胡长粲、领军娄定远、录尚书赵彦深、元文遥，领军綦连猛、高阿那肱、仆射唐邕八人"同知朝政，时人号为八贵"。

对于后主高纬，和士开继续曲意相媚，动用各种手段，引诱后主不理朝政，只顾尽情游乐。后主也就深居宫中，沉溺在丽色淫声之中，不上朝理事，很少接见朝臣，不亲自过问政事，国家军政，都委付给一班小人，而自己整天与美人宴乐，和士开由此窃据大权，权势达到了炙手可热的程度。

和士开邀宠于胡皇后，所用狡黠奸计竟是下流无耻地与她私通，以结成利害关系一致的紧密同盟。他在高湛在世时，就借与胡皇后玩握槊游戏的机会勾搭成奸。正因为两人有此暧昧关系，所以胡皇后成为太后之后，两人更是共相表里，狼狈为奸。

武成帝死后，赵郡王高睿想趁此机会除去和士开，以阻止他继续贻误后主，便与娄定远、元文遥等人上表弹劾他，极力反对和士开依旧担任要职。还入奏胡太后，当面陈说和士开的罪行："士开先帝弄臣，城狐社鼠，受纳货贿，秽乱宫掖，臣等义无杜口，冒死以陈。"请求将和士开放为外往，以削夺他的权力。但是，胡太后与和士开利益相同，又有奸情，自然偏袒于他，不愿将他贬职外放，反而指责高睿等人："先帝在时，你们为何不说？今日想欺负我们孤儿寡母吗！不要多言！"

高睿等人据理力争，义正辞严，声色俱厉，甚至摔冠掼帽，拂袖而起，有的勃然大怒，大声咆哮，情绪十分激昂，异口同声地说："不除士开，朝野不安！"第二天又聚集群臣于云龙门外示威，再次请求将和士开逐出京都，胡太后又借口和士开长期在左右办事，想过一百天后再说。高睿等大臣坚决不松口。

胡太后便开始紧张布置，亲自多次对高睿说要留下和士开，又派遣宦官权要人物去暗示高睿，继而威吓，但高睿始终不为所动。胡太后只好采纳拖的办法，说："梓宫在殡，事大匆速，让皇上再思量思量。"

同时，和士开也紧张活动，施展玩弄权术的鬼蜮伎俩。他先是稳住太后与后主，避免失去她母子二人的信任。为此，他编造谎言，将太后与后主的利益和自己拴在一起，说先帝对于群官，待自己最重。现在先帝才去世，大臣们便有了觊觎权位之心。如果将自己外放，他们是想翦除陛下羽翼，想架空皇上，有犯上作乱之嫌，又向太后和后主献计以欺骗高睿，说"令士开为兖州刺史，待过山陵，然后发遣。"一番话说得太后与后主连连点头，真的以为和士开是朝廷柱石，自己能够坐宝位的屏障，所以极力与高睿等周旋，拖延时间，假意任命和士开为兖州刺史。

接着，和士开又从对手阵营中打开缺口，在内部瓦解高睿等人。武成帝安葬完毕，高睿等见和士开并无动静，便不断催促他上路到职。

和士开早已认准了娄定远贪鄙成性，便用车装了美女、珍珠穿制的帘子，和许许多多罕见的奇珍异宝来到娄家，对娄说："诸贵欲杀士开，蒙王特赐性命，用作方伯。今欲奉虽，谨具上二女子、一珠帘。"贪财好色的娄定远得和士开如此贵重的礼物，大喜过望，高兴地问："你还想回来吗?"

和士开就是想达到这个目的，却狡诈地哄骗他说："在内久，常不自安，今得出，实称本意，不愿更入。但乞王保护，长作大州刺史。今日远出，愿得一辞觐二宫。"贪婪愚蠢的娄定远答应了，和士开因此得以入宫见到太后和后主。

和士开一入宫中，立刻掉转炮口，对弹劾他的大臣反攻倒算，他向"情妇"哭诉道："先帝一旦登遐，臣愧不能自死。观满朝权贵想以陛下为乾明帝（即高殷，为高演所废），臣出之后，必有大变。我有何面目见先帝与地下啊?"

太后和后主闻听会像废帝高殷一样被废去，涉及切身利益，看着正在捶胸顿足、号啕大哭的和士开，不由也鼻涕眼泪一把把流将下来，急问他有什么解救的办法。

和士开顿时止住哭泣，将早已想好的诡计端了出来："臣已得入，复何所虑，只须数行诏书耳。"

太后和后主听从了他的计策，与另一宫内奸媪陆令萱秘密策划，颠倒黑白，反诬高睿以不臣之罪，在永巷伏下刀斧手，强行执送华林园，将他惨刑处死，造成北齐的一大冤案，又将元文遥贬为西衮州刺史，直到士开死，也没能再官复原职；因贪而自害的娄定远，被逐出京城，到青州担任刺史。其余参加者，都不同程度地受到了处罚。

这次高睿与娄定远、元文遥等权臣合谋逐出和士开，得到许多大臣朝贵的支持，如冯翊王高润、安德王高延宗等人，连北齐最富声誉的元勋段韶等也是赞同的，本来可以成功。但是最后功亏一篑，除了太后和后主坚决支持和士开的因素外，和士开的狡诈阴险，善于玩弄权术，制造冤案，手段毒辣，密谋诡谲起了决定性作用。事件之后，他不但官复原职，任侍中、右仆射、尚书令、录尚书事，还封为淮阳王。大权独揽，越发贵盛，已是一人之下、万人之上的第一权臣了。

点评：

和士开通过玩弄手腕，逢迎上意使自己地位不断高升。奸人自有奸人计，奸臣也大多有"聪明"的手段，这样才能"奸"下去。

第十八计 擒贼擒王

提要：语出杜甫诗《前出塞》，意思是制胜对手首先要考虑牵一发而动全身的关键性问题，最好能够率先对敌方的有生力量或重要的指挥人员造成致命的打击，以此动摇敌方的斗志，打乱其布署。这就需要培养对对方之"王"的判断和驾驭能力，一旦"擒王"成功，便会迅速获得斗争的主动权与控制权。

故布疑兵 实设奇兵

背景：

楚令尹斗越椒因庄王分了他的权，便起兵谋反。斗越椒有万夫莫挡之勇，而又善射。他使用的箭比普通箭长一半，坚利非常，令楚军个个咋舌。庄王见不可硬取，便设计诈败，将斗越椒引到清河桥，待他一过，便拆桥断了他的后路。斗越椒下令隔河放箭。时楚东伯军中一名小军官挺身而出，叫道："河这么宽，箭哪里射得到？不如咱俩比一比射箭，站在桥头上各射三箭，生死听命！"这个人就是精于射艺的养繇基，人称"神箭养叔"。斗越椒不把这个无名小辈放在眼里，要求先射三箭。养叔满口答应。这个"无名小卒"怎么敢在"万夫莫当"的斗越椒面前夸下海口呢？

决断：

斗越椒见对方满口答应，心想，我一箭便射死了你。斗越椒射出一箭，被养叔用弓梢轻轻一拨便落入河中；第二箭被养叔身子一蹲便躲过了。斗越椒喊道："不能躲闪！否则就不是大丈夫！"养叔说："好，这一箭一定不躲。"箭来时，他只将口一张，咬住箭镞。斗越椒有些着慌，虚张声势叫快射。养叔大喊一声"看箭！"斗越椒听到弓响，往左一闪，谁知这是虚拽弓弦，并未放箭。养叔笑道："箭还在我手上呢。说过'躲闪的不算好汉'，为何又躲？"说着又虚拉一弓，斗越椒又往右一闪。养叔趁他一闪，一箭射来，斗越椒不知箭到，躲闪不及，正中脑门，倒地而死。叛军一见主帅中箭，四散奔走，逃的逃、降的降。这场谋反便被平息了。

点评：

楚军先用计堵住叛军的退路，再出奇兵，让无名小卒跟对方将领比箭，而实际上确是有了必胜的把握；叛军狂妄自大，主将被楚军小兵击败射死。在商战中人们也常常利用对手的轻敌之心，故布疑阵，实施冷箭，进而大获全胜。

借"枕头风"复位

背景：

宋朝蔡京曾一度被宋徽宗罢相，落到山穷水尽的地步。但是他并不甘心就此退出政治舞台，而是多方活动，以图东山再起。

首先，蔡京暗嘱托亲信内侍求郑贵妃为己说情，又请深得徽宗信任的郑居中伺机进言。一切妥当之后，蔡京再让自己的党羽直接上书徽宗，大意是为他鸣冤叫屈，说蔡京改变法度，全都是禀承圣上的旨意，并非独断专行。现在一切都否定了，恐怕并不是皇帝的本心。

这些意见的要害是把徽宗牵了进去。徽宗见表，果然沉吟不语，但也没批复。

这时郑贵妃发挥枕边作用。她本是识文断字之人，早已看到表章的内容，又见徽宗的这种表情，就顺势替蔡京说了几句话，徽宗便有些回心转意了。

第三步是请郑居中出马。郑居中了解内情后知道时机已经成熟，便约了自己的好友礼部侍郎刘正夫，二人先后晋见徽宗。

郑居中先进去向徽宗说道："陛下即位以来，重视礼乐教育，欲行居养等法，对国家和百姓都很有利，为什么要改弦更张呢？"

一席话只字未提蔡京，只把徽宗的功绩歌颂一番，但暗中褒奖的却是蔡京，因为肯定前段朝政的英明就等于肯定了蔡京的正确。

刘正夫又进去重复补充一遍，醉翁之意不在酒，弦外之音不在言。徽宗听了心里很舒服，终于转变态度驱逐刘逵，罢免赵挺之的相位，第二次起用蔡京为相。

决断：

常言道："射人先射马，擒贼先擒王。"在战争中，突然袭击敌人的指挥机关，捕杀敌方指挥人员，可以使敌人立即陷入群龙无首、不击自溃的困境，这是克敌制胜的绝招。

同样，在求人的时候，要想办成事或尽快办成事，就要针对关键人物下功夫，突破关键人物这道关卡，谋求关键人物的赞同和协助，问题往往就迎刃而解，势如破竹了。

说到"关键人物"，人们往往首先会想到这是指主管人员或上级领导。是的，主管或领导的意图对解决问题起着十分重要的作用。俗话说："上面动动嘴，下面跑断腿"，形象地道出这种影响的威力。与其唇干舌燥地和具体办事人员交涉，再心急火燎地等待具体办事人员向上级主管请示汇报，"研究研究"，不如想方设法径直向有关上级主管申请洽商。这样或许争取到当场拍板解决问题的可能性，至少也可以减少辗转获悉上级主管审批意图的时间。

但是，关键人物不一定就是台面上看得见的人物。正如光绪当皇帝，慈禧掌印玺，幕后人物往往才是真正的"权威人士。"所谓"全公司听厂长的，厂长听老婆的"，就是最通俗的注解，老婆的枕头风，胜过旁人的大炮筒。

因此，想要在解决问题过程中稳操胜券，除了着眼于主管、领导一类正式组织身份的负责人外，还应该争取足以影响主管领导的非正式的"权威人物"的同情、支持和帮助。通过当事人或上级主管人的亲友故旧，来说服当事人，成功的可能性大得多。

有时候，即使是上级主管和具体办事人员同意解决的问题，也会由于下属某一环节作梗而搁置下来。负责这一环节的人不论职位大小，也就变成了解决问题所必须解决的"关键人物"。

这时候你切不可因他无权无职，就以为可以随便应付，否则你的好事就可能坏在他的手中。因此，切不可掉以轻心地对待你身边老态龙钟的老太太，玩弹珠打水枪的"小皇帝"，或风韵犹存的半老徐娘……这些人不显山，不露水，但他们都有可能是你走向成功的踏板，一定要时刻保持高度的警惕，抓住每一个可能发挥作用人物。

点评：

盯死主要目标，全力以赴，固然很重要；但是对于目标周围的那些"边缘人物"，也要多多花费心思，有时甚至能起到意想不到的作用。

挟制文宗 拥立武宗

背景：

"甘露之变"以后，仇士良挟天子以令群臣，唐王朝的天下，几乎完全控制在宦官手中，唐文宗成了一尊傀儡，任其摆布。仇士良知道甘露之变是由文宗发起的，因此怀恨在心，屡次想废掉皇帝，另立傀儡。一天深夜，值班的翰林学士崔慎由在睡意朦胧中，被一个小太监叫了起来，说皇帝有重要事情召他。

崔慎由急匆匆地跟着小太监到了一处宫殿，进殿一看，只见仇士良等几个大太监坐在上边，四周全用帷帐遮得严严实实的。崔慎由喘息未定，只听仇士良说道："皇帝已经病了好长时间了。从即位那天起，一切政令就都不像样子。现在，皇太后有旨，要另立一位皇帝，请崔学士起草诏书吧！"

崔慎由一听，吓得出了一身冷汗。连忙说道："皇帝是英明的，天下共知，怎么可以轻发议论呢？我崔慎由是大家族出身，三亲六故不下千人，光兄弟就有三百，我怎么能参与那灭族的事情呢？就是让我死，我也不能起草这份诏书！"仇士良等人听了此言之后，沉默许久，屋内的空气都像冻住了一般。

决断：

过了好长时间，仇士良才站起身来，把后边的小门打开，一语不发地带领崔慎由经过后边的小门，进了一座小宫殿。崔慎由抬头一看，只见唐文宗耷拉着脑袋，呆坐在一边。仇士良一边上台阶，一边数落着唐文宗的过失，唐文宗听了也毫无反应，低头无语。仇士良数落了一阵，用手指着唐文宗说："要不是因为崔学士，你就不能再坐在这里了！"说罢，就把崔慎由送了出来。分手时，仇士良警告崔慎由说："不许走露一丝消息，否则你全家遭殃！"

唐文宗在仇士良的挟制下，处境是不难想象的，终日借酒浇愁，而仇士良也只允许他吃喝玩乐。天长日久，终于积郁成疾。在病中，他与学士周墀说："古时周赧王、汉献帝受强臣的挟制，现在，我是被家奴挟制，比周赧王和汉献帝，我是远远不如啊！"说着说着，竟流下了眼泪。

开成三年（838年），皇太子李永暴死，储君之事提上重要议程。杨贤妃向文宗进言，请立文宗弟弟李溶为皇太弟；宰相李珏认为立弟不如立侄。此事一直争论到第二年十月，文宗才决定立敬宗之子、陈王李成美为太子。

开成五年（840年）正月，文宗自知不能维持多久，便命枢密使刘弘逸、薛季棱、宰相杨嗣复、李珏入禁中，商议奉太子监国。文宗病剧，朝廷内外惶惶不安，仇士良等惟恐太子之立，功不在己，因而时刻注意着朝臣的动向。当宰相大臣们一入禁中，仇士良、鱼弘志便接踵而至，面对临死的文宗及辅政的重臣，仇士良口吐狂言："太子年尚幼，且有疾，请更议所立。"李珏当即回复："太子位已定，岂得中变！"仇、鱼二人只得愤愤退出。当即自行起草矫诏，立文宗弟瀍为皇太弟，代文宗掌军国事，至于陈王成美，"以其年尚冲幼，未渐师资……可依前复封为陈王。"两天以后，文宗去世。

文宗驾崩，仇士良即以所谓文宗"遗诏"示群臣："皇太弟瀍……宜于枢前即皇帝位。"并率兵迎出颍王浊，令百官谒见，是为唐武宗。杨嗣复等见此情景，知道事情已被仇士良操纵，大势已去，无可挽回，只好唯唯诺诺。

仇士良依仗着武宗由他拥立，更加肆无忌惮，任意指使。文宗刚死，他便劝说太弟赐杨贤妃死，随后，凡文宗所亲幸的内侍及乐工，或诛或贬，大都被除去。枢密使刘弘逸、薛季棱按清正廉明，深得文宗信任，仇士良对二人十分厌恶。武宗得立，刘、薛及宰相杨嗣复、李珏曾提出异议，仇士良以此多次劝说武宗，欲置四人于死地。不久，杨嗣复出为河南观察使，李珏出为挂管观察使，刘弘逸、薛季棱被赐死。仇士良并不罢休，还想进一步让武宗杀死杨、李，幸亏宰相李德裕力谏，杨嗣复、李珏才得以免死。唐武宗继位后，对仇士良表面上很宠信，内心深处对他的专权却十分不满。于是，任命反对宦官的李德裕为宰相。仇士良对此也很恐慌。会昌二年（842年）仇士良乘给皇帝上尊号的机会，大造谣言，说："宰相主张削减禁军的钱粮，降低待遇。"同时还公开对左、右神策军的兵士们说："削减钱粮的事是真的，不过可以到宫廷前去请愿。"神策军大有骚动之势。李德裕闻讯后，赶忙报告了唐武宗。唐武宗立刻派出使者到神策军中宣布："下赦令，削减开支是我的旨意，与宰相毫不相干，你们敢不服从吗？"众军士听了后，这才安定下来。仇士良感到形势开始不利，而一时又无法扭转，于是，接连上表请求回家养老。唐武宗为了避免冲突，也就乘机批准了仇士良的要求。仇士良因为善于挟制皇帝，不仅步步高升，专权二十多年，而且还善于辨别风向，避开斗争的锋芒，得以寿终正寝。

点评：

仇士良倚仗权势，对天下残暴施虐，到最后竟能全身而退，政治权谋已用到极致。

控制制高点

背景：

丰臣秀吉是日本战国时代涌现出来的最有实力的军事统帅。他虽然出身低贱，但是在南征北战中屡建奇功。为了称霸全国，他以拥护天皇的名义，带领20多万军队，先后平定了京城附近、四国、九州、关东等地的诸侯，到1590年完成了全国的统一。

各地的诸侯虽然被打败了，但是心里不服。为此，秀吉想出个主意——利用天皇来压服诸侯。他下了道命令，要在残破的京都建造一座自古以来最富丽的皇城，命名为"聚乐城。"

一天，秀吉把天皇、皇子、嫔妃都请到了聚乐城，命令全国大小诸侯进宫朝见天皇。他身穿绣金的华服，率领文武百官首先叩见。天皇明白，秀吉早已大权在握，眼下不过是在演戏，自己只能推波助澜。于是，天皇封秀吉为"关白"（最高行政长官，相当于宰相），赐姓丰臣。文武百官也都一一加封受赏。等到诸侯们朝拜天皇时，丰臣秀吉便以关白的身份，下令诸侯们当场盟誓："拥戴天皇，服从关白；如有违盟，杀头灭族！"盟誓以后，大宴五日，奢侈挥霍超过了历代帝王。经过这番苦心表演，丰臣秀吉总算把诸侯们初步镇住了。

决断：

为了杜绝后患，防止战乱再次发生，丰臣秀吉又借助天皇的威信，趁着恢复佛教的机会，下令："为了建造大佛，需要铁钉、铁锯，百姓家中的刀枪武器，统统交给官府，以备建佛所需。限期三十天，不得违抗！这是确保万民欢乐的大事，切望执行。"难道真少几枚铁钉和几把铁锯吗？不是。这是丰臣秀吉的计谋。他要缴净普通百姓和武士手中的武器，瓦解战争的基础，确保国内安宇。

就是靠这一系列计谋，丰臣秀吉巩固了自己的地位，牢牢抓住了全国的军政大权。在"挟天子以令诸侯"这一点上，不能不说他是个"日本曹操"。

点评：

中国古有曹操"挟天子以令诸侯"，日本也有丰臣秀吉"挟持天子，造佛收兵"。看来这招是古今中外皆适用，屡试不爽。明白了其中的道理，你也能用。

控制 "源头"

背景：

1980 年，广州白云山制药厂正徘徊于倒闭的边沿，厂长贝兆汉和他的谋士们仔细分析市场行情，根据他们所掌握的情况，料定"地塞米松"这种药品很快就会在市场上脱销。当人们买不到"地塞米松"时，各厂家又会竞相生产。白云山制药厂如果在这个时候生产这种药品，无疑会很有销路的。但是，当今的商品信息反馈是非常快的，你还来不及赚更多的钱，就会有无数家药厂起来与你竞争，一个小小的白云山制药厂怎么能控制得了市场呢？

决断：

广州白云山制药厂厂长贝兆汉在拯救企业的过程中，紧紧抓住信息这一法宝，搜集全国各药厂的产品情况。终于，他的信息员们从各种渠道打听到了消息：全国许多制药厂竞相停产"地塞米松"。

经过反复研究，他们提出了一个常人想不到的办法，即从原料上控制市场。把各地药厂抛售的原料统统买下来。

当市场需要"地塞米松"时，许多厂正要生产这种药，可是原料却被白云山制药厂控制住了。

市场行情果然按照贝兆汉他们所预测的变了。白云山制药厂在第二年便"财运亨通"，几乎独揽了"地塞米松"的生意。这一下，不但挽救了濒临倒闭的白云山药厂，并且为白云山制药厂带来了巨大的利润。

点评：

商业信息可决定企业商家上天堂还是下地狱，可见信息是企业生存和发展壮大的法宝，现在正处信息大爆炸的科技革命新时代，信息共享、信息高速公路等新理念正在改变着企业，以及我们生活的方方面面。

服务取胜　崛起市场

背景：

扬州光明眼镜公司是一家国营的老字号。有一段时间，这家公司对顾客服务欠周到，使许多人无可奈何离去。1989年，扬州城有几十家个体眼镜店纷纷开张，光明眼镜公司的顾客一天比一天少。

决断：

光明眼镜公司的女经理蔡德庆面对这种情况马上提出：抓质量保信誉，重振国营雄风。

学生是近视眼镜的主要需求对象。蔡德庆就带人跑遍全市35所学校，在5万名师生中开展常年咨询活动，聘请眼科专家做专题讲座，使他们在扬州眼镜公司既配上了合适的眼镜；又学到了保护眼睛的知识。配镜所需时间也由过去的一个月缩短为不到一个星期。

扬州几十家个体眼镜店不断抛出花样繁多的促销手段吸引顾客，开始是有奖销售，接着是削价配镜，再后来买一送一，一时间场面很红火。扬州眼镜公司却从不凑这个热闹，他们只在服务的硬、软件上下功夫。先后花数十万元从日本进口了两台电脑验光仪，邀请香港、英国及国内著名的验光师来公司为顾客验光，并讲解屈光等原理。店里还常年供应 7 个世界名牌厂家近 500 种镜架、12 个种类、8 486 个光度的镜片，开设了上门服务、电话服务、夜间服务等将近 20 个服务项目。

在扬州眼镜公司与 60 多家个体眼镜店 4 年的竞争过程中，已经使得 20 多家倒闭，还有的已经开始向"光明"学习，注重质量守信誉。扬州眼镜公司又见"光明"。

点评：

顾客就是"上帝"，以优质的服务博得"上帝"的认同，可以说是企业商家在激烈的市场竞争中生存和发展的根本保证，优质的服务已成为企业商家产品和服务经营的一种理念，毕竟没有"上帝"，哪有商家？

第十九计　釜底抽薪

提要：不是从正面与强大的敌人进行交锋，而想方设法依靠其它侧面途径，极其有效地削弱敌人的实力，改变彼此力量的对比。面对强敌，如果认真研究，找到其要害所在，避实就虚施以攻击，同样可以以弱克强，大获成功。

背景：

百事可乐公司于1919年诞生在美国纽约，专门从事百事可乐的生产和销售。第二次世界大战以后，百事可乐公司一直同举世闻名的可口可乐公司进行着激烈而持久的竞争。其经营范围已延伸到海外134个国家，全球有30亿人品尝过百事可乐，足见百事可乐的知名度之高了。

百事可乐公司的业务能够在战后迅速发展扩大，在很大程度上要归功于敢于与可口可乐争天下的董事长唐纳德·肯特。肯特是怎么在国际市场上与可口可乐竞争的呢？

决断：

唐纳德·肯特在第二次世界大战后投身百事可乐公司，开始是一名默默无闻的小推销员。当时，百事可乐的销售量不仅在美国国内市场无法和可口可乐相比，而且海外市场大多数已被可口可乐捷足先登了。肯特一方面实地勘察许多国家企业的经营方式，一方面以他在战场上学到的"冲刺精神"拼命工作。尽管可口可乐已在市场上称霸多时，但是仍然有许多国家和地区还是"真空地带"，尤其是苏联、中国及亚洲和非洲的很多国家，都是提供百事可乐施展的广大空间。因此，肯特一直在动脑筋，开发苏联市场。机会终于来了，1959年，美国博览会在莫斯科召开。当时任美国副总统的尼克松与肯特的私人关系甚笃，肯特利用这种特殊的关系，请求尼克松在博览会上，"想办法让苏联总理赫鲁晓夫喝一杯百事可乐"。也许尼克松事先同赫鲁晓夫打过招呼，因此，在各国记者的镁光灯面前，赫鲁晓夫手拿百事可乐瓶，做出一副非常满意的表情，任记者拍照，这样一来，对百事可乐公司来说，无疑是一个特殊的、影响力最大的广告，对于扩大百事可乐在苏联市场的销售起到了很大的推动作用，百事可乐终于在苏联站住了脚。

为了与可口可乐争天下，肯特不择手段，1964年，尼克松在大选中败给肯尼迪。

肯特认为，要想在世界市场上与可口可乐竞争，老朋友尼克松是最好的、必须利用的武器。肯特以年薪10万美元聘请尼克松为本公司的顾问和律师。尼克松则利用自己当副总统时的老关系，周游各个国家和地区，积极销售百事可乐，使百事可乐在国际市场上的销售量直线上升，尤其是他帮助百事可乐征服了台湾市场。因此，肯特以卓越的成就，荣升为百事可乐公司的总经理。

在尼克松就任美国总统之后，为报当初肯特的照顾，任命肯特为自己的经济政策顾问。这不仅使肯特身价倍增，而且使他取得了在国际市场上与可口可乐竞争更有利的条件。

百事可乐独霸苏联市场，圆了肯特多年的梦，百事可乐虽已打入苏联市场，但肯特没有因此而满足，他认为，百事可乐进军苏联仅是刚刚起步，最大的目标是在苏联建立百事可乐工厂，而且垄断在苏联的销售。肯特为实现其目标而不懈努力。1975年，终于了却了他多年的心愿，百事可乐公司有了在苏联生产并垄断销售的权利。百事可乐是美国第一个闯进苏联的私人企业，肯特终于实现了他多年的梦想，同时给可口可乐公司迎头痛击，不久，肯特登上了百事可乐的顶峰，担任了董事长兼经营的最高负责人。

百事可乐公司抓住时机，占领中东市场。在与可口可乐竞争中，百事可乐不仅在苏联取得胜利，而且在中东也捷报频传。可口可乐公司在以色列设有分厂，但中东没有市场，百事可乐公司乘可口可乐公司还没有觉醒之机，立即放弃以色列，百事可乐深入到阿拉伯诸国的每一个角落，一举取得了中东市场。

利用广告，百事可乐大战可口可乐，乘胜追击，杀个片甲不留。在日本市场，百事可乐与可口可乐和竞争始终没有停歇过。因日本人当中，喜欢喝可口可乐的非常多，虽然，百事可乐于1959年销入日本市场，但始终没有压过可口可乐。于是百事可乐与可口可乐又在广告上大战一场：有人做了一个实验，把喜欢喝可口可乐的人的眼睛蒙起来，然后用分别装着可口可乐的百事可乐的杯子，请他们喝，然后让他们选择认为味道比较好的一杯，结果多半人都认为百事可乐比较好喝，当然，他们还以为自己选择的是可口可乐。对于百事可乐来说，这小小的实验无疑是最有利的宣传，因此，肯特利用这个实验为题材，在电视上大做广告："喜欢喝可口可乐的朋友，多半喜欢喝百事可乐……"百事可乐的广告引起可口可乐的反击，于是，电视上便出现了这样的广告："可口可乐的销量比百事可乐多一倍，全世界的人都爱喝可口可乐。"虽然可口可乐在广告中以数量为证据，但众所周知，10年前可口可乐与百事可乐销售比例是10：1，当时都认为：可口可乐是比较高级的饮料，可以用来招待贵宾，而百事可乐只能是一般老百姓喝的，登不上大雅之堂。如今百事可乐的销售量直线上升，与可口可乐打成了1：2的局面，这确是一个辉煌战绩。从1959年到1976年，百事可乐在日本的销售额已达到27．27亿美元。

点评：

商业竞争中要善于抓住一切机会，不惜代价地抢夺市场份额，因为机会是稍纵即逝的，有力地打破市场真空地带，给人一种先入为主的感觉，势必会在竞争中获得胜利。

调查市场找空当　抓住机会抢市场

背景：

第二次世界大战后，日本把汽车工业作为开发日本出口潜力的关键行业之一，并把美国作为进攻的主要目标。可是，当时日、美汽车生产和技术水平差距极大。近一个世纪以来，美国一直是世界上汽车生产的第一大国，"底特律汽车城"名闻天下。日、美汽车大战的背景就是这样，在极不平衡的情形下开展的。

决断：

但是，日本人在调查研究中发现，进入 20 世纪 60 年代，美国人对汽车的需求已经发生了变化：过去美国人偏爱大型的、豪华的汽车，但由于美国汽车越来越多，城市道路越来越拥挤，大型汽车转弯及停车都不方便，加上油价上涨，人们感到大型汽车耗油多，因此，美国人的偏爱已转向价廉、耐用、耗油少、维修方便的小汽车。于是，日本丰田公司针对美国人喜好的转变，制成了一种小巧、价廉、维修方便、速度快捷、乘坐更舒适的小汽车，具有物美价廉的良好形象，受到一些美国人的欢迎，终于打进了美国市场。接着，日产公司在研究了美国汽车的制造技术、设计优缺点、消费者口味以及市场环境后，也于 20 世纪 60 年代初推出"蓝鸟"牌汽车，并成功地进入美国市场。

日本小汽车打入美国市场，并未引起美国汽车制造业的关注。即使是在 1960 年至 1969 年日本小轿车销量猛增时，底特律还是在忙于生产大型豪华轿车。既没有防御，也没有阻击和迎战。这就为日本生产的小型汽车让出了市场。日本汽车业充分利用这一空隙，乘隙出击，扩大战果，从而赢得了对美国汽车战的胜利。

到 20 世纪 80 年代，日本汽车业同美国汽车业在力量对比上发生了显著的变化，日本汽车工业蓬勃发展，雄视世界，不仅日益扩大对美国市场的占有份额，同时也向全球进攻。据美国《幸福》杂志统计，在 1986 年世界 20 家最大汽车公司中，日本占了 9 家；在美国市场上，每售出 4 辆汽车，其中就有一辆是日本生产的汽车。

点评：

日本汽车业今日之成熟，与当年抓住空隙打入美国市场，并占领这个"轮子底下的国度"的市场的谋略是分不开的。日本商人找到了美国市场薄弱处，釜底抽薪，全力出击，终以弱胜强，在美国市场站稳了脚跟。

曹操奇兵袭乌巢

背景：

东汉末年，群雄逐鹿。在几经征伐之后，黄河南北地区，逐渐形成了袁绍、曹操两大集团对峙的局面。袁绍兵多将广，地域辽阔，占有很大的优势，曹操担心袁绍攻伐，自己防不胜防，于是陈兵官渡（今河南中牟东北）以吸引袁绍。公元200年8月，袁绍率大军接近官渡，东西连营几十里。双方相持了3个月，互有伤亡，不分胜负。

曹操的实力远不如袁绍，时间一久，曹军的粮食供给发生了问题。曹操动摇起来，想撤军回许昌。他给在许昌的谋士荀彧写了封信，征询荀彧的意见。荀彧坚决反对曹操回师，他在回信中写道："袁绍军人数虽然众多但战斗力很差。我军以其十分之一的兵力扼守官渡半年多，袁绍竟不能前进半步，这就是证明。现在袁绍的军队也已很疲乏，此时正是出奇制胜的时候，万万不可错过良机……"

荀彧的信坚定了曹操在官渡击败袁绍的信心。几天后，曹军捉获袁军的一个间谍，间谍供认：袁军将领韩猛押送粮车数千辆将要运至官渡，他是来给韩猛探路的。曹操立即派徐晃、史涣二将前去堵截。韩猛不敌徐、史二将，粮食全被徐、史劫走。

袁绍失去几千车粮食，十分懊丧。再次运粮时，他派大将淳于琼率万人护送，并将粮食屯积在距自己大营以北40里的乌巢（河南延津东南）。袁绍手下的谋士许攸是曹操的故友，其亲属因触犯军法被袁绍的亲信谋臣审配关入监狱之中，许攸为自己的亲属争辩了几句，袁绍大怒，将其逐出军营。许攸一气之下离开袁绍，投降了曹操，并把袁绍的军粮全集中在乌巢一事报告给曹操。

决断：

曹操正在为如何才能出奇制胜而大伤脑筋，听完许攸的话，顿时胸有成竹。他连夜采取行动，命令曹洪留守大营，亲自率领5 000名精兵，打着袁军的旗号，骗过巡逻的袁军，在破晓之前赶到乌巢。5 000名精兵，人人带有引火的柴草，众人一齐动手，乌巢顿时火光冲天，而负责守护乌巢的淳于琼还来不及上马，就已成为曹操的俘虏。

曹操计胜，乌巢的军粮被曹操焚毁，袁军军心动摇。袁绍又偏听偏信郭图的话逼走了大将张郃、高览，士气愈发衰落。曹操抓住战机，发起猛攻，袁军折损 7 万余人，袁绍和儿子袁谭落荒而逃，逃回到河北时，仅剩下 800 余名骑兵。

点评：

曹操奇兵袭乌巢，可以说是掌握情报，把握时机，果断出击取得胜利的典型范例。通过火烧乌巢，使敌兵乱作一团，袁军折损七万余人，袁绍父子惨败而逃。这也正是混战计的妙用。

巧设圈套　斩草除根

背景：

金泰和八年中历十一月丙辰（1208 年 12 月 29 日），金章宗完颜璟病死，年41 岁，没有留下子嗣。

章宗生前秉性多疑，枉杀了许多宗室成员，只有叔叔卫绍王完颜永济（金世宗完颜雍第七子）"素来柔顺"，受到他的赏识。章宗病危时，担任武定军节度使的完颜永济正巧有事，回到中都（今北京城西南隅）。章宗把他留下，有意将皇位托付给他。章宗死后，元妃李氏、宦官李新喜、平章政事完颜匡等，根据章宗的遗诏，拥立卫绍王完颜永济当了皇帝。

章宗死时，后宫有二人怀有身孕：一个叫贾承御（皇帝的下级侍女），一个叫范承御。章宗临死前，当着众人立下遗诏："朕之内人，见有娠者两位。如其中有男，当立为储贰，如皆是男子，择可立者立之"。完颜永济即位后宣布：章宗皇帝关于册立皇储的遗诏，"申谕多方，皎如天日"，自己一定照办。于是众人都认为章宗善于识人，子嗣得以享国了。

决断：

完颜永济想的完全是另外一套：我既已当上皇帝，六个儿子又都已长大成人，难道还要让别人的后代来继承大位吗？不行。绝不能让章宗的后代长大成人，将来同自己的儿子争夺天下！并且要防患于未然，叫他们死于母腹之中。

几天以后，有人来见范、贾二人，逼迫她们堕胎。范氏向来胆小怕事，知道这是皇帝的旨意，当然不敢反抗，听凭处置。胎损以后，她又于神殿前发誓：一是要守口如瓶；二是从今以后削发为尼。贾氏则不愿意逆来顺受，得知有人要害皇储，当即找元妃商议。元妃一听，勃然大怒，决心要与完颜永济分庭抗礼，不让贾氏堕胎。

元妃李氏在章宗时极有权势。她小名叫李师儿，早年因其家有罪，没入宫籍。父亲李湘和母亲王系儿出身都很卑贱。大定末年，后宫请了一个名叫张建的教师来教宫女认字，李师儿也跟着学。当时教授的方式是宫教和宫女之间用一层青纱隔开，宫教居幄外，诸宫女居幄内，彼此不得见面。诸女子中李师儿最为聪慧，学得最好。但张建不知是谁，只知道是一个嗓音清亮的。一天，章宗问道："哪一个女子最为可教？"张建说："就中声音清亮者最可教。"章宗根据张建所说，找到了李师儿，仔细打量一番，果然超群出俗、才貌两全。身边宦官看出章宗的意图，便趁机劝他把李师儿纳为嫔妃。

李师儿不仅"能作字、知文义"，而且善于察言观色、迎合章宗的旨意，很快就宠冠后宫。明昌四年（1193年），她被封为昭容，第二年进封淑妃。哥哥李喜儿和弟弟李铁哥都靠她而当上大官，时称：李氏兄妹"势倾朝廷，风采动四方"，几乎可同唐玄宗时的杨氏兄妹相媲美了。自蒲察皇后死后，中宫虚位已久，章宗一心想让李师儿入主中宫。但金朝

有条惯例，皇族完颜氏与徒单、唐括、蒲察、仆散、纥石烈、乌林、乌古论等几家世为婚姻，皇后、驸马必须出自这几个家族。李姓在金朝地位很低，章宗虽想破例，可大臣们固执不从，台谏也认为不可，章宗只得将她进封元妃，可是给她的权利、地位，与皇后一模一样。

完颜永济见元妃出来拦路，知道事情难办，然而，"箭在弦上，不可不发"，最终他下定决心：一不做，二不休，干脆连元妃也一同除去。

他先以升官为诱饵，收买了平章政事完颜匡等人，使他们为己所用。大安元年（1209 年）中历二月，他指使平章政事仆散端、左丞孙即康入朝奏称："承御贾氏当以十一月免（娩）乳，今则已出三月，来事未可度知。范氏产期合在正月，而太医副使仪师颜言，自年前十一月诊得范氏胎气有损，调治迄今，脉息虽和，胎形已失"。这一方面对范承御失去胎儿做了解释；另一方面又为除去元妃和贾承御埋下伏笔。

大安元年中历四月庚辰（1209 年 5 月 22 日），完颜永济终于下手了。这天，他颁布了一份洋洋千言的诏书，宣称："近来有人控告元妃李氏辜负先皇的恩情，大搞阴谋诡计。自泰和七年（1207 年）正月以来，先皇龙体欠安，李氏便与宦者李新喜商议：因储嗣未立，可让宫人诈称有身，再取他人婴儿充作皇嗣。去年闰月十日（1208 年 4 月 26 日），因贾承御得病呕吐，腹中若有积块，李氏与其母王盼儿及李新喜密谋，令贾氏诈称有身，打算到时候取李家婴儿来冒充皇嗣。这个阴谋还没有来得及实行，先皇就驾崩了。章宗皇帝不明真相才留下遗诏，要立贾、范二人腹中之子为皇嗣。此外，章宗皇帝嫔妃虽多却不能留下子嗣，也完全是因为李氏捣鬼：先帝平昔幸御妃嫔，李氏十分妒忌，所以指使女巫李定奴作纸木人，鸳鸯符以事魇魅，以致先帝绝嗣。"

在罗列了元妃的"罪状"之后，诏书接着声称："案情被揭露后，朕先选派大臣审查，李氏供认不讳。随后，朕又派宰相复查，结果还是一样。有司商议后认为，李氏之罪依据刑法，当处以极刑。朕以为，她久侍先帝，可免一死，但王公百僚，坚决不肯答应。所以现在决定赐她自尽。王盼儿、李新喜各正典刑。李喜儿、李铁哥免去职务，远地安置。其他应该连坐的一律依法办理。"诏书的最后一句话最为重要："承御贾氏亦赐自尽。"

同一天，为完颜永济出谋划策的平章政事完颜匡升任尚书令。大安二年中历八月乙丑（1210 年 8 月 30 日），完颜永济终于把自己的长子完颜从恪立为太子。

点评：

完颜永济以骗局造冤案，废除了潜在的皇位竞争者，立己子为太子，其手段既隐蔽，又显凶恶，体现了封建社会政治斗争的无情。

范雎重金离赵将

背景：

公元前260年，秦和赵是战国七雄中的两大国。秦昭王一直想吃掉六国，独霸天下。当时赵国是他要打倒的一个强敌。他找臣下商量对策。丞相范雎说："赵将廉颇是我们的心腹之患。这个老头筑垒坚守，任凭我们怎么挑战，就是不理睬。要是把他从将位上撤下来，换个无能之辈，就好对付了。"另一位大臣说："听说老将赵奢的儿子赵括本领不大却自视甚高，雄心勃勃。要是让他取代廉颇那就好办了。"怎么才能搞掉廉颇，让赵括去作赵将呢？

决断：

范雎说："那就使用离间计，搞掉廉颇。"秦昭王听了大喜，下令派人带着重金到赵国去实施离间计，散布廉颇胆小无能，不敢应战，妄图投降；散布惟有赵括年轻有为，青出于蓝，可委以重任。野心大但见识浅的赵孝成王果然中计，派赵括取代了廉颇。

缺乏实践经验，又惯于纸上谈兵的赵括一上任，就轻率地改变廉颇坚守待机的战略，挥师出击，一下子落入秦军的圈套，不但自己性命丢了，还使赵军全军大败。

点评：

自古道：三军易得，一将难求。由此可见将帅在驾驭战争中的重大作用。因此，历来对将帅打主意的不乏其例。战国时期秦赵相争中秦胜赵败，原因之一就出在"将"上。

离间了敌军的主帅，就胜利了一半，所以说不能轻易地听信谣言；要有事实根据，偏听偏信，就会折戟沉沙，落入圈套。

瞄准弱点　攻其弱处

背景：

日本有一家生产表带的小厂，由于其产品难以与生产名牌表带的大厂家抗衡，所以在产品的经销中屡屡失败。怎么反败为胜而使自己的产品能畅销呢？

决断：

厂长想出了个好主意——"瞄准弱点"。厂长提出："要找出名牌表带的弱点，瞄准它，攻破它。"功夫不负苦心人，他们终于找出了名牌表带也存在着一个弱点：有时（尤其在炎热的夏天），即使是名牌手表的表带也会使人发生皮肤过敏或长痱子的现象。于是，厂长发动职工想办法克服这一弱点。经过研究，他们想出了表带上皮和下皮之间夹一层聚丙稀薄膜的新工艺。这种表带克服了戴表者皮肤容易过敏的弱点。而"瞄准弱点"的结果，使这家小厂在产品经营中反败为胜，后来该厂发展成日本一流的表带生产厂家。当有人请厂长谈成功之道时，他说："瞄准产品的弱点加以克服是十分重要的。即使是大厂家，也要继续瞄准弱点，寻找克服这些弱点的对策，这样才能不断成功，才能反败为胜。"

李政道先生也说："你们要想在研究工作中赶上、超过人家吗？你一定要摸清在别人的工作里，哪些地方是他们的缺陷。看准了这一点，钻下去，一旦有所突破，你就能超过人家跑到前头去了。"因此，想反败为胜，就必须勇于"瞄准弱点"，勤于"瞄准弱点"，善于"瞄准弱点"。

点评：

瞄准弱点，善于攻击对方的弱处，从而显己之长，这也是进行生产经营必须学会的一招。

第二十计　混水摸鱼

提要：此计最体现混战计之精髓。所谓"混"，不外乎局面动荡，胜负未判，各种因素正处在激烈而迅速的变化之中，为用计者提供了充分的施展计谋的空间背景。使之既可乘敌之乱，夺取胜机；亦可制造乱局，脱颖而出。

谈判专家巧收渔翁之利

背景：

美国有位谈判专家想在家中建个游泳池，建筑设计的要求非常简单：长30英尺，宽15英尺，有温水过滤设备，并且在6月1日前做好。谈判家对游泳池的造价及建筑质量方面是个外行，但这难不倒他。在极短的时间内，他不仅使自己从外行变成了内行，而且还找到了质量好价钱便宜的建造者。

决断：

谈判专家先在报纸上登了个想要建造游泳池的广告，具体写明了建造要求，结果有 A、B、C 三位承包商来投标，他们都拿给他承包的标单，里面有各项工程的费用及总费用。谈判专家仔细地看了这三张标单，发现所提供的温水设备、过滤网、抽水设备、设计和付钱条件都不一样，总费用也有差距。

接下来的事情是约这 3 位承包商来他家里商谈，第一个约好早上 9 点钟，第二个约定 9 点 15 分，第三个则约在 9 点 30 分。第二天，三位承包商如约而来，他们都没有得到主人的马上接见，只得坐在客厅里彼此交谈着等候。

10 点钟的时候，主人出来请第一个承包商 A 先生进到书房去商谈。A 先生一进门就宣称他的游泳池一向是造得最好的，好的游泳池的设计标准和建造要求他都符合，顺便还告诉主人 B 先生通常使用陈旧的过滤网，而 C 先生曾经丢下许多未完的工程，并且他现在正处于破产的边缘。接着又换了 B 先生进行，从他那里又了解到其他人所提供的水管都是塑胶管，他所提供的才是真正的铜管。C 先生告诉主人的是，其他人所使用的过滤网都是品质低劣的，并且往往不能彻底做完，拿到钱之后就不管了，而他则是绝对做到保质保量。

谈判专家通过静静的倾听和旁敲侧击的提问，基本上弄清楚了游泳池的建筑设计要求及三位承包商的基本情况，发现 C 先生的价格最低，而 B 先生的建筑设计质量最好。最后他选中了 B 先生来建造游泳池，而只给 C 先生提供的价钱。经过一番讨价还价之后，谈判终于达成一致。

点评：

竞争者都想尽自己最大的努力来争取这项工程，然而鹬蚌相争，真正得利的还是渔翁！

抓市场的空隙

背景：

1990 年的中国消费市场疲软，使全国的橡胶市场也在所难免地不景气。处于全国同行业许多大企业重重包围之中的山东高密橡胶厂为在市场上争得一席之地在苦苦地探索。

决断：

山东高密橡胶厂的厂长张文明带着销售人员跑遍了本省和河北、河南、安徽、江西、江苏等地，展开了全方位的市场调查。他们最后得出一个结论：高密橡胶厂没有实力也没有必要与大企业拼死竞争，抢占人家已经占领的市场，而必须抢空当，开拓属于自己的市场。比如大型轮胎，大企业经济实力雄厚，技术水平也高，自己根本无法与人家竞争。明显的空当是农用三轮车胎和小型拖拉机轮胎等农用小型轮胎。这些产品，大企业根本不屑一顾，认为不值得生产，而小厂子又生产不了，高密橡胶厂的经济实力和技术水平则正合适。于是，他们确定了自己的市场战略，把主攻目标选在农村市场，大量削减自行车轮胎的生产数量，大上农用三轮和小型拖拉机轮胎，同时坚持农用埋吸胶管的生产。

1998 年，全国橡胶行业的市场行情逐渐好转，高密橡胶厂"抢空当"的市场战略作用也显示出来。新开发的农用小型轮胎爆出冷门，畅销全国各地，经济效益也大幅度上升。

微隙在所必乘。高密橡胶厂抓住市场空隙在市场上占得了一席之地，抓市场的空隙，有如抓住机遇一样需要内在本质和外在客观原因的合理配置，资源的流动才会向自己有利的方向发展。

点评：

以上事例是利用了市场机遇的大好形势，积极捕捉市场空当。抓准产品定位，实现了企业的飞速发展。所以说，市场是企业经营不变的主题，只有市场做好了，企业才有出路，才会生机勃勃。

击破者有奖

背景：

进入 20 世纪 80 年代中期以来，建筑界对薄而强度大、又不易破碎的玻璃产品的需求日益增多，尤其是在安全要求较高的建筑物上，诸如银行、珠宝商店的门面，心理保健场所等，特别是监狱和劳教所，因为美国政府曾作出规定，要求所有新建的劳教所窗户要用玻璃代替铁条。

决断：

在强大的社会市场面前，歌露博—亚美拉达公司开发出了一种新产品：由 4 层夹层组成的"安全—轻便 4X"型薄玻璃。这种玻璃强度高，能经受得起重击而不碎。产品是开发出来了，但怎样使这种产品立刻而又十分广泛地为建筑界所认可呢？

为此，这家公司特地趁美国劳教所委员会在密尔沃基市召开会议的机会，十分巧妙地举办了一次新产品展览会：他们把这种新产品镶在框架上，右上角贴上"安全—轻便 4X"的标签，玻璃背面贴着张 1 000 美元的支票，旁边放着几根球棒，告示上写着："击破者有奖"。他们邀请参观展览的人，每人向玻璃击 3 棒,并告诉大家:如果谁能击破玻璃拿到那张支票,谁就将得到 1 000 美元;如果没有人能击破玻璃,这 1 000 美元将捐献给密尔沃基市的"邻居宫"。

展览那天,他们还邀请新闻界的记者及摄影师参加,请他们做打破玻璃的试验,并把玻璃强度试验报告及介绍这一产品的材料发给他们。结果,参加者没有一人能打破玻璃得到那张支票。因此,展览结束后,他们举行了向"邻居宫"捐款的隆重仪式。正像他们所预料的一样,这些活动得到了报界、电台、电视台的广泛宣传报道。报道中说:歌露博—亚美拉达公司的玻璃产品质量上乘——打不破的薄玻璃。

这家公司的公共关系活动至此并没有结束。他们趁热打铁,复印了大量介绍该种玻璃的剪报,连同信件寄给所有有决策权的建筑界人士。经过这一系列的公共关系活动,公司收到了大量的订货单,挖掘出 50 万美元的潜在生意。真是一棒打出了个大生意。

点评:

办展览会,并不是单纯地把产品放入展厅中,还应该举办一些小活动,让顾客参与,给以实惠,从而使广大顾客能了解新产品,扩大知名度。

善捕战机

背景:

总部设在香港的光大实业公司的董事王光英先生,是一位著名的爱国实业家。他凭着那善于捕捉信息的敏锐眼光,惯用信息追踪术的聪明才智,成功地利用一条信息赚回了 7 000 万美元,被海内外人们传为佳话。

有一天,王光英在阅读报纸的时候,从有关资料中获悉了这样一条既引人注目而又模糊不清的信息:有一批二手汽车要出售。但由于信息的来源很模糊,所以所售汽车的型号、数量、价格、产地都没有讲清楚。如何弄清这一消息的全部情况,继而决定是否采取行动是当前重要的问题。

决断:

王光英首先同这家报社联系证实了这条消息;为了能进一步完整准确地把

握这条信息，他马上派公司业务人员对这一信息线索进行跟踪，采取顺藤摸瓜的战术，逐渐掌握了有关的情况。

几天后，他便收到了关于这一信息的最新报告：在南美智利，一家铜矿最近倒闭。矿主在此之前，已订购了美国道奇牌、西德奔驰牌各类型大吨位载重车、翻斗车共计1 500辆，而且全部是清一色的新车。为了偿还债务，矿主决定将这批车折价拍卖。

就在王光英收到这一信息时，他同时还获悉：香港、智利和世界其他许多地方也得到了这一信息。他敏锐地意识到这条信息的价值——1 500辆折价拍卖的名牌新车。

他当即决定发动一场闪电战，快速组建一支由业务人员和技术人员参加的采购小分队，并大胆地赋予他们"将在外，君命有所不受"的临时处置权，即把拍板成交的大权交给采购小分队成员。

采购小分队受命后，火速赶到南美智利，对一辆辆汽车认真地进行现场验货，在证实了质量令人满意之后，又经过一番紧张的斗智斗勇，反复的议价磋商，最后终于达成协议：1 500辆7吨以上，30吨以下的载重汽车，由智利铜矿主以原价的38%低价全部卖给中国光大实业公司。

就这样，光大公司等于一下节省了7 000万美元的购车款。

如果光大实业公司没有得到这样的信息，那么千载难逢的良机就只能是失之交臂。利用信息做生意，最重要的是具有对信息高度的敏感性，能对掌握的信息快迅做出反应和决断，从而不致使战机贻误。

点评：

对于信息战中如何尽快地掌握信息这一问题，每一位成功的商家都有自己不同的方法，而把一条模糊信息据为己有，则非有一套追踪的技术不可，所以，学会追踪是了解信息的重要工具。

搅浑烟幕好蒙人

背景：

恶语中伤，谣言诽谤，每个人都会对此咬牙切齿，恨之入骨，然而在战争和相互争斗中，这倒不失为一招好计。先放一炮烟幕弹，让对方昏头转向，然后趁火打劫，出奇制胜。混水摸鱼的精华在于先制造混乱局面，他人不明真相而惟独自己清醒，趁势捞一把，以求利图。

雍正在争夺储位的斗争中，也挺会蒙人的。有时自己制造烟幕弹，但大多是让别人去制造，而他则趁着混乱局面大肆捞"鱼"罢了。

决断：

允礽被废太子后，允禩大肆表现自己以求夺得太子位。允禩听说算命先生张明德这个人后，将其请入府中。张明德当时已揣度出允禩的心意，因此不失时机的说允禩大富大贵，日后必能位至极尊。同时还声称自己可以请武林高手翦除太子，如此一来，允禩及其党羽允疾、允禟、允禵等人就动了恶念。

纵观当时的争位情形，八阿哥允禩原本是占尽先机的。首先，朝野上下一致看好允禩，其次，康熙也认为允禩堪当重任，在允礽被废后，立即命允禩署理内务府事务。由此可见，康熙当时曾对允禩寄予厚望。

但是，允禩错了，他错就错在太明目张胆急功近利了。以致于康熙发现了他企图谋杀太子的居心。此外，康熙也不能容忍允禩的聪明太过。允禩刚刚接管内务府，就急着为自己网罗人才，大肆收买人心——当其时，前内务府总管凌普案发，康熙严令允禩察处凌普。凌普乃是太子允礽乳母的丈夫，他借助太子的势力，贪婪不法。允禩为了收买人心，竟然包庇昔日的冤家对头，草草了结了此案。

康熙得知这件事后大为恼火，直斥允禩是"到处妄博虚名，凡朕所宽宥及所施恩处，俱归功于己，人皆称之。"康熙由此看到了允禩比二阿哥允礽更危险，说："二阿哥悖逆，屡失人心，此人之险恶处，百倍于二阿哥也。"

大阿哥允禔在康熙面前提到八阿哥允禩是大富大贵命。引起康熙的疑虑，一查之下，发现了允禩等人的阴谋。震怒之下的康熙凌迟处死了张明德，并以"知情不报，妄蓄大志"的罪名，革除了允禩的爵位，同时还给允疾、允禟以相应的惩戒。

揭发这件事的人是三阿哥允祉。允祉的好处是得到了康熙的信任，但也成为其他兄弟的众矢之的。雍正虽然没有出面活动，但他怂恿允祉去做，以此把事情搞浑、搞大、搞砸，最后对双方当事人都不利，而雍正却没有受到打击。

点评：

"混水摸鱼"要诀：先把水搅浑，再把对手头搞晕，待势而捉之。

侍君有术　专权有道

背景：

仇士良，字匡美，循州兴宁人。自唐顺宗时入宫当太监，到唐武宗会昌三年（843年）病死，在宫中40多年，侍候过6个皇帝。在这40多年的时间里，唐朝宫廷内事变迭起，皇帝与藩镇的矛盾，朝臣与太监的斗争，太监与太监的较量，尖锐复杂，甚至瞬息万变。在统治阶级内部的倾轧中，许多文官、武将、太监被处死，甚至有的皇帝、后妃也遇害。可是，仇士良却稳步高升，从一个侍候太子的一般太监，历任监军、五坊使、左神策军中尉、左街功德使、骠骑大将军、楚国公、观军容使、兼统左、右神策军、知内侍省事等要职，死后追赠扬州大都督。他专权20余年，杀害了2个王、1个妃、4个宰相。皇帝虽然不满他的挟制，却不愿他离开，更不敢将他除掉。史书上说仇士良"有术自将，恩礼不衰"。这"有术"二字，正道出了仇士良的诀窍。

仇士良"术"，究竟是什么呢？

决断：

在仇士良告老还乡之时．他的徒子徒孙小太监们，为了弄清仇士良的"术"，专门为他举行隆重的送行宴会，他们像求拜菩萨那样，虔诚地请求仇士良传授他们一点在宫廷里混饭吃的本领，仇士说出了一套挟制皇帝专擅大权的"秘诀"来。

仇士良说："为了你们的前途，我就把我多年积累的经验告诉你们，我这些经验，在皇帝的身上用了好多年，十分有效，以后你们照这些方法去做，也一定差不了。

你们侍奉皇帝，首先要记住的是千万不要让皇帝闲着，皇帝一闲着，就想读书，就想接近儒臣，就想讨论什么天下大事、治国方略。如果是这样，皇帝就会增加知识，提高智慧，就会变得明白起来，那么，皇上就会采纳朝臣的意见，不再追求吃喝玩乐，也就不再宠信我们。如此一来，我们哪里还有机会掌握大权呢？因此，你们要想方设法搜罗钱财，供皇帝肆意挥霍使用，不仅要投其所好，还要引导他们享乐，不要给他留出一点空闲。这样，皇帝就不再留心学问，也无暇过问政事，反倒觉得我们十分忠心，也就只有靠我们去替他办事。这样，我们岂不就可以专权了吗？"

这番话，说得小太监们一个个如醍醐灌顶，仿佛得了真经一般，欢喜而去。

点评：

宦官本是皇帝的内侍、家奴，常年周旋于皇室、内廷之间，侍奉于皇帝左右，具有一般人所不具备的接近最高统治者的条件。在专制主义的封建皇权时代，在皇帝不英明或无能的时代，他们的是非好恶，往往能左右皇帝，误国害民，更不用说像仇士良这样蓄意弄权干政的阴谋家了。仇士良的目的就是要让天子腐化堕落，不问政事，以利于攫取"恩泽权力"，达到"万机在我"的目的。

煽风点火　危言耸听

背景：

周灵王二十四年（前 548 年），齐国重臣崔杼、庆封联合将齐庄公杀死，拥立公子杵臼，是为齐景公，崔杼自立为右相，立庆封为左相。崔杼从此掌握了齐国的大权，且志恣益甚。庆封看在眼中，心中暗生嫉忌。可是他耐住性，故意显出跟崔杼十分投缘的样子，还天天饮酒、打猎，以麻痹崔杼。

崔杼当初杀齐庄公的时候，曾向其妻棠姜许下诺言，要立其子崔明继长子位，但又不忍就这么轻易地废了长子崔成的继承权，时犹豫不决。崔成知道父亲的心事后，就自动要求把长子的名分让给崔明，自己情愿到崔家的封地崔邑养老。

崔杼答应了，但棠姜的哥哥东郭偃和棠姜与棠公所生的儿子棠无咎却不同意，他们说："崔邑，是崔家的老根，必须有长子的名分才能拥有。"崔杼只好又收回成命。

崔成气哼哼地把这事告诉他的弟弟崔强。

崔强说："你已经把长子的名分让给他们，再让一座城，又算什么呢？说实在的，现在父亲还活着，他们就这样欺负咱们，将来父亲百年之后，你我兄弟恐怕连奴隶都当不了。"

崔成说："那怎么办？不如找左相国庆封商量商量。"于是哥儿俩连夜去见庆封，求他想个主意。

决断：

庆封说："现在你父亲惟东郭偃、棠无咎之言是从，我就是替你们求情，他未必听。既然如此，为何不想办法将他二人除掉？"

崔氏兄弟说："我们早有这个想法，但苦于力量薄弱，恐不能成功。"

庆封说："此事容我再考虑考虑。"

崔氏兄弟走后，庆封便与家臣卢蒲公商议。

卢蒲公深知庆封一直有除去崔杼的意思，便说："崔家如有内乱，难道不是对庆家很有利吗？"

庆封听了很高兴，就赠给崔氏兄弟上等盔甲100具及大量兵器。崔成、崔强得到庆封的帮助，当即行动，把众家丁武装起来，埋伏在崔杼宅院附近，乘着东郭偃和棠无咎上崔家的时候，将他们乱戟刺死。崔杼听说两个儿子造反，又惊又怒，忙叫仆人准备车马，不料驾车的仆人早已跑得一干二净，崔杼只好让书童驾车，去见庆封，诉说家难。

庆封佯装不知，吃惊地说："竟有这种事，崔、庆虽为二家，实为一体，黄毛孺子居然无法无天！你要打算惩处他们，我当尽力相助。"

崔杼信以为真，感激地说："如果能助我除去这两个逆子，我将让崔明拜你为干爹。"

庆封就命卢蒲公率人马前去崔家，又暗中吩咐他须要如此这般。

卢蒲公率人马到了崔家，对闭门而守的崔氏兄弟说："我奉左相国大人之命前来帮助你们。"

崔成、崔强见援兵到了，便开门相迎，问道："庆大人有什么指示？"

卢蒲公大声说："我奉庆大人和你父亲的命令，前来取你们两个忤逆不孝之子的人头。"又喝令手下士兵："还不动手？"

崔氏兄弟傻了眼，来不及分辩，头已经落地。

卢蒲公率人进内房找崔明，没有找到，便将崔家内外值钱的东西搜刮一空，搬不走的全部捣毁。

棠姜又惊又怕，就在房内自缢而亡。卢蒲公用车载着崔氏兄弟的尸体回复崔杼。

崔杼见了两个儿子的尸体，又悲又愤。

他问卢蒲公："没有惊动太太吗？"

卢蒲公说："夫人还在床上躺着，没有起来呢。"

崔杼这才稍有喜色，对庆封说："我还是回去吧！不过我的书童不会赶车，请借我一位车夫。"

卢蒲公说："我愿送相国大人回去。"

崔杼向庆封再三称谢，才登车而回，一到了家，就见大门开着；跑到里边一瞧，也不见一个人出来，窗户和门全被打碎了，好东西也没有了，整个相国府一片狼藉。再到内房一看，只见夫人棠姜在梁上吊着，顿时把崔杼吓得魂不附体，回头叫卢蒲公，卢蒲公早已不辞而去，崔明也不知躲到什么地方去了，找也找不到。

崔杼不由得放声大哭，边哭边说："我被庆封骗得好苦，害得我家败人亡，还有什么脸面活下去呐！"哭了一阵，便吊在了棠姜身旁。

点评：

庆封成功的秘诀在于善于利用矛盾，适度夸大矛盾的危害性，使敌手双方都产生不除对方不能安宁的危机感。使用这种策略一定要注意把握时机，切不可操之过急。而且在操作时，切记不可过分夸张，否则会使对方产生疑虑。如果那样的话，事情的发展，就会适得其反了。

乱中拥立新君

背景：

晚唐，宦官专权已经发展到了无以复加的程度。不仅把持朝廷的军政大权，而且把皇帝变成了手中的傀儡。从唐宪宗到唐昭宗。共9个皇帝，历时98年，就有7个皇帝是宦官拥立的，2个皇帝是宦官杀害的。

决断：

太监王守澄和刘克明就是杀害唐宪宗和唐敬宗的元凶。王守澄害唐宪宗，刘克明杀唐敬宗，都不是孤立的事件，而是宦官们争权夺势的必然结果。杀害老皇帝，目的在于将自己手中的傀儡扶上皇帝的宝座。

王守澄做唐宪宗的宦官，因为服侍得体，深受唐宪宗的宠信，吐突承璀在外做观军容使，鞭长莫及，宫内的许多事就落到了王守澄的手里。后来，唐宪宗迷上了长生之术，喜欢服食丹药，王守澄见有机可乘，便从中煽惑，鼓励宪宗相信和尚道士。有一个名叫大通的和尚，自称活了150岁，还有一个叫杨仁昼的道士，说自己有不死之秘方，弄得宪宗神魂颠倒，授他俩以高官，这样一来，各色骗子齐集京师，想以骗术博取高官厚禄。王守澄正好利用这一点，让皇帝无暇过问政事，自己从中专权。但不久唐宪宗因吃丹药太多而中了毒，脾气暴躁，喜怒无常，动辄打骂，甚至随便杀人，弄得王守澄等人也提心吊胆，常常担心自己会被宪宗无端处死。

太子李宁病死，这是一个抓权的极好机会，谁拥立了太子，谁将来就会成为功臣而大权在握。这时，吐突承璀从外地调回京师，在拥立太子的问题上同王守澄等人发生了严重分歧。王守澄等人主张立遂王李恒，吐突承璀主张立澧王李恽，唐宪宗认为李恽的母亲出身微贱，不宜立为太子，就接受了王守澄的建议。王守澄虽然得逞，但他深知吐突承璀掌握禁军，说不定什么时候他会用武力拥立李恽，当前之计，是赶快让李恒当皇帝。

正巧唐宪宗的病势加重，疯癫不堪，连大年初一的朝会都免了，宦官们觉得宪宗恐怕活不长了，于是加紧策划，谋害宪宗。王守澄先准备好毒药，在宪宗喝服丹药时，王守澄命人偷换药碗，送给宪宗一碗毒药，宪宗喝完，马上就一命呜呼了！王守澄见宪宗已死，立即同一伙人把太子李恒拥到宪宗灵前，即位称帝，是为唐穆宗。

穆宗的宝座还未坐热，王守澄立刻派人带兵杀死了吐突承璀和李恽，然后才发丧。继而清除吐突承璀的残余势力，把凡是依靠吐突承璀的宰相和其他官员一概罢免，整个朝廷又落入了王守澄的控制之下。

王守澄一伙为了把穆宗长久掌握在自己的手中，就千方百计地引诱穆宗效法他的老子，去信道好仙，祈求长生不老。这穆宗也真经不起引诱，相信王守澄给他推荐的江湖术士，大吃补药，大搞什么采阴补阳，弄得穆宗神魂颠倒，喜乐不尽，根本无心上朝视事，大权全落到王守澄等人的手里。

不到5年，穆宗终于把自己弄得真元丧尽，一命呜呼，其子李湛即位，是为唐敬宗。这位敬宗倒是不好求仙问道，可比他的祖父、父亲更加荒唐，他简直除了胡玩乱闹，什么事也不会，什么正事也不干。白天，他摔跤、踢球、打猎，和一帮无赖恶少瞎混，晚上呢，则去打夜狐，亲自去野外捉狐狸。对于身边的太监，他是动辄打骂处分，甚至无故赐死，弄得跟随他的人一个个心惊胆战。而对于国务政事，他从不过问，其政治之腐败，比前代尤甚。后来，一些大臣为了自保，纷纷借故辞职或是请求外任，朝廷几乎为之一空。

一些正直的大臣实在看不下去，便合力推荐敢于同宦官作斗争的裴度当了宰相。裴度上任伊始，就拿宦官开刀，雷厉风行地降了一些宦官的职。大宦官刘克明害怕自己的势力遭到削弱，就积极准备发动政变，想一举两得，既除掉裴度等人，又能从王守澄的手里夺回大权。一天，敬宗深夜才归，他"打夜狐"的兴头未尽，命刘克明等宦官陪他喝酒，刘克明便串通众宦官，趁敬宗更衣之际，弄灭蜡烛，将他乱刀砍死，并伪造诏书，拥立敬宗的侄子李悟即位。但裴度和王守澄都不同意，他们内外联合，派兵攻打，逼得刘克明跳井自杀。在王守澄等人的拥立下，唐穆宗的儿子江王李涵当了皇帝，是为唐文宗。

点评：

两太监杀死两皇帝，宦官专权已达无以复加的程度。皇帝之位形同虚设，宦官却能呼风唤雨。

利用危机　蛊惑人心

背景：

1929 年开始的整个资本主义世界爆发的经济危机，使德国工人和资产阶级深感建立在议会制基础上的"软弱政府"的无能，必须抛弃它。在这种形势下，希特勒的纳粹党愈来愈为垄断资产阶级所瞩目。希特勒对这次危机早有预感，但他对事情是怎样产生的并不关心，他把全部精力放在怎样利用这千载难逢的机遇大干一场。因而在他看到他的同胞为了等候分到食物而排长长队伍时，居然能喜悦地写道："我一生之中从来没有像这些日子这么舒坦，内心感到这么满意过。因为残酷的现实打开了千百万德国人的眼睛。"同情不是元首的事情，冷酷地利用群众的绝望才是政治家的品德。

决断：

恐惧出神权，希特勒决心利用危机在各阶级中形成的恐惧心理实现他夺权的梦想。但这次他学乖了，他吸取了啤酒馆政变失败的教训，决定要通过合法的渠道来达到目的。他到处宣传，大讲人民的疾苦，民族的仇恨和政府的无能，并向人们许下林林总总的美妙的诱人的诺言。希特勒四处摇唇鼓舌，终于凭三寸不烂之舌蒙住了一大批中小资产阶级、公务员和失业工人的眼睛。正是饥不择食，倦不择席。绝望的人们心甘情愿地吞下希特勒抛下的诱饵，躺在他为他们铺好的床位上，剩下的事就是依傍这新的神明的保佑去做丰衣足食的美梦。到 1930 年纳粹党迅猛增到 38 万人，冲锋队扩充到 10 多万人，成了比国防军还要庞大的一支武装力量。1930 年 9 月 14 日的国会选举是希特勒从政的一个契机。纳粹党获得的议席由 12 席猛增到 107 席，一跃成为全国第二大党，希特勒的运动造成几乎不可逆转的燎原之势。不仅普通群众趋之若鹜，一向不喜欢纳粹党煽风点火做法和粗俗下流作风的企业界和陆军中头面人物也开始正视这位怪物，并最终拜倒在他的脚下。

点评：

希特勒的成功在于他能巧妙地利用危机给人们带来的恐惧，作煽动性的言辞引诱群众。

雾天败敌舰

背景：

朱元璋与陈友谅两军大战于江西鄱阳湖，由于陈友谅的战船都配有机关轮轴，只要一踩动机关，战船就如离弦之箭，速度异常之快。朱元璋与之交战，每次都不能取胜。怎样才能制服敌人的快船呢？如果是与陈友谅硬拼的话，只会带来更大的损失，只有通过妙计把敌人的船制服才能打败陈友谅。

决断：

军师刘伯温向朱元璋献上一计，派士兵购买了大批稻草备用。

翌日近五更时分，细雨绵绵，雾气蒙蒙，朱元璋暗发水军靠近陈友谅水军，陈发觉后，慌忙派船出战。双方的战船越靠越近，朱元璋命令悄悄地将战船上的稻草抛入江中，然后快速后撤。陈友谅见敌人败走，下令追击。谁知轮轴被稻草缠住，机关失灵，战船只能在江中打转。朱军连忙拨转船头，闯入敌船中，大败陈友谅军。

点评：

刘伯温的计策是很有针对性的，但这中间少不了一个环节，那就是大雾的天气，正借助这种天气，朱元璋的军队在施计时才能成功地瞒过敌人，难怪朱元璋事后会说：天助我也！

鱼目混珠　巧智识破

背景：

1940 年 9 月，狂热的德军在抵达法国西海岸后的三个月后，天气晴朗，德军士兵兴高采烈地唱着"向英格兰进军"的歌曲，透过多佛尔海峡上淡淡的薄雾，凝视着海峡对面那块隐隐约约的土地的轮廓。对他们说来，进入英国只不过是时间的问题。从奥斯坦德到勒阿弗尔一线沿海，部署了大量的小型舰只，大批的德国施图卡式俯冲轰炸机和梅—109 式战斗机正在源源不断地调往法国、荷兰等地的机场。希特勒已批准了"海狮"计划。

海峡对岸的英伦三岛严阵以待，尤其是战时的反间谍工作，更是戒备森严。

英国反间谍局的奥莱斯特·平托上校在九月的一天，收到了发自欧洲大陆的一份情报："今晚 21 时 30 分，将有一艘快艇，带着 4 名德国间谍，从泽布勒赫前往英国，并将于明日拂晓前在某处登陆。"

当晚 19 时，平托上校带领 13 名英军士兵前往登陆地点设伏。

夜色下的海滩，只有潮水拍击岸边的声音，士兵们各就各位，警惕的目光注视着夜色中的海面。凌晨四时，在经过一阵短暂的搏斗之后，3 个来自海峡对岸的纳粹间谍分子束手就擒。虽经过一夜的等待，但胜利终于来到了。

但是，平托上校望着 3 个垂头丧气的俘虏又疑惑了，情报中提到的 4 名间谍，但此时只有 3 名。一定还有 1 名漏网了，因为平托上校坚信，一名情报员冒着生命危险发回一份重要情报时，应有绝对的把握，肯定来了 4 名间谍！然而夜幕低垂，又给搜寻带来极大的困难，只能等到天色放亮后再行查找。于是，上校来到被俘获的 3 名间谍身边，命令士兵对他们进行彻底搜查。

他们衣着整齐，完全是英国时下的流行款式，每个随身带有各种面额的、少量的英镑。灰色封面的外国人居住的身份证也无可挑剔，更能说明身份的是他们每人带有一部体积小而功率强大的无线电发报机。

上校随即单独审讯了3名间谍，他们都分别供认，共有4人一起登陆，还供认，漏网的那名间谍的名字是范·德·克彭，是个荷兰人。

曙光终于出现在遥远的海天线上，海滩上的岩石和人影依稀可辨，于是上校命令随行士兵搜索海滩。

士兵们拉开距离，排成一行由海滩的一端向另一端搜索前进，在朦胧的晨曦之中，他们详细地搜索了洞穴、灌木丛和岩石，但没有发现漏网的间谍。奇怪！

决断：

上校反复地观察了周围的情况，否定了漏网的间谍逃离现场的可能，但他藏在哪里呢？无意间，他又仔细观察了随行的士兵，不由哑然失笑，他立即提高声音，大声命令随行士兵整理队形，按来时的顺序站好。

然后向带队的士兵说："请你过来，我把你介绍给我们的朋友。"他径直走向队伍，逐个认真端详之后，在队伍的末尾，找到了漏网之鱼——德国间谍范·德·克彭。

原来，这名德国间谍利用黑暗中搏斗时的混乱，置身于英军士兵群中，并一直鱼目混珠地参加了搜索行动。一旦英军失去信心，停止搜寻，他就会寻机隐藏起来，潜入内地。这真是一名狡猾的间谍！

点评：

间谍的特点似乎都有一个共同之处，那就是聪明，在这个反间谍战中，更加使人佩服这些间谍的智慧，而正是这样，就越给反间谍工作带来更大的麻烦，这是一场智力的竞赛！

伪装货船　横行大西洋

背景：

第二次世界大战期间，盟军派出了大量的运输队支援前线，运送物资，也有许多商船往来于各国之间，实行战略支援，但是这些手无寸铁的商船却常无故地遭到袭击，或者失踪或者沉没，这是什么原因呢？德国人是怎么打击这些运输船的呢？

决断：

原来，德国人把一批船舰改装成了袭击舰，这些袭击舰利用伪装接近装满物资的盟国船只，然后将其击沉。整个战争期间，这群披着羊皮的恶狼共击沉船只 136 艘，给盟国造成巨大损失。其中最恶毒的要算"大西洋"号。

"大西洋"号原是艘 7800 吨的货船。后来经过改装，船上有 6 门隐蔽的 15 厘米口径大炮，及许多更小的炮；还装备有鱼雷发射装置和一架海上侦察机；货舱里装满了水雷。船甲板上用一些假烟囱和油画进行伪装，还载着一大堆其他的道具，用这些道具可以冒充任何商船。因此，它可以轻易地接近并毫不留情地袭击任何一艘盟国的轮船和海上运输队。经改装的"大西洋"号袭击的第一个目标是英国轮船"科学家"号。

那天，两船在海上相遇，"科学家"号看到开过来的是日本"番椎丸"号货船。在这条"日本"船上，年轻漂亮的少妇手推婴儿车站在甲板中央，近旁还有几个懒洋洋的水手，他们衬衣的下摆在微风中轻轻飘拂，真正的日本海员装束。"科学家"号毫无戒心。可就在两船距离非常近时，"大西洋"号脱掉了日本货船的"外衣"，命令"科学家"号停止航行，并不准使用电台。"科学家"号被这突如其来的变化搞得不知所措，但是船上的发报员却非常镇定地发出求救电报："武装的敌方商船意图阻截本船"。但"大西洋"号也收到了这个电文，于是它就疯狂地开火了，很快摧毁了"科学家"号的无线电设备。所有还活着的人都成了战俘被带到"大西洋"号上，然后"科学家"号被炸沉。

袭击"科学家"号后不久，"大西洋"号截获了一则英国电讯，电讯说，有艘德国的袭击舰伪装成日本商船，可能游弋在印度洋上。于是，"大西洋"号立即脱去了日本的"和服"，摇身一变，又改扮成荷兰货船，继续在海上扮演"披着羊皮的狼"。

点评：

战场中是不能教条地讲仁义善良的，相反善良只会给凶恶送去美味，所以必须警惕周围的人和事物，不然，很容易落入虎口。

特朗普发财有道

背景：

唐纳德·特朗普是当代美国最大的房地产投机商，纽约市曼哈顿区的建筑业巨子，年仅41岁就成了拥有8.5亿美元的富翁。

特朗普能把生意人的精明用到极处。他的第一个绝招是："只要你能以低价买进一块好位置的地皮，就该你发财啦。"

决断：

20世纪70年代中期，特朗普听说泛美铁路公司打算把纽约中央车站附近的一幢破旧旅馆卖掉，凭他的嗅觉，他知道那地皮所在位置实在不错。于是他就对那旅馆经理人宣称说，那赔钱货不会有人问津，即使他特朗普顶多也只出25万美元买一个按1000万美元成交的订约权，于是把旅馆先抓到手。

那时纽约市财政拮据，特朗普对市里说，只要市里在40年内免收这座建筑物的房地产税，就可以从这笔交易收回600万美元的税款，而且由于他接办旅馆，会给市里提供上千人的就业机会。

他又去找银行，说市里正在跟他做一笔免税的交易，倘若银行不贷款投资，就会白白失掉一个发财机会。

为了增加信誉，他请来了一名建筑师，要他在那地皮上设计出一座超级豪华大旅馆。

等到市政当局要开会讨论此事之前，他叫那旅馆经理向记者宣布旅馆快要关门，这一招可真灵，市里同意了这笔交易，特朗普就得到了一笔纽约市有史以来最大的房地产税豁免，又从银行得到8000万美元贷款。

旅馆重建了，挂出了他的招牌，其实他分文未出。按这笔交易，他每年付市里25万美元，由此累进，到第40个年头他应交纳275万美元。可是按税法规定这座翻修一新的大楼应交的房地产税每年达900万美元。这就是说，在整个合同期内，仅免税一项就给他省下了3.5亿美元，而到新旅馆开张之后，房费猛增，到1987年每间已高达200美元，旅馆每年净赚3000万美元。

点评：

在现代经营中，利益的驱动常使人们不顾一切地进行投机活动，其中胜败皆有，而特朗普巧妙投机房产而获利实在高妙！

连横破纵　分拆六国

背景：

战国时代，风起云涌，社会动荡。"百家争鸣，百花齐放"，诸子士人纷纷著书立说，到处奔走，宣扬自己的学说。尤其是纵横家们，凭借一张三寸不烂之舌，游说各国，宣扬自己的学说和观点，以求用于社会，显名于社会。其中最著名的要算苏秦和张仪了。

纵横术，简单地说，就是战国的合纵、连横之术，或者说是当时辩士的辩论游说之术。苏秦以一介书生而说服各国君王，自佩六国相印，硬是抗住强秦。

苏秦最初以合纵之术到燕国向燕文侯游说："燕国东面有朝鲜、辽东，北面有林胡、楼烦，西有云中、九原，南有易水，方圆二千余里，军队数十万人，战车六百乘，战马六千匹，库藏粟米可用数年。南有碣石、雁门之富饶，北面有枣、粟之利，人民就是不种田，光是枣粟也足够食用。这是所谓的天府之国。要论安乐无事、没有覆军杀将危险的国家，恐怕没有哪国能与燕国相比。大王您知道这其中的原因吗？燕之所以不被秦兴兵侵犯，是因为赵国在燕国之南，做为屏障的缘故。秦国和赵国互相损耗力量，而大王却能保全燕国并制约他们的后面，这是燕之所以不受秦寇的缘故。秦若攻打燕国，要越过云中、九原；路经代、上谷，地跨数千里，就算能够得到燕国的城池，秦也无计可守或加以巩固。秦不能加害于燕，是很明显的。赵国如果现在要攻打燕国，一声令下，不到十天的时间，数十万大军就可以驻军于东垣了，渡呼沱、过易水；不到四五天的时间，就可以攻至国都了。所以说，秦国攻打燕国，是战于千里之外，而赵国攻打燕国，是战于百里之内。不忧百里之患，而偏重于千里之外的危险，没有比这更失策的了。因此，希望大王能与赵亲近，让天下为一，燕国就必然平安无事了。"这就是"合纵"策略，燕文侯同意了苏秦"合纵"的方针。

六国都参加了合纵，苏秦任纵约长。他北返赵国向赵王报告游说的结果，赵肃侯封苏秦为武安君。

决断：

秦国受六国合纵的制约，兵不敢出函谷关，深以为苦。针对这种情况，张仪一见秦惠王就以连横之计说之："我听说，'不知而说为不智，知而不说为不忠'。为人臣不忠当处死，说不当也应处死。虽然如此，我愿把我知道的都说出来，由大王定其罪。"

"赵国联合燕、魏、楚、齐、韩组成合纵联盟与秦作对，我偷偷发笑。世上有'三亡'国家，即以乱攻治的亡，以邪攻正的亡，以逆攻顺的亡，这正是指赵国。

"现在秦国赏罚严明，一发出号令，个个都决心死战，赴汤蹈火在所不顾。秦国部队数百万，地方数千里，地形险阻。这些诸侯都不能与之相比。秦国本可战无不胜，攻无不克，所向无敌，但秦国霸业不成，是由于谋臣不尽忠的缘故。"

顿了顿，张仪以过去之事对比来说："让我谈过去的事吧。秦国曾与楚国战，大败楚军，袭楚国都郢，攻下洞庭、五都、江南之地。楚王东逃到陈。是时，如果穷追猛打，可一举成霸业，使诸侯归服。可是，谋臣计不出此，却与楚讲和，使楚得以重整旗鼓，与秦对抗。这就失去了建立霸业的机会。前者秦军攻魏都大梁，本可攻下，从而消灭魏，瓦解楚、赵合纵，使赵国危急，楚国孤立。可是，谋臣计不出此，反而引军退却使魏得以喘息。这就第二次失去了建立霸业的机会。秦国曾大败赵国于长平，如乘胜攻下赵都邯郸，灭亡赵国，韩国也必随之，楚、魏也就危急。可是，谋臣计不出此，却与赵国讲和。这就第三次失去了建立霸业的机会。

"由于秦国的失策，六国合纵才能得逞。现在以秦国的实力，完全可兼并诸侯。大王听我的话，如果合纵不破，赵国不亡，韩国不灭，楚魏不服，齐燕不亲，霸业不成，大王可以杀我，以惩戒那些不为主尽忠的人。"

张仪的分析十分到位，秦惠王很高兴，欣然同意张仪的计谋，任张仪为客卿，谋伐诸侯。

张仪的第一个目标是魏国。魏国离秦最近，实力也较弱，用威逼和利诱的方法肯定能使魏国就范。可是，张仪游说魏王说："魏国的地方不到千里，士卒不过三十万。地势平坦，四方与其他诸侯国相连，四通八达，也没有名山大川的阻隔。从郑至魏只有二百余里，车驰人走，不等走到疲倦就到了。南面与楚国接邻，西与韩国接邻，北面是赵国，东面是齐国。魏国的士卒在四方戍守要塞边界的不下十万。魏国的地势，本来就适于野战。魏国若南与楚国交好，而不交好齐国，齐国就从东部进攻；魏若东与齐交好，而不交好于赵，赵国就从北面进攻；若不与韩和好，韩国就从西面进攻；若不亲于楚，楚国就从南面进攻。

"再说，诸侯各国之所以参加合纵，是为了各保社稷，尊主强兵，显名于天下。现在主张合纵的人要统一天下，互相约为兄弟，在洹水之上杀白马盟誓，相互信守盟约。事实上，同父母的亲兄弟，尚还为争夺钱财的事发生。却想凭恃像苏秦这样反复无常、狡诈欺伪的小人的计谋，来从事合纵，怎么可能成功呢?

"大王如果不事奉秦国，秦就会出兵攻河外，占据卷、衍、酸枣等地，划卫国而取阳晋之地，这样就使赵国不得南下；赵国不能南下，魏国也不能北上，这样南北不通就会使纵道断绝，纵道一断，大王之国想不遭受危难是不可能的。秦国从韩国折过头来攻打魏国，韩国害怕秦国，于是秦韩合力攻魏，魏国之亡只在顷刻之间了。以上是我为大王所担心的。

"为大王考虑，您不如事秦。魏事秦，楚国与韩国一定都不敢动。消除了楚、韩之患，大王就可以高枕而卧，魏国就无所忧虑了。如大王不听从秦国，秦国出兵东伐。到那时，您就是想事奉秦国也来不及了。

"况且，提倡合纵的人多是夸张激扬之辞，很少有可信之处，能够游说成功一个诸侯，就能封官为侯，所以天下游说之士，无不日夜扼腕、瞋目、切齿，力论合纵之便利，以此游说人主。人主欣赏他们的雄辩之辞，被他们的主张牵着走，又怎能不受他们的迷惑呢？臣听说积羽可以沉舟，轻的东西装多了，也可以压折车轴，众口可以铄金。所以希望大王仔细考虑以后再下结论。"

魏王果然听信张仪劝说，于是背合纵之约，而事奉于秦。并献上河外之地。

说服了一个魏国，没费张仪多大气力，他连威吓带利诱，还真有点吃柿子拣软欺的味道。张仪掌握有度，旗开得胜。他下一个目标是拆散齐楚联盟，齐楚都是强国，看来张仪这回得碰点钉子了。

然而张仪是聪明狡猾之人，他到齐楚都说好话，拍马屁，又大肆辱骂扁损对方，最后游说成功。且看张仪怎样以三寸不烂之舌说服齐楚的。

楚怀王见到张仪，问他："我固僻陋，先生有何见教？"张仪说："秦王最敬佩的是楚王，仪也最愿为大王服役；秦王最憎恨的是齐王，仪也对他最憎恨。大王能听我的话，与齐国断交，我请秦国归还商於土地六百里，并使女为大王的姜，这样，秦楚两国为婚姻之国。与齐断绝关系，不只使齐削弱，且有德于秦，又得商於土地，这是大王一举而得三利。"楚怀王听了很高兴，便把相印交与张仪，每日相与饮酒甚欢。怀王向群臣宣布："我将收复商於的土地。"群臣都向他祝贺，只有陈轸认为不是好事。怀王问其故，陈轸说："秦之所以重视大王，是因大王与齐联盟，现在土地还未到手就与齐绝交，这是楚国孤立自己。先归还土地再与齐绝交，秦国一定不干。如果与齐绝交而后要地，将受张仪的欺骗。受张仪的欺骗，大王一定怨恨他。因此必然与秦相恶，不与齐绝交，两国之兵必到。所以我认为不是好事。"陈轸正确分析形势和拆散齐楚联盟的利害关系，然而楚怀王不听，于是宣布与齐断绝关系，派一将军随张仪到秦接收土地。

张仪回到秦国后，并不想信守诺言，佯醉坠车，三月称病不出。派来的将军无从得到土地，也就派人报告了楚王，楚王知道后，还一错再错，彻底糊涂了，他想："张仪是认为我还未完全与齐绝交。"便派勇士到齐，索回盟约，辱骂齐王。齐王大怒，与楚国拆盟，与秦相交。这时，张仪才上朝办事，对楚将军说："我有封邑六里，愿献给楚王。"楚将军说："我受命的是接收商於六百里，不是六里。"楚将军回报楚怀王，怀王大怒，起兵攻秦。陈轸说："伐秦不是好计，不如割一名都与秦，与秦一起伐齐，是我失地于秦，取信于齐，大王的国家尚可保存。"怀王还是不听，派将军屈匄率兵攻秦，结果，一败再败，失去汉中地。

秦惠王为利用楚国，归还黔中地给楚国，楚怀王恨张仪，说："不愿得地，要得张仪。"秦惠王想派仪去，不忍开口，张仪自告奋勇愿到楚国和解此事。他到楚国后，怀王把他关禁来了，要杀他，张仪却通过怀王宠臣靳尚、宠姬郑袖出面调解，怀王不便放张仪，反善待他。张仪听说苏秦已死，便对怀王说："秦国土地占天下之半，天下无敌，被险带河，四塞之国；战士百余万，战车千辆，战马万匹，粮食堆积如山；法令严明，士卒死战，国君英明，将帅智勇，席卷天下如反掌，搞合纵的人，无异驱羊群攻猛虎，现在大王不与猛虎友好，而与羊群为伍，我认为是大王错了。秦楚两国接界，本来是友好国家，大王听我的话，我使秦太子做楚国的人质，让楚太子做秦国的人质，以秦女做大王的妾，并献出万户大邑，作为大王的汤沐邑。从此秦楚两国永久结为兄弟之邦，互不侵犯，我认为没有比这更有利于楚国了。

楚王见秦已归还黔中地，要答应张仪，屈原说："前大王见欺于张仪，张仪来大王要杀他，现在又放他，听他的胡说八道，不可！"怀王说："得归还黔中地是大利，答应他而违背，不可。"于是，答应张仪提出的条件，与秦国和好。

秦楚和好，而张仪拆散齐楚联盟，这激怒了齐国，张仪也以连横讨说齐国，把齐国也拉过来了。

张仪到齐国面见齐王说："天下强国无过齐国，国家富裕也没有超过齐国。可是，为大王出谋的人，都是一时之说，不顾及百世之利。主张合纵的人，游说大王必说：'齐国西有强赵，南有韩、魏，齐国是靠海之国，地广民众，兵强士勇，虽有一百个秦国，也奈何不了齐国。'大王被其花言巧语所惑，而不去探讨其实际内容。主张合纵的人，结党营私，无不认为合纵可行。齐国与鲁国三战而鲁国三胜，鲁国虽然取得胜利，但消耗过大，元气大伤，随后国也就亡了。为什么呢？因为齐国大鲁国小。现在秦国与齐国，好像齐国与鲁国。秦国与赵国战，四次交战，赵国都胜，但也损兵数十万，国家已弱，仅仅守住国都邯郸，虽胜但国家已残破了。为什么呢？因为秦强而赵弱。

"现在，秦楚结为婚姻之国，韩国献出宜阳，魏国献出河外，赵国在渑池朝秦并献出河间，它们都事秦。大王不事秦，秦国就会迫使韩、魏从南面攻齐, 赵国就会举倾国之师渡过清河、漳水, 指向博关, 临菑、即墨就不为大王所有了。齐国一旦遭到进攻, 齐国虽想事秦也不行了。所以, 大王要从早计议啊!"

齐王说: "齐国居于东海, 地处边远鄙陋, 不懂得为国家长远利益打算。幸蒙教诲, 我愿事秦。"

顺利完成任务, 两颗大钉子很容易就拔掉了, 剩下韩赵燕, 对张仪来说, 连横已成就一大半了, 接下来的问题更好解决。韩国是最弱小的国家, 张仪先去游说韩王说: "韩国地形险要, 多是山地, 所产都是麦豆, 百姓吃的是豆饭和菜叶羹; 收成不好, 百姓连酒糟、谷糠都吃不饱。土地不过九百里, 存粮不够吃两年。战士不过 20 万人, 后勤包括在内, 除去边关守卒、现役军人, 不过 2 万人而已。秦国甲士百余万, 战车千辆, 战马万匹。六国战士作战要穿铠甲, 戴上头盔, 而秦国士兵赤膊上阵, 向前冲杀, 左手提着人头, 左臂夹着俘虏。秦国士兵与六国士兵相比, 好像无敌勇士孟贲与懦夫相比一样; 秦国重兵压向六国, 好像大力士对付婴儿一样。

"各国诸侯不自量力, 听从合纵之士的花言巧语, 胡说什么'听我计可以霸天下', 不顾国家利益, 听信一时之说, 以误君主, 没有比这更甚的。

"如果大王不事秦国, 秦国出兵据宜阳, 占断上党, 东面夺取成皋、荥阳, 鸿台离宫、桑林御园就不为大王所有。封锁成皋, 切断上党, 大王的国家就会分裂。可见, 事秦国就安, 不事秦国就危。因此为大王考虑, 不如事秦国。秦国是想要削弱楚国, 而能削弱楚国的只有韩国。这不是韩国强于楚国, 而是韩国地形有其优势, 如大王西面事秦国而攻楚国, 秦王必高兴, 进攻楚国而占楚地, 又能转祸为福而取悦于秦王, 没有比这计更好的了。"韩王听从张仪连横之说。张仪归报, 秦惠王赐给五封邑, 号称武信君。

秦赵近邻, 经常兵戎交加, 要说服赵国可不容易。想好了威吓相加, 欲擒故纵的办法后, 张仪西说赵王道:

"敝国惠王使我献愚计于大王。大王率天下兵攻秦, 使秦兵不敢出函谷关十五年。大王威震关东, 秦国恐慑惊伏。但也使秦国发奋图强, 秣马厉兵, 现在已攻下巴蜀, 兼并汉中, 收纳两周, 据有九鼎, 扼守白马要津。秦国久积的怒火将爆发, 现在秦国驻军于渑池, 要渡过黄河, 越过漳河, 占据番吾, 与赵军会战于邯郸城下, 仿效武王伐纣故事。秦王使我将此事告知大王。

"大王之所以信合纵, 是听苏秦的计谋。苏秦惑乱诸侯, 颠倒事非, 阴谋

颠覆齐国，反而被车裂于市。诸侯不可合纵已明。现在，秦楚结为兄弟之邦，
而韩魏已臣服于秦，齐国献鱼盐之地，这是断了赵国的右臂。断了右臂还与人
搏斗，而且孤立无援，想没有危险哪能行呢？

"现在秦派出三军：一军把守午道，通知齐国使其起兵渡过清河，驻军于
邯郸东面；一军驻于城皋，使韩魏驻军于河外；一军驻于渑池。秦国约四国联
合攻赵，灭赵必四分其地。因此，我不敢匿瞒隐情，先告知大王。我为大王
计，不如与秦王会面于渑池，亲自交谈。我请秦王按兵不攻赵国，请大王
裁定。"

赵王也受张仪蒙骗，不明事理，还不住感慨地说："先王之世，奉阳君专
权擅势，蒙蔽先王。当时我在深宫，不能参与国政。先王去世，我还年幼，执
政不久，心里也有疑虑，以为不事秦，不是国家长远利益。如今我想改变政
策，割地赔礼，与秦国通好，正当派使出发，适贵宾到来，使我能够受明
教。"赵王答应事秦，张仪便离去。

接着张仪到燕国，以同样欺骗的方式说燕昭王说："大王最亲近的莫过于
赵国，但赵国是可亲近的吗？赵国起兵攻燕国，两次围困燕都并胁迫大王，大
王割十城赔罪，赵国才撤兵。现在赵王已到渑池去朝见秦王，献上河间以事秦
国。现在大王不事秦，秦国出兵云中、九原，驱使赵国进攻燕国，易水、长城
就非大王所有了。而且现在赵国不过是秦国的一个郡县，不敢随便举兵征伐。
现在大王如事秦国，秦王必高兴，赵国不敢妄动。这样，西有强秦之援，南无
齐赵之患，希望大王深思。"

燕昭王说："我承蒙贵宾教导，愿意西事秦国。"于是把恒山城献给秦国。
至此苏秦的合纵战略被张仪的连横之术彻底破坏。苏秦以一介书生出奇谋异
策，四处游说，组成联盟，竟让秦国不敢窥视函谷关以外十余年，使合纵国得
享安宁，苏秦自身也是荣耀天下，名振四海。但事物总处在变化之中，有合便
有分，有纵便出横。故苏秦以后便有了同窗张仪来设计破除山东诸侯的联盟。
最后还是张仪的连横获得胜利，历史潮流不可逆转。

实质上，六国合纵抗秦，这不仅是六国的惟一出路，从理论上说也是对
的。"六国之地五倍于秦，兵卒十倍于秦"，如果六国能始终坚持，秦国将被
打败。事实上也曾取得成功，除苏秦组织合纵使秦不敢出函谷关有十五年之久
外，公元前298年，齐、韩、魏三国联合击秦，攻入函谷关，夺回被秦侵占的
魏、韩的一些土地。齐成为山东各国盟主。公元前247年，魏公子信陵君率山

东五国之兵，反击秦国侵犯魏国，大破秦军，一直追到函谷关，秦兵不敢出战。可是由于各国各怀鬼胎，齐国听从孟尝君的计策，虽出兵却怕冒尖挨打，迟迟落在后头；其它各国为保存实力，都不愿打先锋。到函谷关，秦军断绝楚军粮道，楚军无粮先撤退，其它各国也就争相逃命。秦国对韩、魏连年攻打，韩魏知五国合纵不可靠，便向秦国屈服，五国合纵便瓦解了。

在战国时期，合纵反反复复，六国时合时散。秦最怕的也是六国的合纵，直到战国末年，胜败已定，秦还是怕合纵的形成。所以到了秦始皇，也一直采取连横政策以瓦解合纵。秦始皇在尉缭、顿弱、姚贾的出谋划策下，巧设连横，离间各国，使得各国再也没有能耐组成合纵联盟。所以，六国破灭，实是历史必然。

"远交近攻"和"连横术"是一脉相承的，它们为统一奠定了两大策略基础。而秦始皇的谋士们又乐此不疲地去巩固它们，发展它们，使得它们始终成为直刺六国的两柄利剑。

点评：

"纵横之术"，相克相生。合纵的力量是很大的，久坚不摧，但合纵还要经得起考验，连横的力量是无穷，因为堡垒最容易从内部攻破。

第二十一计　金蝉脱壳

提要："金蝉脱壳"本是生物界的一种自然现象，此喻在与敌对垒时，不动声色，极为隐蔽地完成分兵它处的行动，而令敌方毫无察觉。这是在较为不利的形势下，化险为夷的重要手段。

委婉含蓄　拒绝有术

背景：

有一次，庄子向监河侯借贷，监河侯敷衍他，说道："好！再过一段时间，等我去收租，收齐了，就借你三百两金子。"

决断：

监河侯对庄子的敷衍很有水平，不说不借，也不说马上借，而是说过一段时间收租后再借。这话有几层意思：一是我目前没有，现在不能借给你；二是我也不是富人；三是过一段时间不是确指，到时借不借再说。庄子听后已经很明白了，但他不会怨恨什么，因为监河侯并没有说不借给，只是过一段时间再说而已，还是有希望的。

敷衍式的拒绝具体可分为以下几种：

一是推托言辞。在不便明言拒绝的时候，推托其辞是一种比较策略的方法。人处在一个大的社会背景中，互相制约的因素很多，为什么不选择一个盾牌挡一挡呢？如：有人托你办事儿，假如你是领导成员之一，你可以说，我们单位是集体领导，像你的事儿，需要大家讨论，才能决定，不过，这件事恐怕很难通过，最好还是别抱什么希望，如果你实在要坚持的话，待大家讨论后再说，我个人说了不算数——这就是推托辞，把矛盾引向了另外的地方，意思是我不是不给你办，而是我办不了。听者听到这样的话，一般都要打退堂鼓，会说："那好吧，既然是这样，我也不难为你了，以后再说吧！"

二是答非所问。答非所问是装糊涂，给请托者以暗示。如："此事您能不能帮忙"，"我明天必须去参加会议"。答非所问，婉拒了对方，对方会从你的话语中感受到，他的请托不会得到你的帮助，因此也就收回了自己的请求。

三是含糊拒绝法。如，"今晚我请客，请务必光临"。"今天恐怕不行，下次一定来"。下次是什么时候，并没有说定，实际上给对方的是一个含糊不定概念。对方若是聪明人，一定会听出其中的意思，而不会强人所难了。

敷衍式的拒绝法还有很多，在此不再一一列举。方法来源于实践，如果你是生活的有心人，一定会找到许多切实可行的方法。

点评：

敷衍式的拒绝是最常见最常用的一种拒绝方法，敷衍是指在不便明言回绝的情况下，含糊回避请托人。敷衍是一种艺术，运用好了会取得良好的效果。

李自成投敌所好突重围

背景：

明朝末年，李自成率领的农民起义军活跃在河南西部，崇祯皇帝任命巡抚陈奇瑜为陕、晋、豫、楚、川五省总督，率十余万大军"围剿"农民起义军。李自成率一支义军行进到兴安府（今陕西保康）时，与陈奇瑜的主力遭遇。李自成只有36 000人，众寡悬殊，李自成被迫退入车箱峡中。

车箱峡是一条长约40余里的大峡谷，四周是悬崖峭壁，连树木都少有。陈奇瑜派兵占据了四周山顶，又守住了各个山口，令李自成无计可施。偏偏祸不单行，一场不大不小的雨接连下了70多天，起义军的刀甲都锈迹斑斑，箭羽脱落，再加上缺粮少药，士兵们十有九病，全军陷入绝境。李自成焦急万分。

决断：

陈奇瑜命令士兵们不停地把劝降信射入山谷中，李自成唯恐军队有变，坐卧不安，连连与众将领商议突围之计。谋士顾君恩献计道："官军贪利好功，之所以迟迟不发起进攻，是因为怕我们以死相拼，我们何不献宝诈降？"

李自成苦笑道："此计已在过黄河时用过，官军不会再上当了。"

顾君恩说："据我所知，过黄河之事，当事官害怕朝廷治罪，未敢上奏朝廷。如今的监军太监杨应朝贪婪无比，只要买通他，没有办不成的事。"

众将都认为可以试一试。李自成也觉得别无良谋，只好派顾君恩去见杨应朝。顾君恩带着奇珍异宝和数目可观的黄金向杨应朝说明了愿受招安的意图，杨应朝果然见钱眼开，答应说服陈奇瑜。顾君恩又用重金贿赂陈奇瑜手下的僚属，众僚属一来不愿卖命，二来又有利可图，一个个都为农民军说好话。陈奇瑜初时还有些犹豫，后来一想：不必拼杀即可立下大功，又可以保全实力，何乐而不为？于是，修书上奏崇祯皇帝，请求招安农民起义军。不久，圣旨下来，同意了陈奇瑜的建议。

陈奇瑜派人进入峡谷，清点义军人马，每100人派一名安抚官加以监视，负责遣送农民回乡。不料，农民军平安走出车箱峡后，不到一个月的时间，纷纷杀掉安抚官，重新集结起来。陈奇瑜连呼："上当！上当！"调兵派将，再次"截剿"，但李自成已与其他各路义军会合，队伍一下子扩大到30多万人。

陈奇瑜因此被撤去总督职务，关入监狱。

点评：

投敌所好，巧借投降而保存实力，这正是李自成的高明所在。

揭露阴谋 巧妙周旋

背景：

赵惠文王时，搜集到以前楚国的和氏璧。秦昭王一听说，就派人送书信给赵王，表示愿以 15 座城来交换和氏璧。

赵王召集大臣商议，要给秦国嘛，怕秦国不割让城池，空被欺凌；不给嘛，又怕秦国部队大军压境，于是派人寻求可以出使秦国的人选。

当时，宦官统领缪贤推荐蔺相如。

决断：

赵王召见蔺相如问道："秦王希望用 15 座城来交换和氏璧，可以给吗？"

蔺相如说："秦国强，赵国弱，不能不答应。秦国用城交换和氏璧，而赵国不答应，理亏的就是赵国；如赵国给了和氏璧而秦国不割让城池，理亏的就是秦国。我愿带着和氏璧去秦国，如果秦国不割让城池，我就带着和氏璧回赵国。"

于是赵王派蔺相如出使秦国，秦王一拿到和氏璧，很高兴，就传下去给后宫美人及左右大臣观赏，根本没有意思要用城池来偿付赵国。

蔺相如于是向前说："和氏璧有些瑕疵，我指给大王看。"

秦王交出和氏璧，蔺相如就捧着和氏璧，退了几步，靠着柱子，怒发冲冠，对着秦王说："赵王派我捧着和氏璧来秦国，但我看大王并没有意思要以城池偿付赵国。一般人交往，都不会被欺蒙，何况是大国呢？所以我就取回和氏璧，大王如果想动武，我的头与和氏璧会一起碎在这根柱子下。"

蔺相如说着，一边斜视着柱子，做出冲撞的姿态。秦王怕蔺相如破坏和氏璧，只好谢罪。

蔺相如就对秦王说："赵王送走和氏璧的时候，斋戒了五天，大王也应该斋戒五天再接受和氏璧。"

秦王心想不能强夺和氏璧，只好答应了。

蔺相如心想秦王绝对会毁约，于是派他的随从带着和氏璧，走捷径先回赵国。

五天后，蔺相如对秦王说："我怕被大王蒙骗而辜负赵国，所以就派人带着和氏璧回赵国了。再说秦强赵弱，秦国如果先割让15座城池给赵国，赵国怎敢留住和氏璧而得罪大王呢？我知道欺瞒了大王，罪该受死，请大王杀我吧！"

秦王听了，对臣子们说："现在杀蔺相如，也得不到和氏璧，却断了秦、赵的友谊，不如对他好一些，让他回赵国。"

蔺相如回到赵国之后，赵王认为他很贤明，任命他当上大夫。由于秦国并未割让城池，赵国自然也没有交出和氏璧。

点评：

蔺相如洞察出秦国的阴谋，对秦王给予揭露和吓唬，通过巧妙周旋，终使完璧归赵。在外交场上，对待强权的国家，我们要敢于斗争，揭露，并注重方法，绝不让其阴谋得逞。

避祸存身除奸臣

背景：

唐朝后期，宦官的势力极大，皇帝的废立以至生死，都在他们的掌握之中。

公元846年，唐武宗李炎病死，他没有儿子，由谁来继承帝位呢？宦官们又集中在一起密商了，他们选择皇帝的标准很简单，即听不听他们的话，能不能被他们所控制，挑来拣去，他们看中了李忱。

李忱已经36岁了，他是此前三个皇帝（敬宗、文宗、武宗）的叔叔。在中国帝位继承史上，儿子继承父亲是标准样式，弟弟继承长兄、侄子继承叔伯也有，但以叔叔来继承侄子实在罕见。宦官们为什么选中他呢？因为他们以为他既呆且傻，这样的人是便于控制的。

的确，李忱小的时候，宫里面的人便觉得这孩子不大聪明；等到他的几个侄子先后当上皇帝，他就更显得木木呆呆，平时深居简出，很少同人来往，有时皇族集会，他一句话也不说。他的这些侄子都不大看得起他，尽拿他开心，甚至当众羞辱他，他从来都是不急不恼，毫无反应。

然而处在这种位置，不可避免地要被卷进权力之争的漩涡。武宗皇帝对他尤为猜忌，曾将他关进宫中的监狱，后来又因于厕所之中。有个宦官瞧着他可怜，便对武宗说："他是皇叔，总关在厕所中也不大好，要不干脆杀掉他！"武宗说："行，你去办吧！"

这个宦官便将他从厕所中放出，装在一辆破车上，上面盖着粪干杂物，悄悄运出宫来，到自己家中秘密收养下来，他才免于一死。

决断：

这种既呆又傻的主儿，一上台还不纯粹是个傀儡，宦官们照样可以为所欲为了。哪知他一上台，形象大变，朝见大臣，显示出皇帝的尊严，处理朝政，干练而又很有分寸，而且上台伊始，便以迅雷不及掩耳的手段，将前朝权倾天下的宰相李德裕罢黜、流放，重新任命了一批新人。宦官们这才发现，李忱几十年的呆傻，完全是假装出来的。

终李忱一朝，宦官们没有敢于太兴风作浪，政治也颇清明。在晚唐诸皇帝之中，李忱算是较有作为的一个，史称"小太宗"。

点评：

势不如人时，要学会知进知退，在隐忍退让中静待可乘之机，出其不意之时，便可一举击败敌手。

借喻辞军职

背景：

公元 1161 年，宋、金两军在和州的采石矶展开了一场鏖战。时逢宋军的主将尚未抵达战场，由参谋军事虞允文代将指挥，取得此战胜利。捷报传来，群情振奋。负责此线战事的枢密院事叶义问特在金陵设宴，为凯旋的虞允文接风。席间文臣武将们欢欣鼓舞，为虞允文能在代替主将指挥作战时取得胜利而欣慰。

不料正当众人谈笑风生时，传来金主完颜亮不甘心失败，又改道去了瓜州的消息。热烈的气氛刹时凝重起来，在座的官员们沉默不语，没一人准备主动前去迎战。主帅叶义问见此状，环视众部下一会，开口道："在座的各位，如冯校书和洪检详二君，虽然也为行伍之人，但从未上过战场；只有虞先生威名方起，士卒敬佩，就请先生前去截敌，再为国家立一次功吧。"说着斟一杯酒，递到虞允文的面前。见此景，虞允文不禁又好气又好笑，心中忖思，本来采石矶一战主将未到才迫不得已代将行事，现在各路兵将都到齐了，还让我这样的一介书生前去指挥，亏得他们想得出！可是叶义问是此线的最高指挥，硬违抗他的命令不行。

决断：

虞允文略一思忖，灵机一动，有了主意。接过叶义问递的酒一饮而尽后，虞允文站起身，笑着对众人说："我去无妨，只是忽然想起个笑话来，说是从前有一个人得了一只鳖，他既想美餐一顿，又怕担了杀生的恶名，为能两全齐美，他想出了个办法，烧开了一锅水后，在锅沿上横放一根木条，把鳖捉来，对它说：'要是你能从木条的这头爬到那头，我就放了你。'鳖明知这是主人的诡计，也无可奈何，只好小心地开始爬上木条，慢慢地居然爬到了木条的另一端。而这时主人又说：'你竟成功了。很不错，只是你得再爬一遍，让我仔细看看你是怎么爬过去的'。"乘着众人笑个不停，虞允文望着叶义问说："你说我今天此行，与刚说过的那只鳖是一样的吧。"

点评：

语言是一种艺术，能使人在轻松的气氛中领悟深刻的道理。虞允文就深谙此道，以一个令人发笑的寓言故事喻明自己作为军师，能代将指挥作战获胜是很侥幸的一件事，若兵将齐全，再越俎代庖，难免会像鳖一样终会掉进锅里。既没拂叶义问的面子，又阐明了退敌之事非儿戏，不可怀有侥幸的心理的道理。在此过程中，虞允文是深谙进退之方的，当退时，必须及时退出，明哲方能保身，而对于领导，又不能顶撞之时，借喻而退，又暗示以理，可谓是一种高明，从容的进退之术。

避强敌江边解围

背景：

1935 年 1 月，遵义会议结束了"左"倾机会主义者对党的统治，树立了毛泽东的领导地位。与此同时，蒋介石正调兵遣将，妄图围堵消灭红军。如果此时和国民党军硬拼，可能会因寡不敌众而遭灭亡，怎么办？

决断：

遵义不是久留之地，毛泽东提议跳出敌人的包围圈，西渡赤水，到四川南部去。

中央领导同意毛泽东的提议。于是红军于1月29日从赤水的下游土城西渡进入了四川。

蒋介石发现红军进川，为时已晚。他立即亡羊补牢，电令各路人马向川滇黔边区进发，想把红军围而歼之。

毛泽东在红军稍事休整之后，提出"重返黔北"的主张，意在避开敌之包围，袭击敌之薄弱之处——黔北，中央同意了毛泽东的意见，下令部队于2月18日在土城之南的太平渡，东渡赤水后迅速攻克桐梓，又占领了遵义城。

红军重返遵义后，蒋介石更火了，他又重新组织对红军的围堵。蒋军的一部在鲁班场和红军交火，而且处于相持状态。这时，毛泽东又当机立断，提出脱出战场，直奔芳台，从那儿再次西渡赤水，避敌锋芒，求得生存与发展。3月16日，红军三渡赤水。

蒋介石探听到红军的新动向，以为红军要北渡长江，又急忙向川南调兵，围剿红军。毛泽东又来了一个出敌不意，指挥红军于3月22日再从太平渡东渡赤水，把蒋介石围剿大军甩在川南，急速南下，渡过乌江，进入云南。

毛泽东指挥红军于1935年1月底到3月中旬这一个半月里，两次西渡赤水，两次东渡赤水，和敌人绕圈，甩掉敌人的大军围堵，趁机消灭敌人，创造出敌强我弱情况下，机动灵活，力挫强敌的奇迹，被誉为"四渡赤水出奇兵"。其谋略之妙在于一个"奇"字，出敌不意，出没无常，迂回曲折，善捉"迷藏"，为进而退，退中有进，进退自如，运筹帷幄。

点评：

兵无常法，要在强敌的夹缝中生存，就必须学会随机应变，随敌人怎么来，然后采取相应的措施与之周旋，不与之正面交锋，让敌人捕风捉影。

敦刻尔克奇迹

背景：

敦刻尔克是法国诺尔省的一座港市，濒临多佛尔海峡。该港有铁路、轮渡同英国多佛尔港连接，所跨越的海峡最窄处仅33公里，是欧洲大陆去英国的最短海路，战略地位亦十分重要。然而使敦刻尔克著称于世的，却是1940年发生的极具传奇色彩的敦刻尔克大撤退。

1940年5月，希特勒集中136个师、3 000辆坦克和几千架轰炸机，一下子将英法联军压到了敦刻尔克海滨至比利时边境的三角地带。

5月24日，古德里安将军给希特勒发来一封紧急电报，言称德军已经到了离敦刻尔克只有20英里的阿运河，比利时军队、英国远征军的9个师，法国第一军团的10个师，全部被包围了。他和莱因哈特将军的装甲部队已经在阿运河上建立了5个桥头堡。从东北方向上推进过来的德军第6军团和第18军团，将形成有力的夹击，从而彻底消灭他们。

这一天美国驻英国大使肯尼迪向罗斯福总统发去一封电报说："一切都不可挽回了，只有奇迹才能拯救英国远征军免于全军覆灭。"

罗斯福总统看着这份电报，半天没有说出话来。

这天英国首相丘吉尔也同样感到无能为力，他所能做的事情，只有用力去咬自己的烟斗，以掩饰内心的极度沮丧。

此时，退守敦刻尔克的盟军，三面受敌，一面濒海，处境非常危险，惟一的希望就是由海上撤退。无奈德军的疯狂炮火夹击，盟军举步维艰。天无绝人之路，正当盟军危在旦夕的时候，5月24日，德军最高统帅部却下达了"停止前进"的命令，要求坦克部队停在运河一线，不要向前推进。这道命令古德里安一连看了好几遍，这一回他怎么也不明白伟大的元首是作何打算的。

丘吉尔很快就知道了希特勒的这一道命令，他也猜不透这到底是什么战术，不过有一点，他的反应还是非常迅速的，立刻通知海军部，马上征集全国的船只，将联军运过英吉利海峡。

希特勒停止追击的命令，给盟军提供了一个难得的喘息机会，逃过了全军覆灭的厄运。

决断：

5 月 26 日 18 时 57 分，英吉利海峡浮云布满了天空，淡一块浓一块，天空如一块铁，正向地面下沉。灰色的云，在空中疾行，掠过群山和河流，在海面上停住了，接着下起了倾盆大雨，雨点密集得看不见前方 2 米处的东西，这真是上帝的保佑，英国人终于有了一个撤退的好时机。

全英国都接到了一道来自海军部的命令：执行"发电机计划"。这是联军敦刻尔克大撤退的代号。许多历史学家后来说，这真是一次伟大的"发电"。

在夜幕的大雨之中，8 500 艘各种类型的大小船只，从巡洋舰到小帆船，从皇家的豪华游艇到肮脏的垃圾船，涌向敦刻尔克海岸。有人戏称在英国所有能漂浮的东西，全都去了英吉利海峡。

德国坦克部队的士兵们，趴在他们的坦克上，喝着正宗的法国香槟，看着英国人在海上漂呀、漂呀……

最初，德国人对此并未在意。很快，德军如梦初醒，出动大批空军进行阻截。但是，天不作美，英吉利海峡的大雨依然下着，吞没了天地间的一切，这在一定程度上减轻了敌机的杀伤力。就在这几天，上帝站到了英国一边。

6 月 1 日，德空军对敦刻尔克及海上进行了最强的一次攻击，陆地上进行着激烈的战斗。英国远征军和法军寸土必争。撤退者边退边打。后来，盟军艰苦地据守敦刻尔克周围的环形阵地，由健康状况最佳的官兵拼死拒敌，防守基地，巩固战线。

6 月 3 日深夜，德军又发动进攻，可是盟军已经撤回了 30 余万人，在海滩上抵抗的只有 4 万法国士兵。6 月 4 日，德军占领敦刻尔克。此时，古德里安将军惊讶地发现，向德国投降的法国士兵，他们的脸上挂着胜利的微笑。

6 月 4 日凌晨 2 时 23 分，英国海军部在获得法国同意后，宣布"发电机计划"结束。从 5 月 26 日至 6 月 4 日，共有 366 162 名盟军渡过英吉利海峡，其中包括 224 717 名英国人，141 145 名法国人，300 名比利时人、荷兰人和波兰人。这些幸运返回英伦的官兵，大多戎装不整，疲惫不堪，甚至伤痕累累。但由于这次军事行动的战果超出了任何乐观的估计，遂使英国举国沉浸在胜利的喜悦之中。这一重大的救援行动被誉为英国海军史上的一次宏伟战绩，至今仍为许多战史研究者津津乐道。

敦刻尔克大撤退中盟军武器装备和大量的重型军用储备物资丧失殆尽。除了飞机、舰船损失外，英军共放弃约 700 多辆坦克、63 000 辆汽车、8 000 挺机枪、2 400 门火炮、6 400 支反坦克枪、50 万吨军用物资及弹药。在此期间，远征军和他国军队 6.2 万人死亡，数万人被俘。尽管蒙受如此巨大损失，但英军实力得以保存。他们可以重新武装，再返欧陆。所以，6 月 4 日丘吉尔在下院发表演说时，明确表示："我们将战斗到底，我们将在海滩上战斗，我们将在登陆地点战斗，我们决不投降。我相信，今天敦刻尔克的撤退，将是明天胜利的开始！"

1944 年 6 月 5 日，盟军在法国的诺曼底登陆。在敦刻尔克撤退的 35 万英法军队成为作战的主力。

事实上，被西方人称之为"战争史上一大奇迹"的敦刻尔克大撤退，其更为重要的意义是给英国人以精神上和心理上的鼓舞，使他们在困境中仍保持信心。因此，历史学家说，这不是一次普通的撤退，这是一次伟大的撤退，因为撤出的是整个英国的未来！

点评：

在这场人类历史上最成功、最出名的撤退当中，盟军很大成分上是靠了客观条件的帮助才死里逃生的，一方面是德军鬼使神差地停止进攻，给了盟军撤退的时间，另一方面是恰逢雨天，为撤退带来了很好的掩护。丘吉尔应该感谢上帝！

天变人亦变　一家老少得脱险

背景：

胡雪岩有一句至理名言："天变了，人应变"。"天"即指时势时局之意。"天变了，人应变"，其意是指时势时局变化了，人也应该做出与之相应的改变与调整以顺应时势与时局。

俗话说，动荡识忠臣，日久见人心。在政治上，往往一朝天子一朝臣，中国几百年的历史显示，有拥抱当权者大腿习惯的家伙，一旦当权者换了面孔，他们也就攀附新的当权者。胡雪岩在生意场上把这种政治上的策略可以说是运用得淋漓尽致。

在清朝咸丰年间，太平天国运动席卷江南，占领了浙江省城杭州，巡抚王有龄自尽殉职，炙手可热的红顶商人胡雪岩只身得免，逃至上海。虽然幸免于难，但胡雪岩孤家寡人滞留上海洋大人租界，心思犹兀自魂牵梦萦，叨念着杭州，一方面是挂念王有龄安危；另一方面，则是老母妻小未曾脱出，音讯茫然，生死不明。

决断：

杭州被太平军占领，音讯辗转传到上海，王有龄固然是死了，但胡家满门却因为应变得法，及时走脱，躲到乡下，合家老小平安。

有道是"大难不死，后祸不止"，麻烦事不打一处来，一波未平，一波又起。虽说胡家满门皆告平安，但杭州里所谓的"地方士绅"却颇有不少人为太平军做耳目。于公，这些人告诉太平军，杭州城里有胡雪岩这么一号人物，是办粮台搞后勤的好手，虽然人跑到上海，但家眷还留在杭州附近，可以其家眷为饵，要挟胡某人来归；于私，这帮衣冠中人打算藉机掏弄胡雪岩，榨点银子花花。

这项消息传到上海洋人租界，传到胡雪岩耳里，让他又急又气。急的是老母、妻子、儿女的安危；气的是这所谓的"地方士绅"，平常在乡里望之还似人君，开口王道，闭口朝廷，好像人人都是忠臣，个个都是孝子，如今太平军只不过席卷东南半壁，还没打过长江，这些家伙马上就露出了尾巴。

平常人要是碰到这等事体，大概也没辙了，只好乖乖打算回杭州，听任新贵摆布。但是，这些家伙这次却踢到铁板，低估了胡雪岩，结果偷鸡不成蚀把米，先发制人却受制于人，到头来被胡雪岩吃得死脱。

胡雪岩的手法简单而高明，他走门路请人写了一纸公文，以他"浙江候补道兼团练局委员"的身份，上书闽浙总督。这公文里说，虽然他在城破之前，已经先行逃到上海，但是，临走前在杭州已有布置：已经暗中与杭州城中士绅某某某、某某某等约定，请该等士绅保护地方百姓，并且暗中布置，将来官军一到，就相机策应，这些人都是公正士绅，心在朝廷，现在虽然替太平军做事，但将来官军收复杭州之后，不论这些士绅当过太平军什么官职，都请既往不咎，并予重用。

然后，胡雪岩走门路请闽浙总督快速批示这公文，并由胡雪岩取得副本，而胡雪岩则请人将公文副本带到杭州，交给"地方士绅"。这封公文既狠又贼，耍的是两面手法：一方面，让这些所谓的"地方士绅"知道，胡雪岩替他们在官军那面讲了好话，将来要是政府军光复杭州，他们可保无虞；另一方面，也让这些士绅知道，要是他们胆敢与胡家老少过不去，那么，胡雪岩只要把这封公文的副本送给太平军，光是"相机策应官军"，罪名就够抄家灭门。

计策果然是好计策，公文副本托人送到杭州之后，没过多久，胡家老小就平安脱险，悉数被送到上海，与胡雪岩团圆。

"天变了，人应变"这一理念，更被胡雪岩极高地运用到商场之中。每一次经商，胡雪岩都能根据时势、时局的变化，再做出与时势、时局相适应的行动。

点评：

天变人亦变。

处变不惊　忠臣脱险

背景：

清代著名学者纪晓岚快捷灵巧，机智过人。有一次，乾隆想开个玩笑为难纪晓岚，便问他："纪卿，忠孝怎么解释？"

纪晓岚答："君要臣死，臣不得不死，为忠。"

乾隆立即说："我以君的身份命你现在去死！"

而对此情，纪晓岚该怎么化险为夷呢？

决断：

毕竟纪晓岚是个十分机智的人。

"这……"纪晓岚没料到皇上竟然会这么说："臣领旨！"

"你打算怎样死？"

"跳河。"

"好，去吧！"

但纪晓岚走了不一会儿，又跑回来了。

乾隆问："纪卿，你怎么没死？"

纪晓岚答："碰到了屈原，他不让我死。"

"此话怎讲？"

"我到河边，正要往下跳时，屈大夫从水里出来，拍着我的肩膀说：'晓岚，这就不对了，想当年楚王是昏君，我不得不死。你应该先问问当今皇上是不是昏君，如果皇上说是，你再死不迟啊！'"

就凭这一句，不仅抵制了皇帝的"圣旨"，也化解了困境。

果戈理有一句话："理智是最高的才能，但是如果不克制感情，它就不可能有获胜。"如果说，我们在遇到尴尬的局面都是心慌意乱，不能控制自己的感情的话，在这种特殊场合下自然会穷以应付。这时，我们不妨来个自娱娱人，将错就错。

点评：

纪晓岚的机智真令人称奇。不是我们每个人都有纪晓岚的才华和机智，但上例中他采用的自娱娱人，金蝉脱壳法化解尴尬之术还是值得一学，值得借鉴的。在社交场合中，遇到尴尬局面时，首先应稳住阵脚，并采用随机应变之术，如穷以应付时，则干脆将错就错，反而会化解尴尬局面。

第二十二计 关门捉贼

提要：与"欲擒故纵"相反，对于小股零弱的敌人，要围而歼之，以免后患。当然，这样做的前提条件是保证"关门"的成功，形成对敌力量的整体优势，否则的话还是以"穷寇勿追"为好，以避免过分的损伤。

日军官兵葬身沼泽地

背景：

第二次世界大战末期，英军向入侵缅甸孟加拉湾的日军发起一连串的猛烈攻势，日军司令官山本太郎走投无路，只好率领一千多陆军官兵向兰里岛逃去。英军指挥官望着狼狈遁去的日军官兵，发出一阵冷笑："不必追赶了，那里的沼泽地就是他们的坟墓！"

日军逃入兰里岛，展现在他们面前的是一片漫无边际的沼泽地。如血的夕阳下，沼泽地被染上了一片触目惊心的玫瑰色，东一汪、西一汪的水洼子波光闪烁，不时还冒出一个个气泡，呼呼然在水面作响。侦察队长和夫向山本司令官报告说："司令官，这片沼泽地有鳄鱼出没，非常危险！"

决断：

山本吼道："皇军效忠天皇，几条鳄鱼就能挡住我们的去路吗？快走！谁要再说鳄鱼，扰乱军心，枪毙！"

疲惫不堪的队伍深一脚、浅一脚地踏入沼泽地，缓缓向前挪动。沼泽地好像是无边无沿，一千多名日军官兵行至半夜，月亮已高高地升上天空，全体官兵仍然望不到沼泽地的边缘。突然，一阵阵"哗哗哗"的水声从沼泽地深处响起，和夫向水响处望了一眼，顿时打了个冷颤，"不好，快跑!"他拉住侦察兵佐佐木向官兵稀少的东南方跑去，幸运的是，他们发现了一处露出水面半尺高的土埂，俩人急忙登上土埂，回头望去，一大片黑乎乎的怪物蓦然浮出水面，怪物的双眼反射着寒目的冷光，沼泽中一片阴森、恐怖。

"哎呀，我的腿，腿啊!"

一个惊恐的惨叫声率先打破沼泽地的沉寂，几乎是在同一时刻，沼泽地中便被震耳欲聋的惊叫声、呼救声、哀嚎声淹没了，这中间，也夹杂着奋力搏击、开枪射击和手榴弹的爆炸声。

佐佐木突然发现了挥刀乱砍的山本太郎。"山本司令官!"佐佐木恐惧地叫了一声，转瞬之间，山本太郎发出了一声哀嚎，抛掉战刀，一头扎倒在水洼中。

太不可思议了，仅仅十多分钟，一千多名活生生的日军官兵全倒在了水洼中，寒森森的月光下，鳄鱼们张着血盆大嘴，得意地喘息着……

侦察队长和夫及佐佐木等二十多名官兵因逃上沼泽地中的高地侥幸逃脱一死。

点评：

英国人未花费一枪一弹，借助恐怖的沼泽地消灭了劲敌，是利用地形之利的精妙之举。

诱敌入围

背景：

进入 1948 年，人民解放军进入了战略反攻阶段。西北野战军司令员兼政委彭德怀决定率大军南下，策应中原地区的友军作战。

怎么能一举歼灭大量敌军，扭转西北战局呢？选择哪里下手为宜？这篇"文章"该怎么做？彭德怀久久地凝视着西北地区敌我态势的地图，陷入了沉思，他的思路逐渐清晰了，一条计策涌上心头。

决断：

"对，就这么干！"他立即通知召开军事会议。在会上，他说道：要先打宜川，这里是我军南下的必经之路。宜川被我包围，胡宗南肯定要命令就近的刘勘率领整编第29军前去解救。胡宗南这家伙骄横得很，总是低估我军实力。他认为派刘勘去，装备精良，兵强马壮，对我围宜川的部队可以内外夹攻。而刘勘呢，上次胡宗南命他增援清涧战斗，他行动迟缓，贻误战机，受到处分，这次肯定不敢怠慢，必然遵命前行，那么，我们就可以暗中运动优势兵力，在他靠近宜川的路上围而歼之。要是一仗吃他一个军，那对战局影响就大了。

大家听彭总这想法，很有道理，都点头表示赞同。

彭总接着说："那么刘勘会走哪条路呢？从他的洛川驻地到宜川，无非南、北、中三条。南北两条路远，中间一条是捷径。从胡宗南自视甚高，又急于替宜川解围来分析，很大可能性要刘勘走中路。而中路靠近宜川的瓦子街，正好两边高山，中间一条狭道，是围歼刘勘的绝好去处。"

经过反复研究，会议决定了围城打援的作战方案。

2月22日，西北野战军3纵6纵开始进攻宜川，24日包围宜川。接下来的战局发展完全按照彭总的预料那样进行。

2月26日，刘勘遵照胡宗南命令，率29军走中路急速去解救宜川。27日进入瓦子街以西地区。他虽然也怕中埋伏，派两个旅在前进方向的两侧山梁搜索前进，但是，仍然未能逃脱覆灭的命运。在人民解放军小部队的引诱下，刘勘情不自禁地钻入彭总撒下的口袋。人民解放军四个纵队七万余的兵力，从东西南北四个方向紧缩包围圈，3月1日的总攻终于全歼敌整编29军，刘勘也呜呼哀哉。随后，3月2日，乘胜攻克宜川。宜川这一仗只经历十天，便歼灭国民党包括一个整军在内的五个旅三万余人，给敌人以很大的震慑。

对于彭总神机妙算，运筹帷幄，取得宜川大捷，毛泽东连赞3声"好得很！"

点评：

当敌人在人数上少于己方时，就要采用围攻的办法一举全歼，但是在围之前不能露出马脚，应埋伏实力，忽然出击。

瓮中捉鳖

背景：

1945 年 8 月，日本宣布投降，中国抗日战争取得胜利之后，蒋介石一方面邀请中共中央主席毛泽东赴重庆谈判，一方面却指使阎锡山派兵进攻山西上党地区，妄图抢占华北，给蒋介石在重庆谈判中增加砝码。

党中央派晋冀鲁豫军区司令员刘伯承、政委邓小平去指挥上党战役，给敌人以迎头痛击。

刘邓接到指令后，立即飞赴太行山，部署作战。他们和作战部队指挥员陈赓等人，经过深入的研究，确定了这样的方针：集中优势兵力对付敌人，即以太行主力和冀南部队共 31 000 人，迎战 16 000 进犯之敌；针对敌人孤军深入和分散守备的弱点，先夺取长治外围 5 城，诱使长治之敌出援，相机歼灭之。这个部署的关键是夺取长治外围 5 城，那么刘邓是怎么样打这一仗的呢？

决断：

9 月 10 日凌晨，刘邓大军发起上党战役。经过 10 天的战斗，先后攻克了被敌占领的屯留、长子、襄垣、潞城、壶关 5 城，长治的守敌已成为瓮中之鳖了。

正当八路军准备攻克长治城时获悉，阎锡山派兵南下救援长治守敌，其先头部队 9 月 28 日已到了沁县东南的新店，离长治只有百里左右。情况紧急。刘邓当机立断，一方面继续佯攻长治，吸引敌军赶来增援；一方面派人左右夹击来援之敌，并且切断其退路。10 月 4 日，八路军向敌援军发起猛攻。一接触才清楚，敌军不是一个军 7 000 人，而是三个军两万余人，双方兵力相当。于是，刘邓又从围城部队抽出一万兵力参加打援，而且围三阙一，北面开个口子，以便歼灭溃逃之敌。经过三天的激战，歼灭援敌，击毙敌第七集团军副总司令彭毓斌，俘获三个师长在内的数十名高级军官。

当援军被歼灭之后，长治的守敌就绝望了。这时，阎锡山急电守军之首19 军军长史泽波率领守敌弃城西突逃去。刘邓对此早已料到，下令围城部队紧追，又下令太岳部队火速赶来阻击。追击和阻击从 10 月 8 日开始，到 12 日下午发起总攻，俘虏了敌军长史泽波在内的万余官兵。

上党战役的胜利，逼使蒋介石在《双十协定》上签字。这个胜利不得不令国民党方面也承认我军"长于机动"，"灵活迅速"，"善伺机会，巧于出奇制胜"。

点评：

围攻敌人要视情况而定措施，如果被围之敌比较强大，而己方兵力与之相比或相匹敌或稍占上风，可围三阙一，诱敌逃跑，然后予以痛击，更便于全歼敌军。

关门打狗

背景：

1948年9月，毛泽东认为，领导人民解放军和国民党军队进行大决战的时机已经到来，于是筹划进行几大战役，首先是在东北打，这个战役后来取名为辽沈战役。

当时，国民党在东北的兵力集中在长春、沈阳、锦州三个孤立地区。是同时打这三个地区之敌，还是先打某一个地区之敌？若是后者，又该从哪儿下手？毛泽东深思熟虑之后，果断地决定，先打锦州之敌。为什么要先打锦州呢？这中间有什么道理呢？

决断：

锦州位于东北的南端，是联结东北和华北的一个战略要点。先打锦州的好处是：首先，吃掉防守这地区的十万余人之敌，就切断了东北之敌和华北之敌的联系，形成"关门打狗"之势，使得东北地区长春、沈阳之敌，都处于孤立无援之绝境；其次，打锦州，必然使锦州南北之敌前来救援，解放军则可以趁机歼灭援敌；第三，这样再打沈阳就容易得手，而长春之敌也可能迫于大军压境而投降。

当然，先打锦州之敌，要把解放军军主力快速南移，要打空前规模的歼灭战、攻坚战，需要在短期内准备充足的军需，这些都有不少困难，要冒很大的风险。但是，权衡利弊，还是先打锦州为最佳方案。

后来的事实证明了毛泽东先打锦州的决策的正确，这一棋子一走，全盘皆活，不但打赢了辽沈战役，而且有利于淮海战役和平津战役如期、顺利地进行，促进民主革命在全国胜利的早日到来。

点评：

要在围攻敌人的谋略上走好关键一步不是那么容易的，一是要保证必胜，二则要在不惊动敌人的前提下卡住敌人的咽喉，事实证明锦州之役做得非常到位。

大军合围

背景：

第二次世界大战期间，苏军发动反攻，准备围歼德军。苏军这次大规模的围歼战役，是从科尔申—舍甫琴科夫斯基突出部开始的。这个突出部位于乌克兰第一方面军左翼和乌克兰第二方面军右翼之间，德军在这里部署着九个步兵师，一个坦克师和一个摩托化旅组织防御。

苏军参战部队克服各种困难，储备了大量物资。为了欺骗德军，并根据最高统帅部的计划，制造了大量的坦克模型，配置在突出部正面，还模拟设置了一些火炮阵地。

接下来，就要看苏军怎么以假乱真，合围德军了。

决断：

德军指挥部以为苏军要从正面实施主要突击，便加强了正面防御，苏军却利用德军的错误判断，隐蔽地将两个方面军的主力向突出部的根部变更部署，准备从这里实施相向突击，合围突出部里的德军集团，并适时建立合围的对外正面，抗击德军解围集团。这是朱可夫元帅在斯大林格勒会战中运用的作战样式和方法。

1 月 24 日和 26 日，乌克兰第二、第一方面军先后发起进攻，从突出部的根部向兹韦尼戈罗德卡急速推进。两个方面军的部队击退了德军的反突击，先遣部队与主力部队于 1 月 28 日在兹韦尼戈罗德卡会师，切断了科尔申—舍甫琴科夫斯基德军集团的退路，使德军十个师、一个旅陷入合围。尔后，各方面军派出快速部队迅速向外围进攻，建立起合围的对外正面。

科尔申—舍甫琴科夫斯基德军集团被合围后，希特勒害怕被围德军再遭斯大林格勒会战时的厄运，因此一改过去"必须原地坚守"的作法，允许部队自行突围，并急调部队救援。

合围德军集团以后，朱可夫与瓦图京、科涅夫于 2 月 8 日下午联名向德军被围集团发出一份最后通牒，并派使节将最后通牒递交给德军前沿指挥官福克上校，限定第二天上午 11 时前答复。

在发出最后通牒的同时，苏军展开了强大的心理战，向德军驻地散发了大量传单。传单首先指出，苏军的包围圈正在紧缩，德军陆上与空中运送弹药和油料的渠道均已被切断，突围已无可能。

苏军分化瓦解敌军的举措，在被围德军中产生了很大反响。许多官兵得知被围真相后，十分沮丧，士气非常低落。施特默尔曼赶紧采取措施，给官兵们打气，并于 2 月 9 日 12 时正式通知苏军"拒绝投降"，以打消被围官兵投降的念头。

2 月 10 日，施特默尔曼集中坦克部队，仓促建立了一个突击集团，向苏军乌克兰第 1 方面军第 27 集团军的战线发起猛烈的进攻，试图突围，与外面救援部队会合。这里是苏军两个方面军的接合部，防御比较薄弱，德军顺利前进了 3 公里，并占领了希尔基。

2 月 12 日，雨雪交加，狂风阵阵。在对内和对外正面上的战斗都十分激烈。被围德军利用能见度差的条件作掩护，多次企图突围，但均被苏军制止。他们在与解围德军相距只有 12 公里时，再也无力突围了。至 2 月 13 日，苏军建立了相对稳定的合围的对内、对外正面。2 月 15 日，德军解围集团也力量耗尽，不得不电告被围德军，让他们自行向南突围。

德军被围集团失去了外援的任何希望，只得到了空降的一些弹药，于是在绝望中决定于 2 月 16 日作最后一次突围尝试。

这天夜里，天下着大雪，狂风几乎能把人吹倒。苏军指挥部侦察到德军突围意图后，决定使用飞机向德军集结地域投掷照明弹和燃烧弹，"赶蛇出洞"，并为炮兵指示炮击目标。德军集结地域火光冲天，风助火势，战斗和辎重车辆被埋葬在大火之中。炮兵以火源作方位场，对敌实施猛烈突击。德军被围官兵难以坚守阵地，丢弃车辆、军用物资和个人用品，纷纷择路而逃，但总是被苏军堵截住。至 2 月 17 日凌晨，大批被围德军开始投降，科尔申—舍甫琴科夫斯基德军集团被全部歼灭，司令官施特默尔曼被击毙，只有少数军官乘装甲车逃出重围。在这次战役中，德军仅阵亡和被俘官兵就达 7.3 万人。

点评：

围敌之时，要注意张弛相结合，不可太过大意，弄得敌人狗急跳墙就不好收拾了。

第二十三计　远交近攻

提要：最早为战国时期秦对各诸侯国采取的军事与外交手段。在一定范围内，面对多个对手，需要审时度势，周密考虑各方面的因素，明确不同阶段的主要对手，采取联合与分化的灵活策略，逐渐将对手各个击破，不断强化自身的实力。

诚以待人　广结朋友

背景：

与一般的人际关系不同，公共关系不是以血缘、地缘为基础的，而是以一定的利益为基础的，创业者创业时所面对的公关对象，均是对所创企业的生存和发展有一定利益关系的个人、群体或组织。广交朋友也主要是与这些个人、群体或组织交朋友。但公共关系所说的朋友，又不单纯是以利益关系为纽带的所谓朋友，而是建立在真诚友谊基础上的朋友。那么，如何才能结交到真正的朋友呢？

决断：

日本证券公司的创立者，小池银行和东京瓦斯公司的董事长小池国三，就是以诚实起家的一位企业家。小池 13 岁时背井离乡，在一个小商店做店员，同时，替一家机器公司做推销员。一次，他推销机器十分顺利，半个月与 33 位顾客签订了合同。以后，他发现他卖的机器，比其他公司出品的同样性能的机器价格昂贵，他想与自己订约的客户如果知道了，一定会感到后悔，于是小池立即带着订约书和定金，用了 3 天时间，逐户进行说明，请客户废止合同。

这种诚实的作法，使客户深受感动，结果，33 户之中没有一个废约，反而加深了对小池的信赖和敬佩。由于小池的诚实态度深深地感动了客户，他们纷纷前来与他订货，不久，小池就创立了证券公司。

牺牲一些眼前的利益，以诚实的态度对待公众，能为企业的进一步发展"架桥铺路"。

一个成功的创业者必须能高瞻远瞩、把握全局、权衡利弊、着眼未来。友谊和信赖是必须靠真诚来换取的，如果只图眼前利益，而失去了公众的信赖，只能是一锤子买卖，不可能有长远的发展，只有在互利互惠的基础上，广交朋友，建立信誉，才是最可靠的长期投资。以诚为本，以公众利益为导向的正确经营观才是以后成功的起点。

点评：

不管目前市场竞争多么激烈，搞好公共关系，需要采取多少谋略，运用多少手段和方法，"以诚相待、以心换心"，都仍是对待朋友，对待公众的基本原则，也是公关成功的基本要素。

远交近攻　一统天下

背景：

兵法讲艺术，军事讲策略，秦始皇能统一六国，有赖于范雎提出的"远交近攻"的统一国策。远交近攻作为一种军事策略，是指要分化瓦解敌方的联盟，加以各个击破，从而战胜所有敌人。

如何分化瓦解敌人的联盟呢？结交远离自己的国家，而先进攻与自己相邻的国家，之后再一个一个地加以吞食。不能舍近求远地去进攻与自己相距很远的国家，一个方面是因为受到地理环境的限制，攻打远国很难成功；另一方面是攻打远国，近处的国家也会产生抵抗情绪。为什么在近攻同时要远交呢？因为不能树敌太多，树敌太多，就可能让敌对一方结盟。一旦结盟，就难于对付了。

这是一种军事策略，同时也是一种外交谋略。当然，平时国家和国家之间要保持一种友好的关系，特别是对于近邻各国，这样有利于国家和国家之间的和平与稳定，有利于国家经济文化的发展。但是如果有的国家与己对抗，那就有必要采取一种远交近攻的策略。因为受到地缘政治的影响，距离较远的国家之间往往就没有直接的利害冲突，容易在各个方面互相支持。特别是在与近国处于战争状态的时候，就更有必要采取远交近攻的谋略。

决断：

范雎是魏国人，出于爱国，他想在魏国贡献自己的聪明才干，想游说魏王以振兴祖国。他因无人推荐，就暂在魏中大夫须贾手下工作，以等待时机。

有一次，他跟须贾奉魏昭王命出使齐国。在齐逗留数月，任务还未完成。齐襄王见范雎有口才，使人赐他十斤金及牛酒，范雎辞谢不敢受。须贾知道了，大怒，以为范雎将魏国秘密告诉齐国才得到赏赐，命令范雎接受牛酒，退还金。回到魏国后，须贾将此事告诉魏相。魏相是魏国公子，名叫魏齐。魏齐不查问清楚，就使人毒打范雎，打得他肋断齿折，昏死过去，然后以席包其尸放在厕所。雎醒来，哀求守卫说："如能救我，当以厚报。"守卫便向魏齐说请埋掉尸体，魏齐醉，说："可以。"范雎得以逃出。

范雎化名张禄到处藏匿，后得同乡郑安平帮助，暗中推荐给来魏的秦使王稽，王稽便带他入秦。王稽向秦昭王汇报使命后，说："魏有张禄先生，天下的辩士。他说：'秦王之国危如累卵，得他就安，但不能用书面说明。'所以，我带他来。"秦王不信，使暂留客舍，给下客待遇。秦昭王最讨厌辩士，因而对他的话不相信，所以，范雎待命一年多，毫无消息。

于是，范雎便上书秦昭王说："我听说，明主执政，有功劳的不得不赏，有能力的应作大官，功劳大的俸禄多，功劳多的爵位高，能治众的官职就大，而无能的就不任职，有能力的也不埋没他的才能。俗话说：'庸主赏所爱而罚所恶。明主就不是这样，赏必加于有功的人，刑罚必断于有罪的人。'如果您认为我的话对国家有利，就照此实行，如认为我的话不能行，把我留在秦国是没有什么用的。天下有明主，诸侯就不能擅权。贤明的圣王能预见成败，有利就行，有害就弃，有疑就稍加尝试，以探明究竟。话说深了，我不敢写在信上；话说浅了，又不足听。我的希望是，大王能抽出一点游览观赏的余暇，我当面进言，如说无效，愿受惩处。"

秦昭王看了信很高兴，觉得范雎是个可用之才，于是派王稽用专车召见范雎。

范雎来到秦宫，宦者不知是秦昭王召见，逐赶范雎，说："秦王到！"范睢佯说："秦国哪有大王？只有太后、穰侯罢了。"想以此激怒昭王。昭王到，听他与宦官争论，便出迎接，说："我早当受您的教导，适急于处理义渠国事，而我每天早晚要向太后请安。现义渠国的事已处理了，我才有空向您请教。"秦昭王以宾主之礼接待范睢，范睢谦让。这天见到范睢的人，莫不肃然起敬，另眼相看。

秦昭王屏退左右，向范睢请问强国强兵之策。

范睢当仁不让，侃侃而谈："目前七国之中，最强大的就是秦国。秦国沃野千里，甲兵百万，雄据四塞之固，进则能攻，退则能守，一统天下应该不费力气。但是，最近大王听信丞相魏冉的话，轻易发兵攻打齐国，我认为这是断送秦国的前程。"

秦昭王疑惑地问："攻打齐国有什么错呢？"范睢说："越过韩、魏两国攻打齐国，这是十分错误的。即使取胜，大王又怎能把得到的土地与秦国连接起来呢？当初，齐王越过韩、魏两国去攻打楚国，曾占领千里之地。但结果齐国连一寸土地也未得到，却被韩、魏两国瓜分了。其原因是齐国离楚国远，韩、魏两国离楚国近。依我看，大王应当采取远交近攻的策略。"

秦昭王听得入了迷，接着问道："什么叫远交近攻呢？"范睢说："远交近攻就是与离得远的国家订立盟约，减少敌对国家，而对离得近的国家抓紧进攻。诚能如此，得一寸土地就是一寸，得一尺土地就是一尺。打下韩、魏以后再打燕、赵；打下燕、赵之后再打齐、楚。大王只要实行这条计策，用不了多少年，保证能兼并六国，统一天下。"

范睢的一席话使秦昭王大为开怀，秦昭王高兴地说："寡人以后就听先生的了！"秦昭王立即拜范睢为客卿，并按照范睢远交近攻的策略，把攻打齐国的人马撤回来，改为攻打近邻魏国。此后，秦国夺取了邻国的大片土地，为后来秦始皇统一中国奠定了坚实的基础。

秦昭王在位长达56年之久，是秦国历史上一位颇有建树的君主，为秦国的富强和统一做出了突出贡献。他之所以功勋卓著，一个重要原因就在于他采用了范睢的"远交近攻"政策。

本来，秦昭王是要采取穰侯的"赵国远攻"的战略的，范睢一到，立即指明这种策略的谬误性，并用道理和事实驳斥这种谬误，指明形势和利害关系，让秦昭王明了"远交近攻"的可实施性。秦昭王认为范睢说得有理，就接受了他的"远交近攻"新战略。

在秦昭王的主持和支持下，范雎的"远交近攻"战略得以顺利推行，而且秦昭王日益重视范雎。这时范雎任客卿已数年了，已获得昭王的信任，便酝酿着为昭王夺权。他对昭王说："我在山东时，只听说齐国有田文，不听说齐国有齐王；只听说秦国有太后、穰侯、泾阳君、华阳君、高陵君，不听说秦国有秦王。能掌握国政的才算是君王，能决定利害的才算是君王，能操纵生杀大权的才算是君王。现在太后独断专行不顾一切，穰侯出使也不汇报，泾阳君、华阳君肆无忌惮，高陵君自作主张。'四贵'这样横行，国家哪会没有危机呢？大王身居'四贵'之下，所以我说秦国无王啊！这样，大权旁落，国家法令哪能出自大王之手?"

四八六

"我听说，善于治国的君主，对内要巩固其威信，对外要加强其权力。现在穰侯操纵王权，任意征伐，战胜的土地财物都归其封地，国家财物都流入'四贵'手中；战败，百姓埋怨大王，归祸于国家。《诗》说：果实繁盛压断树枝，树枝压断会伤树心，这就是弱干强支，树枝太强了会压坏主干，封邑太大会危害国家，臣下尊贵就使君主卑下。淖齿掌齐国大权，就抽王筋，将王杀害；李兑专赵国大权，使赵王父饿死。现在秦太后和穰侯在秦国专权，高陵君、华阳君、泾阳君之眼中无秦王，他们亦是淖齿、李兑一类人。我眼见大王处境孤立，深为大王担心，恐怕万世之后，掌握秦国大权的就不是大王的子孙了。"

秦王听了大惊，夺了太后的权，把高陵君、华阳君、泾阳君驱逐出关外，免除穰侯的相位，使其归封地陶邑，剥夺了外戚专权。秦昭王从此任范雎为相。

对于秦国来说，"远交近攻"是当时的最佳谋略，不仅有效地分化了连横之盟，并且逐渐地各个击破，有利于统一大业。

远交近攻的所谓"远交"并不是永远和好，而只是一种权宜之计。一旦近攻得逞了，远交之故友也就变成近攻的对象了。这时，两国就只有反目而视，直到将对手置于死地。

请看秦昭王时期兼并山东六国领土的如下记录：

公元前318年，魏、赵、韩、楚、燕五国合纵攻秦，不胜而回。这一事实从反面说明，兼并山东六国已成为秦国的战略目标。

公元前300年，秦兵大败楚军，杀楚将景缺，攻取楚国的襄城；

公元前293年，秦将白起大胜韩、魏联军于伊阙，斩首24万；

公元前290年，魏、韩因兵败于秦，分别把河东地方400里和武遂地方200里献给秦国；

公元前278年，秦将白起攻陷楚都鄢郢，建立南郡；

公元前273年，秦将白起大败赵军于长平，坑杀降卒40万；

公元前256年，秦灭西周君，同年，周赧王卒，名义上的周天子已不复存在。

硕果累累，正是采取"远交近攻"、各个击破的结果。另外，"集权于一身"，也是范雎向秦昭王提出的强国政策之一。大权在握，不能轻易地交给他人或几个人使用。他引用了桓思少年借神于丛不还导致丛枯死的寓言故事，借用一瓢百人扛终要破碎的哲理，来说明权力分散，国君必亡，国家必灭。

历代王朝，"政权"代表着一切。谁掌握了它，谁就拥有国家、臣民、权力、地位、财产。因此，凡靠近政权者，无不窥视权力。封建社会里国君如不集权为一身，为臣的权力过大，政权就有被篡夺，君王就有被杀的危险。在国事纷乱，外交、外政无一定数的战国，集权于一身是十分必要的。此政策确为加强秦国政权与国力起了重要作用。

秦昭王把范雎的"远交近攻"作为一项统一战略，到秦始皇时被继续贯彻执行下来，并有所改进。秦王政利用李斯为相，尉缭为国尉，姚贾、顿弱奉命离间六国。这样内外夹击，六国就像一张薄纸，一捅就破。

点评：

在军事上，远交近攻是一种军事策略，也是一门"关门打狗"艺术。远方的结交之，做个朋友，近处的，打击之，由近及远，最后各个击破。

决战萨尔浒

背景：

1619 年发生的萨尔浒之战，是明朝与后金政权在辽东地区进行的一次具有决定意义的战略会战。

当时，努尔哈赤建立的后金政权势力日盛，明王朝决定发动一次大规模的进攻，企图一举消灭建立不久的后金政权。明王朝任命杨镐为辽东经略，调兵遣将，筹饷集粮，置械购马，进行战争准备。努尔哈赤也在厉兵秣马，扩充军队，派人刺探明朝军队军情，积极备战。

明朝各路大军 24 万云集辽沈后，经略杨镐制定了作战方案，即兵分四路，分进合击，直捣后金政治中心赫图阿拉，一举围歼后金军。具体部署是：以总兵杜松部为主力，出抚顺关，从西面进攻；以总兵马林部，出清安堡攻其北；以总兵李如柏部经鸦鹘关，从南面进攻；总兵刘铤会合朝鲜兵，出宽甸攻其东，总兵官秉忠率一部驻扎辽阳，作为机动。杨镐本人则坐镇沈阳，居中指挥，限令明军四路人马于三月初二会攻赫图阿拉。但是明军出动之前，"师期已泄"，后金侦察得知了明军的作战意图，努尔哈赤于是得以从容作出对策。努尔哈赤的对策是什么呢？

决断：

当时，后金的八旗兵力只有 6 万人，与明军相比，处于劣势。但是努尔哈赤在掌握明军的作战行动计划后，正确分析判断敌情，认为明军东、南、北三条道路险远，不能即至，于是决定采取"凭尔几路来，我只一路去"的集中兵力、逐个击破的作战方针。

首先，努尔哈赤把 6 万精锐集结于赫图阿拉附近，歼灭了孤立冒进的明西路军杜松部。然后，他又挥师进攻明北路军马林部，明军主将马林仅一身免，逃回开原。这样，北路明军又被消灭了。

努尔哈赤击败马林军后，立即移兵南下，迎击明东路军刘𫄷部。刘𫄷以治军严整著称，行则成阵，止则成营，炮车火器齐备，装备精良。努尔哈赤根据刘𫄷军的这一特点，采取诱敌速进、设伏聚歼的打法，全歼了刘𫄷军。

杨镐坐镇沈阳，掌握着一支机动部队，但对四路明军却未能作任何策应。等到三路丧师的消息传来，他才急忙叫南路李如柏部撤退。

萨尔浒之战，后金军以劣势兵力，在5天之内，连破三路明军，歼灭明军十多万人，取得了决定性的胜利，这不能不归功于战前努尔哈赤派人刺探到作战情报。正因为"知己知彼"，努尔哈赤才能从容布置歼灭三路明军的作战方案。也正是因为不知道对方的情况，又把自己的作战方案泄露出去，明军才遭到如此惨败。

点评：

在商战中，企业家要千方百计地搜集有关竞争对手的情况，做到"知彼"，同时，还要时刻检查自己的企业，看是否有对手可以利用的弱点和缺陷，及时予以修补，使对手无机可乘，这叫做"知己"。只有"知己知彼"，才能使自己固若金汤，百战不殆。

空手打天下

背景：

许先生生长在民国一个富裕而充满温馨的家庭，但他对家庭的过分溺爱相当反感，认为这样下去，只能成为纨绔子弟，将来一无所成。因此，为了改变自己养尊处优的地位，许先生执意要离家出洋，去经受一番磨炼，干出一番无本创业的惊人事迹来。凭许先生一个公子哥儿，他有什么本事干出一番事出来呢？

决断：

许先生向他二姐借了100银元，踏上了远涉新加坡之路。到新加坡时，除去路上盘缠及各种花销，只剩下5元钱了。他按照离家前联系好的地址，找到了经营商店的亲戚陈永章，在他的店里当勤杂工，晚上就睡在帆布床上。每月的薪金是12新元。

几个月之后，许先生省吃俭用，有了一点小积蓄，他渐渐感觉到，在店里当杂工赚得太少，要完成创业积累太慢了，便改行到船上去打工。当时，陆地上的工作报酬相当低，即使是资历很深的店里老掌柜，也只有每月30多新元。而在船上工作，一个船工的收入一月就可以赚到100多新元。

许先生清楚地了解了这些，便毅然放弃店里的勤杂工作，到船上来帮忙了。这次改行，奠定了他今后事业的发展方向。

1941年，许先生真是好事多磨。首先是婚姻问题。一波三折之后，他终于与来自印尼的南洋女中学生卓一春结婚了。之后，由于日军进攻新加坡，他便乘船携妻逃离，去了印尼。

来到印尼之后，许先生和岳父一道合伙租一帆船，从事海上贩运生意。他先从印尼运输干粮到新加坡销售；之后，再从新加坡贩运些日用品回印尼零售。每次往返，许先生都亲自押运。有一次，他的帆船被日军盯上了，被日军炮火袭击，满船的货物连同帆船一块沉入了海底。幸好许先生水性好，逃得快，才免于一死。后来许先生每提到这次历险，都有些后怕。但是，为了养家糊口，还得继续硬着头皮干下去。

许先生一面做贩运生意，一面关心时局变化，在日军宣布投降前几个月，许先生便预感到了。因此，他毅然用积蓄的一点资产，全部购买橡胶等印尼土产品，囤积起来，等待时机。日军投降，新加坡光复之后，许先生便把全部土产悉数运往新加坡，一并卖给盟军采购部，从中赚了不少钱。这样，他终于有了不少的本钱，便在新加坡安扎下来，着手创业。开始时，他便从自己最熟悉的土产入手，与人合伙组织了一家公司，专门经营土产品。

许先生经营土产一段时间后，发现另一行业更有可为，便于1957年退出了公司，同时与一些人组织了另一家有限公司，经营中国的冷藏食品生意。他从中国购入食品，直接销售给消费者。由于当时经营冷藏食品的公司在新加坡只此一家，许先生因此赚了不少钱。

1967年，航运界形势大好，许先生又与张光中等人创立了一个船务有限公司，许先生任董事会主席。与此同时，他又创办了独资有限公司，发展冷藏食品业务。经营独资公司有这样的好处，就是可以随心所欲，想怎么做就怎么做，不受别人牵制。因此，独资公司在开拓市场，发展业务方面，有许多优势。

1982年，许先生便退出了船务有限公司，一心一意去经营其独资公司的冷藏食品生意。公司在许先生的率领下，业务已伸展到东南亚各国、美国、西欧和南美洲。公司每月冷藏食品的销售量多达一千吨，有牛、羊、鸡、鸭、鹅等一百多个品种。目前，已成为新加坡最大的冷藏食品经营企业。

许先生这位冷藏食品业大王，当年离家涉洋，身无分文，白手起家，从零开始，从无到有，从小到大，依靠的是什么呢？

有两点可以肯定对每一个没有本钱的人都适用，一是要吃苦耐劳，二是要不断寻找机会。你没有本钱，又不肯吃苦，钱从哪里来呢？不吃苦耐劳，怎能取得成就呢？不放过任何一个可能的机会，是以高远志向为前提的，你本来就没有远大的目标，身边的机会又怎能去思考把握？抓不住机会，又怎能成就一番事业？

点评：

白手起家，终成事业，这听起来很动人，但是每一个白手起家的人都经历了一番磨炼，先在意志上就已经炼成钢了。许先生的业务由近做到远，直至遍布东南亚多国，不难看出他的坚韧与雄心，有了这种坚韧不拔的精神，何愁大事不成呢？

第二十四计　假道伐虢

提要：典出《左传·僖公二年》，当时的晋国乘讨伐虢国之机，借道虞国，连同后者一并吞灭。可见问题出在"假道"上面。大体来说，"假道"一方有恃无恐，至于被"假"一方则自有苦衷，而且最可叹的一点恰恰在于后者的心存侥幸，过于看重前者给予的信誉保证。

赞美铺路　事半功倍

背景：

郭鹏是富豪油漆股份有限公司的推销员，这个公司刚刚开发出一种新型油漆，虽然广告费用了不少，但收效甚微。这种新油漆具有色泽柔和，不易剥落，防水性能好，不褪色等等很多优点。郭鹏决定以市内最大的家具公司为突破口，来打开销路。郭鹏又是如何打开这一突破口的呢？

决断：

一天，郭鹏直接来到光华家具公司，找到他们的总经理："我听说，贵公司的家具质量相当好，特地来拜访一下。久仰您的大名，您又是本市十大杰出企业家之一，您经过这么短的时间，就取得了这么辉煌的成就，您的才干肯定了不起。"总经理就向他介绍本公司的产品、特点，并在交谈中谈到他从一个贩卖家具的小贩，走向生产家具的大公司的历程，还领郭鹏参观了他的工厂，在上漆车间里，总经理拉出几件家具，向郭鹏炫耀那是他亲自上的漆，郭鹏顺手将喝的饮料倒了一点在家具上，又用一件螺丝刀轻轻敲打，总经理很快制止了他的行为，还没等总经理开口，郭鹏发话了："这些家具造型，样式是一流的，但这漆的防水性不好，色泽不柔和，并且易剥落，影响了家具的质量，不知对不对？"总经理连连点头称是，并提出，听说富豪公司推出新型油漆，但并不了解，没有订购。郭鹏从包里掏出了一块六面都刷了漆的木板，只见它泡在一个方形的瓶子里，还有另外几块上着各种颜色的漆的木板。郭鹏声称，泡在水中的木板，已浸了一个小时，木板没有膨胀，说明漆的防水性好，用工具敲打，漆不脱落，放到火上烤，漆不褪色。于是这家公司很快就成了富豪公司的大客户，双方都从中受益。

在这则事例中，郭鹏一开始并没有直接称赞自己的油漆多好，而是从赞美这家公司的产品入手，又赞美了总经理的奋斗历程。受到赞美的总经理非常高兴，带领客人去参观其产品，郭鹏在其心情愉快之后，在车间内，点出了光华家具公司的产品的油漆性能差，直接影响到了家具的质量，并在此刻，展示了本公司最上乘的产品。相比之下，凸现了本公司的新型油漆。于是，总经理很自然地接受了其建议，郭鹏争取了这家客户，达到了推销产品的目的。

点评：

在与人交往过程中，人的心情对事成与否影响巨大，好的心情，会使一些本来难以处理的事情变的顺利。那么，在有求于陌生人时，就要运用赞美，使他或她的心情好起来，并对你谈的问题感兴趣。这样，在心情愉快之余，他就会很容易地接受并满足你的要求了。

暗中偷艺终成家

背景：

钟隐是五代十国时南唐的一位著名画家，家道殷富，倦于俗事，便学习前辈陶渊明先生做起隐士来。

隐居山林，除了修身养性，练练气功外，钟隐最爱做的一桩事就是画画。每日画画花竹禽鸟，山水人物，倒也自娱自乐。

不过，画了一段时间，钟隐就出现"眼高手低"的毛病。

钟隐经过冷静反思认识到，毛病就在于自己画技贫乏。于是决定下山求师学艺。

下山后一打听才知道，当时画花鸟的高手叫郭干晖，此公笔墨天成，曲尽物性之妙，尤其擅长画鹭鹚。钟隐大喜，立即前往郭府拜师。

不料，郭干晖并非世中俗人，虽然身怀绝技，却不肯轻易授人，老先生作画总吩咐下人把门关上，惟恐马路上过往行人或是私闯进来的宾客，窥见一招一式。因此，钟隐兴冲冲来到郭府，连大门也没跨进，就让门房给轰了出来。

钟隐倒是很有趣，一拍脑袋把自己大骂一通：真是该死呀，该死！上山隐居后竟然把世俗的规矩都忘光啦，想当年孔夫子收学生，还要拎十条腊肉来，我怎么空着手就跑来了呢？

于是，钟隐回到家，叫人准备一车银子，风风光光地再次登门求见。谁知门房仍挡住不让进，还冷嘲热讽道："你认为我们家老爷缺银子花吗？告诉你吧，我们家老爷用毛笔画个圈，能够你小子吃个一年半载的。还想到这儿摆谱，也不看清楚！"

没办法，钟隐只好拉着一车银子灰溜溜打道回府。

决断：

投师不成，钟隐茶饭不香，夜不能寐。老话说："天无绝人之路"。终于，钟隐想出一条妙计，既然正道走不通，那为何不走旁门左道呢？于是，他乔装打扮成一个小厮，毛遂自荐地跑到郭府要当奴仆，且一再强调只混口饭吃，不要工钱。他毕竟是个画家，化装后连门房都没认出他来。由于他要求不高，郭府又正缺人手，于是就被收下。

钟隐真不愧是天生做间谍的材料，一进郭府，就把上上下下哄得团团转，把那位郭老先生都给唬住了，老先生撤除了对他的所有防线，作画时竟然点名要他站在一旁磨墨，根本没料到他是个间谍。

此时，钟隐可是称心如意啦，他可以尽情地观看郭老先生作画时的笔法用彩，没过多久，就把老先生那套密不示人的技艺烂熟于心了。

谁知，画技学得越多，越是技痒难熬。有一天，钟隐实在忍耐不住乘兴在墙上偷偷画一只鸽子，神形俱佳。有人将此事向郭老先生报告，老先生闻讯前去观看，一看就吓了一大跳，知道这绝非外行所能画出的。于是，召来钟隐盘问。

钟隐见纸包不住火，只好和盘托出，郭老先生听罢并没生气，反而大受感动："相公为了学画，竟然不惜为奴，这叫老夫如何敢当？如此求学，真乃天下少见，老夫就破例把你收在门下吧。"

从此郭干晖与钟隐以师徒相称，一个纵论画道，密授绝技；一个潜心苦学，仔细揣摩。果然，钟隐深得其旨，技艺猛进，画有《鹰鹄杂禽图》《周处斩蛟图》等传于后世。

点评：

钟隐用暗中智取法混入郭府学画，最后终于得到郭老帮助，这是一种既无奈又十分有智慧的办法，当我们面前无路可走之时，不妨试试此法。

倚而用之　成而弃之

背景：

杨素，字处道，弘农华阴人。为人素怀大志，不拘小节，好学不倦，文武双全。隋文帝为周丞相时，就十分器重他，他也主动巴结文帝，因此屡被委以重任。待文帝即位后，受官上柱国、御史大夫。以后又因屡次率兵征战，立下汗马功劳，官至越国公、尚书右仆射等。当时，杨素特受贵宠，权倾朝野，叔弟都官居要职，就连他几个没有尺寸之功的儿子也都位至柱国，官拜刺史。他家中的臣仆有数千人，后院里身着绫罗的妓妾多得以千计算；高等大宅，形似宫禁，豪华奢侈，令人叹为观止。

决断：

时为晋王的杨广处心积虑地想谋取皇太子的位置。他见杨素颇得父亲文帝的信任，便卑身相交，曲意奉承。杨素见杨广内受皇后的支持，便千方百计在文帝面前说太子杨勇的坏话，致使杨勇始受疏远终至被废，杨广则称心如意地从兄长手中篡夺了皇太子一位。杨广初登太子位时，又惧怕四弟蜀王杨秀拥兵生变，暗中唆使杨素罗织罪名，构陷杨秀，使杨秀被废为庶人。

隋炀帝杨广刚一即位，他五弟汉王杨谅便举兵扯起了反叛的旗帜。炀帝连忙派遣杨素率领五千轻骑，奇袭蒲州。杨谅的守将王聃子举城投降。接着炀帝又任杨素为并州道行军总管、河北安抚大使，率数万兵众征杨谅。杨谅派遣大将军赵子开拒守高壁，十余万兵马布下 50 里战阵。杨素则让诸将兵临阵前，而自己带领奇兵潜入霍山，顺着悬崖深谷，神不知鬼不觉地直赴赵子开的营寨，一仗便把赵子开打得落花流水。杨谅兵马接连败北，最后只好投降杨素。炀帝闻讯大喜，立即派杨素的弟弟修武公杨约拿着他亲笔写下的诏书前往军中慰劳杨素。诏书极尽颂扬之能事，称"昔周勃、霍光，何以加也"，说"公乃建累世之元勋，执心之确志。古人有言曰：'疾风知劲草，世乱有诚臣。'公得之矣。乃铭之常鼎，岂止书勋竹帛哉！"杨素班师回朝后，炀帝又大加赏赐，财物甲第，不可胜数，并且先后授以尚书令、太子太师、司徒等要职。

炀帝表面上极其倚重杨素，但内心对他却特别猜忌，尤其是讨平汉王杨谅后，对他"外示殊礼，内情甚薄"。太史预言隋地将有大丧，炀帝便改封杨素为楚公，因为楚与隋属同一分野，如果上天真降大丧，好让杨素去顶杠。杨素卧病时，炀帝常叫名医去给他看病，但私下里却询问医生病情，惟恐杨素不死。当然，隋炀帝为人"内怀险躁，外示凝简"，他对杨素的猜忌丝毫没有形于颜色，在阴忌阳礼的策略下，他充分地使用了杨素这个"先朝功臣"的存在价值。

点评：

需用而用，令其为人效犬马之劳，以成己势；事成则忌之疑之，恐其专权，而又阴阳两手相奉，图人于不觉之中。杨广两面三刀的手法，也验证了兔死狗烹的御下之理。

晋献公假道伐虢

背景：

公元前658年，野心勃勃的晋献公想往西征服位于陕西的虢国，可是处在自己南边平陆的虞国，却是西征虢国的必经之路。虞国是个小国，晋献公便派使者给虞国国君送去良马和美玉等贵重礼品，又加以威胁，说仅仅是让晋国军队过一下境，有一二天的功夫就可以了，不会打扰虞国百姓。虞国国君觉得晋国是自己北方的大国，不能得罪，只好答应。

于是，晋献公派兵假道虞国，占领了虢国的下阳，得到一大批战利品。

过了三年，晋献公想进一步灭亡虢国，便又派使者去虞国，如上一次那样的恩威并用。胆小怕事又缺乏远见的虞国国君，想到上一次晋军过境没有出现多大麻烦，这次再过过境又有何妨呢？便又答应了。

决断：

使者回来向晋献公秉报。狡诈的晋献公得意之余便向伐虢的大将如此这般地嘱咐了一番。

这次晋军路过虞国境地时果然又是秋毫无犯，而且很快地灭亡了虢国。

当晋军班师回国又路过虞国的时候，虞君还派人去表示祝贺，可是没曾想晋军入城之后首先一彪人马冲向王宫，逮捕了虞君，同时派大兵包围了虞国军队，三下五去二，很快地解决了战斗，宣布虞国的灭亡。这时虞君才大梦初醒，可是悔之晚矣。

点评：

兵法上从来就不乏用奸使诈的战例，实际战场上也是处处有危险，为将作帅者都是能诈即诈，绝不手软，所以说在战场中不能轻易地放松警惕，要随时提防。

迂回外交　麻痹对方

背景：

1938 年 3 月中旬，法西斯德国兵不血刃地吞并了奥地利，下一个目标开始指向捷克斯洛伐克。希特勒在这一时期的对外扩张中，一手举着大棒，用战争叫嚣来恫吓西方；另一手提着黄油，大唱"和平"高调迷惑西方世界。由于当时法西斯德国无论是经济力量还是军事力量都还抵不过英法联盟。而英、法两国是《凡尔赛和约》《圣日耳曼条约》和《特里亚农条约》的签字国和主要保证者，这些条约都承认捷克斯洛伐克为独立国家，并规定了第一次世界大战后捷克斯洛伐克的领土。

决断：

考虑到英、法的势力，希特勒没敢轻举妄动。为了混淆视听，迷惑英、法及西方世界其他国家，希特勒装出一副亲善友好的姿态，屈尊接见英、法及其他国家的使团，与之签订和平条约，制造"德国需要 40 年到 50 年的彻底和平"的舆论。同时，希特勒极力攻击社会主义苏联，"借布尔什维主义的幻想"使凡尔赛体系势力相信，德国是"防止赤祸的最后壁垒"。

希特勒的迂回外交获得了奇效。1938 年 9 月 29 日，他迫使英、法同意签订牺牲捷克斯洛伐克利益的、臭名昭著的"慕尼黑协定"，从而不费吹灰之力就得到了捷克大片土地。9 月 30 日，英国首相张伯伦又同希特勒签订《英德声明》，宣称彼此再不进行战争，表示要"共同维护世界和平，促进世界经济繁荣。"张伯伦回到伦敦，在机场兴高采烈地声称："我相信这是我们时代的和平。"

然而事与愿违。希斯勒在取得外交胜利后，1939 年 3 月 15 日德军开进布拉格，9 月 1 日对波兰发动突然袭击，1940 年 6 月攻占巴黎。纵虎为患者最终得到了报应。

点评：

国际事务，变幻莫测；外交舞台，强手如林。要想在外交事务中实现自己国家的利益和外交目的，外交家一般要折冲樽俎，迂回图之。外交迂回若要成功，就要在对手的思维中制造错觉，使之判断失误。上例中希特勒在发动战争前，外交上连连得手，相当程度上靠的就是这种手段。

旁敲侧击　变通解危

背景一：

年羹尧有一次出师不利，溃败途中连杀无辜百姓来除去晦气。此后又碰到一位秀才，将军提刀怒问。

"大胆书生，竟敢拦大军之道，你说我杀你，还是不杀你？"

书生坦然答道："杀与不杀，全在将军一举，小生不敢妄断；不过，将军或许不会杀我。"

"如果我偏偏要杀你呢？"

"杀我，不失将军之威。"

"不杀你呢？"

"不杀我，更不失将军之德。"

年羹尧听罢此言，转怒为喜，不但没杀这书生，而且令部下送了些银两给了他。

背景二：

韩国修筑新城的城墙，规定限十五天完工。大臣段乔负责主管此事。有一天拖延了两天，段乔就逮捕了这个县的主管员，将其囚禁起来。于是这个官员的儿子便设法解救父亲，就找到管理疆界的官员子高，让子高去替父亲求情。子高答应了这件事。

一天，见了段乔后，子高并不直接提及释人的事，而是和段乔共同登上城墙，故意左右张望，然后说："这墙修得太漂亮了，真算得上是一件了不起的功劳。工程这样大，并且整个工程结束后又未曾处罚过一个人，这确实让人敬佩不已。不过，我听说大人将一个县里主管工程的官员叫来审查，我看大可不必，整个工程修建得这样好，出现一点小小的纰漏是不足为奇的，又何必为一点小事影响您的功劳呢。"

段乔见子高如此评价他的工作，心中甚是高兴，然后又听子高的见解在情理之中，于是便把那个官员放了。

背景三：

齐国的辩士田骈，他标榜自己不喜欢做官，以此自命不凡。实际上，他依附于权贵，气派和势力比做官的还足。

他朋友云奇一天来到他的府中，对他不肯为官的骨气表示极为钦佩并表示愿做一个小仆人。

田骈喜不自胜，问道："您是从哪里听说我不做官主张的？"

"听我隔壁的女人说的。"

"她也知道我？"

"不但知道，而且还说您是她的楷模呢！"

"她是什么人？"田骈更感兴趣的发问。

"她是个洁身自好的人，早就发誓不嫁人。可是今年三十，却生过七个儿子；她虽然没有出嫁，可比出嫁的人还会生儿子。"

"这……这……"田骈有口难言。

背景四:

从前,有个地主,为人奸诈,常常出些难题刁难长工。

有一年腊月二十七,地主把一个长工叫到跟前说:"你听着,我的独生儿子要娶媳妇啦。你得给我办好三桩事:第一桩,你给我做一张天那样大的床,准备给客人睡觉;第二桩,你得送我山那么重的肉,准备给客人吃;第三桩,你得送我海那么深的酒,准备给客人喝。三天之内给我办好。办不好,今年的工钱你就别指望啦!"

长工回到家里,长吁短叹,把这事告诉了妻子。妻子笑了笑,对丈夫说:"这好办。"说着交给丈夫一把尺、一杆秤和一个罐子,说:"你拿着这三样东西,到地主那里去。把尺给他,叫他量量天有多大,这样你才好做床;把秤给他,叫他称称山有多重,这样你好准备肉;把罐子给他,叫他测测海,这样你才好准备酒。"

长工喜滋滋地带着三样东西去见地主,要地主量天、称地、测海。他对地主说:"你等着你告诉我三个确数,才好替你办事,要不,耽误了你儿子结婚,不能怪我呀!"

地主傻眼,一句话也说不出来。

背景五:

朱哈的朋友和他打赌:假如他能在旷野过一个冬夜,他们就为他举行一个宴会,条件是不能烤火。假如他办不到,他就请大家吃饭。朱哈表示同意。晚上,他来回搬运石头,使身上变得暖和。第二天,朋友问他:"你是怎么抵御寒冷的?"

朱哈说:"离我一米远有一缕灯光,我靠它取暖。"

朋友们听说,齐声说:"你违背了条件,该请我们吃饭。"

大家约定三天后举行午餐到了第三天,大家如约前来,从中午等到黄昏还不见进餐,但问朱哈:"怎么迟迟不开饭?"

朱哈说:"你们来看,饭还没熟。"

众人随他出门,只见在一棵树上高高挂着一口锅,下面放着一盏灯。大家见了高喊道:"你发疯了!一盏灯,又放这么远,能烧开锅吗?"

朱哈笑道:"你们真健忘!三天前你们还以为我在一米远处可以用小灯取暖,今天怎么不相信在一米远处的小灯能烧开锅呢?"

决断：

以上这几个故事说的是这样一个道理：以其人之道还治其人之身。人世间事情纷纭复杂、变化莫测，让人难以捉摸，而且更有许多怪脑袋的人想尽办法要些小聪明。对于这种人，心地宽广者一笑了之，然而大多数人认为还是惩治他一下，让他自食其果，从而起到警告的目的，真是多行不义必自讨苦吃。

生活中不可避免地发生许多强人所难的事情，面对强大的对手，一不要惊慌，二不要气馁，而是要避其锋芒，巧夺智取。俗话说："眉头一皱，计上心来。"只要你巧妙地利用智慧，再强大的对手也变得渺小。

从背景三中的故事中我们不难看出云奇是采用旁敲侧击的方法，指桑骂槐，痛骂了田骈一番。生活中有许多事情便是这样的，旁敲侧击更甚于正面斥责。

在背景二中那个官员之所以能够获免，原因大多在于子高的求情。子高把一顶高帽子给段乔带上，然后就事论事，深得要领，不能不令人拍案叫绝。其实一般人都存在顺承心理和斥异心理，对那些合自己心意的就容易接受，因此顺应事物的发展规律，巧言游说，便容易成功。然而这种方法不仅可用来求情，而且可用来讽刺，虽不点入正题，却也侧重利害。

事情一般都有两个方面，好的一面，坏的一面。地主自以为如此可以难住长工，可是事情往往出人意料，出乎他的主观臆想，结果自己搬石头砸自己的脚，哑巴吃黄连——有苦说不出。对付这种人，我们前人已给了我们最妙的方法。用他们自己的话去堵他们的嘴。中国有句老话"来而不往，非礼也"，用在此处再也恰当不过。但人生在世切不可锋芒毕露，要慎尔言，慎尔行。要发扬我们的民族传统，凡事要留有余地。

点评：

人生是一部书，但书的内容却不尽相同，从英雄贤哲到芸芸众生，无不以刀、笔、心、血书写着自己的人生哲学，人生哲学充满许多的情和爱。生活中为人求情、代人办事常常遇到令人不满意情况，可是只要你学会婉转的表达方法，旁敲侧击，往往能起意料不到的效果。

第五套 并战计

第二十五计　偷梁换柱

提要： 古代战阵中有"天衡"首尾相对，犹如大梁；又有"地轴"贯穿中央，恰似支柱。本计是指通过把对手居于"梁"、"柱"位置的主力进行频繁的变更，以求达到"偷"、"换"的目的，使其虚弱不振，一举将对手彻底控制。

鲁迅巧言驳校长

背景：

鲁迅担任厦门大学教授时，校长常常克扣教学经费。这钱不能花，那钱没有预算，这一笔钱又可以不花。老是这样刁难师生，弄得大家意见很大。

这天，校长又决定把经费削减一半。他把各研究院的负责人和教授们召集起来。一说出削减方案，马上遭到教授们的反对。大家说："研究经费本来就少得可怜，好多科研项目不能上马。正进行的一些研究工作也日子难熬，不能往纵深发展。再说，许多研究成果、论著因没钱不能印刷，再削减经费怎么得了？不行，不行！"校长根本不认真倾听教授们的意见，他强辞夺理。说对于经费问题，你们没有发言权。学校是有钱人掏钱办的，只有有钱人才可以发言，在这问题上应充分重视有钱人的意见。而对校长的专权，鲁迅先生是怎么做的呢？

决断：

校长话音刚落，鲁迅霍地起身，从长衫里摸出两个银币"啪"的一声放在桌上，说："我有钱！我有发言权！"接着，他力陈经费只能增加不能减少的道理。论据充分，思路严密，无懈可击，驳得校长哑口无言，只得收回主张。教授们胜利了。

鲁迅先生在这里巧妙在将校长所说的"钱"（即财富，广义的钱）偷换成一分二分的零花钱的狭义的"钱"。从而以两个银币的"钱"为引子提出了自己的理由，使校长无话可说。

点评：

鲁迅巧换概念运用了偷梁换柱的计谋，在辩论中取得了成功。

在现代生活中，许多善谈者经常在辩论中表现为命题和概念的转换，他们常将对手提出的有威胁性的话题转换为对我方有利的反击武器，从而巧妙地战胜对方。

小妾移花接木救情夫

背景：

唐朝从天宝年间开始由鼎盛走向衰败。唐玄宗宠幸杨贵妃兄妹及宦官是唐朝由盛到衰的根本原因之一。这一时期中，唐玄宗自以为大功已成，当享安乐。因此少理朝政，骄奢淫逸，整日沉湎于杨贵妃众姐妹的温柔怀抱里。一些官宦子女自然也跟着模仿，大演"唐乌龟"之丑剧。

达奚盈盈是天宝年间为唐玄宗宠幸的某宦官之小妾。她明艳动人，在当时堪称一绝。她不仅漂亮，还有才智，而且也风流浪漫，卧室内时常私藏俊美男子。一次，她竟把一个担任千牛卫职务的美少年留在自己内室里藏了好几天还不舍得放行。

千牛卫失踪后，官府很着急，四处派人去寻找。时间一长，唐玄宗知道了。唐玄宗听说自己身边的禁卫官居然丢失，也很吃惊。当即下诏书让官府在整个京城内大肆搜索。然而，什么地方都找了，就是没有千牛卫的影子。于是就问起千牛卫近期曾到哪里去过。千牛卫的父亲说，前阵子有个宦官病了。千牛卫曾去探望。显然，那宦官便是达奚盈盈的"丈夫"。唐玄宗于是又下诏到这宦官家去追寻。

决断：

达奚盈盈只得对千牛卫说："事到如今我势必不能再把你藏在这里了，但是你放心，你出去以后不会有危险的，他们决不会加害于你。"千牛卫很害怕，怕会因此犯法获罪。盈盈就教他说："你出去以后，不能说是在我这里，如果皇上问你到哪里去了，你便模模糊糊地告诉他，你所见到的人是长得如此如此，你见到室内陈设是这般这般的，你在她那里吃到的食物是这样的……再笼统含混地告诉皇帝，你之所以在她那里呆这么久，是由于形势所迫，身不由己……你要是这样说，绝对不会有什么祸患。"

千牛卫自己无计可想。他深知当今之时宦官法力无边。达奚盈盈素有计谋，便死马当做活马医，把达奚盈盈的话牢牢记住，出了隐藏之处，直接去见唐玄宗。

唐玄宗虽见千牛卫不找自来，仍然怒气难消，追问他这些日子到哪里去了。千牛卫便把达奚盈盈的话照葫芦画瓢复述了一遍。不料皇帝一听，果然怒气顿消，笑了笑，再不多问一句。

几天之后，杨贵妃的姐姐虢国夫人进宫来见唐玄宗。唐玄宗打趣地她说："你为什么把青年男子藏得那么久而不让他出来呀？"虢国夫人听了丝毫没有惊惭之意，也只是大笑一场而已。

千牛卫莫名其妙脱离了祸患，等到他有一次见到虢国夫人，方知道达奚盈盈巧用了移花接木之计。原来达奚盈盈深知宫内细情。虢国夫人虽是唐玄宗的情妇之一，却仍然拥有数不清的面首，还经常扣留窝藏一些青年男子在家与她鬼混。达奚盈盈于是教千牛卫凭空描述了虢国夫人的长相服饰、室内设施和饮食习惯等，使唐玄宗误以为千牛卫是虢国夫人窝藏的。凭虢国夫人的实力和品性，唐玄宗自然不能再责怪千牛卫，而只能把一件大事化作一个与情妇逗趣的话题了。

点评：

移花接木，本义是指把花枝嫁接到别的树木上，比喻暗中更换人或事物。达奚盈盈把本与自己相关的千牛卫（"花枝"）巧妙地"嫁接"到了虢国夫人（"树木"）身上，是一种典型的移花接木的做法。

移花接木作为一种计谋，是通过这种"嫁接"的做法来去凶就吉。达奚盈盈便是通过"嫁接"而轻松地消除了千牛卫（也有可能会波及她自己）的祸患。

体制转换　脱胎换骨

背景：

曹操虽不冒天下之大不韪，但在他临终前的几年，还是采取了移花接木的办法，一步步为儿子取代汉天下做好了所有准备。

决断：

在"移花接木"建立国中国的过程，曹操利用体制转换，营造了一个新的实体政权。

自建安元年（196年）开始，曹操一直"录尚书事"。但他忙于打仗，遂以心腹荀彧为代尚书令。

建安九年九月，曹操以邺城为大本营，荀彧负责的尚书台也迁到了邺城。于是，尚书台完全脱离了少府，而在许都的少府只管皇室的生活起居了。尚书台官员不再隶属于少府。实际上从建安元年即已开始，曹操以录尚书事的身分通过尚书台来控制在许都的中央政府，荀彧对其顶头上司曹操负责。但是，曹操逐渐发现荀彧在政治上与自己离心离德，遂于攻占邺城之后下令将尚书台也迁至邺城，置于司空府的控制之下。

为了加强司空府的权力，曹操在太尉和司徒的人选方面也早就采取了措施，"必择老病不任事、依违不侵权者居之"，使二公形同虚设，后来选中了杨彪和赵温。但杨彪是袁术和袁绍的姐夫，曹操对他很不放心，一边拉拢利用，一边严密监视。

赵温看出苗头不好，为了保住官位，向曹操献媚，延聘曹丕为司徒府属官。殊料曹操并不领情，而是借机上书献帝，指控赵温"辟臣子弟，选举故不以实"，罢免了他的司徒之职。这次，一向自诩精于官场门道的老官僚赵温拍马屁看错了地方，结果弄巧成拙。曹操一不做二不休，又随便找到了一个借口罢免了杨彪的太尉之职。

地位平行的三公制是曹操走向权力顶峰的障碍。为了从法制上求得独揽朝政的保障，曹操于建安十三年六月毅然改革中央政府的体制，对重要的职官人事进行调整和改组。通过调整，曹操便名正言顺地由丞相府通过尚书台来控制许都政权了。换句话说，曹操将自己的意图由丞相府主簿司马朗传给代尚书令荀彧，再由荀彧传给献帝，最后由献帝以诏书的形式颁发全国。

如果说曹操迎献帝都许是他走上雄霸天下的关键一步，那么，他改组中央政府，用邺城的丞相府取代许都的中央政府，是完成代汉的组织准备。

建安十六年正月，出于曹操的安排，献帝诏命曹丕为五官中郎将、副丞相，授权设置官署。这是一个重要的步骤。按汉制，五官中郎将统带五官郎护卫皇宫，隶属于光禄勋，不置官署。曹丕置官署当然是特许，又任副丞相，丞相府在邺城，故他供职于邺城。其官属主要有：长史凉茂、邴原、吴质，文学徐干、苏林，夏侯尚，司马赵戬。这当然是曹操的安排，之所以如此，是让曹丕经受从政的锻炼，将大本营交给儿子，自己可以放心地带兵出征。

形式上的一些重要变化也同时开始。建安十七年正月，曹操得到"赞拜不名，入朝不趋，剑履上殿"的殊荣。按规定，大臣上朝之时不准身带任何武器，要脱去鞋子，进殿之前要先接受检查，由司仪官唱导大臣的官职和姓名；大臣进殿要一溜小跑，不能踱方步，否则将以"大不敬"治罪。现在曹操上殿可以佩剑，穿鞋，从容列班，司仪官不再直呼其姓名，而是口称"丞相"。礼仪的特许简化，表示曹操是汉天子最亲近最可信赖的臣子。

曹操从"复出"的体制转换中，用他的一套人马取代了汉献帝所在的中央政府，从此"政出曹门"。接下去是实际的脱胎换骨，即建立魏国，用恢复九州制的旗号使自己辖地日大、从而最后"吞并"汉家天下。

是年，曹操变更行政区划，从与魏郡接壤的各郡、王国中分出15个侯国和县，以增广魏郡。即割河内的荡阴、朝歌、林虑三县，东郡的卫国和顿丘、东武阳、发干三县，巨鹿郡的瘿陶、曲周、南和、广平、任城五县，赵王国的襄国和邯郸、易阳二县，作为魏郡新的属县。董昭看出曹操此举的真实意图，与同僚计议，认为曹丞相"宜晋爵国公，九锡备物，以彰殊勋"，终因荀彧暗中反对而未获成功。

早在建安九年曹操攻占冀州之后就曾拟议"复古置九州"，也因荀彧反对而作罢。建安十七年冬荀彧死去，曹操遂于建安十八年正月以献帝名义下诏、合并全国14个州为9个州：

经过两次调整后的行政区划的突出特点是，冀州由原来的10个郡国增加到32个，成了地域和人口在全国都占首位的大州，魏郡也是最大的郡。古代崇尚"九"字，"九"与"久"谐音，取"长治久安"之意。曹操在"复古"的旗号下省并州郡，扩大冀州和魏郡的辖区，其目的只有一个，即增加冀州牧的实力和为建立魏王国而未雨绸缪。

建安十八年五月，献帝命御史大夫郗虑持节，带着诏书至邺城，晋封曹操为魏公，始建魏国。至此，曹操大体上完成了"脱胎换骨"的过程，汉朝已剩下一个空壳，以魏代汉只是时间而已。

点评：

通过体制上的变动，将对方渐渐架空，步步蚕食，使对方名存实亡，确实是不露行迹地转移权力的极佳方式。

以桃代李

背景：

北宋景德四年（1007年），皇后郭氏随宋真宗巡幸西京，拜谒皇陵。途中受凉得病，回宫不久就死了。中宫之位空缺。

当时可以竞争皇后的有三人：刘德妃最为得宠，但出身微贱；杨淑妃出身将门（天武副指挥使杨知信的侄女），侍奉真宗也在刘氏之前，可又不及刘氏得宠；另外还有个沈才人，虽入宫最晚，然而祖父是宰相沈伦，父亲为光禄少卿沈继宗，门第最高，所以也当另眼相看。

"母以子贵"，在几人势均力敌时，谁能产一麟儿，往往能出人头地，捷足先登。这三人自然要求仙拜佛，乞得贵子。可偏偏是春风不度、珠胎难结。

后来，刘德妃想出一条以李代桃的计策，得以嗣袭中宫，母仪天下，甚至还临朝称制，权同君王。

决断：

刘德妃宫中有个侍儿李氏，为人老实，又不爱多说话。一天，刘德妃私下对她说："我想为你提供机会，让你为皇上生个儿子。但儿子生下后，对外人只能说是我生的，永远不要泄露秘密。"李侍儿表示同意，并保证自己一旦得子，绝不泄密。

于是，刘德妃授意李侍儿天天来给真宗叠被铺床，抱衾送枕。一天，真宗果然心血来潮，竟令李侍儿侍寝。事也凑巧，只此一遭，李侍儿就怀上龙种，十月一满，产下一男。

李侍儿果真信守诺言，外人只知这位皇子赵祯是刘德妃所生。真宗本宠爱德妃，况且李侍儿地位卑贱，改为德妃所生，更觉体面，也乐意"以李代桃"。

刘德妃既得皇子，地位自然高出杨、沈二人。一天，真宗召集群臣，宣布要册立德妃为皇后。

翰林学士李迪首先发言，他认为刘德妃："起于寒微，不可母天下"（《宋史·李迪传》）。

真宗把脸一沉，说："德妃父亲刘通曾任都指挥使，怎么能说是起于寒微？"

接着，参知政事（副宰相）赵安仁又出来反对，奏道："陛下欲立继后，不如立沈才人。沈才人出自相门，足孚众望"。

真宗又反驳："后不可以僭先，而且刘德妃才德兼全。不愧后仪。朕意已决，卿等不必多言！"

众臣见李、赵二人已碰了一鼻子灰，没人再敢多说。大中祥符五年中历十二月丁亥（1013年2月7日），真宗颁布诏书，立刘德妃为皇后。

天禧二年（1018年），皇子被立为太子。乾兴元年（1022年），宋真宗病死，太子赵祯即位，是为仁宗。刘皇后被尊为皇太后，坐在仁宗右侧垂帘听政，所有军国大事都由刘太后裁夺。

宋仁宗长大成人以后，始终认为刘太后是自己的生母，直到明道二年（1033年），刘太后病死后，才知道自己的生母原来是一年前病故的李宸妃（李侍儿生子后先进才人，后升婉仪，临死前不久又得封宸妃）。

点评：

刘德妃以计策使己成为皇后，体现她的权谋高人一等。会用权谋者更易成功。

乔治潜入密室探军情

背景：

威利斯·乔治开始从事被他戏称为"公务盗窃"的冒险活动完全是出于偶然。1941年12月，珍珠港事件发生后不久，正在纽约海军第三战区情报机关工作的他，被上司召到了办公室。上司给他看了华盛顿总部发来的指令，上面说：据了解，华盛顿某国的大使馆随员在前一天焚烧了文件，总部要求纽约海军情报部门侦察一下，他们在纽约的领事馆是不是也有同样的行动？上司命令他潜入领事馆侦察这一情况。乔治知道，领事馆是外国领土，一旦潜入后被捉住，政府是不会承认并承担责任的。因此，行动计划必须十分把握。为此，他先去了解了领事馆夜晚值班的详细情况。第二天晚上，他化装成领事馆的清洁工潜入领事馆，用万能钥匙打开了领事室的门，在废物箱里，他发现了焚烧文件后留下的灰烬。证实了总部的怀疑，在这次之后，他又多次成功地潜入密室进行窃盗活动，获得了许多关于纳粹德国的重要文件，最为惊心动魄的一次是他带领他的小组通过完整的计划和高科技手段搜查纳粹间谍席格利的办公室。

决断：

席格利是一位经营银行和保险业务的金融家，他在芝加哥一座十二层楼中有一个办事处。美国情报机关怀疑这个金融家掌握着一个纳粹间谍网，但因缺乏足够的证据而对他毫无办法，最后决定进行一次潜入搜查，寻找证据。为防止打草惊蛇，必须进行细致的筹划。乔治决定将侦查小组化装成工程队，以测试大楼的倾斜度为掩护进入席格利的办公室所在的大楼。这看起来是一个颇为正当的理由，因为所有的大楼由于倾斜，在应力点上会发生裂缝。因此，应当定期对应力部位进行测试。另外，利用这个理由，还可以在搜查时要求服务员关闭电梯，因为电梯的震动会影响仪器的准确性。这样，就可以防止有人突然上楼而无法防范。方案确定之后，第一步是要对大楼做初步的"检查"，以便熟悉大楼内部的情况。首先派出了两个队员穿上油漆匠的大褂，开始油漆席格利办公室外边的过道。他们的真正任务是辨认席格利的所有雇员。而乔治则和一名锁匠利用晚间对席格利的办公室进行了调查，以便为小分队潜入做好准备。锁匠撬开了门锁并制作了一把钥匙，乔治则很快地把办公室内的陈设速描下来，并标出其安放的位置。接着开始搜查暗藏的机关，如果席格利是间谍的话，他一定会安置这种机关。果然，在窗台上一个手提箱里发现了一架高灵敏度的录音装置，如果有人说一句话，开关就会自动启开，将声音记录下来。在一个书架上和一张小桌的底下，各发现了一个扩音器。另外，还发现了一个"防盗"保险箱，乔治把它的手柄上的号码记录了下来。检查完毕离开的时候，他们又发现了一旦出现意外时逃跑的路线和一间用来照相和冲洗的盥洗室。一切准备就绪后，一个星期天的早晨，小分队 11 名队员分乘几辆车来到了这幢大楼前，另外，还有一辆送货车，车身上赫然写着："西北工程公司。"从车上卸下的一个个箱子都印着公司的名字，里面装满了搜查设备和测试大楼倾斜度的仪器。留下两名队员藏在车里，一个是无线电收发报员，另一个是那个"油漆匠"，他负责辨认进出大楼的人员，一旦发现席格利的工作人员立刻报告。其他队员进入大楼后，又留下两个人守住门厅，其余的人上到十二层楼，进入席格利办公室立即开始工作。紧张的搜查工作正有条不紊地进行，忽然，乔治的耳机里传来了楼下卡车里无线电收发报员的报告，有一个席格利的雇员走进了大楼。按照计划，在门厅里的两个人故意找岔子拖住他，而楼上的人立即撤到对面一个已经撬开房门的房间里。在楼下，那个人向两个队员解释说，他只是想去办公室拿点东西，有一分钟就够了。两个队员估计楼上已撤离完毕，就放那个人上楼了。那个人取走东西后，队员们又开始了搜查工作。拆封专家打开了一个还未开封的包裹，上面的邮戳表明是前一天下班前收到的，包裹里面是一册密码本，摄影师拍下了每一页密码，之后，又把它照原样封好。在三个多小时的时间里，摄影师高效地工作着，一共拍摄了2000幅有关信件、密码和其他资料的照片。搜查完毕，他们把办公室地板上重新打了蜡，以覆盖上面的鞋印，在手提箱等物品上面，原来有一层薄薄的尘埃，在搜查时被擦掉了，队员们使用放尘枪又布上了一层灰尘。一切跟原来没什么两样，队员们撤到楼下的门厅里收拾仪器设备准备离开。就在这时，席格利匆匆赶来！原来，他的那位雇员离开大楼两个多小时以后，猛然醒悟，觉得有点不对劲，于是，给席格利打了个电话，席格利赶忙跑来。当然，他不会发现任何破绽。所以，二十分钟后，当他从楼上下来的时候，一副悠然自得的样子。同"工程师"们打了个招呼后，吹着口哨扬长而去。两天以后，他被特工人员带走了。他的办公室里搜出的东西证明，他控制着一个遍布美国六大城市的纳粹间谍网。很快，这些对美国安全构成巨大威胁的间谍——落网，当然，包括席格利在内，他们所有的人都不知道他们是怎样被发现的。

点评：

聪明的头脑，良好的心理素质，以及暗中谋划、偷梁换柱的能力，这是作为军事间谍的重要条件，乔治屡屡得手正是因为他具备了这些素质。

第二十六计　指桑骂槐

提要： 此计是三十六计中比较少有的侧重军事管理方面的一项计策。它为施计者设计了一种富有很强暗示作用和迂回特点的整肃法纪、治兵树威的方法。而此计后来则更多地被运用到处理复杂多变的人际关系的活动之中，显示出它的奇特作用。

"叫板"广告

背景：

比较广告，或曰竞争广告，其是非利弊向来见仁见智。这可以从各国广告法规中有关条款的差异中得到验证。例如，中国的广告法第十二条规定："广告不得贬低其他生产经营者的商品或者服务。"在实施过程中，一般认为这是规定广告中不允许指名道姓地拿自家品牌跟别家作比较，要比，至多也只能泛泛而谈，如"一般洗衣机无故障运行 3 000 次，×××牌全自动洗衣机突破 5 000 次"云云。美国则不同，在广告上指名道姓地叫板比较，可谓司空见惯。这甚至是美国广告的一种风格和一大特征，除加拿大、英国、丹麦等少数国家效仿之外，多数国家尚不赞成和允许对垒挑战、直接比较的广告。

在美国做得最成功的，恐怕要算温迪公司针对麦当劳公司的比较广告——牛肉在哪里？

决断：

麦当劳公司是美国汉堡包的霸主，除占着国内 45% 的市场之外，到 1983 年还在国外建立了 8 400 多家连锁店。这一年，它雄心勃勃地制订了全球性发展计划。为此，还精心设计出逗人喜爱的"麦当劳叔叔"作为广告代言人。它每年以近四亿美元的广告费进行强力传播。至 20 世纪 90 年代初，麦当劳在全球已有一万家左右的连锁店。因而，在世人看来，"麦当劳"不仅仅是一个快餐公司，它还与可口可乐、迪斯尼乐园一道，成为美国通俗文化的象征。要与它作对，真要有点"壮士一去不复返"的壮烈气概。

而温迪公司却以过人的创意，紧紧卯上了麦当劳。1969 年才创立的温迪公司，在快餐业中只能算个无名小卒，经过十多年努力，才在连锁店装修风格、餐桌服务、新产品开发三个方面创下特色。它盯住麦当劳，在牛肉馅分量上比对方多出零点几盎司（一盎司约 28 克），并把目标市场定位在 20 岁以上的消费群体上，与麦当劳的低龄空位相区隔。广告表现则以幽默风格为主。到 1983 年，温迪虽说仍不能与麦当劳相比肩，但其营业额已近麦当劳的 1/4，令财大气粗的麦当劳也感到了来自温迪的威胁。

1983 年，天助温迪。这年，美国农业部的一项正式调查表明，麦当劳的双层 4 盎司肉馅的巨型汉堡包的含肉量从未超过 3 盎司！麦当劳短斤缺两，启动了温迪源源不断的广告创意思维。

温迪决定小题大做，在广告中强调"牛肉馅多少对产品质量的影响巨大"，还特别夸张地宣传它比对手多出的零点几盎司牛肉馅，辛辣地挖苦"麦当劳叔叔"的短斤缺两，由著名影星克拉拉主演的电视广告，创意表现不同凡响——

广告画面上，一位认真好斗、爱挑剔而又风韵犹在的老太太，盯着桌上一只硕大无比的汉堡包眉飞色舞。当她笑逐颜开地撕开汉堡包时，却惊呆了：这么大的汉堡包，里面却只有指甲片那么大的牛肉馅！她左看右看，终于明白受了厂商的哄骗。于是，她恼怒、气愤，对着镜头大声嚷嚷："牛肉在哪里?!"

这部广告片引起了电视观众尤其是汉堡包购买者的强烈反应。先是好笑，继而同情，终于共鸣，与那位上当受骗的老太太一道讨伐弄虚作假的"麦当劳叔叔"。这支广告片被一年一度的纽约国际广告 Clio 大奖评为"经典作品"，温迪公司也因其大幅提高了产品的知名度与美誉度，营销额比预计的提高了 18%。

好诗不厌百回读。温迪公司 1984 年又与克拉拉合作，来了个梅开二度。这一回，克拉拉扮演的是一位耳聋的老太太。她出游墨西哥回到芝加哥机场，却因丢失了返程入境卡不得入境，只见她一面回答验关员没完没了的询问，一面手忙脚乱地翻口袋，想找出点什么东西来证明自己是美国人。遍索而不得之时，克拉拉再也无法忍受了，脖子一挺，对着验关员大叫："你难道不认识我吗? 我是广告大明星!"接着便是美国人耳熟能详的一声——"牛肉在哪里?!"这一声,犹如一个炸雷,众旅客与验关员一惊之后,果然认出了这位"爱挑剔的老太太"。于是,在哄堂大笑中,老太太破例允许入关,观众在大笑中重温了"麦当劳叔叔"的短斤缺两,再一次想起温迪那零点几盎司肉馅的温情。

从此,温迪公司的广告连年幽默,竟也连年捧回 Clio 金像。在温迪的幽默攻势之下,麦当劳的市场份额下降到41.25%。

温迪的比较广告获得空前的好感,其功有三:一是敏锐地抓住了难得的传播时机,在消费者关心的食品质量问题上大做文章,占了道义上的的先机;二是广告代言人的形象塑造上,与竞争对手形成了极强烈的反差。结果,"快乐的麦当劳叔叔"被"爱挑剔的老太太"击败;三是克拉拉的演技高明,尤其是她用那与众不同的音色嚷嚷"牛肉在哪里?!"时,观众总是报之以哄堂大笑,乃至"牛肉在哪里?"竟成了"弄虚作假"的代名词。广告语融入社会语言,成为流行语,这是广告影响的极致,也是对广告人的一种最高报偿。

其实,比较广告并不好做。同在美国,百事可乐的"感觉篇"就颇遭诟病。这支广告片描绘狂歌劲舞的歌星因误喝了可口可乐突然像泄了气的皮球,直至喝了百事可乐,这才恢复正常。这就做得太过火了,形同恶意中伤,不仅在美国受批评,在国外也颇受抵制。

有比较才有鉴别。从道理上说,比较型广告有存在的价值。像"牛肉在哪里?"这段广告那样,以事实为基础,向对手叫板,既有利于消费者自主选择,也可迫使对手改进产品质量。其实,做比较广告并不见得就一定要抓人把柄,落井下石。例如,顺风牌轿车的广告"三家全看看",就劝消费者将三家低价车(另两家是福特和雪佛莱)比较过后再决定买谁的。这是极具实力的产品才敢于这样做的。这个广告,把顺风车带进了一个新纪元。可见,一概禁止指名道姓的比较,似乎有悖市场竞争规律。有的国家已在改变"一刀切"的法规,例如意大利议会就在1993年11月通过了允许比较型广告的提案。公众认为,此举是消费者的一个胜利。问题应该是不是可不可以指名道姓地叫板,而是怎样叫得合适、合理、合情。是非曲直,消费者心中自有一架公正的天秤。

点评:

比较广告虽是中国广告法所禁止的一种,但中国的广告玩家在借鉴西方广告经验的同时,还是打了"擦边球",这其中更有学问,值得各位细细品味。广告是从感觉打动行动的艺术,叫板的广告不一定都会成功。

以隐制隐　女老板滴水不漏

背景：

有一伙人从某地火车站出来，到了车站广场的摊点上想买几只烧鸡在旅途中吃，买主里有男有女，也都很年轻。他们买烧鸡时，对女老板说："嘿，你这摊上卖得还真全啊！还有野鸡呢，你这野鸡肉香不香啊！想不到你们这地方还出这么漂亮的野鸡，这野鸡的肉多嫩呀！老板，怎么个卖法呀？可不可以送货上门啊！"说完后，他们一伙人都很轻慢地笑了起来。

决断：

女老板很清楚这伙人居心不良，把自己比作"野鸡"，如果直接骂他们几句，就会被指责不文明经商；如果不回敬几句，就很可能有更难堪的场面出现。于是她不卑不亢地说："我们这里不出野鸡，只加工野鸡，这里的野鸡都是用火车从外地运来的。运来的野鸡都是活的，所以稍不留神就会被野鸡啄着，这些东西毕竟是野物嘛，又不通人性。我们在加工野鸡时，对那些野性大的野鸡先开刀，然后再用开水烫，接着把它的毛扯光，乘势就开膛破肚，接下去就是烧烤熏煮。你们问问你们这两位小妹，她们刚刚尝过了。你们如果吃着看的话，就欢迎多买几只，我可以优惠点卖，你们除了自己吃，多余的带回去送给亲友，不是也算帮我们送货上门了吗？"

那些恶意挑逗者听了这番滴水不漏的回答之后，暗冒冷汗，只好强打精神说："好！够份儿，老板娘的货漂亮，人漂亮，话更漂亮。"说完以后还真乖乖地买了几只烧鸡走了。这位老板娘就是采用了含沙射影、以隐制隐的语言技巧，把"野鸡"的雅号送了回去，巧妙地回击了指桑骂槐的发难者。

点评：

在论辩中，有时会有一些论辩者用如指桑骂槐的方式，进行人身攻击，侮辱对方的人格。对此，你如果质问对方，正面回击，可能正中对方下怀，他可能会说：我并没有指你，你为什么要往自己头上硬扯。要回击这类人身攻击，最好的办法也采用同样含沙射影的方式，反击对方，取得以隐制隐的效果。

成事先立威

背景：

汉朝末年，孙坚起兵诛董卓，军队行至南阳，兵员众多，有几万人，下军书给南阳太守张咨，请拨军粮。

张咨说："孙坚为邻近太守，也有 2 000 石呀！与我官位相等，不应该调粮食给他。"

因此不肯拨出粮食。

决断：

孙坚前去拜见，张咨不肯接见，孙坚说："我方才起兵，就遭到这样的羞辱，以后如何展现威严。"于是诈称得到紧急病症，全军为之震惊恐惶，赶紧找来医师、巫觋，告祭山川，并派亲信去告诉张咨，说愿意把军队交给张咨。

张咨贪图孙坚的兵员，立刻率骑兵五百人，带着牛肉和美酒，亲到孙坚营中探视。孙坚起初躺着见张咨，没多久，就起身设酒饮宴张咨。等喝醉时，长沙主簿进来说："先前经过南阳，见道路没有修治，军粮、军需也没有准备，请把张咨收押起来。"

张咨听到此事，心中很害怕，想要逃走，但是重兵陈列四周，防守坚固，无法冲出。又一会，主簿入内说："南阳太守耽搁了义兵行动，不能马上讨伐贼寇，请按军法处置。"

左右的人立即捆绑张咨在军门外斩首，南阳一郡因此震惊，从此要求什么有什么，所过各县，都陈列出很好的粮食，以等待孙坚军队取用。

很多才智之士，都称赞孙坚能运用兵法。兵法是立国的根本，所以孙坚后来能开创东吴基业。

点评：

欲率众成事，作为领导，首先就必须树立起自己的权威，有威方能使命令畅通，有威方是以成事。

杀鸡儆猴　严肃纪律

背景：

唐朝时元祯，善于骑马射箭，任南豫州刺史。当时太湖一带山里的蛮人时常出来拦路抢劫。前几任的刺史，对蛮人只是安抚而已。到了元祯时，才有所计划。

决断：

元祯召集新蔡、襄城一带的蛮族酋长三十几人，到南豫州的西部边境会面，自己则全副武装，准备宴席，要酋长们参观射箭的演练。元祯先派二十几个射箭好手参加演练，自己则先射出几箭，都命中目标，然后命令手下轮流射箭。手下当中，已预先安排一个死刑犯，限他命中目标，结果没射中，就当场斩首。酋长们看了，彼此看来看去，吓得两腿发抖。

另外，又预先找出 10 个死刑囚犯，穿上蛮人的服装，伪装成拦路抢劫的盗贼。

元祯在座位上，假装看着天上，一阵轻风吹过，就对着酋长们说："这阵风，气势稍微显得暴戾，似乎有拦路抢劫的盗贼，只有 10 个人，应当出现在西南方五十里左右的地方。"就下令骑兵出动追捕。不久，果然抓回来 10 个人。

元祯告诉酋长们："你们的族人作贼，是否应该判死罪呢？"

酋长们都叩头说："罪当万死。"

于是元祯派人送酋长们回去，这些蛮人从此平服，再也没有抢劫事件。

点评：

选出样本，杀一儆百，违令严惩，从而令别人不敢效尤，是平服强乱的好办法。

巧树样板

背景：

陈恕，字仲言，宋太宗时，迁调为工部郎中，掌理大名府。

当时契丹侵略中原，陈恕受命朝廷，要增建城墙，挖深壕沟，许多物资和人力，须由民间征集，但民众却不按时集合。

决断：

陈恕立刻逮捕大名府中的一名大户恶霸，召集将士，将予处斩。这名大户的宗族哭号上诉，府中幕僚争着营救，而他本人更是叩头流血请求饶恕，自愿在第二天完成集合的任务，如果逾期，甘愿被斩。

陈恕就下令，让他带着镣铐集合，以警示民众，民众都很恐慌，不敢再延迟。不多久，工事就完成了。

点评：

选出样本，杀一儆百，可以说是树威立规百用不废的法宝，其杀伤力极大，因而也常常为人所用。样板树起来了，自然会有人知难而退。

唐雎义正辞严保安陵

背景：

秦王派人告诉安陵君说："我想用五百里地交换安陵，安陵君不肯，是为什么呢？再说秦已灭了韩、魏、齐，而安陵不过只有五十里地，能保全下来，是因安陵君是长辈，所以我才不愿强迫。现在我用十倍的土地来扩充安陵君的领土，安陵君却违背我的意思，难道是瞧不起我吗？"

决断：

唐雎回答说："不是这样的。安陵君的土地是先王留下来的，即使有千里的土地，也不敢交换，何况只有五百里地呢？"

秦王生气地对唐雎说："你听过天子发怒的情况吗？"

唐雎说："没听过。"

秦王说："天子发怒时，伏尸万人，血流千里。"

唐雎说："大王看过平民生气的样子吗？"

秦王说："平民生气，不过脱帽赤脚，用头撞地罢了！"

唐雎说："这是庸人生气，不是士人生气。像专诸刺杀王僚时，彗星同时袭击月亮；聂政刺杀韩傀时，白虹同时贯穿太阳；要离刺杀庆忌时，苍鹰同时在宫殿上展开攻击。这三位都是平民中的士人，现在含怒未发，祸福之兆将由天而降，加上我，就有四个刺客了。若果士人生气，虽然只有伏尸二人（王与刺客），血流五步，但天下人却得为大王服丧。"

说着一边挺剑站立。

这时秦王面带恐惧，高跪在地，道歉说："先生请坐，何必如此呢？我懂了。韩、魏灭亡之后，安陵不过才五十里地，尚能保全，就凭先生的辅佐了。"

点评：

唐雎虽为小国使者，却能在外交场合义正严辞，咄咄逼人，维护了小国尊严。在外交场上，外交家就应这样敢怒敢言，不畏强暴。

第二十七计 假痴不癫

提要： 表面上糊里糊涂，心底却非常清楚，实际是心理战的应用。疯疯傻傻是装给旁人看的，信则有，不信也罢。总之，施计者巴不得众人都会信以为真，而能够蒙混过关暗自经营，伺机改变不利地位。既然都是装出来的，便也就无奇不有，不足为怪了。

事典

孙膑装疯

背景：

战国时，孙膑与庞涓同为鬼谷子的弟子，共学兵法，曾有八拜之交，结为异姓兄弟。庞涓为人刻薄少恩，孙膑则忠诚谦厚。

一年，庞涓听说魏国正用重金招揽人才，访求将相，不觉心动，就辞别老师，下山应召。临行，孙膑相送，依依不舍。

庞涓说："咱们兄弟有八拜之交，誓同富贵。此行若有进身机会，必举荐我兄，共立功业。"

庞涓到了魏国，魏惠王见他一表人才，韬略出众，便拜为军师，东征西讨，屡建奇功，败齐一役，声振诸侯，庞涓大名，惊动各国。庞涓虽显赫不可一世，却总是担心着一个人，那就是他的义兄孙膑。他认为孙膑有祖传"兵法十三篇"，所学胜己，一旦给他机会，便会压倒自己，故始终不予举荐。

鬼谷子与墨翟相好，过从甚密。一次，墨翟往访鬼谷子，见到孙膑，交谈之后，叹为兵学奇才。墨翟回到魏国之后，在魏惠王面前举荐孙膑，说他独得其祖传兵法，天下无有对手。惠王大喜，知孙膑与庞涓又是同窗兄弟，乃请庞涓修书聘请。

庞涓明知孙膑的到来必然使自己的权势受到威胁，但魏王之命，又不敢不依，乃遵命修书，遣使相迎。鬼谷子深通阴阳之术，算知孙膑之前途得失，但天机不可泄露，只改孙宾为孙膑，并给予锦囊一个，吩咐必须到最危急的时候方可拆看。

孙膑辞别先生，随魏王使者下山，登车而去。见了魏王，询问兵法，孙膑对答如流，魏王非常高兴，想拜他为副军师，与庞涓共掌兵权。庞涓却说："臣与孙膑，同窗结义，膑实为臣兄，岂可以兄为副？不如权拜客卿，待建功立业，臣当让位，甘居其下。"于是拜膑为客卿。从此，孙、庞两个频相往来，但此时此地，没有当年那样真挚，因庞涓心怀鬼胎，想除义兄，可又想学孙膑的祖传兵法。庞涓计划待学到"孙子兵法"后才下毒手。

有一次摆演阵法，庞涓不及孙膑，庞涓便迫不及待开始用阴谋陷害孙膑。庞涓在魏惠王面前说，孙膑身在魏国，心怀齐国，有里通外国之嫌。后来庞涓又假造消息，骗孙膑请假回齐省亲。魏惠王不知其故，见孙膑准备回齐，认为孙膑有背魏向齐之心，于是就削其官位，发交庞涓约束监管。庞涓趁机落井下石，私奏魏王，说孙膑有私通齐国之罪，罪不至死，不如砍掉他的双腿，使其成为废人，终生不能归齐，既全其命，又无后患，岂不两全？魏王依奏，庞涓立即下毒手，将孙膑施以刖刑，又用针刺上"私通外国"四字。庞涓还猫哭老鼠般痛哭一阵，使人敷治，抬入书馆，好言安慰。

孙膑堕此术中，身虽残疾，但对庞涓还是感激万分。庞涓一心想得到经过老师鬼谷子注解的"孙子兵法"，就试探孙膑，孙膑慨然应允，决定以木简刻写出来以供庞涓阅读。

服侍孙膑的仆人诚儿，见孙膑无辜受害，反生怜悯之心。一天庞涓召见诚儿，问孙膑每天能刻多少？诚儿答孙膑两足不便，长眠短坐，每日只写两三策！庞涓大怒，说："如此迟慢，何日可完？你可与我加紧催促！"诚儿惶恐退出，遇一近侍，问及"军师要孙将军写书，又何必如此催迫"？那近侍小声告诉："你有所不知，军师与孙膑，外好内异，目前使他苟延残命，不外欲得此兵书，到写完之时，马上让其绝食而亡，你且不可走漏风声！"

诚儿闻言大惊，没想到军师竟是如此不义之人，回去将此话密告孙膑，孙膑才知底细，想此不义之人，岂能传以兵法？转而一想，如果不写，他必发怒，我命在旦夕，左思右想，欲求脱身之计，忽然想起老师鬼谷子当日给的锦囊及吩咐的话："到危急时，方可开看。"孙膑遂将锦囊打开，乃黄绢一幅，上写着"诈疯魔"三字。"哦，原来如此！"孙膑叹了一声，轻松了许多。

决断：

晚上，饭送来了，孙膑正要动筷子夹饭吃，突然，身子一歪扑倒在地，口吐白沫，一会儿又大呼大叫："你不要毒害我！"接着将饭盒推落在地上，把写过的木简，扔进火里焚烧，口里喃喃谩骂，语无伦次。

诚儿不知是诈，慌忙奔告庞涓。次日，庞涓来看，见孙膑痰涎满面，伏地哈哈大笑，忽然又放声大哭。庞涓问："兄长见我为何又笑又哭呢？"孙膑答："我笑魏王想害我命，而不知我有十万天兵保护，我哭的是魏国除我孙膑之外，无人可挡天兵天将。"说完，瞪眼盯着庞涓，叩头不已，口叫："鬼谷先生，你救我一命吧！"庞涓说："我是庞某，你认错人了。"孙膑拉着其袍，不肯放手，乱叫："先生救我！"庞涓令左右将孙膑拉开，脱身回府。

庞涓心中疑惑不定，不知孙膑是否诈疯，想试探其真假，于是命令左右将孙膑抛入猪栏里，粪秽狼藉，臭不可闻。孙膑披头散发，若无其事地倒身，卧落粪尿中。有人送来酒食，说是偷偷瞒着军师送来的，是哀怜先生被刖之意。孙膑当然知道这是庞涓的把戏，便怒目大骂："你又来毒我吧？"随将酒食掀翻在地，使者随手拾起猪屎及臭泥块给他，他却送到口里吃了。使者将情况报知庞涓。庞涓说："他已真狂了，不足为虑矣。"从此，便对孙膑不加防范，任其出入，只派人跟踪而已。

"孙疯子"行踪无定，早出晚归，仍以猪栏为室，有时整夜不归，睡在街边或荒屋中，在外捡些食物充饥，时笑时哭，没有人怀疑他是装疯卖傻。

这时墨翟云游到齐国，住在大臣田忌家里，其弟子禽滑也从魏国来。墨翟问他："孙膑在魏国得志否？"禽滑随将孙膑被刖膝之事告之。墨翟听后大惊，叹曰："我当日推荐他，反而把他害惨了。"

于是墨翟乃将孙膑之才及庞涓妒忌之事，转告于田忌，田忌转告于齐威王。齐王以为本国有如是之将才，见辱于他国，不只丢面，更重要的是损失，便说："寡人即刻迎孙膑回国！"

田忌却说："投鼠须忌器，孙膑既不见容于魏国，又怎容他回齐国呢？此事只可以智取，不可以硬碰，需密载以还，方保万全。"威王用其谋，即令客卿淳于髡为使，禽滑装作随从，假以进茶为名，到魏国去相机得事。

淳于髡到了魏国已见过惠王，讲明来意。惠王大喜，安顿淳于髡于迎宾馆住下，随从禽滑私下去找孙膑。一天晚上，禽滑见孙膑靠坐在井栏边，对着禽滑瞪眼不语。禽滑走到跟前哭泣着说："我是墨子的学生禽滑，老师已把你的冤屈告之齐王，齐王命我和淳于髡假以进茶为名，实欲偷载你回齐，为你报此刖足之仇，请不必见疑。"好一会儿，孙膑才点头，流着泪说："唉，我以为今世永无此日了。庞涓疑虑太甚，恐多有不便。"禽滑说："这一层你可放心，我已计划好了，到起程时我会亲自相迎。"同时约好第二天碰头地点及时间才离开。

第二天，淳于髡一行要回国了，魏王置酒相待，庞涓也在长亭置酒饯行，但禽滑已于前夜把孙膑藏在车子里，叫随从王义穿起孙膑的衣服，披头散发，以稀泥涂面，装作孙膑模样，在街上疯疯癫癫的，瞒过了盯梢的，也瞒过了庞涓。

禽滑驱车速行，淳于髡拥后，很快把孙膑载回齐国，过了几天，那位假孙膑也脱身回来。跟踪孙膑的但见孙膑的脏衣服散在河边，报告庞涓，都认为孙膑已投水死了，根本不怀疑他会回到齐国去。

孙膑秘密返齐，不出名不露面。后来赵魏交战，孙膑以"围魏救赵"之计，大败庞涓；韩魏之役，孙膑再以"增兵减灶"之计，诱敌深入，终于把庞涓射死于马陵道。

点评：

处境堪危，为人所迫时，佯装痴癫确不失为一条保身良计。当然，装疯卖傻不是很现实，但假装糊涂，处身事外，从而使人对你放松警惕，便也可能得以脱身求存。要做到这一点，必须能屈善忍，才能险中求存，以待良机。

大智若愚　大巧不言

背景：

数年前，美国一家最大的汽车工厂，正在接洽采购一年中所需要的坐垫布。三家名厂家已经做好样品，这些都已经被汽车公司的高级职员检验了，并已发出通告给各厂家，说在某一天，厂家的公关可以有机会做最后得到合同的申请。

一厂家的公关来到了汽车工厂，他正患着严重的喉炎。"当轮到我发言时，"R先生在公关班中叙述他的故事说，"我哑了嗓子，差不多不能发出声音。我被引进室中，与纺织工程师、采办经理、推销主任及该公司的总经理面对面的会晤，我站起来要努力说话，但我只能发出尖锐声。"

他们都围桌而坐，所以我在纸本上写着："诸位，我嗓子哑了，我不能说话。"

在这个节骨眼上，这位公关却不能说话，看来他们公司是没有希望获得这笔签约了。但是结果却大出意料。这是什么原因呢？发生了什么事呢？

决断：

"我替你说话。"总经理说。他真替我说话。他陈列我的样品，并称赞它们的优点，引起了在座其他人活跃的讨论。那位总经理在讨论中一直替我说话。我的参加只限于微笑点头及少数手势。

"这个特殊会议的结果，是我得到合同，订了50万码的坐垫布，价值160万元——这是我所得的最大订单。"

"我知道我若不曾丧失说话能力，我就会失掉那合同，因为我对于整个的事体有错误的观念。我很偶然地发现，使别人说话有时是多么有价值的。"

为什么会这样呢？因为当我们的朋友胜过我们，就给他们一种自重感；但当我们胜过他们，却给他们一种自卑感，并引起猜忌与嫉妒。

德国人有一句俗语："最纯粹的快乐，是我们在为我们所猜忌的人的不幸事件上，所取得的恶意的快乐。"或换言之："最纯粹的快乐，是我们从别人的困难中所得的快乐。"

是的，你有些朋友，恐怕从你的困难中比从你的胜利中得到更多的满意。

点评：

多数人在要促成别人的意见同他们一致的时候，他们自己说话太多。公关就特别易犯这种不经济的毛病。让对方畅所欲言，关于他的事及他的问题他知道得比较多，所以问他问题，让他告诉你几件事，效果会更好的。

韬光养晦　难得糊涂

背景：

所谓"韬光养晦"，是说一个人在逆境中培养自己的心性，从各方面锻炼提高自己，就像世间奇花异草一样，吸天地之灵气，吮人间之阴阳，以养己身，所以聪明的人呢，往往先受屈炼志，不把自己暴露出来，而是养精蓄锐，积蓄力量，以待时机，时机一到，才一鸣惊人，真正爆发出来。

秦始皇就是那样的人。当他初登王位时，吕不韦与太后当政，成了秦王潜在的最大政敌。吕不韦后来野心日益膨胀，执掌国家最高权柄，对天下苍生拥有生杀予夺之大权，以至于轻而易举地以叛国罪处死了嬴政的弟弟、年仅20岁的秦公子成蛟。残酷的现实令秦王政悲愤难平，却又不能不提心吊胆。

决断：

面对吕氏、嫪氏两大集团的专权，在未亲政之前，秦王政采取隐忍的方式来对付，处处小心翼翼，事事如履薄冰。他对吕不韦虽恨之入骨，表面上却仍毕恭毕敬地称吕不韦为仲父，认认真真地学习吕不韦为他编写的教科书《吕氏春秋》，全面地去领会吕不韦的思想，而将自己的思想深藏不露。他还能忍受给他派来监视和教育他的探子李斯等，对吕不韦简直做到了言听计从，恭敬如父。秦王嬴政这样做表面上看上去显得很是柔弱，不堪一击，秦王在"忍"字上做得非常到位，就连精明的商人政客吕不韦也疏忽了他的存在。

处在势不便时不利的险恶环境里，用侍奉仇敌的方法来求得生存，创造条件，伺机反扑，其难度是难以想象的，其中所忍受的卧薪尝胆之苦且不说，仅需要的小心谨慎，就绝非常人所能达到。而且呢，外面疯传嬴政是吕不韦和赵太后的私生子，嬴政并不理会这些，关于自己的身世，他自己其实也不甚明白。装糊涂反倒会使他省心一点，以免一头撞到南墙，在歪脖子树上吊死，这就太不划算了。适时地装一些糊涂，倒不失为一种聪明之举，而嬴政就做到了这点，由此可看出他的确是一个聪明人。

在那场政治变革中，嬴政表现得非常冷静、沉着。因为他现在是一个弱者、手无半点权柄，他必须得韬光养晦，学会在强者面前做弱者，他才会得以生存下去，才会有日后更大的发展。就像一张弓，要想有更大的爆发力，就得弯得更厉害。他现在就是这张弓，随时紧绷着，蓄意待发。《诗》云："将欲毁之，必重累之。将欲踣之（摔倒它），必高举之。"意即身处逆境而忍辱负重，"重累"、"高举"便是智慧之举。

众所周知，只有胸怀大志且信念无比坚定的人，才能忍受这种磨难与痛苦。尧以天下让舜时，禹的父亲鲧作为一个诸侯对尧发怒说："符合天道者为帝王，符合地道者为三公，现在我符合地道，为什么不让我当三公呢？"鲧想得到三公的位置，愤怒超过猛兽，想发动叛乱。舜召见鲧不来，只在野外放荡并故意制造事端，于是舜在羽山用锋利的吴刀肢解了鲧。禹作为鲧的儿子处于如此情形，不能不说十分艰险，禹却不动声色，不怨不恨，反而侍奉舜，担任了司空的职务，兢兢业业，疏导洪水，顶着酷暑严寒，日夜辛劳，以至弄得面目黎黑，举步艰难，七窍不通，因而深得舜的欢心和赏识，被舜选为继承人。禹并非不知道父仇，而是身处逆境之中不得不处处隐藏了自己的个性，否则必将遭致杀身之祸。秦王政现在小心翼翼侍奉"仲父"就如尧同出一辙，因为他深知，自己现在根本不是对方敌手，如果暴露自己，必将遭来杀身之祸；相反，小心翼翼侍奉他们，把他们往高处抬，使之得意忘形，这样就会使他们对自己放松警惕，然后反戈一击，来个措手不及，一网打尽，这就是秦始皇的隐忍策略。

当天下将嬴吕的血缘亲情传得沸沸扬扬之时，秦王政却在假装糊涂，这正是他的聪明之处。若他认吕不韦为父，他能当得了秦王吗？他能一统天下做始皇帝吗？他的帝位和统治还会为天下人服膺，得以安稳吗？嬴子楚的众多兄弟及后辈能听任天下姓吕吗？由于秦王政登上王位皆因嬴氏血缘这一点，所以对于生父究竟是谁，他也一定会掩盖住现实的帷幕，假装糊涂。

秦王政处理吕不韦案时下了这样的命令："君何功于秦？秦封君河南，食十万户；君何亲于秦？号称仲父。其与家属徙处蜀！"（《史记·吕不韦列传》）

从中可以看出秦始皇少恩，被尉缭言中，毕竟，吕相是他的大恩人哪，没有吕相哪有他今日的帝王宝座和荣华富贵啊。但是，这就是秦始皇，尽管少恩，尽管黑，但为了自身统治的需要，就要采取黑手段，六亲不认，一切有碍秦始皇统治的都毫不留情地灭绝。始皇是个拥有雄才大略的聪明君主，在中国人特别注重的血缘姓氏关系上，他却走了反道，由聪明转入糊涂，而这正是他无以伦比的聪明之处。

古语云："鹰立如睡，虎行似病，故君子聪明不露，才华不逞，才有肩鸿任巨之力。"这就是说，一个人只有能对自己的才华保持深藏不露的态度，才能在将来肩负重任。秦王政在未亲政之前的许多年中，忍受君臣倒位的事实，一直小心翼翼地侍奉吕氏和嫪氏，对自己的才华深藏不露，以至于吕氏嫪氏都认为他是块好拿捏的软骨头。但他们哪里想得到，秦王嬴政是"潜龙在渊"，养精蓄锐。

秦始皇正是凭着伸屈之道和糊涂之学才渡过了难关，最后一举歼灭了嫪和吕不韦两个政治集团，完全建立起了自己的专制统治。

点评：

古人认为，身处逆境之中，要"大量能容，不动声色"。即"觉人之诈不形于言，受人之侮不动于色"。这之中包含着无穷的意味，仔细体会它可以使人受益无穷。凡是修养深厚，具有坚强意志力的人，他们往往在身处患乱之时，能小心翼翼地忍耐。

"忍"，是一个会意字，即把刀刃刺入心里，但还得忍住，可见忍需要多大的勇气。由于小不忍则乱大谋，当逢坎坷世道、身处逆境之时，还要小心翼翼地忍耐为好。自古有道是"登山耐侧路，踏雪耐危桥"，意即登山要耐得住斜坡的考验，走雪路要耐得住过危桥的惊险。坎坷不平的人生路，假如没有忍耐精神苦撑下去，又有几个不会掉落到杂草丛生的陷阱中去呢？

梅兰竹菊号称"四君子"，人们之所以喜爱它们，是因为它们耐得住严寒，耐得住寂寞，耐得住风吹日晒，这种草木的精神因而为人所景仰，所企盼。同样，只有在身处逆境时经得起痛苦熬煎的人才能创造大事业，对于伟大人物来说是如此，对于凡人来说亦是如此。

一个人只有能对自己的才华保持深藏不露的态度，才能在将来肩负重任。

以屈求伸　一举成事

背景：

魏景初三年（239 年），曹睿死，其养子年方 8 岁的曹芳登上皇帝大位。曹睿临死前，命曹爽和司马懿为辅政大臣。

曹爽是大司马曹真之子，居首辅，司马懿次之。最初两人辅政时，表面上还可以和睦相处。司马懿以曹爽是皇族代表，每当大事，都先征求他的意见。而曹爽也以司马懿年龄大，地位高，将他当做父辈一样尊重，每事咨询，不敢专断自主。可是好景不长，两人逐渐产生矛盾，各树党羽，在朝廷形成两大派别，勾心斗角，争权夺位。到了魏正始八年（247年），两人矛盾已趋激烈，曹爽遇事已经不再征求司马懿的意见，而是独揽大权，将司马懿搁在一边。

决断：

司马懿为了掩人耳目和麻痹曹爽，就诈称有病，不问朝事，暗中却与其子司马师和司马昭策划兵变。

诈称有病，韬晦示弱，这是司马懿惯用之法。早在东汉建安六年（201年），曹操叫他出来作官，他不愿意，就推辞说有风痹病，行动不方便。曹操夜晚派刺客来试探，刀架在脖子上，司马懿坚卧不动，似乎真的不能动。可是曹操还是不太相信，常派人去刺探消息。一次，六月酷暑，司马懿在家中庭院晒书，没想到被暗探看见，报告曹操。曹操下令，任他为官，如果不来，就抓起来治罪。司马懿迫不得已，只好出仕曹魏政权。这是建安十三年的事。司马懿装病，居然装了七年，可见他的忍耐性是何等强。

这次，司马懿又故伎重演，只不过手法更加高明，表演更加精彩。

曹爽对司马懿的称病，也有所怀疑。适逢曹氏党羽李胜任荆州刺史，李胜借口外出任官，来向司马懿辞行，趁机窥探虚实，司马懿哪会不晓得李胜用意，就将计就计，表演了一场绝妙好戏。

司马懿见李胜来时，装痴作聋、胡言乱语、言不答意，并且喝汤时故意力不从心，让汤水流落满衣，尽显一副病入膏肓的样子。李胜丝毫没有觉察。

司马懿就是采用这套手段，麻痹了曹爽，解除了其防备。同时，他又在暗中加紧策划阴谋，积蓄力量，等待时机成熟，发动兵变，一举击溃曹氏势力。

时机终于来到了。魏嘉平元年（249年）正月初六，魏少帝曹芳往谒明帝高平陵，曹爽以及兄弟跟随同往。司马懿就指使郭太后下诏关闭城门，发动兵变，占据要害部门，捏造罪名，威逼加利诱，终于将曹爽及其党羽一举擒获，一并杀害，击溃了朝廷中的曹氏势力。这就是历史上所谓"高平陵事变"。

这个故事告诉人们，要做到"以柔克刚，以阴克阳"，除了一定要有忍耐功夫之外，还应该注意以下两点：

第一，是决战时机还不成熟之时，要善于韬光养晦，在相当一段时期内，隐藏其锋,麻痹对方,而自己则在暗中养精蓄锐,等待时机的成熟,方才后发制人,利用暗藏的事物来战胜公开的事物。司马懿装病示弱,麻痹曹爽,就是一例。

第二,时刻关注形势的变化,最重要的则是机遇的到来。不争一时之得,但一定要把握对机遇的捕捉与利用。例如司马懿发动兵变,就捕捉住了一个绝好的时机,曹爽和他几个手握兵权的兄弟都一齐随少帝出城谒拜高平陵,洛阳城中曹氏党羽力量空虚,所以兵变一举成功。须知,赢得机运就赢得一切,丧失机运就失去一切。

点评:

司马懿的"以柔克刚,以阴克阳"是玩弄阴谋诡计的典型,不足为法。不过,话说回来,在当今社会各种激烈的竞争中,善于玩弄阴谋诡计的也大有人在。善良正直的人们,懂得了这一套,就能够识别坏人,戳穿他们的阴谋诡计,这绝非没有好处的。

同时,我们也要看到,"以柔克刚,以阴克阳"毕竟是一种谋略,它本身并没有善恶之分,好人用之就可为善,坏人用之却可为恶。所以,我们不能一概对它加以否定。通常,在敌我力量悬殊、敌强我弱的情况下,走柔胜的道路还是可取的。

徐阶 "倒严"

背景:

明代奸相严嵩父子专权,罪大恶极,当朝官员纷纷上疏揭发他们的罪行。但因严嵩得到嘉靖皇帝的信任,所以一时不但无法制止他们的恶行,反而使正派势力受到多次的打击。如杨继盛、沈炼等人,都被迫害致死。

徐阶就在严嵩炙手可热的时候,进入了内阁,他"肩随嵩者且十年",从不敢与严嵩平起平坐,只是追随在他的后边谨慎从事。同时他在嘉靖皇帝斋醮所用的青词上格外加意制作,以此亲近皇帝,讨其欢心。一方面防备严嵩对自己下手,另一方面伺机"倒严"。

决断:

嘉靖四十年(1561年),明世宗所居住的永寿宫发生了火灾,只得徙居别殿。徐阶劝帝重修永寿宫，第二年改名万寿宫。对比之下，皇帝对劝他居住南城（即明英宗在土木之变后回宫居住之地）的严嵩，已有几分不悦。而这时徐阶又指使道士蓝道行借着扶乩来昭示严嵩的奸罪。嘉靖皇帝素来迷信方术，宠幸道士，听了道士所言，不免心动。徐阶见此情况，认为时机趋于成熟，他就暗中支持御史邹应龙上疏弹劾严嵩父子的不法之事。等到邹应龙的奏疏呈给皇上之后，徐阶却特地到严嵩府中去拜谒严嵩，对他讲了许多安慰的话。严嵩听了以后，很是高兴，顿首拜谢徐阶，并且让严世蕃把全家妻儿老小都带到徐阶面前，托付给他。徐阶一回家，他的儿子就暗示他说："您平时被严嵩父子侮辱到极点，现在正是报仇雪耻的时候到了。"徐阶假意斥责他说："我不是因为严家就不会有今天，亏负良心与他作对，别人会怎么看我。"严嵩派亲信之人侦探徐阶的心意，见他说的话和以前是一样的，很是放心。此时皇上把严嵩罢免回乡，严嵩去后，徐阶仍是"书问不绝"。

回到家乡江西宜春的严嵩，并没有吸取教训，稍有收敛，而他的儿子严世蕃被充军到广东，却也只在那里呆了两个月，就悄悄逃回了原籍。在家乡，父子二人继续为恶不悛。袁州府推官郭谏臣因公事到严府去，严府恶仆正监督千余名工匠在干活。他们不但戏弄郭谏臣，而且还用瓦块投掷他。郭谏臣一怒之下，就上疏给巡江御史林润，揭发严府强暴侵占的罪行，告发他们聚众谋反。林润马上驰疏奏报朝廷。皇上立即命将严世蕃等逮至京师。

到了这个时候，严世蕃还对前途毫不在乎，他说："任他燎原火，自有倒海水。"他聚集其党徒私下谋划，自认为在自己的罪行中，行贿已经是无法掩盖的事实，但是那不是皇上所深恶的方面，而"聚众以通倭"的罪名大，必须设法删除。还补充填写杨继盛、沈炼之狱的事，这样既可激怒皇上，又可得到赦免。谋划好了以后，他又让他的党徒到处去宣扬。于是主持审理案件的刑部尚书黄光昇、左都御史张永明、大理寺卿张守直听信了传言，草拟了这一内容的疏稿，准备进呈给皇帝。他们先将此疏稿带给徐阶过目。徐阶对一切都已心中有数，但是故作不知，问三人："疏稿在哪里？"三

人马上呈给徐阶看。徐阶看后，将他们带到内室，屏去左右，对他们说："你们认为严公子是该死，还是该活呢？这个案子是想判他死罪呢？还是想判他生还呢？"三人说："写上杨、沈之案正是要判他的死罪。"而这时的徐阶却言："别自有说。"于是讲出如果这样写，他们正是中了严世蕃之计。三人这才猛然醒悟。可是对于奏疏究竟如何写才能置严世蕃于死地，仍没有主意。他们一再请徐阶出主意修改。这时只见胸有成竹的徐阶马上自袖中取出了一份早已写好的疏稿，说："拟议久矣。"三人一见，喜出望外。于是一份置严世蕃于死地的奏疏，就这样在徐府产生了。疏中历数了严世蕃的种种滔天大罪，特别突出了他的"潜谋叛逆"。揣摩透了皇上心理的徐阶知道，仅此一点，就足以致严世蕃以死罪。果然不出他所料，疏上以后，皇上震怒，令三法司核实后奏闻。徐阶急忙带着圣旨出宫来，三法司官员齐集在宫门外候旨。徐阶只简略地问了他们几句话，就回家去划拟奏疏。在奏疏中他极力上言事已属实。就这样，严世蕃终于罪有应得地被判斩首，严嵩被黜为民，严府被抄，人心大快。后来严嵩老病而死。

点评：

徐阶在这一场"倒严"的政治斗争中，始终扮演着主角。徐阶性机敏，善权术，他入阁以后，因为曾是严嵩的政敌夏言生前推荐的人，严嵩始终对他抱有敌意，所以徐阶的处境并不平顺。但他善于韬光养晦，表面上故意恭谨地对待严嵩，实际上内心深埋仇恨。但他的表面文章做得很好。这样，一来可以保全自己的地位，二来也可以不露声色地伺机"倒严"。因为他知道，当时皇帝对严嵩是非常宠信的，严嵩权倾一时，炙手可热之时，他无论如何是无法搞倒他的。所以要先保全自己，等待时机。徐阶正是先稳住严嵩，以后随机应变，渐渐使皇上疏远他的。为了向严嵩表示好感，他特意在严嵩的原籍江西南昌建造府第，把户籍迁到江西去，并且把自己的孙女许配给严嵩的孙子、严世蕃之子，以此打消严嵩对自己的猜疑。而他的计谋是很见成效的。在他自己日见被皇帝所宠信的时候，严氏父子也因为许以姻亲之故而"坦然不复疑"。

【国学精粹珍藏版】

◎尽览中国古典文化的博大精深 ◎读传世典籍，赢智慧人生——受益终生的传世经典

李志敏⊙编著

三十六计

卷四

民主与建设出版社
·北京·

戈林装糊涂

背景：

1929 年，随着世界经济危机的爆发，戈林的机遇也到来了。纳粹党利用国民心中普遍存在的不满、绝望和彷徨，以及资产阶级对共产主义的畏惧心理，在全国得到了迅速的发展。在 1932 年 7 月的大选中，纳粹党大获全胜，一举成为国会第一大党。戈林被元首指定为纳粹议会党团领袖，当然也就成了议会议长，这是纳粹党迄今为止在国家公职中取得的最高职位。当时纳粹党对总理府早已垂涎三尺，戈林就利用这一职位为纳粹党入主总理府潜心竭力，矢志以图。为此，他曾和当时的总理——巴本开了一个小玩笑。巴本由于在新选出的议会中遭到多数的反对，因而，准备在新议会还没有开始工作时就解散它。为此，他已经从总统那里搞到了解散令。

决断：

1932 年 9 月 12 日，新议会召开第一次会议，并第一次由一位纳粹党人主持。会议一开始就有人提出弹劾巴本政府的动议。这使巴本着了急，他必须在议会表决之前就把它解散掉。他急不可耐地举手要求发言，但是议长微笑着把脸转向别处。巴本举起那张解散令，并站起身来让会场的人看清楚。全场的人都看见了，只有戈林没看见。巴本气得发疯，他大步走到议长面前，把那张解散令朝戈林一扔就怒气冲冲地走了。戈林还是不看那张解散令，他微笑着说：如果没人反对就进行表决。结果，以 530 票对 32 票通过了这项弹劾动议。这时议长才"吃惊"地看到了面前的那张解散令。他宣读了一遍，然后裁决说："由于这是一个已被法定多数弹劾了的总理签署的，因而没有任何效力。"当然，议会最后还是接受了解散令。但戈林使用这种鬼把戏来达到目的，则刚刚是开始。

点评：

戈林的行为自不足取，但适时地去装傻，装糊涂却是政治场合中极高明的一种手腕。

知而不言 含而不露

背景：

为了使自己的观点得到更多的同意和赞许，罗斯福总统常常向智囊团中代表各种观点的人物征求意见。这些意见有时候是互相对立的，而总统就从各种对立的发言中选取适合自己的部分。有时候，为了得到不同的结果，他会把同一个任务分别交给几个人和几个小组去办，这常常引起下属的不满。有时候，他为了赢得更多人的支持，故意含而不露，采取极端立场，然后让自己被别人所说服；通过的政策实际上往往就是罗斯福内心一直赞成的政策，但他假装不同意，诱使别人去说服他接受。这样一来，就使他的幕僚们变成了他原来可能反对的论点的鼓吹者。他曾用此计使国会的保守派要求他去赞助一项进步计划。

决断：

1936 年，美国还处在经济危机的萧条阶段。由于银行倒闭，工厂停工，使许多人失业，生活极为困难。为救燃眉之急，激进派提出了一个救济贫民的进步计划。起初这一计划遭到了保守派的反对，但出于自身统治利益的考虑，最后不得不表示赞同。有一天，保守派参议员汤姆·康纳利到温泉去拜访罗斯福，发现总统还在讨论平衡预算和根据宪法限制总统权力一事，这使他大为震惊。寒暄几句话之后，康纳利若有所思地说："如果在战争中花 400 亿美元是符合宪法的，那么花一点点钱去救济挨饿受苦的公民难道不一样符合宪法吗？"康纳利的话正中罗斯福下怀，他听后满意地抽着香烟，一口一口地喷云吐雾，就是没有明确表态。罗斯福表面上的这种保守姿态，使很多人大为不安，纷纷劝说，要他在这件事上表现得进步一点。这样，罗斯福极力想实行的救济计划，终于得到了保守派大部分成员的拥护。

点评：

仿佛伟人总有那么一点以不变应万变的架式，任对方急得如热锅上的蚂蚁，可他却仍然知而不言，含而不露，到最后，终究是"我定胜天"。

杯酒释兵权

背景：

宋太祖问赵普说："天下自唐朝末年以来，数十年之间，换了十个姓的帝王，争战不停，是什么缘故呢？"

赵普说："没别的缘故，只是因为各地节度使、藩镇的势力太大，国君弱而臣子强。现在想改变，也不必什么奇妙的方法，只要略微削弱他们的权力，控制他们的财源和粮食，收编他们的精兵，天下就可长治久安了。"

话未说完，太祖就说："你不必再说，我已经懂了。"

决断：

不久，太祖与老朋友石守信、王审琦等人一起喝酒，半醉时，叫侍从退下，说："我如果没有你们的扶助，就没有今天，这个宝座，有谁不想要？你们虽没有二心，但部下要是贪求富贵，你们能怎么样？一旦黄袍加在你身上，即使你们不愿意也没办法。"

石守信等人听了，都鞠躬、哭泣地说："我们实在笨得想不到这些，请陛下同情，指示一条可以让我们活下去的明路。"

太祖说："人生很短，像白驹过隙一般。想追求富贵的人，只是希望多积蓄一些金钱，好好享受，让子孙不要贫困罢了。你们何不解除兵权，挑一些好的田产、房地，为子孙建立永久的基业，享尽天年呢？君臣之间，彼此不会猜忌对方，不是很好吗？"

石守信等人一再拜谢，说："陛下为我们想到这些，真是让我们起死回生。"

第二天，石守信等人都假托生病，请求解除兵权，太祖也核准了。

点评：

防止属下擅权的办法有很多种，稳住阵脚再谋图他法，半是清醒半是糊涂地表明自己心意的办法，都不失为集权良策。

第二十八计　上屋抽梯

提要：挖好了陷阱让敌人来跳，原因就在于对方被所示惠的诱饵所迷惑，勾起贪性，自以为有利可图，便贸然前来，不料做个瓮中之鳖，令其在无所戒备的情况下突遭致命打击，足见置梯之功的妙处。

假死诱敌

背景：

三国时周瑜与曹仁作战，在南郡城内中箭落马，被众将合力相救，才从乱军中杀出一条血路，仓皇而归。曹仁得胜回营。周瑜在自己营帐内静养，忽然想出一条诈死败敌的妙计。周瑜怎么诈死败敌呢？

决断：

第二天，曹仁在寨前骂战，伤未痊愈的周瑜突然起身下床，不顾众将阻拦，披甲上马，率领数百骑冲出寨外，迎战曹军。部将潘璋刚一出马，未及交锋，周瑜在马上忽然大叫一声，口中喷血，坠于马下。周瑜被众将救回营后，便趁机装起死来，他令军士挂孝举哀，然后又遣心腹军士前往南郡诈降，散布周瑜"已死"的消息。

曹仁听说周瑜已死，以为偷袭的机会到了。而周瑜也在安排机关，准备迎战。这晚，曹仁率领人马偷偷前来劫寨，被吴军杀得大败。曹仁知道中计，率军急退，在撤退途中，被吴军的埋伏部队截杀，最后，只得放弃南郡，奔命而走，狼狈不堪地沿着襄阳大路，逃之夭夭了。

点评：

一如许多名将一样，在敌人面前，尤其是骄敌之前，或示之以弱，或示之以败，甚至示之以死，等待敌人主动来袭，将计就计，反而得手。

李自成围城打援

背景：

明崇祯年间，农民起义军在李自成的率领下连克湖北的重镇襄阳、樊城，直逼开封。公元 1642 年，他率领百万雄师在攻占了豫东的太康、睢县、宁陵、兰考、杞县、柘县、虞城之后，于 4 月下旬把开封包围了起来。

崇祯皇帝听到这个消息，立即从全国各地调集了 20 万兵马和 1 万辆炮车，在开封的西南 45 里处的朱仙镇汇集，准备与开封守敌里外夹攻李自成的农民起义军。李自成怎么办呢？

决断：

在这场大会战的前夜，李自成沉着冷静，运筹帷幄。他决定采用围城打援的谋略。留下一小部兵力继续围困开封城，不让城内的敌军与城外的敌军会合；抽出大部分兵力迅速占领朱仙镇南边的高阜，在镇的西南修建炮台，台下挖深沟，驻扎部队。李自成还下令在朱仙镇东南交通线上挖掘百里深沟，沟宽 1 丈 6 尺，不让敌军的粮车通过；同时堵截贾鲁河上游水源，不让敌军人马得到饮水。在作了这些部署之后，李自成鼓励将士奋力作战，打败敌人。

会战开始以后，明朝方面保定总督杨文岳首先率军向农民军发起进攻。可是他们的粮车过不来，饮水供不上，又不能得开封城内明军的配合，锐气一下子没了。明朝方面的另一支部队——左良玉率领的十余万兵马，本是明军的骨干，但是在农民军的猛烈反击下也经不起打击，妄图撤兵溜之乎也。打蛇打七寸，擒贼先擒王。李自成决定先收拾左良玉部队。他看到左良玉要溜，就下令"斗而不鏖，一触即退"，也就是只作些骚扰性的出击，给敌以错觉，促敌迅速撤退。在这同时，李自成又派出精兵迅速插到逃跑的左良玉部前面，加以堵截。估计堵截部队到位后，李自成就下令迅速追击左良玉部。在农民军前后夹攻下，左良玉十多万"强兵劲马"溃败了。尔后，李自成分别击破杨文岳、虎大威、丁启睿各部，取得了朱仙镇战役的大胜利，为向北京进军扫清了道路。

点评：

对敌人的围攻，要做到既围住敌人的军队，又截断其粮草来源，不轻易地主动进攻被围困的敌军，只要进攻来救援的部队就可以了。

请将不如激将

背景：

美国黑人富豪约翰逊决定在芝加哥为公司总部兴建一座办公大楼，出入无数家银行，但始终没贷到一笔款。于是决定先上马后加鞭，设法将自己的200万美元凑集起来，聘请一位承包商，要他放手建造，自己想方设法筹集所需要的其余500万美元。

建造持续施工到所剩的钱仅够再花一个星期时候，约翰逊和大都会人寿保险公司的一个主管在纽约市一起吃晚饭。约翰逊拿出经常带在身边的一张蓝图准备摊在餐桌上时，保险公司主管对约翰逊说："这儿我们不便谈，明天到我的办公室来。"

决断：

第二天，当约翰逊断定大都会公司很有希望给他抵押借款时，他说："好极了，惟一的问题是今天我就需要得到贷款的承诺。"

"你一定在开玩笑，我们从来没有在一天之内给过这样贷款的承诺。"保险公司主管回答。

约翰逊把椅子拉近说："你是这个部门的主管。也许你应该试试看你有无足够的权力把这件事在一天之内办妥。"

他微笑着说："你这是逼我上梁山，不过，还是让我试一试看。"

他试过以后，本来他说办不到的事儿终于办到了，约翰逊也在钱花光之前几小时回到了芝加哥。

约翰逊在谈话中暗示，他怀疑那位主管果真拥有那么大的权力。主管听了这话，感到自己的权力威严受到了挑战。那好，我就证明给你看！约翰逊得以达到目的。

人的自尊、名声、荣誉、能力等等，都可以作为"激将战法"中的武器。

点评：

以激将法说服别人，务必找到并击中对方的要害，迫使他就范。这种要害可以是权力、荣誉、能力等，只要我们善于寻找，就能有激将之方。

寻找借口　诱敌入网

背景：

北魏永安三年（530年），太原王尔朱荣地位很高，骄傲放肆，对权位的予夺、人事的赏罚都任意而为。庄帝十分担心，对左右亲信说："朕宁愿当高贵乡公而牺牲性命，却不想活着当汉献帝。"于是向王徽讨教计策。

决断：

王徽说："以生太子为由，尔朱荣一定会来，来就杀了他。"庄帝说："皇后十月怀孕，现在才九月，可行吗？"王徽说："妇人生产，有人晚，有人早，不值得奇怪。"庄帝采纳他的计谋，于是派人传达生太子的信息。

另外，庄帝还特地要王徽去太原王府，通知皇子诞生的事。恰好尔朱荣与同党王天穆在赌博，王徽脱掉尔朱荣的帽子，在旁高兴地手舞足蹈，王徽平常就有度量，喜怒不易表现在行为举止上，

所以尔朱荣就相信了，与天穆一起入朝庆贺。

庄帝一听说尔朱荣来，脸色大变，中书舍人温子升说："陛下脸色变了。"庄帝急忙拿酒喝下，然后依计行事。尔朱荣、王天穆被杀以后，任命王徽为太师司马。

点评：

醉翁之意不在酒，先寻找出一个堂而皇之的借口，制造出良机之后，将之诱入圈套，措手不及之中将其捕杀，这是古人剪除敌手的常见权术。

曹操诱杀文丑

背景：

200年，袁绍派大将文丑率领近六千的骑兵，渡过黄河，占领了延津。而这时驻扎在延津以南不远处南坂的曹操才有六百骑兵。大军压境，两军兵力悬殊，曹操心里是一清二楚的。但是雄才大略的曹操，临危不乱，依然自若地调兵遣将。他让人领着百姓往西河去，自己领着士兵去迎战袁兵。他让粮草在先，军兵在后。有人问为什么这样安排？曹操回答说："粮草在后，多被剽掠，所以让其在前。"

"倘若遇到敌军，被劫去，怎么办？"

"到时候再说吧。"曹操显得毫不在乎。然而他的话却让一些人大惑不解。

走着走着，忽然探马奔驶而来报道："不好了。袁绍手下大将文丑来了，咱们前头押运粮草的害怕了，纷纷撇下粮草，跑了。队伍又在后头远着哩，咋办？"

决断：

曹操用马鞭指向南边的山冈说："队伍可以暂时避到那儿去。"而且接着让一部分骑兵下马，卸下马鞍，把马放到大路上去。

好些士兵不懂得这是什么意思。"敌人快到了，怎么能下这种命令？还不赶快奔向那个地方去？"

这个时候，曹操的谋士荀攸说："这是引诱敌人上钩的诱饵，退什么！"

曹操赶紧向荀攸使眼色，荀攸也就不再说什么了。

一会儿，文丑的队伍冲过来，眼看满大道都是粮草马匹，纷纷下马收拾，一下子队伍全乱了套。正当他们陶醉在意外收获之中时，忽然从南边山冈上冲下曹操的骑兵，抢起锋利的大刀就是一阵砍杀。紧接着，从文丑的后面也追来一支兵马，为首的是名将关羽，没有几个回合，便把不可一世的文丑的脑袋砍下。

点评：

曹操在这里用的就是三十六计中的第二十八计："上屋抽梯"。也就是故意给敌人吃些甜头，诱其上钩，钻入"口袋"，然后聚而歼之。《孙子兵法·军争篇》中早就告诫后人：饵兵勿食。

切断补给线以败敌

背景：

珊瑚海和中途岛海战之后，日军不顾失败，仍坚持南进，企图占领新几内亚和所罗门群岛。为此，日军于1942年7月专门组建了第17集团军和第8航队。8月5日，日军在所罗门群岛南部的瓜达尔卡那尔岛上修建了机场，直接威胁美国同澳大利亚之间的交通安全。为了消除这一威胁，美军在瓜岛登陆，由此引发了美日双方长达半年，血腥残酷的瓜岛争夺战。

8月7日凌晨，美国海军陆战队一师的两万余人在瓜岛登陆，很快占领了岛上日军机场及附属设施。日军两千余人被击溃逃入丛林。日军得知美军进攻瓜岛后迅速作出了反应，8月8日夜，日军第八舰队在瓜岛北部的萨沃岛海战中奇袭了盟军，击沉了4艘重巡洋舰，盟军伤亡一千七百余人，遭到了惨败。但是令盟军吃惊的是，日军并未乘胜攻击正在瓜岛岸边卸货的毫无防卫的15艘运输船。惊魂未定的盟军立即将运输船全部撤走以免再受攻击，许多船上的物资只卸下了一小部分。由于没有得到这部分补给，登陆美军处境不妙，被迫将口粮改为一日两餐。这次危机使美国人发现，在这样一块人烟稀少、远离后方的岛屿上作战，如果后勤补给被切断，将必败无疑。

决断：

美军认识到在瓜岛的后勤补给的重要性后，在保证自己补给需要的同时，采取了打击日军补给线的战术。

萨沃岛海战之后，日军大本营于8月10日决定派步兵第28联队（一木支队）增援瓜岛。8月18日，一木支队先遣队一千余人由6艘驱逐舰运送乘黑夜在瓜岛登陆。由于担心受袭击，所以只好乘快速的驱逐舰，故未带重武器，所以说日军的第一次增援便预示着失败。20日，不等后续部队到达，日军便向美军发动了进攻，企图夺回亨德森机场。结果在美军优势火力阻击下日军惨败，九百余人被击毙，美军损失仅是日军的九分之一！发现美军力量十分强大后，日军又调动川口支队增援瓜岛。8月23日，日军4艘运输船在1艘巡洋舰和4艘驱逐舰的直接护航下驶向瓜岛。美军发现日军后，双方爆发了激烈的海空战。25日，从瓜岛机场起飞的美机轰炸了日本运输船队。击沉了其中最大的1艘运输船和1艘驱逐舰，并击伤了其他船只。从此，日军被迫停止使用大量运输船输送部队。从28日起，日军被迫用驱逐舰分批向瓜岛运送部队。到9月4日，先后送去了4个营1个连。日军这种昼伏夜出，利用夜幕掩护使用巡洋舰、驱逐舰向瓜岛运送兵员和物资的运输方式，由于十分准时，被美军称为"东京快车"。这种运输方式是在美军对运输船队的打击下日军被迫采用的，它难以运送足够的重型火炮及弹药，所以注定了日军的失败。9月12日深夜，日军向机场发起冲锋，美军105毫米和155毫米的炮弹像冰雹一样砸向日军，日军血肉横飞，尸横遍野，天亮后，整个阵地如同一座屠宰场。这次进攻又以惨败告终。10月3日至9日，日军又以驱逐舰向瓜岛运送了陆军第2师团等增援部队，并于24日傍晚再次发起进攻，可还是失败了。

气急败坏的日军仍不甘心，仍认为夺取瓜岛将是"敌胜或我胜道路上的转折点"。为此，日军一方面对盟军展开海战，一方面组织"东京快车"千方百计增援瓜岛。与此同时，美军也尽量增援瓜岛，美国雄厚的工业向前线提供了大批精良的装备，美军得到的补给远较日军充足。由于美军始终控制着瓜岛的亨德森机场，所以一直掌握着制空权，也就一直有效地阻止了日军向瓜岛的大规模增援。

11月初，日军决定为扭转瓜岛战局进行最后努力：在60艘战舰、310架飞机支援下，以11艘运输船将第38师团主力和第17军直属部队13 500人及10 000吨给养送上瓜岛。14日，当日军运输船队驶至瓜岛西北海域时，遭到了严阵以待的美军舰载机及从亨德森机场起飞的轰炸机 108 架次的轮番轰炸。美机先后炸沉日军 6 艘运输船、重创 1 艘。由于每艘船上都运载了大批物资给养并搭载了 1 000 名全副武装的士兵，所以日军损失特别惨重。剩余 4 艘终于抵达瓜岛，但未及卸下给养便于次日全被美军炮兵和飞机摧毁。出发时 13 500 名日军精锐，最终在瓜岛上岸的只有两千余名丧魂落魄的散兵游勇，许多人连枝步枪都没有。其余万余名日军全部葬身鱼腹了。

到 11 月中旬，日本在瓜岛的兵力达到了三万人，可是由于美军切断了补给线，日军处境越来越困难。由于口粮供应只能达到标准定量的 20% 左右，日军战斗力日益衰弱。士兵被迫靠草根、树皮、浆果、苔藓维持生命，他们个个头发蜡黄，骨瘦如柴。由于严重营养不良，眉毛、头发甚至睫毛纷纷脱落，连牙齿都松动了，整整三个星期，几乎没有人大便过。由于极度缺乏盐分，以至于连海水都觉得是甜的。饥饿加上流行的疟疾，使日军因饥、病造成的减员远远超过了战斗减员。岛上日军为自己列出一张死亡期限表：能站者，可活30 天；能坐者，可活 20 天；躺着小便者，可活 3 天；不能说话者，可活 2 天，不能眨眼者，凌晨即死。为了改变这一状况，日军曾于 11 月底用驱逐舰和潜艇向瓜岛海岸运送装有大米、药品的铁桶和橡皮袋。但解决不了根本问题，严重时，日军每天有 100 人饿死。在这种情况下，日军完全丧失了攻击能力。瓜岛战场变成了日军倾其所有也难填满的无底洞。

由于盟军在瓜岛的力量不断增强，而日军在其他战场连连败北，12 月 31日，日军大本营被迫决定，停止夺回瓜岛的作战。经过准备，1943 年 2 月 1日至 7 日，日军分三批用驱逐舰将瓜岛的残兵败将撤走，共计 10 630 人。至此，瓜岛争夺战以日军失败告终。

日军在瓜岛失败的原因是多方面的，但毫无疑问，最重要的原因是无法及时向岛上运送足够的援军及给养，因为美军切断了其补给线。这使日军为这场争夺战付出了巨大代价：仅人员方面便有 15 000 人战死或失踪，9 000 人饿死或病死。而美军依靠完善的后勤供应打赢了这场战役，在瓜岛阵亡的只有1 592 人。

点评：

军队的生命线是后勤补给，打击敌人的这条生命线，就如同掐住了敌人的咽喉，美军瓜岛一役就是掐住了日军的咽喉，最终掌握了战争的主动权。

有唱有和 演好双簧

背景：

美国富翁霍华德·休斯有一次为了大量采购飞机，与飞机制造商的代表进行谈判。休斯要求在条约上写明他所提出的34项要求，其中11项要求是没有退让余地的，但这对谈判对手是保密的。对方不同意，双方各不相让，谈判中冲突激烈，硝烟四起，竟发展到把休斯赶出了谈判会场。

后来，休斯派了他的私人代表出来继续同对方谈判。他告诉代理人说，只要争取到34项中的那11项没有退让余地的条款就心满意足了。这位代理人经过了一番谈判之后，争取到其中包括休斯所说的那非得不可的11项在内的30项。

决断：

休斯惊奇地问这位代理人，怎样取得如此辉煌的胜利时，代理人回答说："那简单得很，每当我同对方谈不到一块儿时，我就问对方：'你到底是希望同我解决这个问题，还是要留着这个问题等待霍华德·休斯同你解决？'结果，对方每次都接受了我的要求。"

显然，休斯的面孔及其私人代表的面孔分别看来并无奇异之处，合二为一则产生了奇特的妙用，这便是唱红白脸的奥妙所在。这种策略的做法是，先由白脸出场，他采取咄咄逼人的攻势，提出过分的要求，傲慢无礼，立场僵硬，让对方看了心烦，产生反感。然后，红脸出场，他以温文尔雅的态度、诚恳的表情、合情合理的谈吐对待对方，并巧妙地暗示，如果他不能与对方达成协议而使谈判陷入僵局，那么白脸先生还会再次出场。这番话会给对方心理上造成一种压力。在这种情况下，对方一方面会由于不愿与白脸继续打交道，另一方面会由于红脸的可亲态度而同红脸达成协议。

商业谈判中的白脸可以以各种不同的面目或形式出现，他们可能是人，也可能是某件事情，可能是真的，也可能是假的。估价的人、律师、董事会等都可能会扮演很称职的坏人。政策、原则、各种各样的程序也可以扮演坏人。例如，"我很同情你们，我也愿意考虑你们的立场，可是董事会是不会同意我这

么做的。""我很愿意在这一点上同意你们的观点，可是政策不允许我做出……"

不要以为对人笑脸相迎，给人面子，一团和气，就能赢得谈判。一味地唱红脸，会使人觉得你有求于他，有巴结之嫌。越是这样，对方越会强硬、傲慢，在谈判中占尽上风。在必要的时候，有必要给对方施加点颜色，用一些白脸手段刺激一下对方。当然，所谓刺激，并不是激怒或伤害对方，而是为了引起对方对某种事实的注意，更加重视自己，同时也提醒对方不要过分抬高自己的价码。

刺激对方的方法是多种多样的，但作用和效应都在于能够引起对方的忧虑不安。在商务谈判中，许多场外行动都可能引起双方的注意力，直接影响谈判桌上的形势，对商谈者起到刺激作用。

例如：在商谈期间，还在继续和另外的商家接洽；在谈判过程中，突然有其他客商找上门来，暂时中断了正在进行的会谈，抱怨商谈时间拖得太久，自己的日程活动安排得很紧；直接和其他客商交换资料，等等，这些是双方都非常敏感的举动，可以暗示给对方很多东西，使对方有紧迫感。

当然，这种场外刺激的方法不能乱用，因它们很具冒险性，容易伤害对方的感情和诚意。另一方面，切忌小题大作，故作声势，结果假客商赶走了真正的合作者，鸡飞蛋打一场空。所以，刺激对方必须巧妙，至少要表现出自己的诚心诚意，也就是说要告诉对方："我并不是嫁不出去的女儿，而是确实中意于你，就看你领情不领情了。"这样的刺激才会促进双方的理解与合作。

在商务交际中，刺激对方的途径并不限于言语，一些事实会更有说服力。但是，如果你想继续合作的话，同样的道理，应该通过一些环节和细节进行暗示，不要过分伤害对方，例如，如果在价格上争执不下，你可以拿出新设计来要求对方，或者对原来订的货物提出意见，说明双方都要面对现实，才能有好的合作前景。

唱白脸的一个变种是演双簧。双簧策略能使谈判人员从骑虎难下的状态中得到解脱，在谈判中我们常常可以听到一方谈判人员互相之间进行这样的对话："老李，你今天上午怎么那么别扭？我本来想我们应该可以同意……""我认为他们有点道理。如果我们同意……"在这里，同一方的谈判人员表面上好像采取了对方的立场，并向同伴建议做出让步。可是这种情况多半是在表演双簧：事先决定让一个人采取强硬态度，到了适当的时候，再由同伴出面提出折衷方案；可是那位强硬分子却硬是作出一种姿态，表示老大的不愿意。最后，在同伴的反复劝说下，才勉强同意。当然，对方得到了这个好不容易才到手的让步后，自然会对那个好人做出相应的回报。

在商业谈判中，还可以把双簧表演倒过来做。例如，你可以在不太重要的问题上先做一些让步。然后，在关系重大问题上你的同伴出面讲话了。他会对你说："你今天上午表现得很慷慨，但在这一点上，你不能再作让步了。我们已经让得太多了。"这时候，你把脸转向对方，为难地说："我现在已经无能为力了，一切都只好由你们决定了。"

点评：

这种双簧表演似乎是很明显的，骗不过一个有经验的谈判老手。但是在长时间紧张谈判的压力下，识破这种策略也是不容易的。

晓其心智　步步设局

背景：

印尼政府准备修建一座发电站，公开招标中的一部分是要购买一台特大型发动机。各国发电设备制造商获悉后，纷纷通过印尼本地的代理人进行投标。德国的一家声誉卓著的公司也参加了投标，不过，其报价比其他公司高，因为其产品质量绝对是世界一流的。

投标后，德国公司就等着中标的好消息传来。可是，在不久后公布的投标者名单中，竟然没有这家德国公司，这意味着其在印尼的代理人将损失一大笔佣金。德国公司的代理人四处询问，并去函去电约见工程负责人，但都杳无音信，他急得似热锅上的蚂蚁。

决断：

十几天过去了，眼看事情已经没有希望。可是，有一天，工程负责人突然约见了德国公司的代理人，并向他道歉，对自己工作中的"疏忽"表示"遗憾"，并拿出其他公司的投标书给德国公司代理人看，说只要比最低报价低10%，订单就可以给德国公司了。

德国公司代理人听后喜出望外，回去后马上跟德国公司联系，详细分析了工程投标者的情况，希望报价能比最低价少10%，德国公司很不乐意。代理人苦口婆心地劝说，并答应削减自己的佣金来促使报价降低，最后，德国公司才勉强同意代理人的降低报价的建议。

德国公司代理人将比最低报价低10%的投标书送上去后，就又没有音信了。工程负责人不接他的电话，也不安排时间会见他。代理人感到这桩买卖似乎又泡汤了。就在这时，工程负责人又一次约见了德方代理人，再次"致歉"，说拖这么久是政府政策的规定，要等到最晚一份投标书的到来。他本人希望促成与德国公司的交易，工程负责人拿出一份投标书，说："很不巧，昨天我们收到了这最后的一份投标书，报价比你们低25%，如果你们能把报价再降低3%，我就可以将合同呈政府批准了。"

德国公司代理人急忙乘飞机去德国向公司请示。当时正赶上国际市场上大型机电设备销路不好，在代理人的建议下，德国公司又极不情愿地降低了报价。代理人又飞回印尼与那位工程负责人见面，工程负责人高兴地向代理人祝贺，然后又告诉他：别家投标者又提出了用"优惠贷款"支付的条件，如果德国公司不提供同样的条件，那么最后谁能中标就很难说了。在代理人的努力劝说下，德国公司向政府申请贷款来做这桩买卖。这已经是一个相当大的让步了。可是，印尼的工程负责人仍不甘心，他亲自飞往德国。见到德国公司总经理后，他先感谢德方的诚意合作和优惠贷款，然后又说提供长期贷款负担太重了。德国公司为了表示慷慨大度，当场计算出支付贷款利息的代价。这时，工程负责人从公文包中取出合同，说合同已由印尼政府主管部长签署过了，由于新开采的石油收入，政府现在不需要贷款了。德国公司能否将贷款利息作为折扣从报价中扣除了，他愿意让这份合同立即通过，否则，他担心别的投标者又会来竞争等等。谈判结果，印尼方面又一次得益，虽然没有得到全部利息的折扣，但是得到了一半利息的折扣。至此，这桩买卖终于做成了，印尼工程负责人为国家节约了大量外汇。

印尼的工程负责人堪称商场谈判高手，他对德国公司及其代理人的投标心理了如指掌，因而能迫使其不断降低报价，最终接受自己的条件。他知道：如果一开始就邀请德国公司投标，其报价很高，而报价一经提出，代理人就会千方百计地来维护这个报价，想改动它就不太容易了。如果不用步步紧逼的办法降价，而是一步到位的话，前后价格相差悬殊，就会造成对方心理不平衡，弃标而去。这样，没有高质量的产品，工程的进度和质量就难以保证。印尼工程负责人早就看中了德国公司的优质产品，却不急于表态，让对方摸不透自己的情况。他先不理睬对方，打击投标者的自信心，接着又给对方一点希望，让德国公司觉得对方这桩买卖还可以做成，从而在侥幸的心理作用下，不断同意印尼方面降低报价的要求。

点评：

在商业谈判中，了解对方的情况是十分重要的。印尼的工程负责人就是利用对方的侥幸心理，迫使其就范的；而德国公司及其代理人由于不知道投标的底细，被印尼工程负责人牵着牛鼻子走，虽然做成了生意，但是少赚了不少钱。

避其面而击其点

背景：

蒋介石对红军的第一次"围剿"失败以后，组织起第二次"围剿"，来个"稳扎稳打，步步为营，紧缩包围"。对蒋介石的这种紧缩包围，红军是怎么破解的呢？

决断：

当时的中共中央觉得国民党军太强大了，要红军退出江西，到四川去重新建立革命根据地。毛泽东、朱德、彭德怀等同志坚决反对，坚持在江西打垮国民党的再一次"围剿"。

怎么个打法？毛泽东和朱德等人仔细地研究了敌情，决定要让敌人找不到我们，而我们却要狠狠打击敌人。他们来个大胆的部署：把红军主力安插到敌人的"牛角"之中。也就是集中在东固，南边距离敌 19 路军 50 余里，西边距离敌 5 路军 40 余里，北边与敌 43 师只相隔 20 余里。这里四周环山，加以封锁，敌人是想不到在他们的眼皮底下会藏住红军的主力。然而这里的物质供应非常困难。我们的红军忍饥挨饿在这里等了 25 天，终于找到了战机。

敌人公秉藩的 28 师，捱不过代总司令何应钦的一再督战，这条蛇终于首先出洞了，孤军深入到我军的包围圈中。经过大半天激烈的战斗，红军把它给吃掉了。师长被我军抓获，又让他蒙混过关跑了。这是 5 月 16 日的事。

敌 28 师的被歼，惊动了周围的敌人，敌 43 师郭宗华来个"鞋底抹香油——溜了"。刚刚经历了艰苦战斗的红军一听到敌 43 师要溜，不顾劳累，立即追赶，硬是追上敌 43 师，在白沙把它吃掉！这是 5 月 19 日的事。

此后，红军又发扬连续作战的精神，在 5 月 23 日歼灭敌 27 师高树勋的大部，26 日又歼灭敌 5 师胡祖钰的部分，30 日又歼灭敌 56 师刘和鼎的全部，15 天内，由西向东，横扫七百里，打破了蒋介石苦心经营的第二次"围剿"。

点评：

有道是：千古征战，贵在出奇制胜。当敌人大军压境时，要沉得住气，寻找敌人的薄弱环节，力图变战局上的敌强我弱，为战场上的我强敌弱。一旦得手，就要敢打敢拼，连续作战，不给敌人以喘息的机会。毛泽东领导我军粉碎敌人第二次"围剿"，就得力于这种谋略思想。

第二十九计　树上开花

提要： 在本身力量比较有限时，利用已经形成的有利条件，虚张态势，大造声威，令对手真假莫辨，不敢轻举妄动，自然而然对其形成一种镇慑的作用，进而寻觅强己胜敌的宝贵机会。

事典

故作声势　实施诈术

背景：

英国中东战区司令官韦维尔，在第二次世界大战爆发之前就以其敏锐的头脑、超人的记忆力和对战术问题的研究而蜚声英伦。他曾下过这样一个定义：一个理想的步兵是偷猎者、带枪的歹徒和窃贼混合在一起的人。

1939 年欧洲战争爆发后，希特勒德国在欧洲大陆连连得手，英法自顾不暇。辽阔的非洲大陆成为墨索里尼的猎物，意大利以阿比西尼亚为根据地陆续吞并了利比亚、厄立特里亚和索马里，墨索里尼心目中的"非洲帝国"已具雏形。

韦维尔将军奉丘吉尔首相之命，要以铁拳击碎墨索里尼的帝国。然而，严峻的现实是意大利在北非拥兵 40 万众，而韦维尔手中仅有 36 000 人，外加一个编制不完整的坦克师，部队装备和素质均不佳。意大利对英法宣战后，格拉齐亚尼元帅指挥意军从利比亚出发进攻英国，兵锋进入埃及境内，韦维尔深知强敌当前不能力拼，只能智取。怎样智取强敌呢？

决断：

韦维尔认为："每一个司令官，应当经常考虑如何使对手误入歧途，利用对手的恐惧使他们心慌意乱"，"一切欺骗的基本原则是把敌人的注意力引向你想要它注意的地方。高明的魔术师用的就是这些方法。"这样做的目的，"是迫使敌人做些有利于我们行动的事。例如把他的后备队调到错误的地方，或者不调到应该调去的地方，或者诱使敌人浪费精力。"

韦维尔命令克拉克准将领导数个小分队，专门从事欺诈意军的活动。他们人工制造出一支规模庞大的军队，数百个橡皮做的巡逻坦克，它们能够装进板球袋里，随时取出充气使用；野炮可装进饼干盒内；"两吨重"的载重卡车和发动机，放出空气后还没有弹药箱大。

在首次进行的战术欺诈活动中，英军工程兵修建假公路和坦克履带印迹，公路一直修到西迪巴拉尼以南靠近意军驻地的地方。随后英军为了增加真实性，用成群的骆驼和马拖着耙形装置，在沙漠中带回驰奔以掀起滚滚烟尘，使意大利空中侦察机和野外观测哨误以为是英国的庞大坦克部队在行进。意军飞机想低空侦察又被英军高射炮部队赶跑，根本无法看清地面的真实情况。

因此，格拉齐亚尼从侦察机所得情报分析，认为意军右翼有英军强大的坦克部队运动，而且英军的坦克、大炮数量已远远超过了意大利军队，所以，格拉齐亚尼决定意军不能贸然进攻，应原地坚守。

韦维尔的欺诈战术成功了，它减缓了意军的攻击速度，为英军调兵遣将赢得了宝贵的时间。

两个月后，即1940年12月9日，韦维尔下令英军分南北两路向意大利军队发动积极进攻，格拉齐亚尼早已被韦维尔的虚张声势战术吓破了胆，意军不战而溃。英军一下子跃进650公里进入利比亚境内。东部非洲的战事仅进行了两个月，英军就俘获了13万意军、400辆坦克和1290门大炮，而韦维尔仅动了2个师的英军，战果如此辉煌实有赖于韦维尔欺诈战术的成功运用。

点评：

战争中的诈术有时候看起来似乎跟小孩捉迷藏差不多，只要能瞒过敌人的眼睛，所用的手段，道具都不用考虑它是否太儿戏了。我们的目的是打败敌人，其他的只是途径或手段而已。

假 "戴妃" 之虚售珠宝之实

背景：

独特新奇的广告创意，可以使默默无闻的品牌成为知名品牌，也可以使企业老板财源滚滚。伦敦一家珠宝店老板的广告，就使这个名不见经传的珠宝店一夜之间成为名店。

决断：

一则电视广告正在伦敦播出：傍晚，某珠宝店灯火通明，衣冠楚楚的老板站在门口，似乎正在恭候某位贵宾的到来。一会儿，一辆豪华轿车缓缓驶入画面，车停了，老板急忙上前拉开车门，轻轻扶出一位仪态非凡的女士。几乎所有看电视的人都睁大了眼睛，这不是英国的戴安娜王妃吗？

电视里，情节在继续发展：路上的行人一下子围拢过来，争睹芳容，更有少数勇敢者上前去吻"戴妃"的手，老板奋力分开人群，笑容可掬、毕恭毕敬地把"戴妃"让进店内，店员拿出了五光十色的珠宝首饰送到"戴妃"的面前，"戴妃"仔细挑选一番，然后带着选中的商品在围观者的簇拥下离去，画面最后出现了醒目的珠宝店招牌。

这则电视广告从头到尾没有一句解说词，实际上片中的女士也并非戴安娜本人，而是珠宝店老板特意挑选的酷似戴妃的演员，但"戴妃"光顾此店的消息还是不胫而走。第二天，这家珠宝店立刻门庭若市，众多的好事者及戴妃的崇拜者纷纷来到这里，争购"戴妃"选中的东西，结果该珠宝店当天营业额就创了开业以来的最高记录。

点评：

利用名人产生的轰动效应，扩大企业的影响，提高企业的知名度，即使在竞争激烈的今天，仍不失为一个金点子。

借小势成大势

背景：

美国联合碳化钙公司刚建成一幢52层的总部大楼，正在为找不到合适的宣传办法而发愁。碰巧有一大群鸽子飞进了这幢大楼的一个房间，鸽子粪、羽毛把房间弄得很脏，有人想把鸽子一赶了之。

决断：

公司的策划人员得知后，急忙下令关闭所有的门窗，不让一只鸽子飞走。然后，他们开始了紧张的策划活动。

他们首先电告动物保护委员会，请该会迅速派人前来处理这件有关动物保护的大事。动物保护委员会应邀郑重其事地派出有关人员带着网兜前来捕捉鸽子。与此同时，策划人员又通知新闻部门，在碳化钙公司总部大楼将发生有趣而又有意义的捕捉鸽子事件，新闻界普遍认为这是一条有价值的新闻，纷纷派员前往现场采访。在捕捉鸽子的三天里，有关捕捉鸽子的各种消息、特写、评论等频频出现在报纸上。联合碳化钙公司总部大楼由此名声大振。除此之外，公司的人员还利用各种机会，向公众介绍公司的宗旨和情况，并把爱护动物、支持动物保护委员会的工作视为重要的事情，在公众中树立了良好的企业形象，也提高了公司的知名度。

联合碳化钙公司利用这个"飞来"的机遇，巧妙地进行策划和宣传，利用人们爱护动物的心理和环保意识逐渐形成的社会舆论环境，为自己作了一次非同寻常的宣传，取得了一般广告所无法比拟的良好效果，还节约了大笔的广告费用。

点评：

"势"有大有小，"大势"大用，"小势"经过加工、改造后也可以大用。鸽子飞进公司，本是一件小事，而联合碳化钙公司的策划人员却把它加以放大、扩展，使之具有了保护动物的重要意义，又大张旗鼓，请来新闻媒介进行报道，使"小势"转变成了"大势"，从而达到了宣传企业，提高知名度的预期目的，以非同寻常的手段取得了乘风起帆的机会。

沽名钓誉

背景：

公元 1 年，西汉朝廷出了一桩稀罕之事：地处偏远西南地区的越裳国，忽然派出两名使臣，越过千山万水，来到长安，向朝廷贡献一件宝物，这宝物既非价值连城奇珍异宝，也非人世罕见的神兽仙禽，只不过是一对野鸡。野鸡是太普通了，但这一对野鸡却有其弥足珍贵之处，便是它们通体上下，一身纯白，连一根杂毛也没有。

但它们的珍贵还不止于此，更主要的还是因为它和历史上的一桩盛事联系到一起了。传说在周朝，其第二代国君周成王继位时还是一个孩子，朝中大政由他的叔父周公姬旦主持，由于他治国有方，国运昌隆，天下太平，周公因德高功大，举世赞誉，当时的越裳国便有献纯白野鸡之举，周公也名垂青史。

决断：

此时的汉朝，皇帝也是个孩子，朝中大政由大司马王莽主持，那地位和当年的周公相当，既然越裳国又一次来献纯白的野鸡，就表明王莽的功德也和周公一样了。于是朝野一致称颂，说王莽便是当今的周公，应将他封为安汉公，并增加其封地。

按照中国古代等级制度，皇帝之下，还有王、公、侯、伯、子、男等几等爵位。汉朝自刘邦之后，异姓大臣，无论多么显贵，最高也只不过是封个侯爵，而王莽却高出一等，成了公爵，这在西汉的历史上还是绝无仅有的。当时具有最后决定权的是王莽的姑母，太皇太后王政君，她看到自己的侄子如此德高望重和受人拥戴，自然满心欢喜，欣然批准。

太皇太后及众大臣哪里知道，那显示王莽无量功德的禅瑞之物的纯白野鸡，却是他暗中命令益州（今成都）地方官以高价搜求的。

点评：

自献野鸡，沽名钓誉，王莽此招，不可谓不绝也。欲实现自己的目的，树立起自己的威望，便暗做手脚假借他名，给自己笼上一层神秘的光环，这是古代政客耍弄权术的惯用手腕。今人应引以为戒。

大显威风

背景：

"三百余年历数更，

东南万里看升平。

黄金台上麒麟阁，

混一元勋是贾生。"

这是元朝一位诗人吟咏南宋历史的诗句，说的是南宋大好的三百年河山葬送在一位奸臣手中，而这个大汉奸竟把自己与春秋时期的燕昭王筑"黄金台"招募四方贤才、汉武帝绘制"麒麟阁"以表彰大忠臣霍光、苏武等 11 人相提并论、集于一身，实在是无耻之极。这个汉奸就是贾似道。贾似道的发迹是因为同父异母的姐姐被理宗看中，选入宫中而得宠，贾似道因此"一人得道，鸡犬升天"，进入权力核心层。而贾似道得以在朝中横行三十余年，所依靠的就是借外患以自重、控制昏君以行奸。

贾似道主要生活在宋度宗时代。宋度宗荒淫无耻，一味追求享乐，将国家大事完全委托给贾似道，对蒙古军队的入侵畏敌如虎，满朝文武也是谈兵色变。

在当时，贾似道在鄂州私自与蒙古议和，以骗得"大捷"的声威的伎俩还没有败露，满朝文武都知道，贾似道是"鄂州大捷"的英雄。自宋蒙开战以来，朝廷之中还不曾有过像贾似道这样"御敌有方"的大臣，居然把凶悍的忽必烈打得"落荒而逃"。所以，尽管官僚们对他有切肤之恨，但一想到还要靠贾似道去抗击蒙军，便又不得不忍气吞声了。

身为皇帝的宋度宗，也幻想靠贾似道给他保国，因而表面上也对贾似道毕恭毕敬，不敢太得罪他。以奸险著称的贾似道，偏偏看透了宋度宗这个致命弱点。

决断：

当宋度宗正在略展宏图时，贾似道突然弃官而去，宣布退隐林下。同时，却指使自己的亲信吕文德从下沱送来火急警报，宣称数十万蒙古铁骑正在猛攻下沱，宋军防线溃在旦夕，请京城即刻闭城筑垒，以备蒙军进攻。

宋度宗接到警报，顿时吓得胆战心惊，连话都说不清楚了。朝中执政大臣，一个个面如土色，满朝文臣武将，居然没有一个人敢于挺身而出、挂帅出征。最后，宋度宗又只好请皇太后出面，低三下四地请求贾似道归朝，请他重掌军机大政，以救燃眉之急。

这时，贾似道找到显示自己威风的机会，先是故作姿态执意不出，继而要求为他建节（即授予节度使荣誉称号，是武臣中最高荣誉），尊他为太师（当时文臣的最高荣誉称号），任他为平章军国重事（宋代实行多相制，此称号即为德高望重之首相），否则决不出山。

宋度宗哪里还敢说一个"不"字，慌忙传下诏令，为贾似道隆重举行建节仪式。按照宋朝的规矩，节钺仪仗自朝廷一出，就决无倒节之理，即使遇关遇险，也一定得直步向前，以示国威不可屈。

贾似道见杭州市民倾城来看热闹，便在仪仗行进到城中时，突然宣称今日不吉利，让宋度宗下令撤回节钺。满朝文武听后，惊愕不已。宋度宗无奈，只好在众目睽睽之下，屈从贾似道，让仪仗返回朝中，这分明是在宣告：朝廷先有贾似道，然后方有宋度宗。

贾似道任平章之后，吕文德谎报军情的罪过，自然也就无人敢过问了。宋度宗虽然明白自己被贾似道当猴子耍了一阵，但也真正看到文武大臣们无耻无能的丑态。依靠这些被蒙古军队吓破胆的官僚们，哪里还能谈什么皇朝振兴。在失望、绝望之余，再也无心于时政。

点评：

贾似道用以退为进之阴谋得了高官，再大显威风，支起门面。贾似道这种无耻的升官办法值得当权者吸取教训啊。

借"日"生辉

背景：

健力宝集团，借体育生辉，他们的总裁李经纬先生祭起"高层公关"这一法宝，借克林顿总统"登基"及其夫人之"辉"，把健力宝饮料推上美国超级市场的货架，已是声名远播的佳话，这里按下不提。且说一则人们也许淡忘了而又颇具戏剧性的故事——何济公药厂借电视连续剧《济公》生辉。

何济公药厂，在广东算得上历史悠久了。该厂曾经零打碎敲地做过一些广告，但总觉得有点隔靴搔痒似的不怎么解决问题。

决断：

正当他们挖空心思谋划一次广告大攻势之际，中国爆发了一场"济公热"，那"鞋儿破，帽儿破"的歌声，响彻神州大地，堪称文化奇观。真是天遂人愿！何济公药厂立即抓住这千载难逢的良机，独家特约广东电视台播映游本昌主演的六集电视剧《济公》，特约广播电台连播话本《济公传》。于是，济公——何济公之间似乎有了什么渊源，何济公仿佛成了济公活佛的"转世灵童"。随之而来的，自然是何济公药品销量猛增。它的拳头产品"解热止痛散"竟把有的厂家

的同类产品挤出了市场，就连原本并不显眼的眼药膏，也竟然破天荒地月销140万支。何济公借《济公》生辉，借得轻巧、机灵，借出了一点文化气息。

点评：

莫让浮云遮望眼，去执著地拥抱太阳，我们将同太阳一道发光，这就是借"日"生辉的商家谋略。不过，善于捕捉机遇，善借善用、饮水思源，才是这条准则根本的精神。

利用电影院做广告

背景：

北京××科技开发有限公司筹建之时，由于确保拥有自主知识产权，研究开发高新科技产品的费用过大，资金紧缺，无力做电视广告，许多顾客不知道有这个新的公司诞生。为了提前进入市场，为了快速推广、提高知名度，让更多的人知道这个企业及其产品，公司领导可煞费思量，苦思冥想不知该如何做一笔少花钱的广告。

决断：

酒香不怕巷子深，药好不需多摇铃。商品，品质优良就能畅销，在即将迈入知识经济时代的今天，这种中国千百年来的传统观念与想法已经"破产"，已经不现实了。酒香也还要方便群众购买，尽可能不在"深巷"之中；药好也要注意宣传，让更多的人知道它的性能和特点。做到两者兼顾，不可偏废。因此，你不宣传或是不以服务顾客的手段来"引诱"，顾客是不会来的。

要做免费广告，关键要选择在何处。

夜幕降临，华灯初上，繁华的大道溅起了一片霓虹，北京夜景美不胜收。其美妙的夜晚，使多少来自"五湖四海"的移民生气勃勃、精明过人，而且为早晨是不是属于自己而躁动不安。

霓虹啊灿烂的霓虹，或者柔美的闪烁着，或者强劲地旋转着。就像迷人的姑娘们的媚眼。霓虹，流动着"不夜城"——北京最新鲜的血液！

在霓虹富有魅力的召唤下，大街上的人们，脚跟"咬着"脚跟，都有一个不再封闭的夜的计划在等着自己……

北京"夜生活"始终诱发着人们潜在的精神活力，这已经是微妙的氛围传递出来的一个共同效应了。

节奏、光色、姿态、表情、线条、形象、气味以及时装辐射出来的绚丽的新奇，使人们的情绪得到了调整、溶化和升华。

于是，在城市建筑物的"森林"之中，出现了一处处新的人潮。迎接这些披着霓虹色的人潮的，是一个鲜活的世界。

高楼巨屋林立，文人艺人荟萃，影剧院常常爆满，酒吧舞厅通宵达旦。午夜，成了北京凝聚的气质和深蕴的文化。

总裁兼首席执行官张先生吩咐公司主管广告宣传的公关策划部经理，每天晚上派30人"兵分五路"去卖座较好的大剧院、立体声影院、艺术中心、娱乐广场等各大娱乐场所，发出所谓的"寻人启事"，通过银幕找"北京××科技开发有限公司的×××先生或北京××科技开发有限公司的××小姐，外面有人找"。每次"寻人启事"，都有成百上千的人听到。时间长了，人们都知道了它的存在，名声扩散起来，尚未正式开业就已经喜马拉雅山上公鸡叫——名（鸣）声远扬，或预订产品的、或投资合作的、或代理经销的的人和单位也越来越多。

其实广告的实质就是让尽可能多的人知道，不一定眼睛非要盯住报纸、电视。只要有尽可能多的人知道的形式和方法，都可以尝试。

点评：

当前，商业竞争残酷而激烈，为了争夺商品市场份额，广告大战时常硝烟弥漫，那么怎样才能运用"广告武器"在竞争中独掌乾坤呢？广告的重要策略是——研究公众的心理，成功的商业广告，则能够准确地应用心理学原理，顺应公众心理状况和视听需求，有诱发公众消费心理的感应力，显示对公众的吸引力和传播力。因此，巧妙利用电影院做广告，无疑是经济实惠的金点子。

微软借树乘凉

背景：

二十多年前，比尔·盖茨走出大学校门时，身上仅有 2 000 美元。他和同学们用这笔钱买来了电脑，办起了公司，专门从事软件的研制工作。

几年过去了，微软公司虽然有所发展，但知名度仍不高，客户也相当有限。

决断：

比尔·盖茨认识到，公司要有大发展，首先必须把牌子打出去。当时，美国最大的电子计算机公司——国际商业机器公司正在研制一种新型的个人微机，这种新型机需要配置相应的磁盘操作系统软件，美国几家较大的软件公司都虎视眈眈，想抢到这笔大生意。

比尔·盖茨知道这是一次提高公司声誉、扩展公司业务的难得的好机会。于是，他先花一大笔钱买下了 Seattle Computer Products 公司的 86—DOS 的专利权和使用权，然后组织公司全体人员日夜奋战，将 86—DOS 进行修改和扩充，制成一种新型操作系统软件，并命名为 MS－DOS。比尔·盖茨带着这种新型软件，亲自去国际商业机器公司总部联系业务。

一开始，国际商业机器公司的总裁并不看重微软公司，因为在美国众多的软件公司中，它并不很显眼。比尔·盖茨就亲自操作这种软件给他看，说明这种软件的优越之处，并尽量压低自己的要价。于是，在 1981 年，国际商业机器公司决定将 MS－DOS 这种微软公司研制的软件选作新型个人微机的基本操作系统，并把它命名为 PC－DOS。消息一出，整个世界计算机行业为之一惊，微软公司的名声便传遍了世界各地，许多公司纷纷上门接洽生意，微软公司的业务顿时扩展了数十倍，成为美国软件业的佼佼者。

微软公司成功的经验在于善于抓住时机，凭借别人的信誉发展自己。比尔·盖茨的高明之处在于：不要计较暂时的得失，而是着眼于全局，着眼于将来。虽然微软公司从与国际商业机器公司的业务来往中没有获得多少利润，但是由此带来的声誉却为他们赚取了百倍的利润，更重要的是为微软公司的未来开辟了一条光明大道。

中国有一句成语叫"狐假虎威"，去掉其中的贬低意义，我们可以说，狐狸的聪明之处就在于"假（即借）"字上。怎样既借了老虎的威风，又不被它吃掉，其中是很有讲究的。

点评：

暂不思考眼前得失，统筹全局，凭借好运当头，上飞青云，才是真才实干。

第三十计　反客为主

提要：即要积极进取争势，努力把握机会，逐渐从较为不利的一方转化到较为有利的一方来，从较为受制被动的一方转化到主动制敌的一方，因势而为，随机应变，从而令主客易位。

背景：

战国时，智伯想讨伐卫国，就虚情假意地给卫君送去四百匹马和一块玉璧。卫君很高兴，群臣都祝贺，只有大夫南文子面有忧色。卫君问他："大国与我们交好，而你面有忧色，这是为什么？"南文子说："无功而受赏，没出力而得到礼物，这是不能不明察的。送四百匹马和一块玉璧，是小国间的礼节。而大国这样做，大王就要有所提防了。"卫君把南文子的话告诉了边境部队，部队加强了防范。后来智伯果然起兵袭击卫。等到了边境，见到卫国已有准备，就回去了。智伯说："卫国有贤人，已预先知道了我的计谋。"

决断：

东山再起是许多政治家一生所常经历过的。而政客们打天下的关键就是要有一批得力的帮手和奴才，对于这些人不但要提供利益，还要表示情意。所以，许多政客都有一套假情假意的厚脸表演才能。例如刘备，他的特长，全在于脸皮厚：他依曹操，依吕布，依刘表，依孙权，依袁绍，东窜西走，寄人篱下，恬不为耻，而且生平善哭，写三国演义的人，更把他写得惟妙惟肖，遇到不能解决的事情，对人痛哭一场，立即转败为胜，所以俗语有云："刘备的江山，是哭出来的。"

无独有偶，刘邦的忍字功也是政客假情假意的处世经验。当年，刘邦被困，韩信被封假齐王，他忍不得气，怒而大骂，若非张良从旁指点，几乎误事。勾践入吴，身为臣，妻为妾，其面之厚，还了得吗？沼吴之役，夫差入痛哭求情，勾践心中不忍，意欲允之，无奈范蠡悍然不愿，才把夫差置之死地。可见假情假意是古代政客东山再起秋后算账的重要方法。

中国古代政客以权谋之术作为自己升官的必由之路，一方面要厚黑之术，另一方面要学明哲保身之术，利益的权衡是他们判断是非的标准，而感情除了用来掩饰内心的险恶及目的之外，在内心深处已经或正在泯灭。

点评：

智伯送卫国重礼看起来像是联络感情，其实政客的"情感"后面必定有所图谋，南文子料定智伯是故意做出与卫国交好的姿态以掩盖起兵袭卫的真实目的。

以义让人 以理服人

背景：

晋朝时凉州张骏派张淳借道经过成（地名），上书建康。成主李雄假装答应，却一面派强盗，想在东峡截杀张淳。

决断：

张淳听到消息，就告诉李雄说：

"我们主人要我不露行迹，不辞万里，上书建康，是因为陛下提倡忠义，能够成人之美。如果你想杀我，也应当在大都市里头，并宣示大众说：'凉州竟然难忘旧朝的恩德，派使者到琅琊（意指东晋），被发觉，处斩。'这么一来，陛下自然义声远播，天下敬畏，但如今你却想派强盗到江东杀我，毫无威严，如何宣示天下？"

李雄大吃一惊，说："哪有此事？"于是派司隶校尉景骞告诉张淳说："你身材硕大，天气又热，不妨稍微逗留一会儿。"

张淳说："我们国君的灵柩（怀帝、湣帝）尚未送回，人民生活在困苦之中，所以才会派我上书通诚，表示拥护。即使赴汤蹈火，也在所不辞，怎么会怕天气的冷热呢？"

李雄又对张淳说："你主公英名盖士，凉州地势险要，部队强大，何不索性称帝，逍遥一方呢？"

张淳说："我国君自祖父以来世代忠贞，如今还未报仇雪耻，正枕戈待旦，怎会逍遥呢？"

李雄的祖父本来是晋朝的臣子，听到这些话，觉得很惭愧，就准备厚礼。而张淳最后也达成使命。

点评：

张淳以义说人，以理服人，既保全性命，又不失主威，还达到目的。在外交场上，我们就应当会说服对方。

当断即断　变劣为强

背景：

东汉班超出使西域（73年），到了鄯善，鄯善王十分礼遇班超，但不久，态度就变了。

班超告诉属下的官员说："觉不觉得鄯善招待我们的态度，变得不够周到了呢？这一定是匈奴有使者来的缘故，所以鄯善王犹豫不决。明眼人在事情尚未发生时就看得很清楚，何况事态已很明显了呢？"

于是召来当侍役的胡人，经过诘问，胡役害怕，就照实说了。

决断：

班超就将胡役关起来，会集属下36人，说："你我都在西域，现在匈奴的使者到了鄯善，才不过几天，鄯善王对我们的态度就变了。如果让鄯善俘虏我们，送给匈奴，我们可能就会葬身在豺狼的口腹之中了，怎么办呢？"

属下都说："不论生死，听令行事。"

班超说：“不入虎穴，焉得虎子。惟一的办法，就是借着夜色，火攻匈奴的使者，让他们不知道我们有多少人，一定会很惊慌，那就可以将他们歼灭。匈奴一旦被灭，鄯善自然吓破胆，大功也就告成了。”

于是率领属下，奔向匈奴的营地，当天恰好是刮大风的天气，班超下令10个人带鼓，藏身在匈奴房舍的后头。约定：看到火，然后击鼓、叫喊声，匈奴大乱。班超杀了3人，属下则杀了匈奴使及其手下30余人，其他大约100人，都被火烧死。

第二天，班超面见鄯善王，拿匈奴使者的首级给他看，鄯善全国上下都惊恐非常，就交出王子作为人质。

点评：

班超勇敢地杀死挑唆的匈奴使者，使大汉与鄯善友好如初。外交中对挑唆者应毫不留情，才能维护老关系。

巧设诱饵　逼人就范

背景：

1979年底，苏联弗拉基米尔－沃斯基至波兰卡托维兹的苏式宽轨铁路竣工。西欧各国对此大为不安和忧虑，因为，苏联从此就有了一条长驱直入东欧的捷径。

早在20世纪50年代，苏联为了适应其战略需要，多次力图在东欧推行铁路宽轨化，以便于与苏联境内的铁路接轨。但因为东欧诸国均对此不感兴趣，予以抵制，所以毫无进展。

决断：

进入20世纪70年代，苏联终于找到了实现这一计划的机会。1976年初，波兰为扩建托维兹钢铁厂，向苏联寻求援助。苏联满口答应，并表示愿无偿提供大型设备和机械。波兰当局对苏联如此慷慨大方感到迷惑，不知它葫芦里卖的什么药。但这送上门来的肥肉谁会拒绝呢？于是，波兰当局很快就与苏联方面签订了合作协定。

当扩建工程进入设备安装之际，苏联借口波兰境内的铁路无法满足运送大型设备的需要，建议波兰当局再修建一条宽轨道铁路，好与苏联的铁路接轨。眼看工程期限将近，不如此就不能按时完工，而且还有失去这些设备的可能。无奈，波兰当局只得同意。

点评：

苏联以大型设备为诱饵，迫使波兰当局吞下苦果，完成了它当时力图称霸欧洲的一项战略措施。这一计虽有蒙骗性质，但不失为一外交俏点子。

激怒对方　反客为主

背景：

1870 年夏，巴黎与柏林的关系剑拔弩张，一触即发。普鲁士早已准备与法国开战，只是没有找到恰当的借口。这一年，恰巧与普鲁士国王同属于霍亨索伦家族的利奥波德亲王被选为西班牙国王，这件事在巴黎引起轩然大波。拿破仑三世坚决反对，表示决不允许同一个家族既统治普鲁士，又统治西班牙。普鲁士国王威廉一世满足了法国人的要求。但是拿破仑三世并不罢休，又指派大使前往威廉一世在埃姆斯的宫邸，提出了更加粗暴的要求：让威廉一世发表一份关于他本不想损害法国利益和辱没法国民众尊严的声明，并作出今后决不再损害法国利益与尊严的书面保证。国王拒绝了这一无礼要求，但指出关于这一问题的谈判可以继续在柏林举行。

决断：

第二天，威廉一世委托外交部将一天里发生的事情和与法国使者的谈话写成电文，从埃姆斯发往柏林。电文的大体意思是，普鲁士不能接受上述条件，但国王愿意与法国大使继续会谈。当天晚上，俾斯麦就收到了电文，看完后他喜上心头，认为对法作战的时机终于来到。他只留下电文的一头一尾，其余内容全部删掉。于是，电文的含义便成为：威廉一世根本拒绝与法国大使对话。

法国政府得知这一电文后，怒气大发，悍然发动了对普鲁士的战争。这样，俾斯麦政府以反侵略者的面目出现，在色当大败法军，强迫其签订了

《法兰克福和约》。和约规定法国赔款 50 亿法郎，割让阿尔萨斯和洛林的一部分给德国。俾斯麦通过篡改电文，终于实现了对法国的战争，得到了在和平年代得不到的东西——阿尔萨斯和洛林两个矿区。

点评：

俾斯麦通过激怒对方的办法，引发战争，再以反侵略为名猛击对方，这真是一条妙计。在外交场合，如果你有足够实力打败对方而又无借口时，不妨用用此法。

避其锐气　争取主动

背景：

一天早上，一位怒气冲冲的顾客冲进迪特毛料公司创办人迪特的办公室。他是为了 15 美元从外地专程前来芝加哥的。

原来，这位顾客因为购买迪特公司的西装毛料，欠了该公司 15 美元。公司信托部门给他写了几封信催促他还清，可是他却忘了这笔欠款，而且认为是公司弄错了。于是便收拾行装来到芝加哥，要弄个水落石出。

怒气冲冲的顾客一进办公室，就一口咬定是公司搞错了。他说他不但不付这笔钱，而且一辈子再也不买迪特公司一分钱的东西。

决断：

迪特耐心地听完顾客的牢骚和气话，没有打断，直到客人说完，他才心平气和地说："我要谢谢你到芝加哥来告诉我这件事。你帮了我一个大忙，因为如果我们的信托部门打扰了你，他们就可能打扰了别的顾客，那就太不幸了。相信我，我比你更想听到你所告诉我的。"

顾客做梦也没有想到会听到这样的回答，甚至因为他的牢骚话和生气的态度没有引起想象中的效果而有点儿失望。

迪特接着说，"你是一位十分仔细的人，只有一份账目，不大可能出错。而公司职员要管几千份账目，反而容易出错。请放心，这笔账将一笔勾销。既然你不再买我们的毛料，那么，我就向你推荐别的毛料公司。"

迪特还和以前一样，请顾客共进午餐。顾客不好意思地勉强接受了。吃罢，回到办公室，顾客竟和迪特签订了一个更大数量的订货单。

事情结束了。双方都感到心情舒畅，对得起对方。可是不久，迪特意外地收到了一张15美元的支票还有一封致歉信。原来，那位顾客回家后又重新看了账单，发现有一张放错了地方，因而遗漏了。

迪特说："后来，这位顾客和妻子生了一个男孩，还以'迪特'给孩子命名。直到这件事发生了22年之后这位顾客去世，他一直是迪特公司的顾客和朋友。"

点评：

对于来找我们麻烦的人，很多人采取的办法就是训斥一顿、吓唬一阵，然后赶走，以解心头之恨。这虽然很解气，但却不明智，为何不试着以笑容化解矛盾呢？或许效果会更好一点。

用个人声望平风波

背景：

1970年春天，法国总统蓬皮杜对美国进行国事访问。在华盛顿期间，他曾同尼克松总统就国际金融问题进行了有意义的会谈。蓬皮杜离开华盛顿后，以法国驻美国前大使罗伯特·伯登为首的一些法美友好团体，决定在纽约华道夫－阿斯多里亚饭店设宴招待他。但是也有一些人认为，法国的中东政策过于讨好阿拉伯，所以极力主张抵制这次宴会。反对访问的示威者闹得很凶，使蓬皮杜夫人大为不快，一度扬言要回国。纽约市长林赛和州长洛克菲勒也不得不取消了参加这次宴会的决定。

礼宾官莫斯巴赫尔赶忙打电话给尼克松，强调指出：如果不采取引人注目的行动改变气氛，美法关系将会受到不可挽回的损害。

决断：

尼克松沉思片刻，计上心来，果断决定亲自飞往纽约，代替副总统参加这次宴会。当他走进华道夫饭店舞厅时，整个会场为之震惊，人们几乎不敢相信自己的眼睛。一向含蓄的蓬皮杜总统此时此刻也难以控制自己的感情，总统夫人更是激动得热泪盈眶。特别使他们激动的是，尼克松在祝酒词中指出，副总统代替总统参加宴会已经形成了惯例，而总统代替副总统却是历史上的第一次，这表明了对总统和夫人以及他们的国家的尊敬。

由于尼克松机智地利用了自己在国内外的声望，因而平息了一场政治风波。从此以后，美法友好关系日臻完善，蓬皮杜和尼克松也成了忘年之交。

点评：

尼克松机智地利用个人声望，平息了一场政治风波，从而使美法关系日臻友善，真是一个俏点子。在外交场合，就应敢于行动，在困境中主动出击，挽回损失。

第六套 败战计

第三十一计 美人计

提要：声色可以成为进攻敌人的致命武器，古今皆然。中国历史上因贪图美色声娱而致误国败身者，也确乎太多。此计之被列入败战计中，是因为大多为陷于劣势一方所施为，而且屡有得手，这就不难想见人性里的弱点是何等的顽固，传统社会中制度上的弊端是何等的严重。

以美人计收揽人心

背景：

一日，胡雪岩与几位道中好友在酒楼吃酒闲谈，说到梨园相好，有位姓蒋的师爷叹道："好酒好菜，若有唱曲的妙人相陪，那才是天上神仙呢！"恰好酒店主人听见，殷勤地说："几位老爷要听唱曲，今日我店中倒有一位姑娘，不知可中老爷们的意儿？"

众人齐声说好，店主兴冲冲走进后院，不一会儿，果然领来一个女孩儿，年约二十上下，不施脂粉，清纯可人，一双丹凤眼左右一扫，撩拨得大家耳热心跳。姑娘上前给众人行了礼，自称姓黄，小名黄姑，原在安庆班唱旦角，只因湘军与太平军在安庆展开拉锯战，故逃难到杭州投亲。黄姑说话清脆悦耳、珠圆玉润，光景是艺伶人家出身，且落落大方，毫不怯生。黄姑拿出响铃儿和锣钹儿，首先致歉说因父亲病了，不能操琴伴奏，眼下只好清唱。然后拉开架势，做出一个"白鹤晾翅"亮相动作，口里"得得锵锵"模仿敲打乐，走了一个小圈儿，开口唱道："焦桂英来到王魁府上……"声如银铃，倏然飞起，直上云霄。众人暗暗叫好：音色甜美，合韵合辙，如瀑布飞漱，似银蛇绕峰，果然是个好角儿。大家屏气敛息，全神贯注，陶醉在曲儿中，胡雪岩却心烦意乱，另有一番心思。他听黄姑唱曲，愈听愈觉熟悉，但总想不起来。

黄姑一曲终了，随后将大辫子往脑后一甩，这动作如电光一闪，点燃了胡雪岩记忆的火花。他不动声色，装模作样听曲儿，脑子里飞快地旋转：黄姑，你不叫黄姑，分明是孙幺妹，化成灰我也认得你。原来在十几年前，胡雪岩的祖父因嗜好大烟，家中良田、祖屋几乎变卖一空，只好多次迁动，最后在祠堂旁边族人公房中安身，成为全族笑柄。胡雪岩的父母终日为三餐奔忙，无暇管束胡雪岩。刚学会走路的胡雪岩摇晃着瘦小的身子，来到邻居孙家，同孙家的小女儿一道玩耍，随着岁月流逝，胡雪岩慢慢知道孙家是个卖葫芦糖的人家，他家总有吃不完的葫芦糖。还知道孙家小女儿叫孙幺妹，比自己还小几个月。物以类聚，人以群分，贫穷人家的子女生来就是好朋友。胡雪岩和孙幺妹终日形影不离，白天一起拾柴火、过家家，夜晚并膝讲故事、数星星。有一次胡雪岩通宵未归，家人四出寻找，到了天明，竟发现他和孙幺妹钻到稻草堆里睡得正香。

想到这些，胡雪岩产生一种冲动，要设法同黄姑私下里见一面。众人听罢曲子，纷纷赏了黄姑，准备离去。胡雪岩付了账，偕大家向城里走去。才走了里许，胡雪岩随手往袋里一摸，突然脸色大变，惊叫道："我的搭裢哪里去了？"大家都感愕然，胡雪岩着急道："丢了银子事小，里面有一本明细账，万万丢不得。"这么一说，众人都觉非同小可。蒋师爷以手加额回忆道："我记得雪岩兄听曲的时候，把搭裢放在桌上，大概忘了拿走罢。""对了，是这么回事。"胡雪岩恍然大悟，急着要回去取搭裢。大家都要陪他返回，胡雪岩执意不肯，阻拦道："游乐一天，都疲乏了，早早回家歇息，我自会处理。"带着小厮告辞而返。

黄姑尚未离店，见胡雪岩去而返回，诧异道："老爷有事"？胡雪岩颤声道："孙幺妹，还记得我们在山洞里烧芋头吗？"黄姑愣住了，儿时的欢乐齐涌脑际，她蓦然醒悟："你是，胡老爷！""叫我雪岩好了，他乡遇故交，真是巧得很。"黄姑泪水涟涟，泣不成声，向胡雪岩哭诉自己多年的遭遇。孙幺妹10岁时，一场时疫袭来，父母均病亡，孙幺妹被一黄姓人家收养，改姓黄。黄家系江湖艺人，四处卖艺为生。黄姑学唱旦角，逐渐有了名气，在安庆班做了台柱子。

黄姑带胡雪岩去后院看养父，养父枯瘦如柴，卧床不起。胡雪岩忙掏出十两银子，吩咐店主去请大夫诊治。接连几日，胡雪岩都在奔忙，他为黄姑父女租下一处院宅，叫了老妈子，小厮伺候。又和杭州城的戏班"三元班"老板谈妥，让黄姑补一个角儿。

黄姑受到胡雪岩的照顾，生活安定，忧郁一扫而空，平添几分颜色。每次胡雪岩光临，黄姑精心妆扮，光彩照人。渐渐地，胡雪岩到黄家的次数越来越多，不单是乡亲情分，也有"窈窕淑女，君子好逑"的意味。胡雪岩本是好色之徒，寻花老手，黄姑正当妙龄，尚未出阁，对胡雪岩有心巴结，百般趋奉，两人日久生情，不觉有了爱慕之情。这天，胡雪岩到黄家小坐，不觉天色已晚，养父借故出去耽会儿，屋子里便只剩下他们两个。摇曳烛光中，黄姑两颊泛红，娇艳动人，她双眼低垂，粉颈微露，丰满的胸部剧烈地起伏。胡雪岩一时看呆了，恍惚间像是面对天仙。

胡雪岩凑近她耳边，刚好窗外一阵风刮来，烛火跳跃几下，熄灭了，屋里漆黑一团。正是天赐良机，胡雪岩一把将黄姑搂在怀里，少女特有的馨香顿时充满口鼻，他忘乎所以。黄姑颤声道："你愿意的话，都拿去吧。"胡雪岩抑制不住冲动，双手向她的下身伸去，忽然，似曾相识的情景使他停止了动作。我这是干啥？玩弄一位风尘女子吗？既然有心娶她，就应当有始至终，完美无缺，毕竟娶妻和嫖妓，天壤之别啊！胡雪岩感到内疚，愈加清醒，他珍视从小培养的感情，不愿轻易玷污了它。要保持完美，必得按规矩办，明媒正娶，洞房花烛，才无遗憾。想到这些，胡雪岩松开手，点燃蜡烛。黄姑又羞又气，哭出声来："你，不要我了？""要，才不敢唐突，"胡雪岩道，"明天我便派人来下聘礼。"

第二天，一件意外的事彻底打乱了胡雪岩的计划。一大早，王有龄差人送来一份官报，上面刊有一则消息：太平军踏破清军江南大营，逼近上海，苏南地方失陷三十余州县。胡雪岩震惊不已，苏南高邮设有阜康一个分号，进出数十万两银子，一旦被太平军没收，损失巨大。胡雪岩忧心如焚，立刻派心腹前去打探分号的情况。分号的档手叫田世春，从前在信和当小伙计，为人机灵，生意场上是把好手。战乱之中，钱庄成为乱兵洗劫的目标，阜康这家分号凶多吉少，胡雪岩茶饭不思，夜不能寐，密切注视苏南方面的情况。

等到第八天晚上，阜康外面忽然响起敲门声。伙计把门打开，一个血糊糊的人滚进门倒在地上，骇得伙计惊叫，惊动了所有人。大家点灯一看，原来此人是高邮阜康分号的档手田世春。胡雪岩闻讯赶来，叫人把田世春扶到床上，灌上一碗参汤，田世春才清醒过来。原来田世春早在太平军大败湘军，回师安庆时，便预料到太平军必然挟胜者雄风，对江南地方有所动作。于是，田世春以做短期生意为主，快速出击，见好就收，竭回笼短期货账，以备不测。当太平军向江南大营动手时，田世春已将钱庄存银四十万两雇了几辆马车向杭州启运，使之幸免于战火。但马车毕竟比不上太平军的战马来得快捷。一天，运银的马车同一支太平军的前哨马队遭遇。见马队只有十来个士兵，田世春破釜沉舟，叫伙计们操刀备家伙，同马队干上了。太平军士兵没料到商队伙计竟敢同他们较量，一时慌乱起来。田世春仗着年少时学过几手武艺，殊死抵抗，身上中刀十几处，血流满身，仍不退让。伙计们见档手如此，也都勇气大增，拼力砍杀。大胆深入敌后，这支前哨马队本有忌惮，见商队如此亡命，不敢恋战，匆匆遁去。钱庄的银子得以保全。

"了不起，了不起，田世春

千里护银，可歌可泣。"胡雪岩一迭声道，激动得忘乎所以，在客厅中来回踱步，大声嚷嚷。银子失掉了尚可赚回来，一名忠诚的伙计，可谓千金难求。对田世春，当行重赏。可是银钱，似乎还不足以奖掖田世春的大功，田世春的忠心不是银钱所能换得的。为了确定奖励的方式，胡雪岩第一次难下决断。

决断：

田世春父母双亡，是个孤儿，正当青春年少，尚未成亲，如能替他张罗操持，建立一个温暖的家，他必定对胡雪岩感激涕零，视如泰山。胡雪岩想起这点，暗暗叫绝，若择一个美貌女子，为其完婚，包揽一切费用，再送他一笔家底，这样的奖励，不无人情味，胜过大笔银钱，岂不妙哉！胡雪岩冥思苦想，忽然想到把黄姑嫁给田世春再恰当不过了。但他有一种负罪感，因为对黄姑，他已有了"妻子"的感情，这是他感情世界的最后的堡垒。黄姑是自己的同乡，俗话说，美不美，乡中水，亲不亲，故乡人。同乡人总是互相庇护的，乡情如同牢固的纽带，令她永远忠实于自己。黄姑对自己一往情深。他们又是青梅竹马，这份特别的感情可谓金不换，少女的痴情可以相伴她终生，是忠实的保证。谁都知道黄姑和自己的关系，而一旦把她嫁给田世春，他会感激主人的割爱，并且具有特殊的意义，主人能把初恋的女人毫不犹豫地转让给伙计，这份信赖价值如何？

选个日子，胡雪岩把田世春带到黄家，介绍给黄家父女。对胡雪岩的朋友，黄姑十分殷勤好客，并无特别的想法。她奇怪胡雪岩为何迟迟不来下聘，眼睛里满含怨艾和忧郁。胡雪岩躲避着黄姑目光的探询，竭力称赞田世春的能干和功劳，并宣称要提拔田世春坐阜康的第二把交椅，今后黄家父女见田世春就和见到他胡雪岩一样。

回钱庄后，胡雪岩问田世春，对黄姑的印象如何？田世春颇感困惑，老板和黄姑从小要好，现在即将成亲，钱庄上下都在传言，老板问这话什么用意？田世春小心谨慎答道："黄姑才貌双全，温柔贤惠，是位相夫教子的理想女人。"胡雪岩高兴道："太好了，嫁给你做老婆怎样？"田世春不由得激动万分，老板把心爱的女人送给自己，该是多么大的信赖和关照，便结结巴巴道："若能与黄姑成婚，田某感念老板恩惠，定效犬马之劳，万死不辞！"胡雪岩感慨道："人非草木、孰能无情。黄姑待我多情，我岂能不知。但她与你是郎才女貌，更能相配，只要你不负我厚望，便十个黄姑也不足惜。"

　　第二天，胡雪岩暗中叫来黄姑养父，许以重金，要把黄姑嫁给田世春。黄姑养父见胡雪岩主意坚决，田世春也非一般人物，也就应允了，只瞒着黄姑。按照杭州人家嫁女的规矩，胡雪岩差媒人前去黄家下聘，黄姑从此便不得出门，等候成亲日子的到来。黄姑仍然蒙在鼓里，沉浸在巨大的喜悦当中。她以为胡雪岩兑现诺言，将娶她为妻。迎娶的日子到了，黄姑头顶红帕，在鼓乐声中被伴娘搀扶着离开家门，踏进花轿，走向夫家。朦胧中她看到胡雪岩的身影在前后晃动，张罗忙碌，心中便充满甜蜜。进夫家，拜天地，拜祖宗，夫妻对拜，一切行礼如仪，黄姑懵懵懂懂，全然不知，被拥进洞房，独自一人坐在婚床上，听着门外喧嚷的人声，只盼望喜筵早些结束，她和胡雪岩洞房相见。

　　延至午夜，洞房门开，田世春喝得醉醺醺地，被人拥入洞房。咔嗒一声落锁，房里只剩一对新人。田世春见新娘美艳绝伦，顾不得去揭红帕，搂住黄姑不停亲吻。黄姑早有许身意，一任他轻薄，身子软如一团泥。田世春酒气上冲，色心萌动，一番疯狂的发泄后，发现黄姑竟然是处女。田世春不由激动万分，老板把心爱的女人送给自己，这是多么大的依赖和关照啊！黄姑后来发现与自己同床共枕的不是胡雪岩，而是田世春后，不免哭闹一番，但生米做成熟饭，一切都无可挽回。

　　此事过了许多天，传到知府王有龄耳中，他大为惊叹，翘起大拇指夸赞道：“雪岩老弟深谋远虑，不为色动，忍痛割爱，有古哲先贤之风，了不起，了不起啊！”

　　对黄姑，胡雪岩一开始是动了真情的，然而他为了自己的事业，对这样的真情说斩断就斩断，寻常人是很难做到的。不为儿女私情所憾，是大丈夫所当为！

点评：

不为儿女私情所憾，是大丈夫所当为。

武则天媚而悦人

背景：

唐太宗在中国历史上是著名人物，既是一代明君，又心狠手毒。他在杀死兄弟时，倒是做到了斩草除根，从根本上解决了与自己竞争的对手，但最后却栽倒在一位女人——武则天手里。

武则天是历史上著名的皇后，她篡唐改周，做了女皇，达到女性作为的极点。早在 14 岁的那年，她就艳名远扬，传入宫廷，唐太宗听到她的名声，就召她入宫。她的母亲杨氏，与她握手相别，止不住泪流满面。武则天却谈笑自若，又劝母亲道："女儿去见天子，怎么知道不是福分呢？你为何哭泣呢？"

决断：

武则天入宫见了太宗，盈盈下拜，毫不慌张，三呼万岁，均合礼仪。太宗命她起来，举目一看，正是芙蓉颜面，豆蔻年华。太宗问她数语，则天均应付自如。最动人的，是一双俏眼，水波潋滟，百啭娇喉，凭她铁石心肠，也要动心。

唐太宗对她一见倾心，当即纳入后宫。黄昏时，即召她入寝。

春风一夜，啼笑皆妍，柔媚动人，令人不醉自醉，不迷自迷。太宗越瞧越爱，便赐她一个芳名，叫做武媚娘。自此太宗疏远了其他妃子，一心专宠武媚娘。

在与武则天的交往中，唐太宗愈来愈感到武则天是一个非凡的人物，眉宇间一股英气。既能取悦于人，又能刚强立事，这种人一旦得势，就是大唐江山的祸害。

一日，武则天与太子李治同在太宗病床前。太宗对武则天说："朕自患病以来，医药无效，反而加重，看来是站不起来了。你侍朕有年，朕死后，你该如何自处？"武则天是何等聪明人物，马上明白了太宗的心意，便跪下道："妾蒙圣上隆恩，本该一死报德，但圣躬未必不痊，妾亦不敢遂死。情愿削发为尼，长斋拜佛，为圣上拜祝长生，聊报恩宠。"

太宗道："好！好！你既有此意，今日可出宫，省得朕为你劳心了。"武则天拜谢而去，自去料理行装。

李世民聪明一世，糊涂一时，他料想天下没有尼姑做皇帝的道理，就放了武则天一条生路。这一放，放出大祸害来，原来这武则天与太子李治早有私情，用了高明的手法障人眼目。

后来李治即位，武媚娘还宫夺宠，被封为皇后，最后又自为天子，改李家王朝为武家王朝。

点评：

巧施权谋之术，不仅要一展实力于当时，而且要有长远的政治眼光。思于今而虑于后，为自己多做打算，掩饰于明，做手脚于后，这样，时机到来之时，必能一展身手。

庄妃以柔克刚

背景：

1643 年 9 月 20 日，皇太极病死于沈阳清宁宫。虽然皇太极临终前已有了安排，但围绕皇位继承问题还是闹了一场不小的风波。按当时的情况来看，多尔衮一派力量较为强大一些，尤其是多尔衮本人，既军权在握，又骁勇善战在军队中颇有威望，性格也刚毅果断，所以才有一些人想拥立他。但多尔衮考虑到自己若登皇位会引起内乱，于是他最终决定立福临为帝。

其实多尔衮立福临为帝的用心，大家是看得很清楚的，福临年仅六岁，即位后必然由多尔衮摄政。多尔衮就会一步步地翦除异己，控制局面，在适当的时机再登皇位，因此，一些亲王不愿意同多尔衮合作，阿济格就称病不出。

在这种情况下，多尔衮必须采取一定的措施，稳住人心。于是，他以谋逆罪杀了要拥立自己的阿达礼，以证明自己并不想篡位。他这一举动，在一定程度上起到了收拢人心的作用，阿济格也出来视事了，表面上的局势又稳定了下来。

福临即位，是为顺治皇帝。嫡母和生母博尔济吉特氏俱被尊为皇太后。多尔衮摄政，被尊为皇父。

决断：

庄妃博尔济吉特氏心里十分明白，孤儿寡母秉政，若无人尽心辅佐，必然权位不保，所以对多尔衮就加意笼络。在顺治即位后不久，多尔衮亲自告发并主持审理了阿达礼、硕托叔侄的谋逆案件，杀了阿达礼，并罪及其妻子，以表明自己的心迹，这使得庄妃极为感激，从此对多尔衮更加信赖。

多尔衮也可谓"兢兢业业"，凡事无论大小都一概禀告庄妃，庄妃也让多尔衮随便出入宫禁，便宜行事，不必事事奏告，也不必多避嫌疑。于是，多尔衮随意出入宫禁，有时甚至留宿宫中。

多尔衮其人长得一表人才，十分精干挺拔，却是一位好色之徒，庄妃也正值盛年，时间一久，便有了苟且之事。

一次，多尔衮在庄妃那里见到了一位十分美丽的妇人，与庄妃之美不相上下。回去一打听，才知道原来是皇太极的长子、肃王豪格的福晋。从此，多尔衮迷上了这位福晋，后来终使肃王豪格死于狱中，多尔衮把豪格的福晋纳为自己的妃子。

在这种情形之下，庄妃的态度如何呢？以庄妃之精明，她不会不考虑到苟且之事对她的身份地位，尤其是声誉所带来的影响，但如果拒绝了多尔衮，恐怕带来的问题就更大了。庄妃十分清楚，多尔衮不是一个具有雄才大略的人，其好色如命更是他性格上的极大缺陷，如果施以温柔之计，也许会很容易地笼住其心，利用他去控制住权力，顺治的皇位和自己的太后之位就会较为稳固，而且会一天天地稳固起来。也许庄妃就是出于这种考虑，才同多尔衮有了"和亲"之举的。

由此可见，庄妃与多尔衮的关系，其根本的原因还在于出于维护权力的需要。

多尔衮在后来的日子里建立了赫赫的军功，尤其在招降明朝山海关总兵吴三桂、击败李自成的军队上更显突出。

入关以后，多尔衮的权力更大了。在攻打农民起义军和消灭明朝残存势力的反复征战中，多尔衮也显示了很强的指挥能力，他调兵遣将，攻下明朝的一个个城池，队伍逐渐向南推进。这时，皇太极的长子豪格已死在狱中，多尔衮就经常与豪格的福晋朝欢暮聚。由于豪格的福晋是他的侄媳，一时间舆论大哗。

这一时期，努尔哈赤的几个有兵权的儿子相继病死或战死，孝端太后也驾崩了。平时，庄妃虽与孝端皇后同为皇太后，但毕竟名分上有差别，一是正室，一是侧室，所以虽时有专权之举，还是多少有所顾忌。好在孝端皇太后并不过问朝政，庄妃也就放心了。孝端皇后一死，庄妃再无顾忌，便大胆地处理起政务来。就在这时，多尔衮那边的情况又发生了变化。

原来，多尔衮的原配妻子元妃听说多尔衮与侄媳鬼混，就经常与多尔衮吵闹，多尔衮一如既往，无丝毫的改悔，元妃极为气愤，日久生疾，竟得了气鼓病，不久就死了。多尔衮办完了丧事，竟明目张胆地娶了豪格的福晋。

庄妃知道，如果任其发展下去，自己同多尔衮的关系可难得保住，于是当机立断，派小太监把多尔衮请来，与他密谈了半日。多尔衮回去以后，忙找范文程等老成持重而又大有学问的老臣来商量，他们耳语了半天，只见多尔衮面有羞色，范文程则眉头皱了几皱，但最后还是范文程大有主意，向多尔衮献了一计，多尔衮大喜，忙拜托他们几个人办理。

范文程等人给顺治帝上了一道奏章，这恐怕是中国历史上最为奇怪的一道奏章了，其内容是要皇上嫁母的，大概内容如下：皇父（多尔衮）刚刚死了老婆，而皇太后又独居寡偶，秋宫寂寂，这不合我们皇上以孝治天下的原则。根据我们这些愚陋的臣下的见解，应该请皇父皇母，到一个宫室里居住，以尽皇上的孝敬之道。

这千古一绝的奏章一上，立即交由内阁讨论，大家都知道多尔衮势大，皇太后又同意，哪个还敢反对，于是大家都随声附和，连连说好。

顺治六年冬，顺治十岁时，颁下了一道嫁母圣旨。随后，朝廷内外忙了好多天，大婚之时，朝臣全往拜贺，十分热闹。

庄妃与多尔衮结婚之后，倒也恩爱，但多尔衮还忘不了那位侄媳，不免偷寒送暖，经庄妃盘问，多尔衮据实相告。奇怪的是，庄妃居然让多尔衮把豪格的福晋立为侧福晋，庄妃之贤德，令人感动。其实，这无非也是庄妃以大局为重而做出的抉择罢了。

点评：

柔能克刚，可谓至理。庄妃自献其身，以其妩媚和柔顺，巧妙地笼络住了多尔衮之心，进而巩固了儿子手中的大权。

危险的 "爱神"

背景：

印度尼西亚人马贝·奥丹塔拉是一个出身高贵而又才华出众的俊美青年。

1958 年，他以优异的成绩从万隆大学毕业后，远渡重洋，来到莫斯科门捷列夫大学留学。

初到莫斯科，他像很多远离家门的游子一样，忍受着孤独的袭击。莫斯科刺骨寒风裹挟着纷纷扬扬大雪的冬天，使这个多情的游子无限怀念东南亚四季常绿的景色，送别时双亲那凝重的神色和未婚妻含情脉脉的目光，常使他夜不能寐。

就在奥丹塔拉陷入极度孤独之中而又不能自拔的时候，一只"燕子"飞到了他的身旁。这是一个漂亮、温柔的苏联女大学生，她是在奥丹塔拉入学两个多月以后才"插班"的。

一天上课时，她在奥丹塔拉身旁坐了下来，不时地投给他友好的目光，轻声地问他："想家吗？"尽管奥丹塔拉并不认识她，但还是微微地点了点头作为回答，表示接受这位陌生姑娘的慰问。这时，姑娘在听课笔记的扉页上用俄文写了几个字，推给奥丹塔拉："我叫娜塔莎，是你的同班同学。"当这几个字跳进奥丹塔拉的眼帘时，一座无形的桥也就在他俩之间搭了起来。

从这以后，她常常和奥丹塔拉同桌听课，不时避开老师的视线细语交谈。课后，他俩还常去咖啡店消磨时光。那笼罩在奥丹塔拉心头孤独的阴影，随着娜塔莎的谈笑风生逐渐消失了。他觉得，同娜塔莎在一起，是他在莫斯科最美好最幸福的时刻。冷饮店、酒吧间里，校园的林荫道上，常常留下他们一次次幽会的踪影。娜塔莎的白嫩皮肤逐渐代替了他未婚妻那含情脉脉的目光。一天，娜塔莎把这位同窗好友领进了自己的卧室……奥丹塔拉这时觉得，是"爱神"赐给了他无限美好的时光和无比幸福的生活。然而他哪里知道，随着这种"美好、幸福时刻"的到来，他已坠入危险的深渊。

决断：

在他结束学业的前一年，奥丹塔拉被介绍给一个人。在一个事先安排好的旅馆里，奥丹塔拉经历了在莫斯科几年里难熬的几分钟。这位新朋友单刀直入地说："我是国家安全委员会的，听说你回国后要去日本从事化学工业，希望你能和我们合作。"

"我能做些什么呢？"奥丹塔拉问道。

"为我们搜集日本化学工业的情报，我们将给你优厚的报酬。"

奥丹塔拉大吃一惊，脸色铁青，颤抖着说："不，不……请不要把我拖进这罪恶的勾当中去……"

自称克格勃的那位男子霍地站了起来，逼近奥丹塔拉，紧盯着他的眼睛说："奥丹塔拉先生，我们很了解你和你的家庭，你有一个美丽的未婚妻，有个很有地位而又非常严厉的未来岳父，还有娜塔莎……"他突然把话停住，瞪着眼睛盯住奥丹塔拉的脸，两眼射出的奸狡目光像两把利剑一样刺着奥丹塔拉的心。

"我……我……"奥丹塔拉喉咙里像塞进了棉团似的说不出话来。他知道这位"克格勃"话中的分量：他若不答应，那就意味着未婚妻将和他分手，未来的岳父将使他失业；还有眼前这位娜塔莎的事若传回国内，他将丢尽脸，被人们笑骂。若答应和他们合作，那么……

"我是个印尼人，我不想……我不想让自己的行为有损于我的祖国。"奥丹塔拉在对方的威胁下开始后退了。

"你是搞日本的情报和印度尼西亚没有关系。在日本，你将有舒适的住房，大笔的酬金。你懂了吗？好吧，为慎重起见，给我们写个保证书吧！"

在克格勃的威胁利诱下，奥丹塔拉屈服了，他写下了与克格勃合作的保证书。

他怀着委屈、懊悔和不知所措的心情来找娜塔莎倾诉衷肠。可是，"燕子"早已飞走，房间里空空如也，校园里再也见不到娜塔莎的影子。这时，他才恍然大悟，怒火中烧。他为这"爱神"不得不付出高昂的代价。

1963年，奥丹塔拉留学期满回国，同未婚妻结了婚，并准备第二年和妻子一同去东京。这时，在印尼的克格勃成员找到了奥丹塔拉，告诉他到了日本后的接头方法。

到日本后，他先后在东京的倍越化学聚合公司的协同化学公司当职员，并按照指示同克格勃接头。先是苏联驻日通商代表处的一个叫塞多夫的官员和他联系；塞多夫回国后，他又转在苏联驻日通商代表处的索格维约夫手下继续干间谍勾当。

按照上司的指示，他每月必须在旅馆和酒馆同塞多夫（后来是索洛维约夫）接头两次。奥丹塔拉装作读英文报纸的样子，把夹着情报资料的报纸递过去。酬金每月三四万日元，在他到日本后的五年多的时间里，他把这两家公司的科技情报、经济情报不断泄露给苏联，如塑料成型法、聚氯乙烯的工艺制造流程、盐化尼龙制品配方表等等。克格勃总共给了他 195 万日元的报酬。

奥丹塔拉的活动当然逃不过日本警视厅的眼睛。1969 年 5 月 13 日，在他和索洛维约夫秘密接头时，警视厅以非法窃取企业秘密的罪名逮捕了他。这时他才 32 岁。

点评：

古人云：无欲则刚。这些依靠美色引诱别人上当，从而充当她的工具的实例都是看中了人性的弱点，认准了别人的软肋，然后施以诱饵。只有加强自身修养，增加人生阅历才能有效地抵挡这种诱惑。

桃色陷阱　无形诱敌

背景：

1940 年初，波兰战争结束之后不久，纳粹德国准备大规模入侵西欧国家。

希特勒手下的秘密警察盖世太保也加紧活动，多方搜集情报，寻觅反纳粹分子。

1940 年初，在德国首都柏林布莱希特大街一家装饰豪华的妓院重新开业。这家高级妓院专门接待德军军官、政府要员、外国外交官以及富有的阿拉伯商人。

人们并不知道，这家高级妓院的背后操纵者是盖世太保的头目海德里希。控制一个色情场所套取所需情报，是海德里希蓄谋已久的一个阴谋。

经过比较，他选中了布莱希特大街 11 号这家妓院，并成功地制服了该妓院老板基蒂夫人。保安处的间谍们掌握了基蒂夫人曾掩护过犹太人和把财产转到国外的事实，她不得不就范。她签了一张保证书，发誓绝不把这里发生的事情说出去。

基地有了，海德里希便亲自指挥党卫队和警察把柏林所有的妓院、夜总会翻了个底朝天，经过严格审查，初选出 90 名美貌少女。为了更加符合条件，他还特意请来一批各方面的专家参与挑选工作。

心理学家负责对每个姑娘进行心理测试，以查明她们的精神状态和大脑发育程度；医学家则对姑娘的身体进行全面检查，其中包括有无性病；美学家的主要任务是从体态上挑选那些身段美、充满性感的姑娘。

最后，经过几轮的严格挑选，从中选定20名少女，然后，对这些妓女进行了10个月的外语、密码破译、字母组合等方面的特殊培训。其中，以如何将嫖客灌得酩酊大醉，然后套取情报为重要内容。此外，便是在地下室安装了录音装置。一切就绪，1940年初，这家很快就红火起来的高级妓院经过整修后正式营业了，海德里希把它称作"JT行动。"

决断：

海德里希认为妓院是个可轻易获得情报的特殊场所。有了"JT行动"，他就可以知道那些有身分、有地位的人想些什么、知道些什么，从而能谈些什么，另外，了解自己的人都同外界有何联系，都说了些什么，也十分重要。

海德里希从这些外交官和与这些外交官来往的商人、政客、学者口中获取更深层的情报，这家高级妓院，可以招徕这些倒在石榴裙下口吐真言的冒失鬼。

从此，便有很多达官显贵被介绍到基蒂妓院来，他们被告知，只要说一声"我从罗登堡来"便会受到特别接待。

每有重要人物光顾妓院，海德里希就亲自坐镇。

有一次，海德里希从录音机里听到一个喝醉酒的德军上校对妓女说："元首已秘密下达了进攻利比亚的命令，隆美尔将军就要带领4个师的兵力向阿拉曼地区发动进攻，来一个闪电战……"

海德里希大吃一惊，他下令："去，逮捕这个多嘴的家伙。"

当时的意大利外长加拉索·齐亚诺伯爵到基蒂妓院拈花惹草时，他对一个姑娘说，希特勒没有远见，是一个政客、无赖，一个无能的人。海德里希把录音送到希特勒那儿，从此，希特勒便开始仇视墨索里尼的这位乘龙快婿了。

1940年9月，西班牙外长沙那光临妓院时，向一位姑娘透露了西班牙要入侵直布罗陀的计划，海德里希把这一情报报告了希特勒，使西班牙这一计划中途流产。

仅在1940年这一年，就有近万名特殊顾客光顾妓院，海德里希从这些酒后吐真言的男人嘴里获取了大量情报。那些泄露机密的德国军官、政府官员均被送上法庭判处死刑。许多人直到死前也不明白自己是如何落入盖世太保的桃色陷阱中去的。

到了 1942 年，"JT 行动"兴盛期已过。随着战事的变化，来这里寻花问柳的人逐渐少了。

7 月，妓院一角被一颗炸弹摧毁，海德里希派人封锁了这一地区，并维修了损坏的窃听装置。随后不久，"JT 行动"奉命停止。

点评：

俗话说：明枪易躲，暗箭难防。海德里希真是一只老狐狸，利用桃色陷阱来对帝国官员进行监视，使纳粹耳目布成了一个严密的网，任人怎么挣扎也难逃厄运！

月亮之神

背景：

有人把她同一次大战中传奇式的女间谍玛塔·哈丽相提并论。实际上，她不仅在外貌气质上远胜玛塔·哈丽一筹，更在意志品格上与玛塔·哈丽有天壤之别。她聪颖、勇敢、无畏、果断。她既以美貌迷惑那些上钩的猎物，更以精神力量征服自己的对手。她用自己的美貌和智慧为盟国作出了卓越的贡献，被誉为是"改变了战争进程的间谍"，她，就是第二次世界大战中著名的英国女间谍辛西娅。

艾米·索普于 1910 年 11 月 12 日生于美国。其父是美国海军陆战队的少校。由于父亲经常调防，她们家先是住在智利，后又搬到华盛顿，1921 年又搬到夏威夷。少女时代的艾米，就显得聪慧过人，气质高雅，个性突出。随着年龄的增大，她更长成一个惊人漂亮的美女。一双碧绿的眼睛，配上动人的眉毛和美丽的棕色头发，再加上苗条而妖娆的身段，使她成为周围众多男士追求的目标。但是，青春美貌的她却甩开了许多风华正茂的青年人的追求，与一个比她大 20 岁的英国外交官阿瑟·帕克结了婚。在这个问题上也表现出艾米独特的个性。

婚后，她的丈夫调西班牙工作，她也随同前往。此时正值西班牙内战。正是在这段时间，她引起了英国情报机关的注意。她的外交官夫人的身份，美丽的外表，特别是她的敏锐的头脑和有胆有识的个性，被认为是当间谍的天生资本。她被请求搞一些情报工作，不过，这时她还只能算是一个业余间谍。1937年，她随丈夫调往波兰华沙。这年冬天，她被英国情报机关——安全协调局吸收为正式特工，代号"辛西娅"，意即"月亮女神"。从此，她就以这个美妙动人的名字开始了一系列惊心动魄的间谍活动。

决断：

辛西娅的目光首先盯上了波兰外长的机要副官埃德尔，于是，在一场精心安排的舞会上，辛西娅"意外地"邂逅了这位副官，并且很快就使他钻进了她精心编织的玫瑰色的圈套中，心甘情愿地听从辛西娅驱使。这位副官是外长的心腹，他能够接触到各种机密文件。机不可失，英国安全协调局局长、丘吉尔的情报顾问斯蒂芬森下达命令：要设法搞到德国"恩尼格玛"密码机的详图。"恩尼格玛"是德国研制的当时最先进的自动加密的密码机，它加密的电文，当时还没有人能够破译。当时各国都在下力量研究破译这种密码，英国也集中了一批密码专家，用尽了各种办法，但效果并不大。当时英国情报部门获得的情报证实，波兰密码局的 3 个数学家一直在研究破译这种密码，并且取得了重要进展。波兰人已经仿制成功了这种密码机。斯蒂芬森命辛西娅通过副官搞到这种密码机的详图。辛西娅施展魅力使这位副官在神魂颠倒之后，很痛快地就把外长用来研究的"恩尼格玛"密码机的详图送给辛西娅复制了下来。复制的图纸送到了伦敦，情报部门简直有点难以置信，但他们马上就惊叹：这是"最意想不到的成果"。辛西娅初试锋芒就取得如此成功，使斯蒂芬森深信她完全可以胜任更重要的工作。

在以后的几年中，辛西娅靠她非凡的智慧和出色的容貌，获得了一个个重要的情报，在下面这则例子中便展示了她的才华！

1941 年底，英国情报机关又命令辛西娅设法搞到维希大使馆的密码。辛西娅两次接近掌握密码室保险柜钥匙的两名译电

员均告失败之后，与布鲁斯（法国维希政府驻美使馆新闻官）商定夜盗机要室，英国驻纽约的情报机关同意这一计划，并派来了一个擅长撬保险柜的人，外号叫"盗贼乔治亚"。问题是怎样在夜间混进大使馆？布鲁斯用小费贿赂了使馆警卫，警卫同意他晚上带女朋友来"加几个夜班"。他们先用加了速效安眠药的香槟酒请警卫一同干杯，之后，警卫睡了 5 个小时，乔治亚乘机进入使馆撬开了保险柜，记下了号码，复制了钥匙。第二次，他们故意在办公室赤裸裸寻欢作乐，警卫吓得逃之夭夭，然后，他们打开窗户放乔治亚进来，撬开保险柜，取出密码本，到停在窗外的一辆汽车上拍照后再放进保险柜，一切都天衣无缝。这些密码对于揭开维希政权的内幕起到非常重要的作用。这是辛西娅间谍生涯中最成功也是最重要的一次行动。这次行动也为辛西娅的冒险经历画上了一个完整的句号。辛西娅的贡献得到了高度的评价，丘吉尔称赞她是"最出色的间谍"。蒙哥马利将军称她是"改变了战争进程的女人"。

点评：

这位美丽的"月亮之神"依靠她的天生丽质和聪明机智成为"最出色的间谍"，为盟军战胜纳粹德国立下了汗马功劳。

第三十二计　空城计

提要： 在中国历史上曾有过数次表演"空城计"的例子，其中流传最广者当属诸葛亮所为。其实，这应该说是没有办法的办法，作为心理战的独门法宝，自有其令人称羡之处。可是战争决胜最终依靠的还是各自的实力，"空城计"运用得再妙再神，只不过缓解一时燃眉之急罢了，况且用得过频，危险系数自然会高起来。

以柔术治国

背景：

东汉光武帝刘秀早年生长于民间，所以他深知稼穑的艰辛、人民的疾苦、人情的真伪。在夺取天下后，他废除王莽繁复的法令，使用王道治国。

决断：

概括起来，刘秀的王道策略表现在下面几个方面：一是减轻刑法，将狱中冤枉的人全部放出；二是裁减官吏，他下诏令说，现在老百姓生活维艰，户口减少，而县官县吏设置繁多，必须大减；三是解放奴婢，刘秀先后6次下诏解放奴婢为庶人，使社会矛盾得到缓和；四是安置退伍的兵士和流民，发展农业生产；五是减免赋税，实行度田。还有刘秀用人深信不疑，对功臣也很少用杀戮的方法。《后汉书》卷二二《马武传》说："帝虽制御功臣，而每能回容，宥其小失。有功辄增邑赏，不任以吏职，故皆保其福禄，终无诛谴者。"这与刘邦建国后大杀功臣形成鲜明对照。有一次，刘秀巡幸章陵，置酒作乐，一起喝酒的宗室诸母高兴地赞扬刘秀谨信诚挚，不喜爱靡者，只采用王道治国，刘秀听后大笑说："吾治天下，亦欲以柔道行之。"（《资治通鉴》卷四三）当然，刘秀并非不用法刑，他对失职的大错也从不姑息纵容。

点评：

以柔术治国能使国泰民安，但也要注意腐败产生，国家懈怠。刘秀很好地处理了这种关系，对后世很有借鉴意义。

广施惠政　恩泽黎民

背景：

刘随，字仲豫，开封地区考城县（今河南兰考县）人。宋真宗大中祥符（1008 年—1016 年）中，以进士及第入官，初授水康军（今四川灌县）判官。

在当时，四川地处国家西南边陲，以往当地民众受贪官污吏的残虐，往往苦而无告，铤而走险，宋太宗时曾爆发过李顺领导的农民起义。因此，宋真宗把选择良吏治蜀，以免国家西顾之忧，当作一件十分重要的事情。

刘随被选任为水康军判官，这虽然只是一个佐理军州事务的小官，但是他在施惠政于民这一方面却是不遗余力，始终以绥境安民、为国分忧为无可旁贷的责任，被当地人誉为"水晶灯笼"。时隔二十余年，到宋仁宗宝元元年（1038 年），石介任嘉州（今四川乐山）军事判官时，还遇到永康军的一位老人向他讲述刘随在永康时的惠政。

决断：

据那位没有留下姓名的老人讲，刘随到水康军判官任上，所做的第一件善事就是尊崇文教。按永康军惯例，新官到任的第三天，应亲自拜谒境内诸祠庙。而永康祀典中，从来就不包括孔庙。刘随则是首先拜谒孔庙，来到庙庭，见庙宇湫溢芜秽，又听说负责管理祠庙的楼店务已将庙中一片空地租给当地一富人，准备营建居舍。刘随即亲自撰写公文，移送楼店务，责成立即收回出租之地，并令其增广庙宇，务使高明显敞，因而"使蜀人知有圣人。"

其二是斥罢淫祠。蜀人生长于西南边部地区，多信从鬼诬妖诞之说。永康军有一个灌口祠，当地风俗事奉该祠极为郑重，每年春、秋皆大搞祭祀活动，供奉陈设极为丰盛，所用钱物数以万计，则都是取于当地百姓家。官府出面进行聚敛，差役借机中饱私囊。当地百姓深受此害，甚于急征暴赋。刘随认为："聪明正直之谓神，彼果能神，则是既聪明且正直也。岂有聪明正直之神，椎剥万灵之肤血以为己奉哉？果不能神，又何祀焉？"因而下令禁止对灌口祠大事祭祀，既使百姓免除了聚敛之害，又杜绝了吏人肆行贪黩的一条途径。

其三是凿山通井，设防栏江。以往永康没有水井，当地居民饮食所用，全都依赖附近的导江之水，每到冬季，江水冻涸，人们只得去离城二十里处，取水饮用，由于饮水如此艰难，使人们常常饮食不时，不少人因此患病，更甚者竟至于死亡。人吃水尚且如此困难，那就更难以喂养牛、马、猪等家畜，这又影响了人们的生产。更为危险的是，一旦发生火灾，焚烧民居及公私仓廪，也难得一勺灭火之水。刘随到任以后，就下决心要根除永康的缺水之患，冥思苦想要修一水利工程，以解决当地的用水问题，他想到附近有一座鱼凫山，俯视永康城，山后有一股很大的泉水，如果能将泉水引到城中，就能一劳永逸地解决用水问题。于是，他徒走登上鱼凫山，亲自进行实地勘察，终于找到了引水入城的办法，率众施工，将泉水导入永康城。"水于是足用，民于是不乏，愈汲愈生，取之无竭。倘鱼凫山朽，泉源绝，水之利当歇；不然，至于千万世而无穷休也。"

永康地区有岷江、沱江和马骑江三条河流经该地，岷江在流经永康时，沱江水已先注入，而马骑江在永康距岷江仅是寻尺之隔，如果马骑江在永康与岷江相合，势必给成都及其下属十三县带来洪涝灾害。以往根本无人虑及此事，惟独刘随对此事极为担忧。于是动工拦马骑江，疏导江水，防止它在永康注入岷江。工程未完，刘随即以非罪罢任，他对自己蒙冤并不放在心上，也不曾申诉，仍然为成都与属下十三县的水患担忧，对公家之事未了感到遗憾。后来，刘随在成都任通判时，又继续施工，终于完成了拦江工程。成都与属下十三县，遂无水患之虑。

其四是去猾奸、辩枉狱。永康在国家西部边区，属于僻陋之地，普通百姓不知道国家有宪法律度可以绳治大奸酋猾，都惧怕豪强兼并之家，如被其奴役、掠夺土地、凌暴妻女，也不敢与之相争，更不知到何处投告。刘随到永康，对强宗凌弱暴怙者痛加绳治，许民众直入衙门，趋厅前号冤哭枉。从此，豪人敛迹，民众得安。

其五是安屠人、息秋千、植树为垒，与民休息。当时，国家有大的喜庆事，则令各地官府大摆宴席，搞普天同庆。过去，每逢这种事，永康地区都要令屠户输纳羊或猪肉。官府督责极为峻急，官吏也借此渔利。有的屠户因家中匮乏无力措办，受苛捐逼迫，甚至卖儿卖女以偿其值。刘随以为，"国家大计"是"布德泽、流恺乐于万民"，不能"苦民以取充"。于是，将以往的摊派改为官府出钱平价购买。

永康旧例，每年寒食节，官府皆科配百九献秋千木。刘随对这一扰民之政也加以废除，改伐官有林木。

旧日永康并无城垒，只以木栅为屏障，每年科配百姓修鹿角寨，吏人亦缘此为奸。刘随到任，改种植杨树以为寨墙，使当地百姓数十年免此科配。

除上述惠政以外，刘随还开西山之路，以利交通、贸易。永康西与少数民族地区接近，少数民族到永康进行贸贩的人，每日多达千余人，而"道出西山，折盘峻极，上见青天，下临深渊"，行人共苦蜀道之难。刘随则为人们开通西山之路，削险绝为砥路，往来行人，安如坦途。

无名氏老人话尚未说完，即已泪随睫下。

石介听后，感慨地说："夫严先师庙，尊圣人也；斥灌口祠，罢淫祀也；凿山通井，设防栏江，利万世也；去猾蠹，勇也；……辩枉狱，明也；拒豪势，强也；安屠人，息秋千，树杨开路，可谓公家之利，知无不为。……公（刘随）之道用于天下，则其效何如也！"为了不使关于刘随的"永康之政、老人之说"失传，石介遂以《记永康军老人说》为题，记下了这一口碑，以备"他日送于史官，请书《循吏传》首"。刘随在永康军广施惠政的事迹，也因此而流传至今。

点评：

政治清明则百姓安宁，为民办事则百姓歌颂。为政就需要刘随这样的人，广施惠政，为人所赞。

开门揖盗

背景：

公元前666年，楚国的令尹子元率领600辆战车突然进攻郑国，打到郑国国都远郊的大门外。大军压境，郑国上下一片恐慌。郑文公召集大臣商讨对策，有的主张求和，有的主张弃城而逃，有的主张关紧城门等待援军，有的主张决一死战。这些计策都不太好，怎么办呢？

决断：

正在大家七嘴八舌，各抒己见的时候，大臣叔詹提出一个谁也没有想到的办法：藏好兵力，打开城门，用这个办法来吓退楚军。叔詹阐述他的理由：郑国大军奔袭，力求必胜，可是，他们也害怕失利，因而势必谨慎从事。如果看到我们国门大开，势必怀疑有诈，不但不敢轻易入城，而且可能下令退兵，以免腹背受敌。

郑文公听叔詹言之有理，比其他办法都棋高一着，只好依从。接着按照叔詹的意见具体部署。

话说楚国子元率军来到郑国城下，只见外城大门洞开，里城护城河上的木桥还吊着没有放下。从城外高处往里看，街上商店正在做买卖，百姓安详地往来，军旗在空中飘动。这种景象把子元看傻了。大战在即，郑国都城竟然如此安静，如果不是诱敌之举，还能作什么解释呢？他不禁感叹地说："郑国真有人才啊！"正在这时，探马来报，附近几国救援郑国的军队赶来，和楚军后卫干上了。子元更加感到幸好没有入城，于是赶紧下令撤军。

郑国总算度过一次亡国的危机。

点评：

空城计常被使用，当然使用者都是面临危境，不得已而为之，但使用得当，确都起了作用。罗贯中写《三国演义》，为诸葛亮安排一场空城计，既能体现诸葛亮的智慧超人，又符合当时魏蜀争斗的历史发展，因此大家都能接受，拍手叫好，就在情理之中了。

蒋济一书退敌军

背景：

赤壁之战后，孙权一面在西线同刘备联盟，共同对付曹操，一面在东线伺机向北扩展势力，同曹操在淮南地区展开了长期反复的争夺。

建安十三年（208年）冬，曹操刚撤回北方，孙权就亲率10万大军围攻合肥。合肥守军人数不多，但团结一致，进行了顽强抵抗。当时阴雨连绵，城墙被水浸泡，有崩塌的危险，城中军民便用茅草加以覆盖。晚上则在城上点燃油脂，城外敌军的动静看得一清二楚，根据敌情的变化而预作准备。孙权见久攻不下，想亲率一支轻骑往前冲杀，被长史张纮劝止。

曹操得知消息，深恐合肥有失，连忙派兵支援。但赤壁之役，损失惨重，曹仁还在江陵同周瑜激战，也得支援，他手边实在没有多少援兵可派。最后，只派了大将张喜率1000骑兵前往，嘱咐他在经过汝南时把汝南驻军也带上。曹操没有料到的是，汝南士兵不仅人数有限，这时还染上了疾病，谈不上有多少战斗力了。这点部队对抗10万吴军，无异于以卵击石，在这危急万分的情况下，曹军应该怎么样才能使吴军撤退呢？

决断：

正在无计可施之际，这时有一个人站出来，用奇谋摆脱了这一困境。扬州别驾蒋济得知援兵不多的消息，深恐不能解决问题，于是向刺史献了一个密计，谎称得到了张喜一封信，信中说曹操派步骑四万前去解合肥之围，已到零娄，请州里派主簿前去迎接。同时分别派出三批使者带着书信前去通知合肥守军，使之增强信心，顽强坚守。第一批使者冲进了城中，第二批使者被孙权捉住，孙权看了从使者身上搜出的书信，信以为真。加之攻城月余，并无进展，只得下令烧掉围城的营寨退兵，合肥城得到了保全。

曹操的一纸空文，城里的士兵信心倍增，众志成城，誓死保卫城池；而孙权竟信以为真，恐腹背受敌，因此撤兵。毛泽东说，曹操的一纸空文，竟胜千万雄兵。

点评：

凭借纯属乌有的大军就把围解了，这一奇却又是靠大胆的假设，而激励了士气，动摇了敌人的信心，虽然带有很大的冒险性，但在万不得已的情况下施以奇谋，却可能会有意外的收获。

示强痹敌

背景：

宋时，陕西的麟州，地处河外，是威胁西夏，进可攻、退可守的咽喉要地。但美中不足的是城中没有水井，用水紧张。庆历年间，有个西夏人为其国王元昊出谋划策："麟州无井，围上半个月，守军和居民都得渴死，则麟州可不战而下。"元昊从其言，率大军围困麟州，数天之后，城中果然断水，情况万分危急。

在这十万火急的情况下，宋朝军民怎么样才能突破西夏的围困呢？

决断：

在这紧急关头，宋营中有个军士叫庞旷的献计道：敌人围困不去，一定是认为我们城中无水了，想困死我们。如果我们在城中挖井，掘出稀泥涂在城中高处的草上，以示城中有水，则敌人一定会主动退兵而去。麟州主帅从其言。而赵元昊却没有想到这些。他看到涂在高草上的稀泥，认为城中有水了，继续围下去已无多大意义，遂撤兵解围而去。

点评：

解围之道有三：一是强攻围敌，争取打开缺口，杀出血路，这是下策；二是援军与被围之军合力攻击，打破围军，救出困军，这是中策；三是示敌以强，动摇其信心，令其自行散去，不攻自退，这是上策。

空城计的妙用

背景：

16世纪日本江户幕府时期，军阀德川家康与武田信玄之间发生火并。武田信玄连连得胜，德川的军队被打得丢盔卸甲，溃退至滨松城。武田信玄一路

追击，准备歼灭敌军于滨松城内。德川家康的军队已经丧失殆半，毫无斗志，与武田信玄硬拼无异于以卵击石，自取灭亡，在这千钧一发之际，德川怎么办呢？对手武田又是个老谋深算熟读兵书之人，怎样才能迷惑他？

决断：

武田率领大军追至滨松城下，只见滨松城内城门大开，火光通明，一片安宁祥和。武田信玄是当时著名的军事理论家，深谙中国的《孙子兵法》。他一看便知德川在摆空城计，便想立即冲进城去，但转念一想：德川是知道我能够识破空城计的，他敢如此安排，其中必然有诈，我必须慎重从事。于是武田不敢贸然进城，把军队安扎在城外。此时，德川的后备部队也已接近了滨松。武田更加确信自己的判断，认为城内必有众多伏兵，因此他始终没敢攻进城去。不久，武田因劳累过度，加之露宿郊野，得肺病死去了。

其实，德川家康确实是在摆空城计。当时他已无路可走，这是最后一招了。然而德川采用这一招术也不是毫无根据的冒险。他深知武田信玄读过很多兵书，然而这些书读得太多了，反而会智者多虑，谨慎有余。另外，武田是胜家，这既是好事，也是一个包袱——为了保全已经取得的胜利，武田是不会轻举妄动的。

德川正是利用了对手的这种心理，才大胆地摆设了"空城计"，从而唬住大军，化险为夷。

点评：

聪明反被聪明误，本来骗术相对来说用于莽夫身上较容易些，但用在聪明人身上，有时却比愚人更有效，只要稍加用心就可能得逞。

用假象毁敌舰

背景：

1939 年 8 月 21 日，德国袖珍战列舰"海军上将斯佩伯爵"号（以下简称"斯佩"号），神不知鬼不觉地潜入南大西洋。在短短三个月的时间里，它击沉了九艘英船（共 50 000 吨）。这一战绩使它成为全世界的热门新闻。

　　凭着多年的海上作战经验，驻守拉丁美洲东方海区的英国"G"舰队司令哈伍德断定，"斯佩"号的下一个猎物将是自己的防区，该舰将会在12月13日到达拉普拉塔河口。于是，哈伍德命令分散在各处的三艘巡洋舰全都集中至该河口，以"三打一"的方式对付"斯佩"号。

　　12月13日拂晓，"斯佩"号果然如期而至。哈伍德命令三艘英舰分成两队，以使敌舰分散火力，顾此失彼。"斯佩"号凭着自己280毫米大炮的巨大威力给英舰造成重创，但自己也连连中弹，陷入窘境。上午8时，"斯佩"号被迫停泊在乌拉圭首都蒙得维的亚，战事稍停。

　　根据国际法，交战国舰艇在中立国停泊24小时后自行解除武装。但是，如果在24小时内"斯佩"号真地从蒙得维的亚返身杀出来，那么，没有一艘英舰能够阻挡它。制服它的办法只有一个：不让它出港，让它解除武装，怎么样才能不让它出港呢？

　　决断：

　　鉴于英国战舰的实力比"斯佩"号弱的客观情况。海军部一方面采取紧急行动，命令离此较近的三支舰队火速赶往拉普拉塔河口；另一方面，又通过电台大肆宣传，鼓吹拉普拉塔河口外的封锁线固若金汤，"斯佩"号已陷入英军的重重包围之中。与此同时，外交活动也在紧张地进行。英驻乌拉圭大使多次催促乌拉圭当局尽快地赶走"斯佩"号。

　　英国的宣传战奏效了。"斯佩"号舰长从电波中得到了深刻印象：即使突破了哈伍德舰队的封锁，也难以逃脱从四面八方赶来的英国强大舰队的包围圈。"斯佩"号已是伤痕累累，就算能冲出包围，也不能越过万里海洋及英舰的围追堵截，回到德国。此时，英军为了表示自己遵守国际惯例，率先将战舰开出蒙得维的亚。"斯佩"号再也无法在港口赖下去了。舰长自认穷途末路，在无奈地将七百多名官兵转移到德国商船上后，决定炸船自沉，随着一声惊天动地的爆炸，"斯佩"号沉没海底。

　　点评：

　　利用宣传上的优势，采取攻心的策略，骗得敌人的相信，诱导敌人走上错误的道路，这诈就算是成功了！

第三十三计　反间计

提要：此计用现在的话来说，可用间谍战一言蔽之，更有所谓"谍报学"深研此门。我国兵家历来重视用间之术，具体到"反间"，则是用间过程中最为活跃、最为激烈的一项。运用得好，可以迅速收到离间敌方阵营，致其猜疑倾轧的神特功效。

韩小玉用间刺杀矶谷兼川

背景：

韩小玉是朝鲜庆尚南道的一名美丽少女，1938 年被日军强行征召送往中国做"慰安妇"（随军妓女）。韩小玉以死抗争，她从飞驰的列车上跳下去，又从轮船上跳入波涛翻滚的大海，但死神都没有接纳她。韩小玉不再想死了，她立志要复仇。

韩小玉跳海后，阴差阳错地被国民党澳门情报部门救起。

决断：

为了复仇，韩小玉接受了三年特殊训练，以视死如归的决心接受了刺杀日军派驻香港的总督矶谷兼川陆军中将的任务。

韩小玉化名王茜茹进入香港，因其天生丽质和柔美的歌喉，很快成为香港的"红歌星"。但是，矶谷兼川警惕性甚高，极少与外界接触，韩小玉无法接近他。就在这时，发生了一件意外的事：一名热血中国青年因韩小玉跟日本军官打得"火热"被激怒，在韩小玉登台演唱日本歌曲时砍伤了韩小玉。韩小玉被送入医院，矶谷兼川到医院看望了韩小玉。

韩小玉柔情万般地倒在矶谷兼川怀中，喊出了令矶谷兼川魂颤的两个字："爸爸……"矶谷兼川毕竟老奸巨滑，在冷静下来后派特工人员对韩小玉进行了详细调查。结论是：王茜茹，其父王炳之，抚顺人，早年在日本关下做生意，与高山顺子结婚，1938 年被派往中国，后被国民党军统局枪毙，其女下落不明。日本特工还找到了高山顺子——日本黑龙会高山大佐的女儿。高山顺子看了韩小玉的照片证实说："长相略有变化，但她肯定是我的女儿。"

矶谷兼川的最后一道防线撤除了——他上当了，这是国民党军统局的杰作，真正的王茜茹已被关入监狱，韩小玉按照王茜茹的外貌进行了整容。

1942 年 12 月 8 日晚，日军隆重举行庆祝攻占香港一周年酒会，韩小玉决定在酒会上与矶谷兼川同归于尽。在演唱了《军国之母》和《军国之妻》两首日本歌后，韩小玉在雷鸣般的掌声中接过了一位"日本人"的献花，然后捧着鲜花走向矶谷兼川。矶谷兼川作梦也想不到"女儿"会要炸死他，欣然站起来向韩小玉伸开了双手。

突然，韩小玉的眼中闪过一道异样的光芒。矶谷兼川一惊，"轰!"暗藏在鲜花中的炸弹爆炸了。矶谷兼川当场被炸死，韩小玉也英勇牺牲。

点评：

乔装改扮，令敌信以为真，再以亲使间，则可胜敌于出其不意之中。

英国人将计就计　故布疑阵

背景：

1940 年的某个时候，英国秘密情报处从驻国外的情报员那里获得一份情报：德国人同西班牙的长枪党分子串通一气，策划把一名"西班牙青年运动"的代表派往英国，表面上是去考察英国的童子军运动，实际上是去刺探有关英国国防和防御德国入侵的情报。果然，1940 年 10 月，佛朗哥政府请求英国准许该长枪党分子进行访问。

决断：

英国秘密情报处经过周密考虑，决定将计就计。他们说服外交部批准了这一请求，随后与军情五处合作，共同拟定了接待这位来客的计划。

这个长枪党分子受到了隆重的接待，他被安排在雅典娜宫廷旅馆下榻。在他的住房里早已设置了暗藏的话筒和电话窃听线路。那时整个伦敦地区只有3个防空炮群，有关当局将其中一个调到这家旅馆附近的海德公园内，而且下令只要遇到空袭，不管敌机是否飞临该地上空，都要不停地开炮射击。军情五处还让这个间谍亲眼目睹了这一防空炮群，以便使他相信，伦敦到处都像海德公园一样高炮林立。随后他又被带往温莎宫，就在宫外，当时英伦诸岛上仅剩的一个装备齐全的坦克团突然展现在他的面前。当他对如此壮观的阵势表示诧异时，有人告诉他这只不过是一个皇家仪仗卫队而已。另一次，当他乘飞机前往苏格兰时，他在空中不时可以看到一中队又一中队的"喷火"式战斗机接踵飞过。这也是秘密情报处精心安排的，实际上，一共只有一个中队战斗机，它奉命一次又一次地出现在那架客机的视野内。这样就会使人以为，尽管那时英国十分缺乏战斗机，但是英国从南到北到处都有飞机在领空中不停地巡逻。

当他被带到一个海港参观时，秘密情报处又设法使那个港口内泊满了大大小小、形形色色的军舰。为了制造一个武装到了牙齿、防御及于纵深的坚不可摧的英国形象，英国人真可谓煞费苦心。后来英国当局获悉这个间谍在给柏林的报告中，发出了不要进行任何入侵尝试的警告。他宣称所谓英国缺乏防备的说法纯粹是英国情报机构设下的圈套，其目的是诱使德国发动一场将导致毁灭性灾难的进攻。

点评：

英国人利用这件事大做文章，加上其它迷惑手段的辅助作用，确实起到了很好的效果，最终使德国人下决心取消了入侵英国的计划。

贾那吉耶使罗刹归顺

背景：

摩揭陀国难陀王在宰相罗刹的辅佐下，国势强盛。可是，有一次，难陀王当众侮辱了大臣贾那吉耶，贾那吉耶发誓摧毁难陀王朝。终于，他买通山区国王波婆多迦，围攻摩揭陀国首都，杀死了难陀王和他几个亲生儿子，立其私生子月护为王，建立了孔雀王朝。而罗刹忠于旧王朝，力图复辟。他先与波婆多迦交友，为复辟作准备。但贾那吉耶施计毒死波婆多迦，灭掉了罗刹的希望。于是罗刹逃亡国外，与波婆多迦的儿子摩勒耶盖杜结盟，图谋推翻新王朝。

贾那吉耶认为，只有智勇双全的忠臣罗刹才是新王朝宰相的理想人选。恰好这时贾那吉耶的密探前来报告，说发现罗刹的妻儿藏在珠宝商家中，并捡到了罗刹的指环印。贾那吉耶见此指环印，马上想出了一个让罗刹归顺的妙计，这一计策到底是什么呢？

决断：

贾那吉耶口授一封假信，派心腹西达尔特格去让罗刹的原秘书夏格德陀娑笔录。然后，他把盖上罗刹指环印的假信和指环印一同交给西达尔特格，并且面授机宜。同时，他下令逮捕夏格德陀娑和珠宝商。西达尔特格执行贾那吉耶的秘密计划，假装从法场上救出夏格德陀娑，一同投奔罗刹。罗刹信以为真，西达尔特格又将罗刹的指环印交还罗刹。罗刹吩咐夏格德陀娑保管。

接着，贾那吉耶又假装与月护王发生争吵而辞职，以迷惑敌方。同时，贾那吉耶安插在敌方的间谍，在摩勒耶盖杜面前挑拨离间说，罗刹恨的是贾那吉耶而不是月护王，一旦月护王摒弃贾那吉耶，罗刹就会与月护王言归于好。这样，摩勒耶盖杜对罗刹产生了怀疑。接着，贾那吉耶又进一步在摩勒耶盖杜面前造谣说，毒死他父亲的不是贾那吉耶，而是罗刹，以煽动他对罗刹的仇恨。接着，西达尔特格假装企图非法逃回摩揭陀国，替罗刹送信。他被卫兵抓获后，交出那封盖有罗刹指环印的假信。信中捏造的内容是罗刹与其他几位盟王密谋反对摩勒耶盖杜。罗刹面对好友夏格德陀娑的笔迹和自己的指环印戳，辩解不清。摩勒耶盖杜中了反间计，下令处死与罗刹"勾结"的五位盟王，并驱逐罗刹出境。

罗刹无可奈何，又回到了摩揭陀国。贾那吉耶乘机消灭了摩勒耶盖杜，同时，他假装下令将要处死珠宝商。罗刹在绝望之余，决定牺牲自己，赎出朋友，这正合贾那吉耶的心意。罗刹来到法场，贾那吉耶亲自迎接，向他解释这一切都是为了让他归顺。并对他说如果他同意担任新王朝的宰相，为新王朝出力，那他就放了珠宝商。罗刹为了拯救忠诚的朋友珠宝商，只得同意归顺新王朝，接受宰相职位。

点评：

有时候为了达到某种目的，不能光靠武力和强硬，小施计策化不利为有利，则自然水到渠成。

无中生有　妙而嫁祸

背景：

楚汉彭城战后，刘邦败逃荥阳。项羽乘胜追击，紧逼城下，并断了汉军的外援和粮道。刘邦十分忧虑，郦食其献计分封六国，以求天下拥戴，被张良否定了，刘邦将郦食其大骂了一顿而告终。

汉王销毁了分封六国的王印，虽然是明智之举，可是，无法使霸王退兵。且随着时日的推移，项羽围城愈急，刘邦忧心如焚，便召集张良、陈平诸谋士商议说："项羽乘我兵力分散，城内空虚，率兵围攻，有何办法退敌？"

决断：

陈平说："项羽的骨干部下不外范增、钟离昧、龙且、周段这几个人。如果能够离间他们，就可以解散项羽的核心组织，削弱他的进攻力量了。"

"何以离间诸将？"刘邦急问。

陈平答："霸王为人猜忌，易信谣言，只要大王肯捐弃大量黄金，我就有办法去收拾他们。"

"黄金有什么稀罕的，你就拿4万斤去吧。"刘邦知道陈平喜欢黄金。又加了一句："你爱怎么花，就怎么花。"

陈平受金4万，提出数成，交与心腹小校。使他扮成楚兵模样，怀金出城，混入楚营，贿赂霸王左右，散布谣言。

钱能通神，不过三日功夫，楚军内已是传说纷纷，无非是说钟离昧等功多赏少，不得分封，将要联汉灭楚云云。项羽有勇无谋，素好猜疑，一闻讹传，便信以为真。竟把钟离昧等视作贰臣，不加信任，只对范增信任如故。

霸王疏远了钟离昧，却对荥阳的攻势一点也没有放松，仍然挥军把荥阳围得水泄不通。但汉军坚壁固垒，楚兵终不能越雷池一步，因此项羽心情十分烦躁。

陈平抓住时机，又向刘邦献计道："项羽攻城不下，正好派人去向他诈降。他必然应允，遣人来讨论条件，到时我们便以恶作剧戏弄来使，借此来离间范增，等到项羽军心浮动时再行突围。"

刘邦心领神会，遂命陈平、张良依计而行。

陈平、张良派使者往楚营游说，奉上厚礼甘言，说刘邦不敢与楚王分庭抗礼，愿各守封疆，共保富贵，划荥阳以东为楚界，荥阳以西为汉界。

项羽想到刘邦势力日大，韩信又善于用兵，继续打下去，亦不知鹿死谁手，不如趁早讲和，休养生息，等候机会，东山再起，便招范增前来商量。范增分析道："这是刘邦的缓兵之计，和谈不是本意，是要把战局拖住，坐等韩信的救兵。今日正当猛攻快打，把刘邦消灭在这里，再去对付韩信。"

项羽犹豫起来。汉使料定是范增从中作梗，乃对项羽说："陛下自应圣裁，左右的话，怕有私弊。因为战胜也好，战败也好，别人一样可以不当楚官当汉官，但陛下将怎样处理？况且汉王尚未势穷力尽，韩信的几十万大军很快就会到来，内外夹攻，陛下师疲粮尽，那时欲退不得，欲进不能，不是后悔莫及吗？依臣鄙见，倒不如及时讲和，化干戈为玉帛，这样，不独汉王感恩戴德，老百姓也会讴歌陛下的仁义呢！臣虽身在汉营，仍是天下一介贱民，望陛下三思，为天下着想，不要被左右暗中出卖了！"

项羽一时难以回复，便道："你先回营，我即派人入城讲和。"

陈平心花怒放，暗想：贼亚父，你也死到临头了！

项羽不听范增的劝谏，派虞子期等人为和谈大使进入荥阳城。刘邦谎称夜饮大醉，命陈平前来接待。陈平把楚使引到客房，楚使见客房布置得非常阔气，招待的人又都那么殷勤、周到，心里已有几分得意。陈平设了丰盛筵席，请虞子期上坐，顺便问起范增的起居近况，大赞范增，并附耳问："亚父范增有什么吩咐？"虞子期道："我们是楚王差使，不是亚父差来的。"陈平一听，故作吃惊，说："我以为你是亚父差来！"便叫几名小卒撤去上等酒席，随后把楚使领至另一间简陋客房，改用粗茶淡饭，残羹冷炙招待。陈平满脸愠色，拂袖而去。

众楚使如坠云里雾中，乃整衣求见刘邦。刘邦传说还未梳妆。侍从引着楚使在密室休息，奉陪一会，托辞起身，说："虞大使请稍候，小臣去帮汉王梳洗。"遂离开密室而去。

虞子期受此怠慢，大为不快，在密室里走来走去，见桌上有几份秘密文件，随即走过去翻阅，找到一纸首尾不写名的信。

内云："霸王提兵远来，人心不附，天下离叛，兵不过二十万，势渐孤弱。大王切不可出降，急唤韩信回荥阳，老臣与钟离昧等为内应，指日破楚必矣。黄金不敢拜领，破楚后愿裂土封于故国，子孙绵延百世，臣之愿也……"

虞子期大惊，暗思这信必是范增的了。近闻亚父与刘邦私通，尚不相信，今见此信，相信真的假不了，假的也真不了。于是，将信揣入怀中，准备回去告诉楚王邀功。

虞子期回营后，不胜其愤，把自己所受的冷遇，在项王前渲染了一通。然后将从密室里偷来的匿名信呈给项羽。

项羽看罢密信，怒发冲冠，招来范增大骂："老匹夫居然起心要出卖我，今天决不饶你!"

范增丈二和尚摸不着头脑。他深知霸王一向尊敬他，但今天却这么待他，分明早已不信任自己了，便对项羽说："天下大局已经定了，愿大王好自为之。"

范增解甲归田，一路上怨恨不已，叹气道："刘邦是个假仁假义、刁钻刻薄的小人，一个亭长怎么能做君王？霸王可是个又能干又豪爽的英雄，将门之子，确实有君王气魄，只可惜……"

范增边走边想，边想边叹气。一路上，吃不下，睡不好，犹如风前残烛，气息奄奄。将至彭城，忽然背上生了一个毒瘤，凄凄惨惨、冷冷清清地合上了眼。这一年，范增七十又五。

范增死后，项羽醒悟过来，大喊上当，但悔之晚矣。

点评：

在战争中，或散布谣言，或嫁祸于人，挑拨离间，破坏敌方内部的团结，往往是战胜对方的绝妙手段。这同时也警示我们，内部离心离德，必会使自己不攻自破，只有团结一心，方能成事。

岳飞反间废刘豫

背景：

南宋建安二年（1128 年），金军南侵，兵围济南，知府刘豫杀害抗金将领关胜降金，两年后被金主封为"大齐"国傀儡皇帝。

刘豫网罗一大批卖国之徒，于淮河沿岸及洛阳地区与宋军对抗，成为南宋北伐收复失地一大障碍。

抗金名将岳飞驻师江州（今江西九江），得知金太祖第四子宗弼（即金兀术）非常讨厌刘豫。认为可以利用两人的矛盾，铲除刘豫。

决断：

一天，岳飞军抓到金兀术手下的一个谍报人员，岳飞佯装认识他，大声责备他说："你不是我军中的张斌吗？我从前派你去齐国送信，刘豫答应今年冬天以联合出兵长江为借口将四太子诱来清河（今河北清河县西），你为何一去不返？"那间谍听到这里以为是岳飞认错了人。为了保全性命，间谍顺水推舟冒认了张斌，哀求岳飞饶命。

岳飞见间谍上钩，赶紧用蜡写了一封信给刘豫，上面写着密谋诛杀金兀术的计划，接着岳飞对间谍说："我现在饶你一次，给你立功机会，再到齐国去。"于是把间谍大腿割开放入蜡装密信，警告他不可泄露。间谍回去后，把信交给金兀术，兀术大为吃惊，立即送交给金主完颜亶。正好此时，有人报告刘豫与南宋宰相暗地有来往，可能相约图金，即将刘豫逮捕起来，囚于金明池。伪齐政权从此告终。

点评：

两军交战固然是军事之本，但善于用间巧妙迂回，则可避免不必要的正面冲突和流血牺牲。

英国人巧用心理战离间德意同盟

背景：

1943 年，第二次世界大战到了关键年头。德国法西斯为了阻止英美联军从意大利登陆，制订了一项地中海作战计划。为了争得盟友意大利对该计划的支持，德国与意大利之间进行了秘密谈判，希望意大利海军能与德国部队协同作战。意大利海军弱点很多，在战争初期就连连受挫，士气低落，毫无斗志，并对德军的合作要求抱有抵触态度。

决断：

英国海军上将肯尼汉了解到这一情报后，决定用心理战来阻挠德、意的合作。为此，英美海军的有关部门专门开会，研究制订了一个周密的计划。依照这个计划，英美盟国通过对外广播，向意大利发动了长达一年零五个月的宣传攻势。宣传的主要内容是：德国人把意大利人当炮灰，意大利商船将被征用来撤退德国在北非的隆美尔军队，同时把意大利军队抛在北非沙漠，任由盟军宰割等等。这场出色的政治宣传产生了极大的离间效果。本来就与德国同床异梦的意大利人于是对德国的合作要求抱怀疑和拖延的态度，它也不愿全力阻拦英美海军的军事行动。结果，英美联军顺利地控制了地中海，并进行了西西里岛登陆作战。

点评：

"亲而离之"是离间术的一种具体运用。这一谋略，主要是采取一切手段离间敌方阵营，使己方赢得对抗中的优势，其方法是分化瓦解，积极争取。善于抓住敌人阵营中各派力量在利益上的矛盾，展开心理战，破坏敌方联盟，正是"亲而离之"谋略的运用。

挑拨离间　各个击破

背景：

　　海陵王完颜亮是历史上一位毁誉参半的传奇皇帝。他生活在金朝，是金太祖之孙。他年轻时便飞黄腾达，位极人臣，并早有觊觎神器之意。他长期窥测方向，等待时机，而金熙宗的猜忌好杀，又为他提供了契机。金皇统九年（1149 年）正月，完颜亮生日，熙宗命大兴国送来厚礼。皇后裴满氏也附赐礼物。帝后二人本来不谐，听说皇后也来附庸风雅，便怒杖大兴国，并夺回赐物，这使完颜亮惊惧不已。

　　不料，一波未平，一波又起。待到五月间，熙宗准备大赦，命翰林学士张钧草拟诏旨，参知政事萧肄却把诏旨掐头去尾，摘出几段呈给熙宗。说张钧语涉诽谤。熙宗不问情由，竟将张钧枭首，又追问张钧受何人指使，左丞相宗贤因与完颜亮之父有过龃龉，遂乘机进谗，说是出自完颜亮的授意。熙宗老大不快，贬完颜亮出朝，任命为领行台尚书省事。完颜亮从中京南下，行至良乡即被熙宗召还。完颜亮莫测其故，非常恐慌。及至回朝，熙宗不计前嫌，又任命他为平章政事。接二连三的打击，使完颜亮战战兢兢，如临深渊，如履薄冰，这种尴尬处境促成了他早日除掉熙宗的决心。

　　这年八月，金朝宰臣商议迁徙辽阳、渤海之民于燕南，熙宗近侍高寿星之家也在迁徙之列，他找到皇后裴满氏，请求不迁。皇后告诉了熙宗，熙宗大动肝火，平章政事秉德，右丞、驸马唐括辨因泄密而受杖，左司郎中三舍被杀。秉德、唐括辨心怀怨望，遂与大理卿乌带密谋废掉熙宗，乌带又把此事告诉了完颜亮。一天，完颜亮问唐括辨："你们如举大事，谁能嗣位？"唐括辨回答说："自然是当今之弟胙王常胜了。"完颜亮又问："除他之外，谁人可立？"括辨说："邓王之子阿懒。"完颜亮摇摇头说："阿懒属疏，怎能为帝？"原来阿懒祖父宗杰系太祖阿骨打之子，父亲宗卖曾为上京会宁牧，官封邓王，阿懒是太祖的曾孙，比完颜亮低了一辈，因此，完颜亮说他属疏。

　　唐括辨反问他："如此说来，莫非你有问鼎之意吗？"完颜亮拍着胸脯说：

"如果真不得已，舍我其谁?" 于是他们日夜密谋废立之事。护卫将军特思见他们形迹可疑，便报告给了皇后，皇后又诉说给熙宗。熙宗召唐括辨斥责说："你和亮密谋何事，打算怎么样我?" 一怒之下又杖责了唐括辨。完颜亮虽未受追究，但心忌常胜、阿懒，又对特思深恶痛绝，只是时机不到，不敢发难。凑巧的是，河南军士孙进暴动，自称皇弟按察大王，而熙宗弟只有常胜、查剌二人。

决断:

完颜亮知道熙宗有疑常胜之意，便乘机构陷他与孙进交通，熙宗命特思审理，自然无法落实。完颜亮进谗说："孙进造反，不称他人，只称皇弟大王，其中隐情，值得陛下深思。陛下之弟只有常胜、查剌，特思没有认真审理，就受赇骫法，纵之不问，请陛下明察。" 熙宗认为此说有理，即命唐括辨、萧肄审问特思。

特思经不起严刑拷打，便诬服自己徇情枉法，故意开脱常胜之罪。熙宗大怒，将常胜、查剌、特思一并处死。完颜亮又乘机怂恿熙宗杀掉阿懒。阿懒之弟挞懒，熙宗本无意杀之，完颜亮说："其兄既已伏法，其弟安得独存?" 挞懒也白白送了性命。熙宗又迁怒于后妃，一个月内接连杀死皇后裴满氏、妃子乌古论氏、夹谷氏、张氏等数人，把弟媳胙王常胜之妃纳入宫中。熙宗株杀无辜，杖责大臣，使得群臣震恐，人人自危，朝中没有人肯再为他效忠了。

完颜亮见熙宗众叛亲离，不由暗暗高兴，便紧锣密鼓，勾结熙宗侍从策划政变。护卫十人长仆散忽土曾受恩于完颜亮之父，另一护卫十人长徒单阿里出虎是完颜亮的世代姻亲，都附和完颜亮。寝殿小底、权近侍卫长大兴国执掌宫殿钥匙，他曾推荐李老僧给完颜亮，后来升为尚书省令史，对完颜亮心怀感激。大兴国无罪被杖，心怀怨恨，完颜亮又让李老僧串通大兴国为内应，并相约于皇统九年十二月九日晚，乘仆散忽土、徒单阿里出虎在熙宗寝殿值班之机发难。这天晚上二更时分，大兴国大开宫门，假传圣旨召完颜亮入宫。

完颜亮与妹婿徒单贞，还有秉德、唐括辨、乌带、李老僧等人，身藏利刃，迳奔熙宗寝殿。司阍以唐括辨是当朝驸马，完颜亮是皇上至亲，并不怀疑有诈，开门延纳。等到了寝殿门口，卫士发觉有变，完颜亮等持刀威吓，卫士不敢动，完颜亮等得以闯入熙宗榻前。熙宗为防不测，常置佩刀于榻，不料这天已被大兴国藏起，熙宗遍觅不得，无法防御。阿里出虎先斩一刀，仆散忽土继之，熙宗受伤仆地，完颜亮再补一刀，熙宗登时毙命，年31岁。

秉德一时想不起该立谁为帝，沉吟不决，仆散忽土说："当即商定扶立平章（指完颜亮），还犹豫什么？"秉德无话可说，即奉完颜亮坐，再拜呼万岁。完颜亮在血泊中黄袍加身，恐怕众大臣不服，便诈传熙宗旨意，召集大臣议立皇后。等大臣到齐，便猝不及防杀了曹国王宗敏、右丞相宗贤，封秉德、唐括辨为左右丞相，乌带为平章政事，仆散忽土、徒单阿里出虎、大兴国等也各封官晋爵，废熙宗为东昏王，并下令改元天德。完颜亮终于如愿以偿，把江山篡夺到了自己手里。

点评：

巧施离间之计，将敌方各个击破，从而大虚其势往往是克敌制胜的良方。

宋太祖利用画像离君臣

背景：

宋太祖陈桥兵变夺取政权以后，又以杯酒释兵权稳固了中央集权，在无后顾之忧的情况下开始了消灭封建割据势力的统一战争。在灭掉南汉以后，他把目标转向南唐。南唐后主李煜昏庸无能，他的才智都用于诗词歌舞，整天沉溺酒色，不理朝政。听说宋灭了南汉，他非常恐慌，连忙派人上表宋朝廷，表示愿意去掉国号称江南国主。宋太祖虽然有心灭南唐，可是又无计可施。原来，南唐有一位深得民心，勇猛无敌的武将，就是江都留守林仁肇，这使宋太祖不敢轻举妄动，他就把林仁肇视为灭南唐的一大障碍。可巧开宝四年（971年），李煜派其弟李从善前来朝贡，宋太祖忽然心生一计。宋太祖用什么计来除去林仁肇呢？

决断：

宋太祖在李从善来了之后当即热情款待，并把他留下任泰宁军节度使。李从善不敢违命，只得报告李煜。李煜也不知宋太祖葫芦里卖得什么药，正好可以通过李从善探听情况。李从善经常派人去江南联系。宋太祖派一名使者到林仁肇那里办事，使者用钱财贿赂了林的手下，请求他搞一张林的画像，仆人窃取了一张林仁肇的画像交给了使者。使者拿着画像回来复命，宋太祖把像挂在侧室，并找机会让李从善前来。一天，李从善听诏令来见太祖，廷臣把他领到侧室，他一眼就看到林仁肇的画像，就问侍臣："这是我朝留守林仁肇的画像，怎么会挂在这里？"侍臣支支吾吾，欲言又止，半天才说："你已经是宋朝的人，告诉你也没什么，皇上爱惜林仁肇的才干，下诏书让他来京城，他已经答应投降，先送来画像做承诺。"说完指着附近一座华美富丽的房屋说："听说皇上准备把这所房子赏赐给他。等他到京城，还要封他为节度使呢！"李从善听后，立刻派人回江南报告给李煜。李煜也不认真思考思考，就马上派人召来林仁肇，问他是不是已经投降宋朝了。林仁肇说没有。李煜不信，怀疑林仁肇怀二心，在设宴招待林仁肇时，让人在酒里下了毒药。林仁肇不知道，喝了下去，回到家中，毒性发作，七窍流血而死。宋太祖听到林仁肇的死讯，非常高兴。后来终于灭掉南唐，统一了中国。

点评：

对那些刚愎自用，生性多疑的人只须以计相激，便能收到离间人心的效果。李煜毒杀林仁肇就是很好的例证。

间杀李牧　赵国随灭

背景：

"反间计"最让人讨厌，被认为是最卑鄙的。按当今的说法就是间谍计。"反间计"形象地说，就是"亲而离之"，其本意是利用间谍或谋士使敌人的将领之间或将领与君主之间互相不信任，以致于互相攻击，以达到我方的军事目的。按历史唯物主义的观点来看，古代的反间计无疑就是一种谋略，你用我，我用你，没什么仁义不仁义，卑鄙不卑鄙的。为了战争，为了统一的需要，反间计有时不失为非常有效的一招。

历史上最著名的反间计有几例：

一是烛之武退秦师。公元前630年，秦晋两国联合攻打郑国。秦晋两国都是大国，而郑国是小国，如果两军联合攻击，郑国失败是迟早的事。情急之下，郑文公派出能言善辩之士烛之武去说服秦国退兵。烛之武不是空口无凭，凭着一张嘴就可以把秦国说服的，他是在经过一番考察并根据实局情况才决定去的。因为当时郑国处于秦晋两国之东，秦在最西，晋在中间，烛之武想以两军攻郑国对秦国无利去说服秦国。毕竟，如果攻下郑国，自然晋国得利最大，连成一片，而秦国却要跨过晋国而分享郑国，自然不便，不免还要受到晋国侵扰。烛之武这样去跟秦王一说，秦王听了觉得有理，也就打消了攻郑的念头，班师回国。晋国没有办法，气归气，也只得退兵。

烛之武充分利用地理位置和秦晋两国关系，诉之利害，拆散了两国联盟，实质上就是离间两国，最后达到敌退自存的目的。这是烛之武充分认识到了秦晋双方利益和目标的不一致性。

其二是田单离间燕将乐毅。在更多的情况下，反间计是制造谣言让敌方的君臣不和，调走能干的大将，削弱敌方的力量，然后加以攻击。战国时代，军事谋略家田单就是运用这一谋略，打败了强大的燕国。

当时，燕将乐毅率领大军攻打即墨，田单率军防守。乐毅有勇有谋，并且熟悉韬略，齐军要想保住即墨，战胜燕军，就必须先想办法除掉乐毅。恰好，这时燕昭王死了，惠王即位。而惠王在当太子时就对乐毅有所不满。

田单得知这一情况，就派人到燕国，散布谣言说："乐毅与燕国新王有怨，不敢回国，他想借这次攻齐的机会，控制军队，在齐国称王。只因现在齐国人心未服，故缓攻即墨，以收买人心。如果换别的将领，即墨早就攻下来了。"燕惠王本来就对迟迟未攻下莒城和即墨有怀疑，现在听到街上的风言风语，便信以为真，于是派骑劫到齐地代乐毅统兵，召乐毅回国。在此种情况下，乐毅为防不测，就投奔了赵国。乐毅一走，田单就少了一个劲将，新将到来军情不熟，又不太精明，于是全军人心涣散，战斗力大为减弱。田单用"火牛阵"加以进攻，打得燕军大败而逃。

从这个战例可以看出来，"亲而离之"谋略的关键是要看清楚对方国君和大将之间的关系，然后对症下药，放出流言，就可以达到目的。试想，战场上临战易将，是军之大忌。哪里还有不败的道理？

还有一个就是刘邦用陈平之计离间项王和范增的关系。

在秦末楚汉相争的过程中，范增是项王最得力的谋士，他曾力主在鸿门宴上除掉刘邦，又多次出谋划策，打败汉王刘邦的军队。他实在是对刘邦争夺天下的最大威胁。刘邦清楚，他要战胜项王，争夺天下，首先就必须除去范增，让他离开项王。于是他与陈平制定了周密的计划。

有一天，项王派使者到刘邦处，刘邦手下的人摆上了丰厚的宴席。当来使即席时，刘邦手下的人却装出大吃一惊的样子，说："原本以为是范亚父派来的使者呢，却原来是项王派来的！"当即令人撤去酒宴，换上粗劣的食物。

使者受到了冷落和污辱，非常恼怒，回营以后，将情况添油加醋地汇报给项王。项王一听，果然对范增产生了疑心，于是他不再采纳范增的谋略。范增气得告老还乡，可怜他在半路上背痛发作而死。从此项王江河日下，最终为刘邦所败。刘邦的谋略看起来是再简单不过了，但也是相当狠毒的。在战场之上，无所谓人品不人品，在两军交战相持不下之时，运用权谋来毁掉其主要谋士和大将，就等于消灭了一位劲敌，比在战场上的拼杀要见效快得多。运用这一谋略主要是要掌握对方的人际关系，然后加以利用。范增本来与项王关系很好，但是刘邦和陈平深知项王有很重的猜忌心。加上使者那绘声绘色地一讲，由不得他不相信。项王还是不够聪明：如果他一细想，认清了这是刘邦的诡计，也就不会有历史上的这一幕了。所以，作为一个领导人，必须胸怀开阔，不要听从敌方的谣言，不然的话，就会上当。

决断：

秦国灭亡韩国之后，第二个目标就是赵国。其实，秦国早就有两次灭亡赵国的机会，但却没能实现。

一是因为秦相范雎妒忌秦将白起。原来秦将白起在长平之战中，大败赵将赵括，坑杀赵降兵四十万，秦本应趁赵国元气大伤的时候，进军邯郸灭亡赵国。可是秦相范雎认为如灭赵国，白起功劳当在他之上，出于妒忌的心情，便以"军劳"为名，说服秦王令白起退兵。因此，秦失去了灭赵的第一个机会。

另一次是因为魏公子无忌窃符救赵。秦在长平之役大胜不久，又起兵围攻赵都邯郸，即将攻下，形势极其危急。无忌的姐姐是赵惠文王弟平原君的夫人，多次致书魏王及无忌，请求派兵救赵，秦王派使告诉魏王说："我即将攻下赵都，谁敢救赵，灭了赵，我就率军先打谁。"魏王惊，派人使晋鄙军停止前进。驻军于邺，名为救赵，实是侍两端以观望。无忌多次说魏王，魏王不听。后无忌听侯生计，通过魏王的宠姬在其卧室内偷得兵符。于是无忌与晋鄙合符，晋鄙犹疑，无忌令朱亥椎杀晋鄙，领晋鄙军进攻秦军，秦军退走，邯郸围解。

到了秦王政时，秦国和赵国有多次交锋，虽然秦国多次从赵国手中攻城掠地，但也占不了什么便宜，损失也比较惨重。就在攻韩之前的攻赵中，由于赵军顽强抵抗，秦军挫败，其中一个重要原因，就是因为赵国名将李牧领兵有方，抗住了秦国的强大进攻。因此，秦国视李牧为统一赵国过程中的眼中钉，非拔之不可。于是，秦王政在和众谋士的商量之下，决定采取离间之计，间杀李牧，同时派王翦和杨端和两路军进攻赵国。

而赵国的当权者依然沉浸在昔日屡挫强秦的美梦里，都城邯郸依然是歌舞升平、醉生梦死的世界。此时赵国掌权的人物是赵悼襄王后、赵王迁和丞相郭开，俨然又是一个三巨头政治体制。

丞相郭开一贯嫉贤妒能，压制人才，又明里暗里不知受过秦国多少重金贿赂，早已出卖了良心，把排挤陷害抗秦将领、压制破坏国内抗秦运动当做自己惟一的工作方向了。至于赵王迁，不过是一个毫无主见的青年，同其父亲悼襄王一样浑浑噩噩，对母后毕恭毕敬，对郭开言听计从，根本没有决策权。

国君年幼无知，淫后窃国主政，叛国分子得宠用事，权臣横行无忌，赵国的朝政怎能不昏庸混乱，丧失民心？朝野内外又如何能够团结一致，共御强秦？赵国倾覆亡国的日子已经屈指可数，为期不远了。

福无双至，祸不单行。人祸与天灾往往接踵而来，交替发作。就在韩国灭亡的当年，一场山崩地裂的大地震猛烈地摇撼了赵国全境，"代地大动，自东徐以西，北至平阳，台屋墙垣大坏，地坼东西百三十步"。东徐在今山西临汾境内，平阳在今山西大同境内，也就是说这场突发的大地震北起大同，南到临汾，几乎纵贯今山西全境即赵国大部分地区。当地震发生时，只见一阵蓝光闪过茫茫夜空，地声咆哮如牛鸣，脚下颤动似筛糠，顷刻间房倒屋塌，山体崩坠，人民死伤无数，号哭之声不绝于耳，连黄河对岸的秦国也有强烈的震感。大地震过后又是持续一年的大瘟疫和大饥荒，死尸遍道，哀鸿遍野。

朝政腐败，又加上自然灾害和大饥荒，人民人心惶惶，处在水深火热之中，过着艰难的生活。这正是一个国家快要灭亡的前兆，所以有一首歌谣传遍了邯郸街头：

赵为号，

秦为笑。

以为不信,

视地之生毛。

(载于《史记·赵世家》)

正表达了人民惊恐不安,发泄胸中怨气的心情,也是社会现实和民心向背的真实反映。它就像一首催命曲,催促着赵国一步步走向灭亡的深渊。

虽然军情十万火急,但朝廷依然昏聩,当权者只顾偷生享乐,哪管人民死活。因此,赵国军民只能把希望寄托在他们视为擎天一柱的名将李牧身上。岂不知,他们的擎天柱也在遭秦国暗算,步步将倾。

自古燕赵多慷慨悲歌之士,英雄良将史不绝书。身材高大伟岸、胸中藏兵百万的名将李牧即是其中最为杰出的代表。李牧的生年及出身不详。他大概自幼从军,弱冠为将,驰骋疆场数十年,历仕赵孝成王、赵悼襄王、赵王迁三朝,在北逐匈奴、南抗强秦的战争中立下了赫赫功勋,声名直追廉颇而功绩犹有过之。

赵孝成王在位时,李牧奉命为边关大将,镇守雁门郡,抵御匈奴。他仔细考察了边关军情态势后,认为匈奴长于骑射,来去如风,飘忽不定,在短时间内很难将其主力寻获全歼。而赵国连年征伐,将士疲惫,粮草供应也严重不足,理应筹措粮草,养精蓄锐,避免交锋。因此他采取了示敌以弱,坚守不出的战略,等待有利时机诱敌深入,一举消灭匈奴有生力量。他首先下达了一道严厉的军令:"若匈奴前来骚扰抢劫,所有将士即各保险隘要塞,严禁出关迎击,违者斩无赦!"然后大力整军治军,进行战争准备。同时,李牧采取了很多准备措施来打赢这场战争。为了解决军费开支和粮草供应问题,他强制地方官吏将所有税收集中起来,移作军用。为了随时掌握匈奴的军情动向,他充分发挥烽火台的作用,命令士兵日夜守卫瞭望,敌方一有动静便举火燃烟报警。为了提高边关将士的体质和战斗力,他一方面注意改善军营伙食,每天杀牛宰羊犒劳将士,同时进行严格的军事训练,并亲自督察指导,稍有懈怠即严加训斥,毫不留情。

这样经过数年时间,虽然匈奴轻骑经常在长城脚下纵横驰骋,耀武扬威,但李牧只是坚守不出,保存实力,匈奴也没辙。赵国守关将士以为李牧胆小,不敢出战,于是怨声道起,横加指责,消息传到皇宫,赵孝成王也深为不满,就撤下李牧,换了别的将领,改为积极出战政策,正中了匈奴的下怀。于是,赵国北方边境连连失利，伤亡惨重，人员财产损失严重。无可奈何之下，赵孝成王还是放下架子，重新委任李牧为镇关大将，而李牧还是采取原先的坚守战略，从而确保了赵国北方边境的安定。

几年过后，赵国边关将士在李牧养精蓄锐、严格训练的正确方针引导下，战斗力空前加强，士气日益高涨，摩拳擦掌准备与匈奴决一死战。骄横的匈奴仍然认为李牧畏己怯战，也秣兵厉马，准备大举进犯。李牧见时机已到，便开始精心策划一场大规模的歼灭战。他首先选定战车一千三百乘，骏骑一万三千匹，冲锋陷阵的勇士五万人，射艺精湛的弓箭手十万人，分中军和左右两翼埋伏于长城之内的平川上。然后让数千士兵打扮成放牧的百姓模样，驱赶大批牲畜漫出长城之外，以为诱敌之饵。

匈奴单于闻报长城脚下漫山遍野全是骏马肥牛绵羊，果然眼睛发红，贪心大起，亲自指挥十几万兵马赶来抢夺。假扮百姓的数千赵兵佯装惊慌失措之状，吆喝驱赶着牲畜退回长城各口。到口的猎物岂肯轻易放过，只见单于将手中马鞭一指，匈奴兵将莫不奋勇争先，纷纷催马舞刀势如潮水一般涌进长城，来到李牧布置的袋形伏击圈内。经过一场激战，赵军把匈奴打得溃不成军，顷刻之间十几万精锐劲旅就被消灭净尽，只有少数亲兵保护着单于奋不顾身地冲出包围圈，逃向大漠。李牧催动大军越过长城，乘胜追击，灭襜褴（代北胡族所建国名），破东胡（匈奴之东的一个部族），降林胡（匈奴别支），深入匈奴领地数百里而还。

经此一战，赵国军威远震北疆大漠，匈奴族十几年之间不敢犯边。李牧也一战成名，声威播于中原。在秦国东进与赵国展开连年大战之际，每当赵国损兵折将、大败亏输的危急时刻，便火速调回李牧及边关重兵抗击秦军，而李牧屡屡出奇兵挫败秦军，几乎是攻无不克，战无不胜，因功被赵王封为武安君，被赵国民众百姓目为擎天巨柱和民族英雄。他本人和麾下的精锐部队也被东方各国视为阻挡强秦东进的有力屏障。

李牧建立了如此大的功绩，而且声名远播，所以赵王一有危急，每次都派李牧来解围，都能转危为安，化险为夷。在秦国几次攻赵的过程中，因为有李牧的率军奋力抵抗，所以使得秦军并没有占到便宜，还损兵折将。因此呢，秦国要灭赵，必须首先拔掉李牧，欲除之而后快。

公元前 229 年，也就是秦王政攻下韩国的第二年，秦王政派出以大将王翦和杨端和为统帅的两路大军展开了对赵国的正面进攻，又秘密派出了一支小分队——秦国的"第五纵队"间谍队潜入赵国，正准备从背后向李牧猛捅一刀，使其毙于非命。而这正是秦王政屡试屡验，出奇致胜的秘密武器——反间计。

就在赵国生死存亡的关头，在赵国却出现了三个令人悲恨交集、扼腕叹息的不同场景：

在烽火连天的正面战场上，大将李牧和副将司马尚分军两路，人不解甲、马不卸鞍地苦苦支撑抵御着秦军的猛烈攻势；而在富丽堂皇的丞相府，秦王政的重要谋士顿弱却成了权臣郭开的座上佳宾，郭开面对秦国送来的奇珍异宝，两只小眼睛又笑得眯成了一条缝儿，甭提有多满意；在人心惶惶的邯郸街头，顿弱带来的秘密小分队成员乔装打扮，像幽灵一样出没于酒楼茶馆，散布着各种蛊惑人心的谣言，打通各级官吏的通道。不久，诸如李牧在两军阵前与敌将书信往来、里通外国、意欲谋反之类的流言蜚语便传遍全城，并穿越宫墙，吹进王太后和赵王迁的耳朵里。两人大惊之下，急召丞相郭开入宫询问究竟。郭开一番摇唇鼓舌的煽动和加油添醋的"证实"，更使得他们对这些消息深信不疑。而王太后本来就对李牧当年极力反对她入主后宫之事心怀不满，此时旧恨新仇一起涌上心头，决计除掉李牧这个"卖国奸贼"。在经过一番紧急商议之后，决定先剥夺李牧、司马尚的兵权，委派将领赵葱、颜聚赶往前线接管军队，次遣赵王迁的心腹宠臣韩仓怀揣赵王谕旨，手持尚方宝剑，紧随其后捉拿李牧。

大敌当前，军情紧急，李牧以国家和人民利益为重，早已置个人生死于度外，拒不交出兵符，仍然组织军队进行抗战，而赵王迁的谕旨和尚方宝剑随后就到，以"莫须有"的罪名宣布了李牧的罪状，并将李牧带回，接着李牧就被阴谋小人给害死了。

一代名将李牧，就这样被谣言和谗言残杀吞没了！与其说他死于赵国王太后、赵王迁、权臣郭开及小人韩仓等的有意加害，还不如说他死于秦王政的蓄意谋杀。

擎天巨柱李牧之死，正中了秦王政的反间计，自毁长城，结果导致民心不稳，军心大乱，赵王统治的根基彻底动摇。赵国的最后灭亡便指日可待了。

李牧死后，赵国任命赵葱、颜聚为主将，抵抗秦军。那赵葱和颜聚二人从未立过功而身为主帅，赵军前线将士哪里肯轻易服从他们指挥，所以军心便日益涣散。况且前线主力正是李牧长期统领的边关守军，李牧横遭奸臣陷害之后，个个愤愤不平，人人怨气冲天，又哪里肯再为淫后、昏君、奸相出力卖命，便三五成群，结队逃亡。赵葱、颜聚力不能禁，又见秦军攻势猛烈异常，只得合兵一处，抗击王翦主力军队的进攻，至于杨端和一路秦军，实在是难以抽调兵力前去抵挡，只能听天由命了。

赵葱和颜聚的这一军事部署正中王翦下怀，与他以主力对主力全歼敌军的想法不谋而合。于是他传令中军正面排阵迎敌，左军和右军迅速作战略展开，从两翼包抄合击。一场大规模的歼灭战便在太行山脚下的平原上拉开了血腥的帷幕。等赵军排列好阵势后，只见王翦将手中帅旗轻轻一挥，列在秦军阵地最前面的数千辆战车首先呼啸而出，迅速扑向敌方军阵，左冲右突，势不可挡。车上的弓弩手箭无虚发，攻击手戟戟见血，刹那间便将赵国军队杀得人仰马翻，阵势大乱。王翦又将帅旗轻轻一挥，秦军的第二道攻击波——主力步兵便遮天盖地地杀将过来，左右两翼的骑兵也催动战马，蜂拥而上，喊杀声如狮吼虎啸。

这场激战，秦军更是杀得性起，因为秦国有军功受爵的奖励，所以每个士兵都奋勇杀敌，勇不可挡。未及一个时辰便杀得尸横遍野，血流成河，赵国主将赵葱也死乱马之中，颜聚则早已见势不对，落荒而逃。剩下的军队如鸟兽散，已没有了战斗力。

这一仗，赵国主力部队全军覆灭，从此国中无兵，朝内无将，再也难以阻挡秦国军队的任何进攻了。王翦指挥大军长驱直入，一路几乎兵不血刃，与杨端和率领的另一支秦军会师于邯郸城下，把赵国都城包围了个水泄不通。

随后，王翦威逼相加，赵王迁主动投降，献下邯郸城，俯首称臣，赵国灭亡。

然后事情并未到此结束，王翦速派使者飞骑赶往咸阳向秦王政报捷，并向秦王请示道：

今邯郸城破，赵王降服，三军休整，待命而动。是班师回朝，还是北进伐燕，抑或分军灭魏？伏乞大王明示。

秦王政得报大喜，下令咸阳城内钟鼓齐鸣，文武百官留宫宴饮，以示庆祝。至于大军的下一步行动，秦王政沉吟良久，突然眼睛一亮，挥笔写下了这样一道命令，让使者带回邯郸王翦军中：

将军小憩片刻，三军休整勿动。孤王要亲至邯郸犒劳全军将士！

一个月之后，秦王嬴政头戴通天金冠，身乘华丽辇车，在重兵一路护卫下来到了邯郸。在城外，他在王翦的陪同下检阅了秦军排列整齐的巨大方阵，说了些犒劳慰勉的话语，随之散发了带来的大量赏赐物品。秦军全体将士欢声雷动，山呼万岁不绝。然后举行了盛大的入城式。

秦王政坐在黄盖辇车上，缓缓行驶于邯郸城内的中央大街，检阅着已属于他的部队和臣民，脸带微笑，还不停向大家挥手致意。然而，他的内心却是不平静，正在翻江倒海：这就是当年生我养我的地方，这就是刻尽我苦难不幸和屈辱的赵国都城邯郸。如今，这片土地就踏在他的脚下，屈辱的往事历历在目，仇恨的火焰在胸中燃烧，他决意要报复，以屠刀和鲜血洗刷过去的屈辱，了却旧日的恩怨！这也正是他这次不远千里驰驾邯郸的主要目的。

于是，一场秘密大搜捕便在邯郸全城展开。抓来的都是些什么人呢？有当年在他母亲身上发泄淫欲的达官贵人、文士骚客，有当年揪他耳朵、扭他脑袋的鸨母龟奴、厨师丫鬟，有当年朝他身上吐口水、擤鼻涕的贩夫走卒、过往行人，有当年群起围攻殴打他的小伙伴，还有不给他饭吃、经常把他母子二人赶出家门的舅家亲戚等等。

秦王政仇恨的目光一遍又一遍地扫视着这些跪伏在他面前的所有昔日仇人，最后冷冷地下达了一道残酷的命令："坑杀！"

这场屠杀彻底暴露了秦王嬴政"居约易居人下，得志亦轻食人"的残忍暴戾本性，也使血腥和恐怖笼罩了邯郸全城。

了却了童年愤怨，杀光了旧日仇家，秦王政觉得再也没有在邯郸逗留的必要了。他下令将赵国的宗庙和社稷全部拆毁铲平，将赵王迁徙往蜀郡房陵（今湖北房县）羁押，让王翦统领大军驻于中山，（今河北定州市）随时准备北伐燕国，然后起驾西回咸阳。临走时将赵王宫内秘藏的奇珍异宝、钟鼎礼器、山川图籍及所有简册文书扫荡一空，车载马驮，浩浩荡荡地运回咸阳。至于那颗当年秦昭襄王想以十五座城池相换而不得的稀世之宝——和氏璧，此刻自然是"原璧归秦"，一路上被秦王政把玩欣赏于手心，不尽欢喜，更有骄意，毕竟几代梦寐以求的和氏璧在自己手上拿到了。

那位在邯郸城破前夕趁乱逃出的原赵国废太子公子嘉奔至代郡后，在一帮亡国士大夫的拥立下自封为王，史称代王嘉，纠合招集赵国各地残余败军屯兵上谷（今河北怀来县），联合赵国的世仇燕国以抗秦。秦王政二十五年，（前222）秦国大将王贲率军挺进辽东灭亡了燕国之后，顺便在回师途中击败代兵，将代王嘉生擒活捉，押往咸阳。

秦国用离间计谋杀李牧，夺取邯郸，赵国灭亡，标志着秦灭六国的第二个战略目标已经完成。这场战争最关键的是秦王使用"杀手锏"——离间计谋杀赵牧，使赵国失去了擎天柱，当然大厦也就随之倾倒了。而秦王政的离间计岂独用于赵国？秦国派出的间谍，这些主张连横的策士，个个精明强干，胸怀韬略，机智善辩，六国权臣无人能撄其锋，纷纷屈服。六国权臣中意志薄弱者、见风使舵者、见财起意者，纷纷被秦国收买，充当了秦国派驻各国的内奸。山东六国的能臣骁将，有些被秦国的离间计所中伤，有些遭到君王的猜忌或贬黜，有的遭到君王的屠杀，这些都为秦国的军事进攻创造了条件，为横扫六国奠定了基础。

在这场大规模用离间而破六国合纵的活动中，最成功的有：

陈驰盟齐。秦王政十分明了当时"横成则秦帝，纵成则楚王"的形式。欲先吃掉中央的韩、赵、魏三国，则要先使三国陷入孤立，不能使它们与齐、楚两个大国合纵抗秦。先朝范雎提出的"远交近攻"策略，着实有远见。为了实现远交近攻的战略计划，秦王政派出了一个名叫陈驰的人出使齐国，诱使齐王建向西朝秦。当时后胜相齐，但很快被秦国派来的陈驰用重金收买。后胜派到秦国去联系事情的宾客也很快被秦国用重金收买。这些人天天给齐王建灌输亲秦的思想，劝他千万不要加强国防建设，不要帮助五国攻秦。昏庸的齐王建听信了谗言，不顾忠臣的劝阻，千里迢迢，西入秦都咸阳朝拜，与秦王政治结盟。陈驰盟齐，秦齐结盟，秦国一个远交目标实现。

姚贾联楚：秦王政采纳谋士之言，对楚国也使用了"间术"，收买了楚国的重臣，形成了暂时的秦楚联盟，孤立中央的韩、赵、魏。这一重任他交给了自告奋勇的谋臣姚贾，令其出使楚国。姚贾到楚之后，精心策划，四处散布背秦之害、亲秦之利的舆论，大造舆论效应，并想尽办法用重金贿赂了不少权臣，使其为秦效力。在权臣们的怂恿下，昏庸的楚王分辨不清利害关系，决定与秦结盟，保持中立。

蔡泽盟燕：秦王政时，蔡泽身为秦国间谍，赴燕国活动了三年之久，收买了燕国重臣，说服燕王喜亲近秦国，使燕王喜派太子丹入秦为质。

顿弱行间五国：位居七国中央的韩、魏、赵是秦国东进的障碍。其中燕与赵毗邻，若此四国合纵抗秦，仍会对秦构成强大威胁，为了离间四国合纵，秦王政便选派了一名叫顿弱的能言善辩之士，携带重金，活动于四国。最后顿弱不辱使命，完成了离间四国的任务。这些虽是后来秦国攻战其他国家所用的计谋，但都反映了同一个问题，即连横离间术始终是秦国的策略，是战时各国的法宝和杀手锏，秦国因使用得当而日趋日胜。

总而言之呢，"反间"也就是"离间"。"亲而离之"，要掌握好三点：

一是目标在于敌方的谋臣良将，离间一般的人是没有多少效果的；二是要设法获取敌方的内部人际关系和谋臣良将之间的过节；三是要实施准确的离间之术，必须相当周密。对方也是有智慧的，不然的话，不仅达不到目的，反而会有损自身。

点评：

遭遇强劲对手，"杀手锏"——离间术不可不用。

乘间投隙

背景：

景德年间，真宗的皇后郭氏病逝，真宗准备立刘德妃为皇后。朝中文武百官有的赞成，有的反对。头一个站出来反对的是翰林学士李迪。他的理由是刘妃出身低贱，不足母仪天下。真宗辩解说刘妃的父亲曾作过都指挥使。这时又有参知政事赵安仁，奏云立刘妃为后，不如立出自相门的沈才人为后，能够深孚众望。赵安仁所说的沈才人是宋初宰相沈义伦的孙女。众人七嘴八舌地议论，令真宗十分恼火，他说："立后不可乱了仪制顺序，况且刘妃才德兼全，符合皇后的标准，朕意已定，卿等不必再议！"众人碰了一鼻子灰，只好告退。

真宗当即命丁谓传谕杨亿前来草拟册立皇后的诏令，杨亿也是持反对意见的，所以极不情愿。丁谓劝他说，如按君之意起草诏令，将来不愁富贵荣华。丁谓这样一说，杨亿反倒连连摇头道："如此富贵，我消受不起，请公另请高明吧！"丁谓只好换人。

退朝后，真宗虽一时气不能消，但李迪、赵安仁等都是朝廷的忠臣，平时克尽职守，真宗实在找不出什么理由来处置他们。

决断：

这一切被一贯善于揣摩真宗心理的王钦若看得清清楚楚。第二天真宗与王钦若议论大臣中谁最优秀时，王钦若别有用心地说："赵安仁当属最优。"真宗不解，王钦若说："谁也比不了赵安仁，他昔日曾得故相沈义伦的提携，至今仍不忘旧情，常常要报答沈家。"真宗闻听此言，沉默良久。次日一早，真宗就免去了赵安仁参知政事的职位。

像这般口蜜腹剑、暗中害人的事，王钦若实在做得大多。澶渊之盟签订前，宰相寇准设计将王钦若从真宗身边调开，出守天雄军（今河北大名东）。王钦若从没吃过这样的哑巴亏，他不得不到天雄军，但却时刻窥测形势，当战争一结束，真宗就急忙把他召回朝廷。王钦若自知此时的寇准功绩赫赫、大红大紫，自己一时不是他的对手，就请求辞去参知政事一职，改任资政殿学士。宰相毕士安死后一段时间，寇准独居相位，一切政令独断专行，经常按个人意愿任官免职，引起许多官员的反感。真宗因寇准有功，对他百般优待。

一天上朝，寇准奏事后先退下，真宗面含微笑，一直目送着寇准的身影。在场的王钦若问真宗："陛下如此敬畏寇准，是否因为寇准有社稷之功？"真宗点头称是。王钦若用心险恶地说："澶渊一仗，陛下不以为耻，反而将寇准视为功臣，臣实在不明白。"真宗惊愕王钦若为何口出此言。王钦若接着说："城下乞盟，乃《春秋》视为不耻的行为。澶州之战时，陛下亲征，身为天子，反与外夷签下城下之盟，难道不是可耻吗？"听着王钦若的话，真宗的脸色又白又红。王钦若见真宗已经心动，继续说："臣有一句简单的比喻，就像赌博，钱即将输光了，却还要倾囊下注，这叫'孤注一掷'。陛下正是寇准的孤注，难道不危险吗？幸而陛下弘福大量，才免于失败的结果。"真宗红胀脸头地说："朕知道了。"

王钦若短短的几句话实在歹毒之至。澶渊之盟的确是双方妥协的产物，但根据当时敌对双方力量对比的实际情况，这已是最佳的选择。当时如果没有真宗亲征，鼓起宋军决一死战的士气的话，北宋的存亡都难以预料。寇准在处理宋辽关系时，完全是出于国家和民族的利益，而真宗有时不免要掺杂个人的虚荣和私利。王钦若正是抓住了真宗的这个弱点，挑起真宗对寇准的不满情绪。

从此真宗对寇准越来越冷淡，以至于最后竟罢免了寇准的相职，令他以刑部尚书，出知陕州（今河南三门峡西），后又转知天雄军。契丹使者路过此地时见寇准，相公德高望重为何而下在中书，寇准回答："我朝天子，因朝廷无事，特地派我来此，执掌北门钥匙，你何必多疑！"寇准忠于国家的大气魄与王钦若的丑恶、卑鄙形成了强烈的反差。寇准与王钦若的斗争既是善与恶的较量，又是谋略和权术的斗争。

如果说王钦若报复寇准尚夹有个人恩怨的因素，那么他对宰相王旦纯粹是出于险恶的心理。翰林学士李宗谔才华出众，王旦打算提拔他为参知政事，在奏请真宗前先征求王钦若的意见。王钦若当面表示同意，而私下对真宗说："李宗谔欠了王旦钱三千缗，王旦推荐他，意在索回欠款。"原来宋朝惯例，新任参知政事于朝谢之日可以得到赏钱三千缗。李宗谔的确是借过王旦三千缗，但王旦提携李宗谔完全是为朝廷任贤使能，根本不是为了讨回这笔欠款。结果等王旦向真宗提出任命李宗谔时，真宗一口否决。

一次，真宗向中书、枢密两府出示自己所作的一首喜雨诗。王旦得到后，对同僚说诗中有一字错误，应该请圣上改正。王钦若说此错并无大碍，然而却马上将误字告诉真宗。第二天真宗对王旦有错不纠表示不满。王旦一再承认自己得诗后没有认真阅读，有失陈奏。枢密使马知节为王旦鸣不平，他说："事情明明是王公欲奏而王钦若阻拦，王公不为自己辩解，乃真正的宰相器度。"

其实王旦对王钦若的阴险、狡诈了如指掌，他临终前向真宗屡次荐举寇准、李迪、王曾作宰辅，而真宗没有采纳，却命王钦若为同平章事。王钦若个子短小，脖子上长有瘤子，人称瘤相。他接替王旦入相后，常常口出怨言，说王子明使他耽误了十年，才当上正宰相。子明是王旦的字。病重的王旦听说王钦若做宰相，又气又恨，不久就告别人世。

点评：

王钦若是个伪善狠毒的小人，他乘间投隙，排除异己，当上宰相，正是一个权谋高手。有鬼点子、无好德性，真是官场一大恶人呀！

第三十四计　苦肉计

提要： 通过对己方阵营内人员进行伤害的反常手段，制造某种既成事实，以求迷惑敌方的视听，或是骗取其信任，进而以此为突破口，不断扩大影响，暗中营造可乘之机，达到克敌制胜的目的。

事　典

背景：

吴王阖闾打败了楚国后，想进一步向中原扩充自己的势力。这时，地处吴国南面的越国，已经强大起来，给吴国的后方造成了威胁。阖闾感到，要想集中兵力出征北方，必须首先除掉越国，以免除后顾之忧。

周敬王二十四年（前 1496 年），越王允常病死，他的儿子勾践继承了王位。阖闾见越国允常刚刚死去正在举行国丧，勾践又新立王位，此时越国一定动荡不安，于是，决定趁机灭掉越国。伍子胥对阖闾伐越的决定，极力劝阻，感到此征没有必胜的把握。此时的阖闾已经不是从前的样子，随着年事增高，性格也变得越来越暴躁、固执，根本听不进伍子胥的劝告。

阖闾命伍子胥和太子夫差留守吴都，自己率兵亲征越国。越王勾践得知吴国大军前来攻打越国的消息，急忙发兵迎战，布下了阵势。这时吴军也在距离越军营地几里处安营扎寨，陈兵列阵。

越王勾践看到吴军阵地兵强马壮，旌旗招展，气势非凡，不觉大惊，于是派出 1000 名兵士组成敢死队,分为两列,手持大刀长矛,齐声呐喊,向吴军阵地冲来。阖闾已是久经沙场的战将,见此情景毫不惊慌,指挥若定,等到越军的敢死队已经冲到近前时,才下令弓箭手乱箭齐发。越军的敢死队反复冲杀,都被乱箭挡住,始终未能冲上去,死伤遍地。勾践见敢死队的冲锋未能奏效,急得无计可施,只好下令收兵。

决断:

勾践回到军营,一筹莫展,这时勾践的谋臣说有计可破吴军,勾践急忙让他说出来。谋臣将破吴之计说出后,勾践大喜,连声称妙。

第二天一早,阖闾的兵将在越军营前叫阵,越军的营内一片寂静。突然,辕门大开,从营内走出三队人来,每队约有百人。他们赤裸着上身,每人手里拿着一把剑,放在脖子上,神情自若,步履坚定地向着吴军阵前走来。快到阵前时,齐声喊道:"我们的国君不贤明,做出许多错误的事情,触怒了吴王,现在来征伐越国,我们也不敢爱惜生命,在此替越王谢罪!"话音刚落,一齐举剑刎颈,顿时身首异处,鲜血四溅。

原来这就是勾践的谋士献的破吴军之计,强令这些被判处死刑的囚犯,阵前自杀,使吴军大受震惊,然后趁机发动袭击。

吴军将士看到这荒唐可怕的怪事,一时都不知道究竟发生了什么。就在这时,只听越军营中战鼓齐鸣,喊声震天,越军将士倾营而出,以迅雷不及掩耳之势,向吴军阵地席卷过来。惊呆中的吴军还未等明白过来,就被越军杀得全阵大乱,死伤无数,阖闾也在战乱中被越军砍伤了脚趾,后来在大将专毅的救护下才得以逃脱。

这一仗使吴军元气大伤,清点兵马,死伤大半,阖闾又脚趾受伤,实在无力再战,只好收兵回国。

征伐越国的失败,使阖闾的精神上受到了严重打击,心情十分沮丧。在回归的途中,他的伤势恶化,没等回到吴国就死了。

点评:

能够精心治国,选才用人,礼贤下士,是阖闾积极的一面。他能够在不利的境地下,刺王僚,而登上王位,发愤图强,继而伐楚征越,使吴国成为一个强国,都是不惧挫折和不利的情况而为之,是他能够忍受住这些考验,才获得的。但最后他还是没有摆脱挫折和失败而亡。

将计就计　火烧曹营

背景：

三国时周瑜设计杀了蔡张二人后，曹操后悔不迭，除了厚葬蔡张，优抚眷属之外，也寻思用计报复：他派了蔡瑁的弟弟蔡和、蔡中，让他俩过江投吴，说是为兄报仇，实是在东吴埋下两颗钉子。

这个诈降计没有瞒过周瑜，他收下蔡氏兄弟，将计就计。

这时，周瑜已经琢磨到要战胜曹军，必用火攻。但如何使火攻计划能实施得了？

决断：

周瑜与黄盖在军中就演了一出戏：黄盖违抗军法，周瑜怒而要处死他，经大伙相劝，黄盖被打五十大板，被打得皮开肉绽。

于是，蔡中、蔡和以为有机可趁，便暗中策反黄盖降曹，尔后又通过阚泽，把黄盖受辱、决心降曹的书信送给曹操，使曹操信以为真。后来，周瑜又通过庞统向曹操进连环计，用铁链把战船联起来。当一步步引曹操钻入他所设得圈套之后，便派黄盖驾舟向曹营水军驶去，当接近曹船，便引燃舟中干柴烈火，抛向曹船，演出轰轰烈烈的火烧赤壁的历史活剧来。

点评：

周瑜黄盖合演的苦肉计，以假乱真，使见识过人的枭雄曹操也大上其当，可见善用苦肉计可以收到异乎寻常的效果。

吃小亏　迷惑敌军

背景：

法国在沦陷后，欧洲就剩下英伦三岛在抵抗德国的攻击了，纳粹德国为了降服英国，开始了强大的进攻。

从 1940 年 7 月 10 日，英德两国的空军在英伦三岛的上空展开激烈的空战，经过一个月的战斗，占有空中优势的戈林空军却遭受了严重的损失，被击落了 296 架飞机，而英国空军仅损失 148 架，双方损失比例为 2∶1。

英国空军之所以能够取得如此辉煌的战果，除了英国人拥有千里眼——雷达之外，更重要的是它还能破译德军的无线电通讯的密码，皇家空军能够在德国飞机起飞之前就知道他们的进攻目标和参战飞机的数量、种类。这一切都归功于英国外交部密码分析局破密专家艾尔弗雷德·诺克斯及其助手们。1939 年年底，欧洲战争爆发后不久，诺克斯等人就在波兰同行的帮助下研制成功了可破译德国密码的数据处理机"万能机器"，英国人称其为"超级机密"。有了"超级机密"，英国人可以轻松地破译出德国人自认为无法破译的"埃尼格马"密码。从此，"超级机密"成为丘吉尔及其盟国在整个第二次世界大战中的一张秘密王牌。

"超级机密"在英伦三岛空战中发挥出巨大的威力，它像一只无形的巨手支撑着势单力薄的皇家空军。

1940 年 11 月，德国空军将对英轰炸目标转移到英国飞机生产基地。英国历史文化名城考文垂是英国飞机生产基地之一，也被德军列入轰炸目标。11 月 12 日，英国译电专家准确地破译了德国空军将要轰炸考文垂的密码。情报很快摆到了丘吉尔首相的面前，根据这份情报英国皇家空军完全有能力保护考文垂不被德机轰炸，在适当的地点狙击德机编队，但这样一来就可能使疑心颇重的德国人发现密码被破译，有可能重新编制密码，那么英国将很难在短期内掌握德国人的核心机密，为了确保"超级机密"发挥更大作用，丘吉尔就必须作出巨大的牺牲，那就是……

决断：

丘吉尔忍痛下令对考文垂不采取任何保护措施，以迷惑德国人使其确信英国人尚未破译出密码，这样考文垂这座历史名城遭到毁灭性轰炸。

德军这次轰炸行动的代号是"月光奏鸣曲"，其主要目的是使考文垂从英国版图上消失。为此，德军将出动著名的第 100 战斗机大队作为先导，而轰炸机将分别从法国、比利时、荷兰等地起飞，计划在考文垂投下约 15 万枚燃烧弹、1 400 枚高爆炸弹和 130 个降落伞地雷。

1940 年 11 月 14 日、15 日夜间，德国轰炸机编队飞临考文垂上空，各种炸弹雨点般落下，猛烈的空袭持续了近十小时，考文垂市区化为一片废墟，四百余人被炸死，50 749 所房屋被摧毁，其中包括历史悠久的圣迈克尔大教堂。一位德国随机记者是这样描述大轰炸情景的："大地好像崩裂了，大量熔岩喷向空中，烈火夹着烟云四处扩散，照得满天通红。恐怕是人类空战史上最大规模和最令人难忘的空袭。"丘吉尔也不无痛楚地说："从总体看，这是我们遭到的最饱受蹂躏的空袭。"

考文垂被人们称为"殉难的城市"，的确，考文垂为保护"超级机密"而成为殉难品了。

德国人对轰炸效果颇为满意，称其为"考文垂化"，恫吓英国人民。同时，通过这次轰炸的成功，德国人确信自己的"埃尼格马"密码系统是无法破译的，消除了原先心中的疑虑，未对密码系统加以改变。

丘吉尔通过牺牲考文垂确保了"超级机密"，为英国及其盟国最终战胜纳粹德国创造了有利的条件，"超级机密"在此后的战争进程中发挥出越来越大的威力，无数价值巨大的绝密情报，使英国及其盟国牢牢掌握着希特勒德国的脉搏。

点评：

有时候欺诈也是要付出代价的，为了瞒过对手牺牲局部的利益在战略上来说是需要的，在商战中亦如此，为了获得更大的商机，暂时或局部地放弃一些既得利益无疑是值得的。

刎颈自杀励壮士

背景：

荆轲是卫国人。他的祖先是齐国人，后来迁移到卫国。卫国人称他为庆卿。到燕国后，燕国人称他为荆卿。

荆卿喜欢读书和击剑，曾经以剑术游说卫元君，卫元君没有任用他。后来秦国攻打魏国，设置了东郡，把卫元君和他的旁支亲属迁徙到野王。

荆轲来到燕国后，喜欢一个杀狗的屠夫和擅长击筑的人高渐离。荆轲爱喝酒，每天跟屠夫和高渐离在燕市喝酒，喝到半醉以后，高渐离击筑，荆轲在街市上和着拍节唱歌，一道娱乐，过一阵子又一道哭起来，好像旁边没有人似的，荆轲虽然与酒徒们混在一起，但是他的为人却深沉稳重，爱好读书，他游历各国，都是跟当地的知名人士结交。他到燕国后，燕国的隐士田光先生也很好地接待他，知道他不是一个平庸的人。

过了不多时间，恰逢燕太子姬丹在秦国作人质逃回燕国。燕太子这个人，过去曾在赵国作人质，秦王嬴政出生在赵国，他少年时与姬丹要好。等到嬴政登位作了秦王，而姬丹又在秦国作人质，秦王对待燕太子姬丹不客气，所以姬丹怨恨而逃回来。回国后想方设法报复秦王，然而燕国弱小。力不从心。以后秦国逐渐出兵攻打齐国、楚国和三晋，逐步蚕食各国，眼看轮到燕国了，燕国君臣都害怕灾祸临头。太子姬丹对此深感忧虑，便向他的老师鞠武问计。鞠武回答说："秦国的土地遍天下，威胁到韩国、魏国、赵国，北面有甘泉、谷口那样险要的地形、南面有泾河、渭河流域那样肥沃的土地，拥有巴郡、汉中郡那样富饶的地区，右边有陇山、蜀山那样的高山峻岭，左边有函谷关、崤山那样的天然屏障，人民众多，士兵振奋，武备充裕，如意图向外扩张，那么长城以南、易水以北都无法保全。您怎么因为被欺侮的怨恨，而想要去触龙颈下的逆鳞呢！"姬丹说；那么我们怎么办呢？"鞠武回答说："让我仔细想想。"

决断：

又过了不久，秦将樊於期得罪了秦王，逃亡到燕国，太子接纳了他，并让他住下来。鞠武劝谏太子道："不行。秦王本来就很凶暴，对燕国又有积怨，已经够可怕的了，又何况听到樊将军留在这里呢？这叫作'把肉抛在饿虎出入的路口'，灾祸是无法解救的了，即使管仲、晏婴，也不能为您出谋解救了。希望太子急速遣送樊将军到匈奴去，以消灭秦国的借口。建议您西面交结三晋，南面联合齐国、楚国，北面与单于交好，以后才可想办法对付秦国。"太子说："太傅的计划延搁时间太久，我心里忧闷烦乱，恐怕连片刻也等不及了。不仅如此，樊将军在穷途末路的时候来投奔我，我到底不能因为屈服强暴的秦国就抛弃我所哀怜的朋友，把他放到匈奴去。希望太傅另想办法。"鞠武说："您采取危险的行动却想得到安全，制造祸患却祈求幸福，计谋短浅而结怨又深，为了结交一个新来的朋友而不顾国家的大害，这就是所谓'积蓄仇恨而助长灾祸'了。拿一片鸿毛放在燃烧正旺的炉火上，当然一下子就完蛋了。再说像雕鸷一样凶猛的秦国，一旦要对燕国发泄它仇恨凶暴的怒气，那还用得着说吗！燕国有一位田光先生，他为人智谋深远，勇敢沉着，可以跟他商量。"太子说："希望通过太傅而能够跟田先生结识，行吗？"鞠武说："遵命。"鞠武便出去会见田先生，说"太子希望跟先生商议国事"。田光说："谨领教。"就去拜访太子。

太子上前迎接，慢慢后退着给田光带路，跪下来掸拂地上的坐垫。田光坐定，左右没有一个人，太子离开坐席请求道："燕国和秦国不能两立，希望先生多多注意。"田光说："我听说骏马强壮的时候，一天驰骋千里；等到它衰老了，劣马也会跑在它的前面。现在太子听到我强壮时的作为，不知道我的精力已经衰竭。虽说这样，我没有胆量图谋国事，所幸我的好朋友荆卿可以差遣。"太子说："希望通过先生能够跟荆卿结交，行吗？"田光说："遵命。"于是立即起身，快步走出。太子送出门口，郑重嘱咐道："我所陈述的，先生所说的，是国家的大事，希望先生不要泄露啊！"田光笑着说："是。"田光曲背弯腰，慢慢走着去见荆卿，说道："我和您要好，燕国没有人不知道。现在太子听说我强壮时的作为，不知道我身体已经不行了。他告诉我说：'燕国和秦国不能两立，希望先生注意。'我私下不敢把自己当外人，已经把您介绍给太子了，希望您拜访太子于宫中。"荆轲说："谨领教。"田光说："我听说过，年长有德的人行事，不让别人怀疑他。今太子告诫我说：'我们所说的，是国家的大事，希望先生不要泄露'，这说明太子怀疑我，一个人的行为如果让别人怀疑他，就不是有节操、有骨气的表现。"他想要用自杀来激励荆卿，说道："希望您即刻去见太子，就说我已经死了，以表明不会泄露了。"于是割颈自杀而死。

荆轲便去会见太子，说田光已死；转达了田光的话。太子拜了两拜，跪着前进，痛哭流泪，过了一会，然后说道："我之所以告诫田光先生不要泄露，是想保证大事的完成。现在田先生用死来表明不泄露，这哪里是我的本意啊！"荆轲坐下来，太子离开坐席磕头说："田先生不知道我的不贤，使我能够到您的面前，冒昧地有所陈述，这是老天哀怜燕国，不抛弃他的孤儿啊！如今秦王贪得无厌，欲望难弥。他不吞尽天下的土地，降服各国的君王，他的野心是不会满足的。现在秦军已经俘虏韩王，全部占领了他的土地。又兴兵向南攻打楚国，向北进逼赵国——王翦率领几十万军队到达漳河、邺城，李信又从太原、云中两郡出兵。赵国抵抗不住秦军，一定向秦国投降称臣，赵国一投降，那么灾祸就会降临到燕国。燕国弱小，多次被战争拖累，现在估计，就是动员全国的兵力，也不够用来抵挡秦军。各国畏服秦国，不敢联合起来反抗。依我个人愚笨的想法，如果能够找到天下的勇士，派遣到秦国，用重利诱惑秦王，秦王贪利，出现那种形势，一定可以达到我们的目的。果真能胁迫秦王，使他全部归还各国被侵占的土地，像曹沫胁迫齐桓公那样，那就太好了；如果不行，就乘机刺死他。秦国的大将统兵在外，而内部出了乱子，那么君臣互相猜疑。趁此机会，各国得以联合起来，就一定能够打败秦国。这是我最高的愿望，但不知把这个使命委托给谁好，希望荆卿留心这件事。"过了好一会，荆轲说："这是国家的大事，我才能低下，恐怕不能胜任。"太子上前磕头，坚决请求他不要推让，然后荆轲才答应了。于是太子尊荆卿为上卿，住上等的公馆。太子每天去问候，供给牛羊猪全套，不时进献珍贵的东西，车马美女尽量满足荆轲的欲望，以博得他的欢心。

过了很久，荆轲还没有动身的表示，秦将王翦攻破赵国国都，俘虏了赵王，全部占领了赵国的土地，又向北进兵扩大侵略地盘，到达燕国的南部边境。太子姬丹恐惧，便请求荆轲道："秦兵早晚就要渡过易水了，那么我虽然想要长久地奉陪您，还能办到么！"荆轲说："这话太子不说，我也要向您请示行动了。现在去秦国，如果没有足以使秦王相信我们的东西，那秦王是不能亲近的。樊将军，秦王悬赏黄金千斤、封邑万户来购买他的脑袋。如果能得到樊将军的脑袋和燕国督亢的地图，进献秦王，秦王一定会高兴地接见我，才能够有所收获来回报。"太子说："樊将军在穷困中来投奔我，我不忍心为自己的私利而伤害他老人家的心意，希望你另想别的办法吧！"

荆轲知道太子不忍心，于是就私下去会见樊於期说："秦国对待将军也可以说是非常刻毒了，父母和族家都被杀死或没收为官奴。现在又听说要用黄金千斤和万户封邑来购买将军的脑袋。您打算怎么办呢？"樊於期抬头向天叹息流泪说："我每每想到这些，常常痛入骨髓，只是想不出办法罢了！"荆轲说："我今天有一句话可以解除燕国的祸患，报雪将军的仇恨，怎么样？"樊於期走向荆轲说："该怎么办？"荆轲说："希望得到将军的脑袋去献给秦王，秦王一定高兴地接见我。我左手拉住他的衣袖，右手用匕首直刺他的胸膛，那么将军的仇恨可以报雪，而燕国被欺凌的耻辱也可以涤除啦！将军可想到了吗？"樊於期捋一边衣袖，露出肩膀，用一只手紧捏住另一只手腕，走近荆轲说："这是我日日夜夜切齿碎心的恨事，如今才得听到您的指教。"接着便自刎而亡。太子听到这消息，飞快驾车前往，伏尸痛哭，十分悲哀。然而人已经死了，也没有办法了。于是就将樊於期的脑袋装入匣子中密封起来。

当时太子预先访求天下最锋利的匕首，找到了赵国人徐夫人的匕首，买取它就花了百镒黄金，让工匠用毒药水淬它，用来试验杀人，只要渗出一丝儿血，受试的人没有不立即死亡的。于是准备行装安排荆轲出发，燕国有个勇士名叫秦舞阳，十三岁就敢杀人，人家不敢用反抗的目光看他。太子便派秦舞阳作荆轲的助手。荆轲等待另外约好了的一个明友，想同他一道去；那个人住得很远，还没有来，而荆轲已为那人准备好了行装。过了不久，荆轲还没有出发，太子认为他拖延了时间，怀疑他反悔，便再次促请荆轲说："时间不多了，荆卿有犹疑吗？请允许我先派遣秦舞阳。"荆轲火了，斥责太子道："您怎么这样派遣？只顾一去而不顾完成使命回来。那是傻小子也能办到的！况且提一把匕首到无法预测的强暴的秦国去，我之所以暂留的原因是等待我的朋友一同去。现在太子嫌我迟缓，那就请告辞诀别啦！"便出发了。

太子和知道这件事的宾客，都穿着白衣戴着白帽去送他。到易水边上，祭了路神，然后上路，高渐离击筑，荆轲和着节拍唱歌，发出变徵的音调，人们都流泪哭泣。又一边前进一边唱道："风萧萧兮易水寒，壮士一去兮不复还！"复又发出慷慨激昂的歌声，人们都怒目圆睁，头发直立冲冠。于是荆轲上车离去，终于连头也不回一个劲儿走了。

一到秦国，荆轲拿着价值千金的礼物送给秦王宠爱的臣子——中庶子蒙嘉。蒙嘉预先向秦王介绍道："燕王实在畏惧大王的威严，不敢出兵抗拒大王派遣的将士，愿意全国上下都隶属于秦国作臣子，排在各诸侯国的行列里，像郡县一样交纳贡物和赋税，只要能够保住先王的祠庙。恐惧不敢亲自来陈述，特此砍下了樊於期的脑袋，并献上燕国督亢的地图，用匣子密封，燕王在朝廷上举行了送行仪式，派使者把这些情况报知大王，请大王指示。"秦王听了此事，大为高兴，便穿了上朝的礼服，安排了九位礼宾司仪最隆重的仪式，在咸阳宫接见燕国使者。荆轲捧着樊於期的脑袋匣子，秦舞阳捧着地图匣子，按次序前进。走到殿前的台阶下，秦舞阳脸色突变，全身战栗，大臣们感到奇怪。荆轲回过头来讪笑秦舞阳，上前谢罪说："北方藩属蛮夷地区的粗野之人，没有见过天子，所以心惊战栗。请大王稍微宽容他一下，让他能够在大王面前完成他的使命。"秦王对荆轲说："叫秦舞阳！拿地图来。"荆轲拿地图送上去，秦王把地图展开，地图被展开到了尽头，匕首露出来了。荆轲左手抓住秦王的衣袖，右手拿着匕首直刺，还未近身，秦王大惊，抽身急忙立即跃起，把袖子挣断了。他抽剑，剑太长，仅仅抓住了剑鞘。当时惊慌急迫，剑又套得很紧，所以不能立刻抽出来。荆轲追赶秦王，秦王绕着柱子跑。大臣仍都惊得发愣，事情来得仓猝，出人意外，大家都失去了常态。根据秦国的法律，在殿上侍从的大臣们不准携带任何武器；许多侍卫官拿着武器排列在殿下，没有诏令召唤不准上殿。正在急迫的时候，来不及召唤下面的侍卫武装，因此荆轲才能追赶秦王。大臣们在仓猝之际，惊慌急迫，没有武器用来打击荆轲，只好用手一齐打他。这时侍人医官夏无且用他所捧的药袋子投击荆轲。秦王正绕着柱子跑，仓猝惊惶之际，不知怎么办，侍从人员才说："大王，把剑推到背上！"秦王就把剑推到背上，于是抽出剑来砍荆轲，砍断了他的左腿。荆轲残废了，便举起匕首投掷秦王，没有击中，击中了桐柱。秦王再砍荆轲，荆轲被砍伤八处。荆轲知道事情不能成功了，便靠着柱子笑，岔开腿坐着骂道："事情之所以不能成功，因为我想要劫持你，一定要得到你的承诺去回报太子。"这时侍卫人员便上前杀死荆轲。秦王不舒服了多时。不久评论功过，赏赐君臣以及应当办罪的各有差别，赏赐夏无且黄金二百镒，说道："无且爱护我，才拿药袋子投击荆轲呢。"

于是秦王大怒，增派兵力前往赵国，并命令王翦部队去攻打燕国。十个月攻破了蓟城，燕王姬喜、太子姬丹等全部率领精兵向东退守辽东郡。秦将李信紧紧追赶燕王，代王赵嘉便致书燕王姬喜说："秦军之所以特别紧追燕王，是因为太子丹的缘故，现在大王如果杀掉太子丹把他的脑袋献给秦王，秦王一定谅解，而燕国的寿命可以侥幸延续，社稷可以继续享受祭礼。"以后李信追赶姬丹，姬丹隐藏在衍水河中，燕王便派使者杀了太子姬丹，准备把他的脑袋献给秦王。秦国又派兵进攻他。过后五年，秦国终于灭燕国，俘虏了燕王姬喜。

点评：

荆轲许宏诺，守信用的行为，"风萧萧兮易水寒，壮士一去兮不复还"的悲壮气概长久地让人们缅怀，人们永记他们的豪气义薄云天。

勤跑勤说打动人心

背景：

有人形容求人之难，简直是"跑断腿，磨破嘴"。对于这一点，恐怕推销员的体会最深了。

推销员在推销产品时，很可能遭到客户的拒绝，但过了一段时期之后，他又毫不气馁地再次来了。这时假若客户绝情地说："我们并没有购买的意思，你再来几次也是枉然，因此，我劝你不必再浪费口舌、白费力气了。"而推销员却不在乎，仍抖擞精神，面带笑容地回答说："不，请不用为我担心，说话跑腿，是我的工作职责，只要你能给我一点时间，听我解释，我就心满意足了。"客

户看到他汗水淋漓，却还满脸笑容，不买就觉得再也过意不去了，于是就买了一点。

下雨下雪是推销员上门的好日子。外面下着雨，别人都躲在家里，而推销员站在门口，不能不使你产生同情心，因而难于拒绝。虽然我们都清楚地知道，这是推销员所采取的一种策略。但毕竟他这样做了，对此你能无动于衷吗？

决断：

背景中说的那种推销方法，就是巧妙地利用了人类的感情。本来不打算购买的人，也会产生"再也不能让他白跑了"的想法，使他们有种心理负担和欠人情债的感觉，客户会这样想："这位推销员若是多跑几处地方，也许他的产品早就推销完了，但是他却常来这里，使他花了不少宝贵时间，再不买他的产品，就有点对不住人了。"这就是加重人们心理负担的一种推销方法。

要使对方作大幅度的退让，就要能够让对方多积累些微小的心理负担，当这种心理负担扩大到一定程度时，对方就只能让步了。

新闻记者从事采访工作与求人毫无二致，为达到采访目的，他们有时需要在晚间和早晨行动。譬如：在发生某种巨大的重大事件时，新闻记者就事先打听到与此相关的人，等下班后，或者上班前，去进行采访，因为这种时候，一般人都在休息，而新闻记者还在干活，就会使对方产生心理负担，不告诉他这件事的内幕，心里就会过意不去。

点评：

人心都是肉长的，你如果勤跑勤说，敢于做到跑断腿，磨破嘴，相信你会打动一批人的，会获得支持和帮助的。

第三十五计　连环计

提要：针对敌方特点，多种计谋联合施展，错落有致，机巧相连，在其内部造成严重分歧，使之产生激烈的冲突，为战而胜之奠定基础。此计特点具有连发性，不求毕其功于一役，而是数计相融，多环相扣，更多地采取蚕食的办法，不断积累既得利益，逐步打乱敌方的经营计划。

事　典

将相先和　后除诸吕

背景：

高后七年（前181年），诸吕权势日炽。陈平忧虑局面长此以往，终致力不能制，必将祸及国家，害及己身。他时常燕居深念，以致不能自已。

一日，他静坐独思，竟毫未察觉陆贾走近身边。陆贾自行就坐，然后打趣说："丞相的思绪何其深远！"陈平骤然一惊，见是陆贾，忙问："先生猜猜我正作何想？"陆贾微微一笑，说道："足下富贵已极，想来再无贪欲；既然还有忧念，不过是顾忌诸吕。"陈平一听道破胸臆，深感知音难得，连忙请教："先生所言不差。但不知如何应付？"陆贾说："天下安，注意相；天下危，注意将。将相协调，则士民依附。如此，天下虽有变，极不能分。君何不交欢于太尉？"这话正与陈平心意相投。于是，二人促膝交颈，密商起来。

事后，陈平用陆贾之计，花500两金为太尉周勃祝寿。太尉也是有心之人，自然依例报答。两人借故你来我往，过从甚密，无形中，使吕氏的阴谋受到阻抑。

高后八年七月，汉廷中的铁腕人物吕太后病死。中央政权的重心立即倾移，平衡失控，外戚吕氏同刘氏宗室以及政府官僚之间的矛盾达到不可调和的地步。各方剑拔弩张，一场厮杀迫在眉睫。这场斗争，就其实质而论，只不过是统治阶级内部的权力再分配。但是，通观中国封建社会的历史，外戚、宦官一般代表剥削阶级中最腐朽的势力，两者是封建专制制度滋养起来的一对毒瘤。相对而言，官僚地主则比他们清廉，且有政治远见。在这次斗争中，政府官僚同刘氏宗室结成联盟，共同对付外戚诸吕。

决断：

当年八月，斗争到了最紧要关头。丞相陈平与太尉周勃详审时势，全面权衡朝中人物，酌定了一条计策。当时，曲周侯郦商抱病在家，其子郦寄与赵王吕禄交谊甚厚。据此，陈平、周勃速派心腹劫持郦商，以此要挟郦寄去计赚权臣吕禄，劝他将兵权交予太尉周勃，快到自己的封国就任。吕禄身为上将军，受吕太后委任主持北军，驻防未央宫（皇宫），掌握中央的基本军事力量。但此人无勇无谋，他见刘氏诸王和灌婴等将欲发兵讨伐诸吕，便轻信郦寄，自解上将军印，把北军交予周勃。

九月，周勃入主北军。此时，军心倾向刘氏。周勃当即行令军中："为吕氏者，右袒；为刘氏者，左袒！"如此一呼，军中皆左袒，愿为刘氏效命。这样，一将一相顺利地把持了北军，控制住封建政府的中枢——未央宫。为击败吕氏打开了最关键的一环。

中央军的另一支骨干力量是南军，受相国吕产节制。吕产不知北军变故，欲入未央宫，约会吕禄共同发难，捕杀刘氏宗室和朝臣。陈平侦知吕产阴谋，速召刘氏宗室中反对诸吕最坚定又最勇武的朱虚侯刘章，命他佐助周勃，监守北军军门，还转告卫尉（未央宫门侍卫长），设法阻止吕产入宫。刘章见吕产在宫门外徘徊，乘机袭杀了这个独夫。随后，分头捕斩吕禄、吕通等人，将吕氏一族诛杀殆尽。

同年九月，群臣拥立刘邦长子、代王刘恒即位，是为汉文帝。刘、吕之争，以吕氏势力的彻底崩溃而告终。从此，西汉转入大治时期。

点评：

以陈平为代表的拥刘派在刘吕之争中正确用人用计获得了全胜，这在很大程度上要归功于陈平的权谋。

乐毅集才　进而破齐

背景：

乐毅为战国时期中山国人，是魏将乐羊的后裔。活动年代大约在公元前312年至公元前271年间。由于乐毅德才兼备且擅长用兵，赵人推举他在赵国做官，赵武灵王被围困饿死时，他离开赵国到了魏国。

决断一：

当时，燕昭王为了对齐国报仇雪耻，以谦恭的态度、隆重的礼物招纳贤士：凡知道齐国的险阻要塞、君臣间的关系，善于用兵的，一律欢迎。乐毅作为魏国的使者来到燕国，被燕昭王任命为亚卿。

乐毅帮助燕昭王进行政治改革，"察能而授官"，"不以禄私其亲，功多者授之；不以官随其爱，能当之者处之。"他主张：臣民所遵循的法令，同样施行于妾媵所生的庶子跟流民、奴隶。燕昭王也"吊死问生，与百姓同其甘苦"。经过二十八年的艰苦努力，弱燕已逐步富强，伺机向齐复仇。

燕昭王二十年（公元前285年），燕王欲乘齐王昏庸不得人心之际出兵伐齐，谋计于乐毅。乐毅认真地分析了当时的形势后，认为齐是霸主之国，虽已衰落，但地广人众；燕国虽然现在粮足兵强，但毕竟是国小人少，如单独进攻齐国难以取胜。因此，他献策说："必欲伐之，必与天下图之；与天下图之，莫若结于赵。"接着又进一步分析说，淮北地区和宋国，是楚国和魏国一心想要的，如果说服赵国许给他们，那么就可以四国联合伐齐，齐国即可攻下。当燕昭王采纳了乐毅的谋略后，乐毅便亲自出使赵国劝说，又另派专使赴楚、魏，阐述联合伐齐之利。乐毅在赵国时，适有秦国使节至赵，乐毅又让赵王出面劝说秦国一起伐齐。秦出于想抑制齐在东方的霸主地位，欣然相从。于是，乐毅"天下共图之"的谋略得以实现，五国联军在上将军乐毅的统帅下，于燕昭王二十八年发兵攻齐。

齐王得悉联军已从西方攻入境内，乃仓促起齐国之兵渡济水西进抗击。两军战于济水之西。乐毅身先士卒，率军冲杀在最前头，秦、赵、韩、魏四国将士亦英勇拼杀。齐军不敌大败。齐王率残军退守临淄，并遣使求救于楚。此时，乐毅认为五国联军已完成使命，即让秦、韩军队撤回本国；让魏军占守宋地（今河南省东部及山东省西南部部分地域）；赵军略河间（今河北河间）；自率燕军，长驱齐境，进围临淄，不久便攻下临淄，尽取齐国宝物祭器运回燕国，并一鼓作气，长驱直入，"六月之间，下齐七十余城"。对于乐毅的进军计划，燕国大臣剧辛曾提出不同意见，主张只略边城，不入内境。而乐毅志在灭齐，自有其长期占领齐国的谋划和打算。他对剧辛说："齐王好战，矜功称能，但没有什么谋略，排斥贤良，信任谄谀，政令暴虐，百姓怨恨；其军队已无战力，如果我们乘胜击之，那么百姓必然叛之，内部祸乱随之而起，我们就可取得齐国了。如果我们不乘胜图之，待他们醒悟过来，改正错误，怜恤百姓，抚慰其民，那我们就难于取胜了。"

乐毅为了实现灭齐的宏愿，他在攻下临淄后，除了在军事上采取五路进军的战略部署之外，还十分重视在政治上采取怀柔政策，布施德惠，稳定民心。其主要措施有：禁止燕军掠夺百姓；求齐之名士，尊显其地位，以礼待之；废除齐之暴政，宽免齐民之赋税；恢复齐桓公、管仲时齐的旧政，建宗庙祭祀桓公和管仲；对贤者进行表彰进封。这些措施，收到良好的效果，齐民皆愿隶属于燕。

在乐毅所率燕军的强大攻击下，齐国只剩下了莒城（今山东莒县境）和即墨（今山东省即墨县）两座城池。这时，由于楚国改变了联燕攻齐的政策，转而出兵救齐，再加上昏庸的齐湣王被杀，齐襄王即位，齐国旧臣和两城守将见有了转机，坚决抵御，致使乐毅久攻不下。在此情况下，乐毅又审时度势，决定解除围城，退兵九里，筑垒屯驻；困而不战，拟采取德惠来收服二城的人心。乐毅认为，在民心不服的情况下，即使强行攻下城池，也难以守住，犹如以前齐国灭掉燕国一样，其民未服，终被燕民赶走。

可是，燕国有的人却对乐毅的策略表示怀疑，并在燕昭王面前拨弄是非，说乐毅智谋过人，在呼吸之间攻下齐的七十余城，而现在只有二座城池，即迟迟攻不下；不是乐毅不能攻下，而是不积极去攻，想用兵威立信于齐，尔后自己在齐南面称王。还有人挑拨说："齐人已服，所以未发者，以其妻子在燕故也。且齐多美女，又将忘其妻子。愿王图之。"

决断二:

燕昭王开明贤达,不仅不听谗言,反而置酒设宴,当着众多大臣的面指责谗者说:"先王举国以礼贤者,非贪土地以遗子孙也。遭传德薄,不能堪命,国人不顺。齐为无迫,乘孤国之乱,以害先王。寡人统位,痛之入骨,故广延群臣,外招宾客,以求报仇。其有成功者尚欲与之同共燕国。今乐君亲为寡人破齐,夷其宗庙,报塞先仇,齐国固乐君所有,非燕之所得也。乐群若能有齐,与燕并为列国,结欢同好,以抗诸侯之难,燕国之福,寡人之愿也。汝何敢言若此。"并将谗言者斩首。赐乐毅妻以后服(皇后的衣服),赐其子以公子之服,辎车乘马,各属百辆,遣相国奉旨乐毅,立其为齐王。乐毅既感激,又惶恐不安,乃上书以死坚誓不受。

点评:

乐毅既有卓越的政治谋略,又有杰出的军事才能,可说是文武兼备。在战国时期诸侯争霸,相互攻伐不已,角力斗智之际,燕昭王大力举贤任能,乐毅的才能才得以充分发挥。终使燕国大破齐国,终得报仇雪耻。同时,燕昭王用人不疑,也使得乐毅感恩不尽,竭力效忠,这些都是作为领导应当学习的东西。

曹操施计破袁绍

背景:

200 年,袁绍派兵围攻白马,直引军至黎阳,将渡黄河南下,进攻曹操,历史上有名的官渡之战拉开了序幕。在这场战役中,袁绍以多于曹操十几倍的兵力却出人意料地战败,其间曹操用计奇巧,波澜起伏,引人遐思。

两战胜利后,曹操进军官渡,袁绍进军阳武,相互对峙起来。曹军毕竟势小力弱,士兵们有些怯战。曹操致书荀彧问计,荀彧给曹操指明了道路。

开始袁绍派人攻打白马,本欲分散曹操兵力,以各个击破。曹操本来也想先解白马之围,谋士荀攸却另有他计。

决断一:

荀攸献计说:"我军兵少,不可力战。只能设法分散袁绍的兵力,才能以少取胜。您可以引兵到延津，作出要渡河袭击敌人背后的样子，待袁绍引兵应对时，您可以用轻兵突袭白马，出其不意，攻其不备。"曹操听从了荀攸的计策，袁绍果然中计，曹操以很少的代价解了白马之围。官渡之战曹操旗开得胜。

决断二：

曹操冷静地分析形势后，主动放弃了白马，引军沿黄河西上。袁绍渡河追赶。到延津地区，曹操突然驻扎下来。等袁绍追兵愈来愈多。曹操命部下把辎重物资置于大道中间，袁绍军队以贪财好利闻名，看到物资，自相抢夺起来，不战自乱。曹操遂命六百名骑兵出击，大破袁军。曹操抓住袁军的弱点，促成了两场战斗的胜利。

决断三：

荀攸说："袁绍兵力全部汇集官渡，与您决战。如果您不战而逃，袁绍必定尾随追杀，那时的损失可想而知。"曹操认为他的看法正确，决计和袁绍打下去。时值袁绍手下的一个谋臣许攸不满袁绍吝啬，愿意归降曹操，并给曹操出了一条抢夺袁绍军粮的计谋，曹操冒险一试，带军攻打护粮官淳于琼的大营，在袁军救兵来到之前攻下此营。高览等人得知大营已被攻破，率军来降。袁绍领残兵败将渡河而去。官渡之战，改变了袁绍与曹操的力量对比，曹军终于成为中原一带势力最大的军队。

点评：

这是一出良谋迭出的好戏！曹操始终没有和袁绍硬碰硬地打，而是处处设计，因为面对兵力胜出自己十几倍的敌人，曹操和他对峙只会遭到毁灭性打击。于是他针对形势的变化，抓住敌人的软肋，奋力一击，终于取得了官渡之战的胜利。

"三轮车"在行动

背景：

战前，达斯科·波波夫是南斯拉夫一位小有名气的律师。由于一个偶然的原因他开始了两面间谍的冒险生涯。1940 年 12 月 20 日，波波夫到达伦敦后，就以经商为掩护开展工作。英国情报机关给他取个代号叫"斯考特"，并为他成立了一个"进出口有限公司"，在一幢六层办公大楼里设了办事处。还让一个出生于奥地利的女特工嘉黛·沙利文做他的助手，经常陪同他拜访上层人物，以便为德国人"搜集情报"。

当时，英国情报工作的重点是千方百计地制造假情报，以使德国人对英国抗击入侵的力量产生错误的估计，从而遏制德国入侵的野心。在这方面需要两面间谍发挥特殊的作用。波波夫向德国情报机关送出了大量的假情报，还有一些半真半假的、当然不会带来太大危害的情报。波波夫还告诉德国人，他的情报有很多是一位奥地利姑娘嘉黛和一位叫狄克的前英国军官帮他搞到的，这两人都对英国政府不满，愿意参加反英组织，他想把他们发展成自己的情报员。卡斯索夫对这两个人做了一些"调查"后，同意了波波夫的计划。回到伦敦后，波波夫把嘉黛和狄克吸收为德国间谍，他们也具有了双重身份。波波夫给他们取的代号分别是"胶水"和"气球"。这样，三人组成了一个两面间谍小组。英国情报机关决定给波波夫重新命名一个代号叫"三轮车"。

决断：

1943 年底，盟军制定了在诺曼底登陆的"霸王"计划。为了麻痹敌人，减轻登陆的损失，盟军最高统帅部还制定了一个"水银计划"——制造盟军将进攻加莱地区的假象。为使德国人相信这一点，盟军采取了大量隐真示假的行动。在加莱海峡对面的英国东部、南部海岸制造了驻扎重兵的假象，布置了假的军营、坦克停车场、军用机场，还有一个高频电台，模拟一个司令部，日夜不停地发出各种电波。并且把大名鼎鼎的巴顿将军派来担任指挥官。尽管盟军的计划天衣无缝，但还缺少一环，那就是敌人"自己人"的情报。这时候最需要两面间谍出场了。英国情报机关经过挑选，决定由"三轮车"波波夫、"胶水"嘉黛等四人担当这一重任。

1944 年 4 月，波波夫肩负着他冒险生涯中最重要的使命——"水银"使命，再次来到里斯本。约翰尼已先期到达，他告诉波波夫，柏林总参谋部专程派人来听取波波夫的汇报。他会采用各种手段来判定波波夫情报的真实性，包括给他注射一种新研制出来的神经系统麻醉剂硫喷妥纳，让其在昏迷中回答问题。让波波夫有所准备。第一次汇报开始了，波波夫详细地介绍了准备在加莱地区登陆的盟军番号、英美指挥官姓名、装备情况等。为了更好地迷惑敌人，这些情况中也有少量真实的。波波夫说，这些情报是"气球"、"胶水"、"流星"、"怪人"、"寄生虫"等情报员帮他搜集的。波波夫汇报完毕，两个德国军官轮番盘问起来，从晚上七点半一直折腾到凌晨三点。问答双方都现出倦意，才宣告结束。那个总参谋部来的反间谍专家始终没开口，波波夫知道，这出戏还没有收场。

　　回到自己的房间里，波波夫看到约翰尼还在等他。并且告诉他，总参谋部来的那个人"是一个高级刽子手，他只有在有百分之二百的把握确信你没有被英国人策反的时候，才会相信你"。波波夫也认为，今天他一言未发，明天一定会拿出他的杀手锏。波波夫提出试验一下那种"测谎血浆"，约翰尼早就准备好了，并已约好了一个葡萄牙青年医生。医生来了，给波波夫注射了250毫克硫喷妥纳。波波夫很快感到头晕、发困，眼前景物忽然变得很奇怪，每个人都显得十分可爱。他知道自己的神志开始模糊起来，他极力提醒自己要保持头脑清醒。约翰尼开始提问了。首先他问了波波夫在大学时的一些事情，然后就转到问他在英国的情况，在英国的活动情况和所认识的人。波波夫的回答不是回避、否认、就是扯谎，看来他的神志一直清醒。一个小时后，波波夫觉得药性有点过去了，只是头疼得厉害。波波夫提出再增加剂量试一下。医生起初不同意，因为按常规必须隔一天才能进行第二次试验，否则人会受不了的，但波波夫坚持。他说："那太晚了，我们没有时间。"波波夫知道，这是对自己，也是对"水银计划"的一次严峻考验，如果自己不能取信于敌人，那么盟军的计划就将落空。为了完成自己肩负的重大使命，再冒点风险也在所不惜。医生被他说服了，但仍坚持要他睡到早晨起床后再注射。波波夫又注射了50毫克，这一次他只清醒了一会儿，就坠入了云山雾海之中。他只看见约翰尼的嘴在动，但不知他问了些什么，也不知道自己回答了没有，不一会儿他就睡着了。醒来时已是下午五点钟了，他第一句话就问："我昨晚表现如何？"约乾尼告诉他："你是世界上表演失去知觉的最佳演员，什么情报也没有泄露。"晚上，波波夫被那位柏林来的反间谍专家召见。这个人看上去和蔼可亲，但他却在不露锋芒之中，经常提出一些包藏祸心的问题。波波夫有备而来，侃侃而谈，滴水不漏。连续九个小时的讯问，那家伙终于坚持不下去了。最后，他把记录本小心翼翼地放进了公文包，讯问结束了。德国人相信了波波夫，"水银计划"成功了。1944 年 6 月 6 日诺曼底登陆的成功证明了这一点。就在诺曼底战役进行当中，英国情报机构总部在伦敦海德公园饭店为波波夫举行盛大庆功会。军情五处负责人皮特将军介绍他时说："在这次大反攻中，'三轮车'达斯科·波波夫中校孤身一人牵制了德国 7 到 15 个师滞留在加莱地区，为反攻胜利立下殊勋。现在我受最高统帅部的委托，授予达斯科·波波夫中校以最高荣誉：大英帝国勋章。"

点评：

这真是一架忠心耿耿的"三轮车"！这架"三轮车"看似微不足道，但却有力地执行了"水银计划"，为诺曼底登陆起了保驾护航的作用。

李斯设计晋升之路

背景：

李斯，楚国上蔡人。青年时曾为郡中小吏，主管乡文书事宜。常常在厕所中见到老鼠辛辛苦苦地觅食，但得到的仍是污秽不堪的可怜的一点点食物，饥寒交迫，且又常受人和狗的惊忧，惶惶不可终日。再看粮仓中的老鼠，吃的是人囤积的好粮谷，住的是"高屋大厦"，而且没有人、狗的干扰，饱食终日，无忧无虑。他由此得出结论：人或贤达富贵或贫贱不屑，如同老鼠一样，关键在于所处的环境不同啊！由此，他产生了择地而处、择主而仕的思想，这对他的一生取向，可谓具有决定性的意义。

后来，他投到当时大儒家荀卿名下，学习帝王之术。学成之后，他看到楚王胸无大志，不足为谋；又看到六国相继日渐衰弱，无从建立号令天下之奇功。只有秦国，经历了秦孝公以来的六世，特别是秦昭王以后，已经奠定了雄踞于七国之首、可对诸侯国颐指气使、发号施令的政治、军事、经济基础，可望代替已名存实亡的周室而一统天下。于是，李斯对荀卿说："我听说，得到了时机不得急惰，而应及时把握住，当今各诸侯倾力相争，游说能者参与政事。而秦王想吞并诸侯，一统天下，成就帝王大业，这是智谋之士奔走效力、建功成名的大好时机。处于卑贱的地位而不思有所作为、改变这种境遇的人，与禽兽无异。人的耻辱莫大于卑贱，悲哀莫甚于穷困。永久地处于卑贱地位、困苦的境地，却表示非议世俗、厌恶功利，自托于无为，这决不是士人的真实思想。所以，我将西行入秦，去为秦王出谋划策，建功立业。"

这种择强而仕的深谋远虑，足见李斯的政治谋略远高于同时代众多的学者智士，特别是与同窗韩非形成鲜明对比。同时，他不加粉饰、伪装，公开阐明自己努力进取、追求功利的志向，又是他区别于绝大多数巧于伪饰，以退求进的士人之处。

决断一：

公元前247年，李斯满怀壮志，西入咸阳。这年正值秦庄襄王病死，秦嬴政继位。李斯作为异国平民，想钻进统治阶级的核心中去参谋政事，谈何容易。于是他又充分利用自己的智慧，审时度势，权衡利弊，最后选定了以投吕不韦门下为仕途的第一步阶梯。

公元前250年，秦孝文王去世，太子子楚继位，是为秦庄襄王。吕不韦当上了丞相，被封为文信侯。公元前247年，也就是李斯入咸阳那一年，庄襄王病死，吕不韦拥立13岁的太子继位，即秦嬴政，他就是后来的秦始皇。秦嬴政继位时年龄小，大权握在太后赵姬与丞相吕不韦手中。吕仗恃自己与太后及秦嬴政的特殊关系，以秦王的"仲父"自居，横行于朝中、宫中。李斯投到吕不韦门下，并为讨得吕不韦的赏识，一直勤勉谨慎，殚精竭虑，终于受到吕的青睐，被任为郎，从此参与政事。涉足于政治核心的大门为他敞开了。

后来，李斯终于有机会与秦王会面。

这是李斯的幸运，一开始就碰上这样一个支持自己的国君。于是，他软硬兼施，远交近攻，以武力为后盾，用金钱开路、执"连横"计劝诱六国中止同别国的"合纵"。不消几年，战果累累，李斯也借此被秦王称为"客卿"，进到了秦国领导集团的核心。

此时，发生了一件看似偶然却差一点毁了李斯的前程的事，这就是韩国人郑国来提出修筑水渠计划的事。郑国来到秦国游说，以帮助发展关中农业为由劝说秦王开凿引泾水入洛的灌溉渠。这条长达三百多里的灌溉渠工程浩大，郑国本意是投秦王所好，消耗其国力，以减轻秦国对韩国的军事压力。秦王开始并未察觉，工程开始后在秦宗室内引起轩然大波。一些宗室大臣本来就对重用外国客卿不满，这回抓住这个机会攻击所有来秦的各国游说者，说这些人都是间谍，是为本国国君效劳的，要秦王把外来的游说之人都驱逐出境。李斯也在被驱逐之列。公元前237年，秦王下令逐客。

决断二：

李斯已被逐出咸阳城外，但这个事事为自己考虑、一生贪恋利禄的人当然不甘心去当一只"厕中鼠"的，因此，他要力争，他确信秦王的事业离不开他。所以，一份情恳辞切的《谏逐客书》在李斯上路的同时递给了秦王，上书谏道："昔穆公之霸，西取繇余于戎，东得百里奚于宛，迎蹇叔于宋，求丕豹公孙枝于晋；孝公用商鞅，以定秦国法治；惠王有张仪，鼓吹'连横'，破坏'合纵'，拆散齐楚，得利于秦；昭王用范雎，以获兼并谋略。四王都是依靠客卿而成功，而客卿并未对不起秦国。如秦一定要逐客，客卿将离秦而被敌国所用，对秦的危害极大。"

这种直言进谏，对李斯来说实是不得已而为之的事，这在他一生，大约也是屈指可数的，但书中驳议逐客一事，其剖析之深刻，确使秦王受到很大震动。秦王最后废除了逐客令，把李斯追回，官复原职，任用如初。从此，也奠定了李斯在秦王眼中举足轻重的地位。

李斯渐被重用，他建议对六国采取先弱后强，各个击破的方针。韩国最弱，距秦又近，成了李斯下手的第一个目标。

韩王知道，便找荀况的学生、李斯的同学韩非商量，韩非自负其才，又想能被用于秦，便自请为韩国使臣，前往秦国以求息兵。

韩非面见秦王，说韩王愿意纳地为藩，秦王大喜。韩非又献计表示可以破六国，并献上其作《说难》《孤愤》《五蠹》等书。秦王读后十分赞赏，想用为客卿，与其商议军国大事。

李斯自知不及韩非，当他得知韩非在秦王面前得宠的事情后，就想方设法要除去韩非，扫清自己前进道路上的绊脚石。

决断三：

韩非这时恰恰犯了一个错误，他并不知道李斯对他的嫉妒，在秦王面前直言大臣姚贾的过错，还对秦王封赏姚贾表示异议。李斯乘机联合姚贾，对韩非进行诬谄。秦王听信李斯之言，把韩非囚禁起来，李斯派人给他的这位老同学送来了毒药。聪明的韩非此时居然还问："我有何罪？"狱吏答："一栖不两雄。当今之世，有才者非用即诛，何必有罪？"

李斯用极不光彩的手段除去了潜在的对手，如今，他成了秦王身边无可替代的智囊，可以大展宏图了。

不久，他辅佐秦王吞并六国，他也成了九卿之一的廷尉了。

公元前221年，中国历史翻开新的一页，秦王朝建立，秦王自称始皇帝。李斯这个开国功臣也开始了新的政治生涯。

在新的形势下，李斯在实现从地方到中央一体化的国家制度方面起过很大的作用。同时，他也犯有很多的过错，最重要的是焚书愚民一事。他认为统一思想非常重要。在秦已经统一天下的情况下，理应按皇帝的意旨来"别黑白而定一尊"，各种私学都只会是古非今，扰乱人心，削弱皇帝的权威。因此，他向秦始皇提出焚毁除秦史和医、卜、种植以外的诸子百家书籍的主张。于是，一场毁灭人类文化的大浩劫在中国大地发生了：随着商周以来重要文献古籍被烧尽，春秋末年形成的百家齐鸣的思想解放的空气，也在大火中被焚烧干净，中国以后两千年的文化专制传统就由此开端，后来大大小小的"秦始皇们"都步其后尘，用高压政策来禁锢人民的思想，这是封建社会中国人民思想苦难的根源。

由于李斯亦步亦趋地为秦始皇效劳，所以他在秦始皇时期是个大红人，高居相位，满门富贵，儿女们也都与王室联姻，他真正是"一人之下，万人之上"的秦国的二号人物了。

但是，他也深知"伴君如伴虎"的危险，时刻担心着盛极必衰，大祸临头。不过他那贪恋权位、一辈子都在考虑个人利禄得失的为人，使他不仅不能激流勇退，反而在关键时刻，为了保住自己的既得利益，同流合污，损名折节不算，最后还落得个腰斩的悲惨下场。

公元前210年，秦始皇在出巡路上病危，临死前书写诏书，命令长子扶苏速回咸阳，候葬即位。李斯怕发生变乱，决定封锁消息，但秦始皇第十八子胡亥的师傅赵高借此机会玩弄政治阴谋，先以利害说服胡亥，胡亥同意杀兄自立后，又要赵高说服丞相李斯。

这场宫廷政变的成败系在李斯身上。赵高早已摸透李斯的为人。他先将李斯和秦始皇宠信的蒙恬相比，指出李斯在才能及与扶苏关系等五个方面不如蒙恬，如果扶苏继位必用蒙恬取代他当丞相；接着又盛赞胡亥之能。当李斯表示，他不敢有负秦始皇的嘱托时，赵高软硬兼施，威胁说，现在生死祸福掌握在自己手里，听从了可以封侯，活命；不听从的话，就会祸及子孙。李斯被赵高击中要害，为了自己的功名利禄，他到底踏上了赵高的"贼船"。

决断四：

胡亥、赵高、李斯密商后，一面把秦始皇的尸体运回咸阳，一面假传诏书，让扶苏自杀，蒙恬被囚。胡亥等阴谋得逞后，才宣布秦始皇的死讯，于是胡亥立为皇帝，称秦二世。

赵高被提升为郎中令，李斯也保住了自己的乌纱帽。

二世即位后，由于残酷压迫，终于爆发了陈胜、吴广的农民起义。

后来三川郡守、李斯的长子李由没能阻挡住起义军的西进，赵高乘机进谗，又暗中贿赂使臣，让其诬陷李斯父子。

李斯知道赵高的诬陷后，便上书参劾赵高，被二世原奏掷还。李斯又邀右丞相冯去疾、将军冯劫联名上书，请罢修阿房宫，请减发四方徭役，并指斥赵高。二世便命将三个拿下。

冯去疾、冯劫自称自为将相，不愿受辱，愤然自杀，只有李斯还想求生，不愿自杀。赵高奉旨审问，把李斯打得死去活来。

李斯忍受不住，只得屈打成招，承认有罪，李斯在狱中上书二世，幻想得到赦免。上书又落到赵高手中，赵高早就为他准备好了一切，经再三拷问，定为谋反罪，腰斩，夷三族。

临刑前，李斯和他的二儿子洒泪诀别道："我多想像在你小时候那样，父子俩牵着黄狗，带着猎鹰到上蔡城东门去打兔子啊，如今是不可能了。"他的下场十分凄惨，但也是他自食其果的必然下场。

点评：

自古善于权术者必善于谋势，能对官场之变化早作计较，并不惜以任何代价去换取功名，对自己的政敌毫不手软，故而能在高位上久持不下。

纵横相较　进退自如

背景：

战国时的张仪学了一套"纵横术"，带了几位同乡跑到楚国去求富贵。因一时找不到门路，在楚国潦倒起来，生活异常困难，同去的人捱不下去了，便怨气冲天地嚷着要回家去。

张仪就说："你们是不是因为穷了，享受不到什么就要回去？那根本不成问题。这样吧，再等几天，不是我夸口，只要见楚王之后，我包管大家吃穿不尽，否则的话，你们可敲碎我张仪的门牙！"

那时候，楚王宠爱着两个美人，一个是南后，一个是郑袖。

张仪那天见到了楚王，楚王十分不悦。

张仪就说："我到这里相当久了，大王还没有给我一点事做。如果大王真的不想用我的话，请准我离开这里，去晋国跑一趟，到那边碰碰运气！"

"好吧，你只管去吧！"楚王巴不得他快些离开，便一口答应。

"当然，不管那边有没有机会，我还是要回来一次的。"张仪说，"但请问大王，需要从晋国带些什么？譬如那边的土特产，您若喜欢，我可顺便带一些回来！"

楚王冷眼向他扫一扫，淡淡地说："金银珠宝，象牙犀角，本国多的是，对于晋国的东西没什么可稀罕的。"

决断：

"大王就不喜欢那边的美女吗？"张仪问。

楚王一听这话，肌肉立即放松，眼一亮，连忙问："什么？你说什么？"

"我说的是晋国的美女。"张仪一本正经地说，还做起手势向楚王解释，"哦——那真是妙呀！漂亮极了！晋国的女人，哪一个不似仙女一样？粉红的脸蛋儿，雪白的肌肤，头发黑得发亮，走起路来风吹杨柳，说话娇娇滴滴，简直比银铃还清脆。正所谓比花花枯，对月月无光，云鬓压衡岳，裙带系湘江……"

这一席话引得楚王的眼珠一直跟着张仪的手势转，连嘴巴也合不拢了，说："对！对！对！本国是一个荒僻地区，我从未见过晋国的那些小娃们，你不说，我倒忘了，那你就给我去办，多带些这样的名土特产回来吧！"

"不过，大王……"

"那还用说，货款是需要的。"楚王立即给了张仪很多银子，纷咐从速办理。

张仪又故意把这消息传开，直传到南后和郑袖的耳朵里。两人听了，大为恐慌，连忙派人去向张仪疏通，告诉他说："我们听说张先生奉楚王之命到晋国去买土特产，特地送上盘缠，给先生做路费!"因此，张仪又捞了一把。

张仪要向楚王辞行了，装出依依不舍的样子，说："我这一次到晋国去，路途遥远，交通不便，不知哪一天可回来，请大王赐我几杯酒，给我壮壮胆吧。"

"行，行!"楚王客气地叫人赐酒给张仪。

张仪饮了几杯，脸红起来，又装模作样地再拜请楚王说："这里没有别的人，敢请大王特别开恩，叫最信得过的人出来，亲手再赐我几杯，给我更大的鼓励和勇气。"

"可以，不成问题，只要你能早日完成任务!"

楚王看在"土特产"份上，特别把最宠爱的南后和郑袖请了出来，轮流给张仪敬酒。

张仪一见，连酒都不敢饮了，"扑通"一声跪在楚王面前，说："请大王把我杀了吧，我欺骗大王了。"

"为什么?"楚王惊讶不已。

张仪说："我走遍天下，从未遇见有哪个女人长得比大王这两位贵妃漂亮的。过去我对大王说过要去找'土特产'，那是没有见过贵妃之故。现在见了，觉得已把大王欺骗了，真是罪该万死!"

楚王松了口气，对张仪说："我以为什么呢! 那你不必起程了，也不必介意。我明白，天下根本没有谁比得上我的爱妃，是不是?"

南后和郑袖同时眨两下眼，嘴一撇："嗯!"

这样张仪以其如簧之舌虚构了一种现象，从中大捞了一把。

点评：

张仪先投其所好，以"纵比"而诱楚王上钩，得获重利，而后，又来了一个大撒手，巧妙地施以"横比"，给自己来了一个下台阶，又以左右逢迎，使各方皆大欢喜，老虎头上跳舞，居然得以进退自如，全在于人的机敏与聪慧。攻其弱点，充分利用现存的矛盾，有时往往会成为夹缝求存的进退良方。

第三十六计　走为上计

提要：作为"三十六"的最后一计，并非说它就是所有计谋中最好的一个。此计明显仍属"败战计"范畴，是敌我较量中己方暂处下风时一种自觉的战略上的选择。在不得不有所退让的情形下，撤退绝对不失为明智的选择。而且，有计划地主动性退却，实际便包括了顺势图存，寻求更好战机的积极因素。

事◆典

背景：

王猛出生在青州北海郡剧县，年幼时因战争动乱，他随父母逃难到了魏郡。

王猛年轻时，曾经到过邺地，但这里的达官贵人没有一个人瞧得起他，只有徐统，见了他以后非常惊奇，认为他是一个了不起的人物。于是徐统便召请他为功曹，可王猛不仅不答应徐统的召请，反而逃到西岳华山隐居起来。

决断：

王猛认为自己的才能不应该干功曹之类的事，他应该帮助一国的君王干大事的，所以他暂时隐居山中，看看社会风云的变化，等待时机的到来。

351年，氐族的苻健在长安建立前秦王朝，力量日渐强大。354年，东晋的大将军桓温带兵北伐，击败了苻健的军队，把部队驻扎在灞上。王猛身穿麻布短衣，径直来到桓温的大堂求见。桓温请他谈谈对当时社会局势的看法。王猛在大庭广众之中，一边把手伸到衣襟里面去捉虱子，一边纵谈天下大事，滔滔不绝，旁若无人。

桓温见况，不由将暗暗称奇。他问王猛："我遵照皇帝的命令，率领 10 万精兵凭着正义来讨伐逆贼，为老百姓除害，可是，关中人杰却没有人到我这里来效劳，这是为什么呢?"王猛直言不讳地回答说："您不远千里来讨伐敌寇，长安城近在眼前，而您却不渡过灞水去把它拿下来，大家摸不透您的心思，所以不来。"桓温沉默了好久都没有回答，因为王猛的话正暗暗地击中了他的要害。他的心思实际上是即使平定了关中，只得个虚名，而地盘却归于朝廷，与其消耗实力，为他人做嫁衣裳，还不如拥兵自重，为自己将来夺取朝廷大权保存力量。

桓温听了王猛的话，更加意识到面前这位穷书生绝非凡人。过了好半天，他才抬起头来，慢慢地说道："江东没有人能比得上你。"

桓温退兵时，送给王猛漂亮的车子和上等马匹，又授予王猛"都护"之职，请王猛一起南下。王猛拒绝了桓温的邀请，继续隐居华山。

王猛这次拜见桓温，本来是想出山显露才华，干一番大事业的，但最后还是打消了这个念头。因为他考察桓温和分析东晋的形势之后，认为桓温不忠于朝廷，怀有篡权野心，未必能够成功，自己投奔到桓温的手下，很难有所作为。这是他第二次拒绝别人的邀请和提拔。

桓温退走的第二年，前秦的苻健去世，继位的是中国历史上有名的暴君苻生。他昏庸残暴，杀人如麻。苻健的侄儿苻坚想除掉这个暴君，于是广招贤才，以壮大自己的实力。他听说王猛不错，就派当时的尚书吕婆楼去请王猛出山。

苻坚与王猛一见面就像知心的老朋友一样，他们谈论天下大事，双方意见不谋而合。苻坚觉得自己遇到王猛好像三国时刘备遇到了诸葛亮，王猛觉得眼前的苻坚才是值得自己一生效力的对象。于是，他十分乐意地留在苻坚的身边，积极为他出谋划策。

357 年，苻坚一举消灭了暴君苻生，自己做了前秦的君主，而王猛成了中书侍郎，掌管国家机密，参与朝廷大事。王猛 36 岁时，因为才能突出，精明能干，一年之中，连升五级，成了前秦的尚书左仆射辅国将军、司隶校尉，为苻坚治理天下出谋划策，干出了一番轰轰烈烈的大事业，成为中国封建社会杰出的政治家。

375 年，王猛因病去世，终年 51 岁。苻坚这时才 38 岁，他为失去这位得力的助手十分痛心，经常悲伤流泪，不到半年头发都斑白了。

点评：

一个人再有才能，如果没有一个聪明能干的上司，他的才能是无法发挥出来的。而正确选择自己的上司，本身就是一个人的智慧体现。历史上多少有才能的人由于投错了主人而遗恨终生。王猛在动荡不安的形势下，正确选择了自己的道路，所以才有他事业的成功，才有他一生的辉煌。这也告诉我们在日常工作中，应该尽力去选择一个你认为合适的领导，以及适合自己事业发展的环境和方向。如果不适合时该调整个人方向的就应果断调整，这是长远而更好发展的前提。

激流勇退　弃官避祸

背景：

范蠡侍奉越王勾践，辛勤劳苦，尽心尽力，为勾践深谋远虑二十多年，最终灭了吴国，洗刷了会稽耻辱，率兵向北渡过淮水，兵临齐国、晋国，号令中原各国，勾践因此而称霸，范蠡号称上将军。

决断：

返回越国后，范蠡认为盛名之下，难以长居久安，而且勾践的为人可以跟他同患难，很难跟他同安乐，写信告别勾践说："我听说君主有忧，臣子就应劳苦分忧，君主受辱，臣子就应死难。从前君王在会稽山遭受耻辱，我之所以不死，是为了复仇的大业。现在已经洗刷了耻辱，我请求惩罚我在会稽山使君王受辱，判我死罪。"勾践说："我将和你分享并拥有越国。要不然，我就要惩罚你。"范蠡说："君王根据法令行事，臣子依从志趣行事。"就装上他的轻便珍宝珠玉，私自和他的家仆随从乘船飘海而去，最终也没有返回越国。于是勾践就在会稽山做标记，把它作为范蠡的封邑。

范蠡泛海来到齐国，改名换姓，自称鸱夷子皮，在海边耕作，辛勤劳苦，努力生产，父子治理产业，住了没多久，财产达到几千万。齐国人听说他很贤能，请他做丞相。范蠡慨叹道："做平民百姓就积聚千金，当官就达到卿相的地位，这是平民百姓所能达到的顶点了。长久地享受尊名，不吉祥。"于是归还相印，散发所有的家财，分给朋友和乡亲，携带贵重的珍宝，悄悄离去，到陶地定居，认为这里是天下的中心，贸易交换的道路畅通，做生意可以致富。于是自称陶朱公。又约定父子耕种、畜牧、贱买贵卖，等待时机转卖货物，追求十分之一的利润。住了没多久，就积聚财产累计达到万万。天下人都称道陶朱公。

而与范蠡曾同朝为官的文种却是一个极好的反面教材。

范蠡离开越国后，从齐国给大夫文种送去书信说："飞鸟尽，良弓藏；狡兔死，走狗烹。越王的长相脖子很长，嘴尖得像鸟喙一样，可以跟他共患难，但不可以共欢乐。你为什么不离去呢？"文种看了书信，托病不再上朝。有人进谗言说文种将要作乱，越王于是赐给文种宝剑，说："你教给我七种讨伐吴国的计谋，我用了其中三样就打败了吴国，还有四种在你那里，你为我到先王那里试用这些计谋吧。"文种于是自杀。

点评：

居安思危，这是智者的处世态度，因为所有事情都是由正反两个方面组成的，既没有绝对的好，也没有绝对的坏，因此，得到的时候要想到此刻将会带来的危害。在居安思危、最终身免祸患方面，范蠡可谓千古豪杰。

兔死狗烹　功成身退

背景：

韩信是秦末汉初一位有名的大将，他早年曾追随项羽，后来又投到刘邦门下。他足智多谋，屡出奇计，为刘邦打天下立下了赫赫战功，被封为齐王，后又降为淮阴侯。

刘邦坐稳了江山之后，看到韩信握有重权，并且深得军心，不由得食不甘味，辗转难眠。他宴请群臣，面对臣下的恭贺，也忧心忡忡。

决断：

张良察言观色，明白了是刘邦害怕功高的人今后难以驾驭，就私下对韩信说："你是否记得勾践杀文种的故事？自古以来，只可与君主共患难，而不可与其共享福。飞鸟尽，良弓藏；狡兔死，走狗烹。前事之鉴，后事之师啊！我们要好自为之。"于是张良激流勇退，见好就收，他请求回乡养老。刘邦故作恋恋不舍状，假意挽留，最后封其为留侯。张良功成身退，终于保全身名，可谓有先见之明。

韩信尽管认为张良的话有道理，但是对刘邦还是抱有幻想：自己当初曾舍命救过他。可是不久，便有奸佞之臣诬告韩信恃功自傲，不把君主放在眼里。那是项羽乌江自刎之后，他的一个大将钟离昧拼死杀出了重围，逃到韩信那里避难。因为韩信与钟离昧是生死之交，就偷偷地把他藏了起来。刘邦知道此事后，认为韩信怀有二心，决心除掉他。

可是韩信作为一朝权臣，要除掉他也不是那么容易。于是刘邦就设了一个圈套，让韩信自投罗网。他以巡游为借口，要到楚地的云梦去打猎，同时派信使通知诸侯王到陈地会合。这样就能调虎离山，把韩信从封地中骗出。一旦他脱离靠山——军队和封地，就不愁没机会下手了。

韩信听到这个消息后，很害怕。明知前面有陷阱，也不得不硬着头皮前往陈地谒见刘邦。为了保全自己，不让刘邦找到借口抓他，他权衡再三，最终还是逼着好友钟离昧自杀了。然后就提着钟的首级来见刘邦，想以此来表明他对刘邦的忠诚。

欲加之罪，何患无辞？韩信一走进刘邦的驻地，两边的武士就一拥而上，把他五花大绑捆起来，押到刘邦座前。韩信很不服气，他一边挣扎一边大叫："皇上，我鞍前马后跟随您这么多年，南征北战，出生入死，才打下汉朝江山，臣下何罪之有？"此时，刘邦也看到给韩信以谋反定罪，确实证据不足，难以服人心。于是他就假惺惺地怒喝着武士，亲自下来为韩信松绑。然而，他还是借机解除了韩信的军权。

至此，韩信终于心灰意冷。他后悔当初不听张良之劝告而至今日，不禁仰天长叹道："飞鸟尽，良弓藏；狡兔死，走狗烹；敌国灭谋臣亡。现在天下大局已定，我也该遭殃了。"不久，又有人借机落井下石，诬告他要谋反，于是刘邦终于对他下了毒手，了却了一大心事。

点评:

功成之人,往往权压四方,或名扬震主,因此往往为人所忌,当此时,激流勇退才是上策。

屈节称臣　获取帮助

背景:

隋炀帝大业十一年(675年),李渊出任山西、河乐抚慰大使,奉命讨捕群盗。对于一般的盗寇如母端儿、敬盘陀等,都能手到擒来,毫不费力;但对于北邻突厥,因恃有铁骑,民众又善于骑射,却是大伤脑筋,多次交战,败多胜少。突厥兵肆无忌惮,李渊视之为不共戴天之敌。

616年,李渊诏封为太原留守。突厥竟用数万兵马反复冲击太原城池,李渊遣部将王康达率千余人出战,几乎全军覆灭。后来巧使疑兵之计,才勉强吓跑了突厥兵。还有更可恶的是,盗寇刘武周突然进据归李渊专管的汾阳宫(隋炀帝的离宫之一),掠取宫中妇女,献给突厥。突厥即封刘武周为定杨可汗。另外在突厥的支持和庇护下,郭子和、薛举等纷纷起兵闹事,李渊防不胜防,随时都有被隋炀帝借口失责而杀头的危险。

决断:

大家都以为李渊怀着刻骨仇恨,将会与突厥决一死战。不料李渊竟派遣刘文静为使,向突厥屈节称臣,并愿把"子女玉帛"统统送给始毕可汗!

李渊的这种屈节让步行为,就连他的儿子都深感耻辱。李世民在继承皇位之后还念念不忘:"突厥强梁,太上皇(即李渊)……称臣于颉利(指突厥),朕未尝不痛心疾首!"

李渊却"众人皆醉我独醒",他有他自己的盘算,屈节让步虽然样子上难看一点,但能屈能伸方能成为大丈夫。

原来李渊根据天下大势,已断然决定起兵反隋。要起兵成大气候,太原虽是一个军事重镇,但还不是理想的发家之地,必须西入关中,方能号令天下。西入关中,太原又是李唐大军万万不可丢失的根据地。那么用什么办法才能保住太原，顺利西进呢？

当时李渊手下兵将不过三四万之众，即使全部屯住太原，应付突厥的随时出没，同时又要追剿有突厥撑腰的四周盗寇，已是捉襟见肘。而现在要进入关中，显然不能留下重兵把守。所以，惟一的办法是采取和亲政策，让突厥"坐受宝货"。所以李渊不惜屈节让步，自称外臣，与突厥约定，共定京师，则土地归我唐公，子女玉帛则统统献给可汗。

退一步，海阔天空，惟利是图的始毕可汗果然与李渊修好。在李渊最为艰难地从太原进入长安这段时间里，李渊只留下第三子李元吉率少数人马驻扎太原，却从未遭过突厥的侵犯，依附突厥的刘武周等也收敛不少。李元吉于是有能力从太原源源不断地为前线输送人员和粮草。等到公元 619 年，刘武周攻克晋阳时，李渊早已在关中建立了唐王朝，而此时的唐王不仅在关中站稳了脚跟，拥有了新的幅员辽阔的根据地，而且此时的刘武周再也不是李渊的对手，李渊派李世民出马，不费多大力气便收复了太原。

另外，由于李渊甘于屈节让步，还得到了突厥的不少资助。始毕可汗一路上送给李渊不少马匹及士兵，李渊也借机购来许多马匹，这不仅为李渊拥有一支战斗力极强的骑兵奠定了基础，而且因为汉人素惧突厥英勇善战，李渊军中有突厥骑兵，自然平空增加了不少声势。

点评：

李渊屈节称臣，既免遭死战一场，又得到不少帮助，可谓一箭双雕。懂得屈身进退，往往会在官场上游刃有余。

激流勇退　见好就收

背景：

美籍华人蔡志勇是美国商界巨头之一，被称为"股票大王"。他出生于上海，18 岁时赴美留学，在波士顿大学攻读经济学硕士学位。毕业后，他担任证券分析员，因几次大胆推算和预测两家大公司的走势，结果一炮走红。

不久，蔡志勇创立"蔡氏管理与研究中心"，推出一种"曼克顿互惠基金"，只刊登几天广告，第一天就吸纳了近三亿美元，创下了华尔街的最高纪录。一时间，人们对这位黄皮肤、黑眼睛的投资家刮目相看，送他一个"金融魔术师"的称号。

决断：

蔡志勇的成功之道是见好就收。譬如，你创办了一家餐馆，赚了一些钱，后来生意做大了，会出现如下情况：一是自己没有精力管得了越来越大的生意，二是单凭自己的财力，可能不够应付餐馆的发展。这个时候，你就得考虑趁高价卖给大财团，由大财团把生意"发扬光大"。至于自己得到的好处，就是套回一笔可观的现金，有了现金在手，又可以开始新的动作。

运用这种"钱滚钱"的方法，蔡志勇积累了巨额的财富。当"曼克顿互惠基金"赚了大钱后，他把基金卖给了名叫 CNA 的大保险公司，并换回了 CNA 的股份，稳坐钓鱼船，而基金的股价在第二年便下跌了。1973 年，他又把 CNA 的股份卖掉，一年之后，CNA 的股价便大幅度下跌。蔡志勇由于及时撤退，不仅未受分文损失，还赚了一大笔钱。

后来，蔡志勇又成立了一家蔡氏公司，经营证券业务老本行。1978 年，他突然宣布，他控制的麦迪逊保险公司发明了一种低成本人寿保险推销方法。结果引来大量投资者，公司的股价直线上升。1981 年，蔡志勇"故伎重演"，把麦迪逊公司卖给美国罐头公司，既套回了现金，又换来了美国罐头公司副总裁的职位。

以后几年，蔡志勇动用数亿美元收购一些金融保险公司，并当上了美国罐头公司的首脑。1986 年，他又把美国罐头公司变成一家财务公司，专门经营保险、邮售及其他金融业务。到了 1988 年，蔡志勇又把这家财务公司卖给商业信贷公司。人们普遍认为，他又赚了一笔，因为当时财务公司的生意已大不如以前。

点评：

激流勇退，往往能够保全自身，为下一次搏击积蓄力量。投资股票见好就收，这叫股民坚持更谨慎的投资理念。所以说，股海冲浪，勿太贪。

勇于撤退

背景：

第二次世界大战以后不久，松下公司接受委托经营一家濒临倒闭的缝纫机公司。起初，松下幸之助认为凭自己多年的经营实践，使这家缝纫机公司起死回生是没有多大问题的。但是，由于对这方面的业务比较生疏，而且当时经营缝纫机的公司众多，市场竞争十分激烈，松下不得不寻求保身之策。

决断：

松下意识到必须及时抽身，于是便立即退了出来。松下后来很感慨地说，若当时要是考虑花了不少投资，害怕退出会有损失而犹豫不决的话，反而损失会更大，所以要下定决心立即退出，不能拘泥于名位，讲究面子。

松下公司还有一次这样勇于撤退的案例。

1964 年，松下公司宣布从大型事务用电脑业撤出。在此之前，松下公司已对大型事务用电脑投注了十几亿日元的研究费，并且已经达到实用化的阶级，但还是取消了这个项目，外界的议论是："松下公司没有这方面的技术，所以取消。"其实，松下是从全日本的需求性这个观点来判断，认为公司不一定要投入这个事业，其他更可行的事业还有不少，所以才取消的。

有一次，松下幸之助和美国著名的大通银行副总裁会谈，松下问他，日本已经有七家公司制造大型电脑，这样下去，不可能大家都生意兴隆，并询问他的看法。这位副总裁说，姑且不论一般产业用或家用电脑，若是大型电脑，不久之后将形成恶性竞争的局面，你还是让给别人吧。后来，松下就果断地决定撤出大型电脑业务。

现在，家庭用电脑和个人用电脑不断成长，只有大型电脑没什么成长，因此，每逢看到各制造厂商正为恶性竞争而苦恼的时候，松下就庆幸自己的及早退出。

松下幸之助是一个具有坚毅、刚强性格的人，所以才会有松下公司；松下幸之助更是一个懂得进退的人，所以才有松下公司的发展壮大。

一个人有宏伟的胸怀和抱负，有不甘人后、积极进取的精神境界是好的。但要具备一定的客观条件与主观条件。不能只看重自己某一方面的长处，或对某一次行为的结果估计过高，因之对未来的规划就容易产生盲目性，空洞、庞大，缺乏具体、实在的内容，实行起来或因一时之功而忘乎所以，终致跌进更大的悲剧之中，或因一时挫折而一蹶不振，折戟沉沙。

点评：

生意场中，要知进退，不能以为要想取得成功就必须把事情做到底。这种只知前进，不知后退的人，往往会碰壁，经营和作战一样，要知道何时前进，何进撤退。要记住，为了成功，撤退也有必要。只有能够真正把握时机，懂得及时退出的人，才是真正的经营高手。进退自如，也是老板必备的素质之一。